COMPUTER SCIENCE

컴퓨터 사이언스

김 철 지음

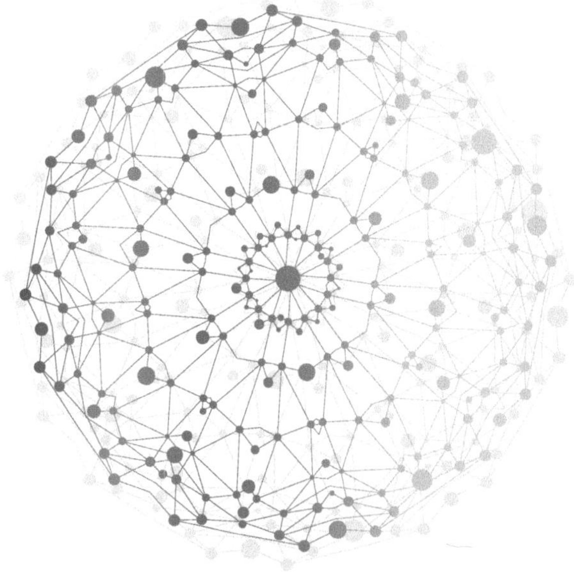

도서출판 한산

머리말

PREFACE

21세기는 정보 통신과 더불어 컴퓨터의 기술이 중추가 되는 지식 정보화 사회로서 다양한 대량의 정보를 수집·관리·가공하여 적시·적소에 정확한 정보를 제공하고 활용하는 데 있어서 컴퓨터는 사회 전 분야에서 없어서는 안 될 필수적인 도구이며 이와 같은 컴퓨터 기술의 획기적인 발전은 인간의 일상생활을 크게 변모시키고 있다. 그리고 정보화 사회의 거대한 물결은 이제 시시각각 우리들에게 다가오고 있다는 점에서 컴퓨터에 대한 체계적인 지식 없이는 날로 복잡해지고 다양해지는 관련 기술을 따라잡기 힘들게 되었다.

이와 같은 추세에 맞추어 본 교재에서는 컴퓨터 사이언스나 유관 학문을 전공하고자 하는 초보자를 위하여 컴퓨터 사이언스 전반에 걸친 기초적인 개념과 핵심적인 이론을 소개하는데 주력하였다. 이런 취지에서 본 교재는 크게 컴퓨터 하드웨어와 소프트웨어 그리고 응용 분야로 구성되어 있는데, 컴퓨터 사이언스나 유관 학문에 입문하려는 전공자는 물론이고 비전공자나 컴퓨터에 관심이 있는 일반인도 체계적으로 쉽게 이해할 수 있도록 하였다. 그리고 본 교재는 각 장별로 독자가 본문에 대한 이해도를 스스로 측정할 수 있도록 연습문제를 포함하고 있으며, 개략적인 각 장별 주요 내용은 다음과 같다.

제1장

본 주제의 개요 부분으로서, 컴퓨터 사이언스의 기원과 정의 및 그 주요 분야 등에 대하여 기술하였으며,

제2장

컴퓨터에 대한 개요 부분으로서, 컴퓨터에 대한 역사, 구성 및 발전 단계에 대하여 설명하였으며,

제3장

컴퓨터 내에서 다루어지는 모든 데이터의 표현 방법, 부울대수 및 기본적인 논리회로에 대하여 기술하였다.

제4장

컴퓨터를 구성하는 하드웨어인 중앙처리 장치, 기억 장치 및 입출력 장치의 기능 및 구성에 대하여 기술함으로써 컴퓨터 구성 전반에 이해도를 높였으며,

제5장

컴퓨터를 운영하는데 필요한 소프트웨어인 시스템 프로그램 및 응용 프로그램에 대하여 기술하였다.

제6장

반도체 기술의 발전에 따라 마이크로프로세서의 기능은 날로 발전하고 있는 추세이므로 이에 따라 마이크로 컴퓨터에 대하여 간략하게 기술하였으며,

제7장

다량의 정보를 보조기억 장치에 저장하여 보관하는데 필요한 각종 자료의 정의 방법 및 파일의 편성방법에 대하여 살펴보고,

제8장

다량의 정보를 효율적으로 저장하고 처리하는데 필요한 데이터베이스 구성 및 처리 방법에 대하여 살펴본다.

제9장

최근 IT분야에 있어서 중요한 이슈로 떠오르고 있는 컴퓨터 보안에 대하여 기술함으로써 보안문제에 효과적으로 대처하는 방안을 제시하였으며,

제10장과 11장

현대사회에 있어서 필수적으로 필요한 데이터 통신의 개념과 인터넷에 대하여 기술함으로써 정보사회에 적극적으로 대응하는 방법을 제시하였다.

제12장

향후 정보산업의 근간을 이룰 미래의 새로운 컴퓨터 기술에 대하여 알아보고 소개함으로써 컴퓨터과학에 대한 식견을 넓히는데 도움을 주고자 하였다.

끝으로 본 교재를 통해 보다 많은 독자들이 컴퓨터 사이언스와 관련된 다양한 분야들을 보다 쉽게 이해할 수 있는 계기가 되기를 바라며, 독자 여러분들의 좋은 의견과 조언을 부탁드린다. 또한 본 교재의 출판을 위해 적극적으로 후원해 주신 출판사 관계자 여러분들께 감사를 드린다.

2015년 7월에

저자 씀

차 례

제4장 컴퓨터 하드웨어

제5장 컴퓨터 소프트웨어

제8장 데이터베이스

제9장 컴퓨터 보안

CHAPTER.01

컴퓨터 사이언스의 개요

Computer
Science

CHAPTER

01 컴퓨터 사이언스의 개요

1 컴퓨터 사이언스란 무엇인가?

컴퓨터 사이언스(Computer Science)가 무엇인지 한마디로 정의하기란 결코 쉬운 일이 아니다. 이것은 세상에 막 태어난 아이에게 인간이란 무엇인가 하는 것을 잘 이해할 수 있도록 설명하는 것만큼 힘든 일이다. 이와 같이 어떤 분야를 학문적으로 정의한다는 것은 대단히 어렵다. 따라서 컴퓨터 사이언스에 대한 명확한 정의에 앞서 그 기원과 이 학문과 관련한 일반적이고 보편적인 개념을 파악함으로써 컴퓨터 사이언스에 대한 보다 정확한 정의를 내릴 수 있는 출발점이 될 것이다.

1. 컴퓨터 사이언스의 기원

과학의 혁신적인 진보와 발전은 거의 모든 기술 분야의 내용과 방법을 변화시켜왔다. 이와 관련하여 대부분의 학문적 변화로써 이전의 전공분야들은 자연스럽게 서로 통합되었으며, 새로운 학문분야가 생겨나는 것은 흔하지 않은 일이었다. 컴퓨터 사이언스란 학문의 출현은 이 흔하지 않은 일 중의 하나이다.

컴퓨터 사이언스는 새로운 학문이기는 하지만 그 기원은 한참 전으로 거슬러 올라간다. 최근의 역사적인 사건 중에서 가장 중요한 것은 제2차 세계대전 기간 동안과 그 바로 직후에 제작된 최초의 디지털 컴퓨터들의 출현이라 할 수 있다. X의 학문은 X에 대한 연구라는 개념에서 컴퓨터 사이언스라는 학문은 컴퓨터라고 하는 기기에 대한 연구라고 할 수 있다. 이 학문분야는 1940년대에 디지털 컴퓨터들이 출현하기 전까지는 존재하지 않았지만 컴퓨터의 하드웨어적인 개념들은 훨씬 일찍이 만들어졌다. 가장 두드러진 예는 19세기 초에 컴퓨터 구조의 기본 원리를 정립하고 직접 기계를 설계한 찰스 바베지(Charles Babbage)의 연구이다.

대부분의 컴퓨터 사이언스의 이론적인 체계의 정립은 1930년대의 알란 튜링(Alan Turing)의 연구로부터 시작된다. 그는 보편적인 계산기기의 수학적인 모델을 개발하고, 이 추상적인 기기의 몇 가지 중요한 성질을 증명하였다. 튜링기계(Turing Machine)는 지금까지 대표적인 컴퓨터의 이론적인 모델로서 받아들여지고 있다. 한마디로 컴퓨터 사이언스라는 이 학문분야의 현대적인 기원은 1940년대에 최초로 출현한 디지털 컴퓨터들의 등장과 1930년대에 이와는 별도로 형성된 계산기기들에 대한 적절한 수학적 모델에 있다고 할 수 있다.

컴퓨터 사이언스는 1960년대 중반부터 미국내의 몇몇 대학에서 컴퓨터 사이언스 학과가 창설되고 대학원의 석사 및 박사과정에서 이 분야가 소개되면서 독립된 학문분야로 인식되었다. 1968년에는 컴퓨터과학자들로 이루어진 가장 큰 전문적이고 학술적인 단체인 ACM(Association for Computing Machinery)이 학부과정의 커리큘럼 모델을 제시하였는데 이는 전 세계 대학의 컴퓨터 사이언스 교과과정의 기본이 되었다. 컴퓨터 사이언스가 출현한 후 이와 관련된 많은 기술서적과 학술회의가 생겨나고, 고등교육을 하는 대부분의 교육기관에서 관련 학과가 설립되며, 이와 관련한 과학적이고 전문적인 협회가 창설되고, 대학과 산업계와 정부에서는 관련 연구를 하는 연구실이 생겨났는데 그 기간이 얼마 걸리지 않았다.

2. 컴퓨터 사이언스의 정의

『물리학은 에너지와 많은 관련성을 갖는 학문이다. 반면, 컴퓨터 사이언스는 정보의 표현, 저장, 조작 및 검색과 밀접한 관계를 갖는 학문이다. 물리학이 에너지변환장치를 이용하는 것처럼, 컴퓨터 사이언스는 정보변환장치를 이용한다.』

위의 비교설명은 물리학과 관련하여 컴퓨터 사이언스에 대한 대략적인 이해를 돕기 위한 인용이다. 사실 컴퓨터 사이언스에서는 정보가 중요하고 그 차지하는 비중이 크기 때문에 컴퓨터 사이언스를 정보과학(Information Science)이라고도 한다. 물론 에너지가 물리학의 유일한 영역이 아니듯이 정보도 컴퓨터 사이언스의 유일한 영역은 아니다. 이라 폴(Ira Pohl)과 알란 쇼(Alan Shaw)는 그의 저서 『The Nature of Computation : An Introduction to Computer Science』에서 서술하고 있듯이 컴퓨터 사이언스는 다음과 같이 여러 가지 서로 다른 측면에서 정의할 수 있다.

(1) 기기 중심(Device-centered)

이는 문제를 해결하기 위한 도구(tool)로서의 컴퓨터 기기 그 자체에 관한 직설적인 정의라 할 수 있다. 따라서 『컴퓨터 사이언스는 컴퓨터에 관한 연구이다』라고도 한다. 그러므로 컴퓨터 사이언스는 컴퓨터 기기와 이를 둘러싼 질문들, 즉 컴퓨터를 어떻게 설계하고 분석하고 구축하고 사용할 것인가 하는 것에 초점이 모아진다.

(2) 정보 중심(Information-centered)

여기서는 정보(information) 또는 데이터(data)가 중심 개념으로 다루어진다. 따라서 『컴퓨터 사이언스는 정보에 관한 연구이다』라고도 한다. 이는 데이터의 표현, 저장, 구성, 전송 및 처리에 관한 질문으로 귀결된다.

(3) 프로그램 중심(Program-centered)

프로그램(program)이란 어떤 문제를 풀기 위한 컴퓨터 명령어들의 집합이다. 컴퓨터 프로그램을 소프트웨어(software)라고도 한다. 따라서『컴퓨터 사이언스는 프로그래밍에 관한 연구이다』라고도 한다. 이 관점에서는 프로그램 표현을 위한 적절한 언어의 선택, 프로그램의 정확성과 효율성, 프로그램의 실행을 위한 기계, 그리고 프로그래밍 기술 등과 같은 프로그래밍에 관한 문제점들을 강조한다.

(4) 알고리즘 중심(Algorithm-centered)

알고리즘(algorithm)이란 문제 해결을 위한 작업이 어떻게 수행되는지를 정의하는 단계들의 집합이다. 이 알고리즘은 컴퓨터가 이해할 수 있는 형태인 프로그램으로 표현되어야 한다. 따라서『컴퓨터 사이언스는 알고리즘에 관한 연구이다』라고도 한다. 컴퓨터는 알고리즘을 구현하는 기계이고, 정보는 알고리즘이 다루고 만들어내는 대상이며, 프로그래밍은 알고리즘을 기술하는 수단이다. 이 알고리즘 개념은 또한 컴퓨터 사이언스의 이론적인 부분들을 쉽게 포함하고 있다. 그러므로 컴퓨터 사이언스에 관한 모든 질문들은 자연히 알고리즘에 관한 질문들로 공식화될 수 있다.

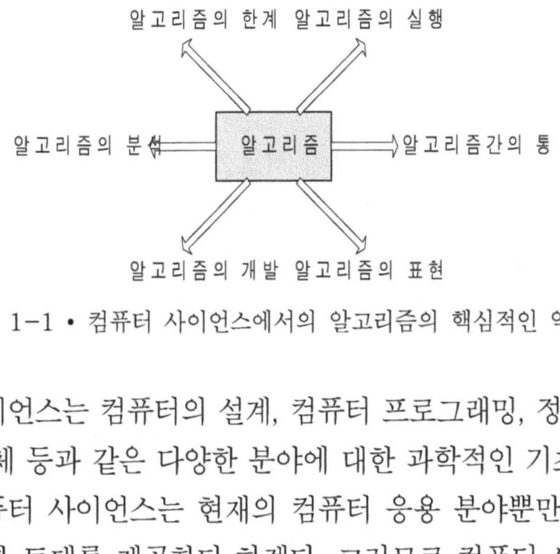

그림 1-1 • 컴퓨터 사이언스에서의 알고리즘의 핵심적인 역할

이와 같이 컴퓨터 사이언스는 컴퓨터의 설계, 컴퓨터 프로그래밍, 정보 처리, 알고리즘 문제 해결, 알고리즘 처리 자체 등과 같은 다양한 분야에 대한 과학적인 기초를 제공하는 학문이라 할 수 있다. 따라서 컴퓨터 사이언스는 현재의 컴퓨터 응용 분야뿐만 아니라 앞으로 등장할 새로운 응용 분야에 대한 토대를 제공한다 하겠다. 그러므로 컴퓨터 사이언스의 어느 특정한 몇 분야만 공부하거나 또는 현재 사용되고 있는 컴퓨팅 도구의 사용법만을 단순히 익혀서는 컴퓨터 사이언스의 진정한 의미를 파악할 수는 없다. 그래서 컴퓨터 사이언스라는 학문 분야를 이해하기 위해서는 이 학문의 전체적 범위와 다양하게 변화해 나가는 특징들도 아울러 파악해야 할 것이다.

3. 컴퓨터 사이언스의 주요분야

컴퓨터 사이언스의 주요분야로는 다음과 같은 것들이 있다. 물론 저자에 따라 다른 견해를 가질 수도 있겠으나, 처음으로 컴퓨터 사이언스를 전공하는 학생들을 위한 기본적이고 기초적인 교과 과정을 이룬다는 측면에서 핵심적인 각 분야를 소개하겠다.

(1) 컴퓨터 구조(Computer Architecture)

컴퓨터를 구성하는 5대 장치들, 즉 제어장치, 연산장치, 기억장치, 입력장치, 출력장치 등의 구조와 각 기능들에 대한 분야를 주로 다룬다. 이는 컴퓨터 하드웨어와 관련한 분야이다.

(2) 시스템 소프트웨어(System Software)

시스템 소프트웨어는 주로 컴퓨터 이용자와 하드웨어 사이를 인터페이스 하여 주는 구성요소로써 운영 체제(Operating System : OS), 각종 언어번역기, 로더, 매크로처리기, 유틸리티 등과 같은 분야가 있다. 이는 컴퓨터 소프트웨어와 관련한 분야이다.

(3) 프로그래밍 언어(Programing Language)

프로그래밍 언어는 인간이 컴퓨터와 통신할 수 있는 수단을 제공한다. 이 분야는 컴퓨터 언어의 설계와 특성들에 관한 연구를 수행한다. 이는 주로 컴퓨터 소프트웨어와 관련한 분야이다.

(4) 데이터베이스(Data Base : DB)

데이터베이스는 다양한 대량의 자료들이 서로 상호 연관되어 저장된 데이터의 집합체라고 할 수 있다. 이 분야에서는 이러한 자료의 표현방법 및 구조, 저장법 및 검색, 자료들간의 관계성 등에 관한 연구를 수행한다. 또한 이 분야는 데이터 구조(Data Structure)와 파일처리(File Processing) 분야와 밀접한 관계를 가지고 있다.

(5) 데이터통신(Data Communication)

데이터통신은 통신매체를 이용하여 자료를 한 장소에서 다른 장소로 이동시키는 수단을 제공하는데, 이 분야에서는 전송매체와 전송기술 그리고 하부 통신망의 구성과 운영 기술 등의 연구를 주로 수행한다. 이 분야는 컴퓨터네트워크를 구축하기 위한 기반 기술을 제공한다.

(6) 컴퓨터네트워크(Computer Network)

컴퓨터네트워크는 다양한 구성요소로 이루어지는데 여러 가지 송수신 전송장치, 통신회선, 개념적인 통신구조와 프로토콜, 그리고 통신 소프트웨어 등이 필요하다. 이와 같은 요소 기술들이 컴퓨터와 상호 결합되고 네트워크가 구축된 대표적인 예가 바로 인터넷(Internet)인 것이다. 이 분야는 위와 같은 요소 기술들의 연구를 수행한다.

(7) 인공지능(Artificial Intelligence : AI)

인간이 생각하고 판단하는 것과 같은 기능을 컴퓨터에 의하여 실현하고자 하는 것이 목표인 인공지능에는 자연언어처리, 패턴인식, 로봇 공학, 전문가 시스템 등의 분야가 있다.

(8) 소프트웨어공학(Software Engineering)

프로그램 개발을 위한 체계적인 기술을 통해 프로그램 오류발생을 줄이고 개발시간 및 경비를 줄이기 위한 소프트웨어공학은 소프트웨어를 개발하고 유지·보수하는데 관련된 모든 문제와 그 해결기법을 연구하는 분야이다. 이 학문의 목적은 소프트웨어의 신뢰성을 증가시키고 동시에 소프트웨어의 비용과 복잡성을 감소시키는데 있다.

이외에도 컴퓨터 알고리즘(Computer Algorithm), 오토마타 이론(Automata Theory), 수치해석(Numerical Analysis) 등의 분야가 있으며, 최근에는 멀티미디어(Multimedia), 컴퓨터보안(Computer Security), 인터넷공학(Internet Engineering) 등의 분야가 새로이 등장하고 있다.

2 컴퓨터 사이언스의 발전과 역할

특히 20세기 후반부터 가속화된 전자공학 기술의 발전은 거의 모든 학문 분야에 지대한 영향을 미치고 있는데 컴퓨터 사이언스도 예외는 아니다. 컴퓨터 사이언스의 발전 방향을 전자공학 기술에 기반을 둔 컴퓨터의 기술 발전 방향을 통해 예측해 본다. 그리고 컴퓨터 사이언스의 역할을 기술적, 사회적 양 측면에서 고찰해 본다.

1. 컴퓨터 사이언스의 발전

현대적 컴퓨터가 출현한지 반세기에 불과하지만 그동안 관련 기술의 눈부신 발전은 가히 상상을 초월하는데 최근에는 컴퓨터 기술의 혁신적인 개발이 더욱 가속화되고 있다. 고성능·초소형 컴퓨터의 보급, 멀티미디어 기술의 접목, 통신 기능의 확장, 모바일(mobile) 컴퓨팅의 확산, 컴퓨터의 임베드화(embedded) 등의 컴퓨터 기술의 환경 변화는 이에 대응하는 컴퓨터 사이언스 기술의 환경 변화를 의미한다. 따라서 컴퓨터 기술 발전 방향을 예측해 보면 다음과 같은 컴퓨터 사이언스 기술 발전의 특징들을 발견할 수 있다.

(1) 컴퓨터의 멀티미디어화

대용량의 사운드, 그래픽, 비디오 등을 지원하는 멀티미디어 PC가 보편화되면서 이에 따라 주변기기들의 성능도 멀티미디어를 잘 처리할 수 있는 수준으로 고성능화·고용량화가 될 것이다. 따라서 컴퓨터 하드웨어 및 소프트웨어와 관련한 멀티미디어 처리 및 응용 기술의 개발과 연구가 심화될 것이다.

(2) 컴퓨터의 네트워크화

인터넷의 폭발적인 보급으로 클라이언트/서버 환경의 확대가 가속화되고 네트워크를 통한 정보의 교환이 급속히 늘어나면서 네트워크 환경에 알맞은 컴퓨터 기술과 더불어 더욱 고급화·지능화되는 네트워크 기술의 개발과 연구가 가속화 될 것이다. 네트워크 컴퓨터(Network Computer : NC)의 등장도 이러한 추세를 반영한 것이다.

(3) 모바일 컴퓨팅의 확산

노트북 컴퓨터 보급의 급증, HPC(Handheld PC), 휴대형 개인정보단말기(Personal Digital Assistant : PDA) 등의 보급이 확대되면서 모바일 컴퓨팅(Mobile Computing)이 급속히 확산되고 있는데 이에 따른 무선 기술 및 관련 컴퓨팅 기술의 개발과 연구가 확대될 것이다. 블루투스(Bluetooth) 기술의 등장도 이런 환경 변화와 밀접한 관련이 있다.

(4) 컴퓨터의 임베드화

컴퓨터 기술과 가전기기가 접합된 형태의 시스템을 임베디드(embedded) 시스템이라고 하는데 최근에 등장한 TV에 인터넷 접속 기능이 결합된 경우가 대표적인 예라 할 수 있다. 향후에는 컴퓨터 및 통신과 가전 분야의 융합 제품의 출현이 더욱더 확대될 것이므로 이와 관련한 임베디드 시스템 기술의 개발과 연구가 보편화 될 것이다.

(5) PC의 고성능화

클러스터링(clustering) 기법을 활용한 병렬처리 컴퓨터 기술이 접합될 경우 지금의 서버 수준을 뛰어 넘는 고성능 PC가 개발될 것이다. 따라서 이와 같은 병렬처리 기술과 실시간 처리가 가능한 분산 처리(Distributed Processing) 기술의 개발과 연구가 가속화 될 것이다.

2. 컴퓨터 사이언스의 역할

컴퓨터의 등장으로 우리 사회는 급격한 변화를 가져오고 있다. 즉 개인의 생활 방식이 합리적이고 논리적으로 변화되고 있음은 물론, 가정의 생활 형태, 직장의 근무 형태, 공장의 생산 형태, 상점의 판매 형태, 공공 기관의 서비스 형태, 학교의 교육 형태 등등 사회의 모든 분야에 지대한 영향을 미치고 있다.

따라서 이와 같은 변화의 물결 속에서 컴퓨터 사이언스의 역할은 매우 중요하다고 할 수 있는데 그 역할을 기술적, 사회적 양 측면에서 고찰해 보기로 한다.

(1) 기초과학으로서의 컴퓨터 사이언스

컴퓨터의 출현과 관련 기술의 눈부신 발전과 사용자의 폭발적인 증가로 인해 컴퓨터는 이제 정보화 사회의 필수적인 도구로 여겨지고 있다. 따라서 오늘날에는 수학이나 물리학 등의 기초과학과 마찬가지로 기초적인 과학의 목록 속에 컴퓨터 사이언스가 빠져서는 안될 시대가 되었다. 즉 컴퓨터 사이언스는 이제 현대의 교양 교육의 한 과목으로서 기초과학의 역할을 담당하고 있다.

(2) 직업으로서의 컴퓨터 사이언스

컴퓨터 사이언스는 다른 과학 분야들과는 달리 그 자체가 많은 인력 수급을 요구하는 다양한 형태의 직업을 제공한다. 그리고 사회의 다양한 분야에서 폭넓게 컴퓨터의 응용에 대한 요구가 꾸준히 증가함으로써 새로운 직업의 창출은 폭발적으로 늘어날 것이다. 최근에는 정보 자체를 수집·가공하여 상품처럼 판매하는 신종 기업들도 다수 출현하고 있다.

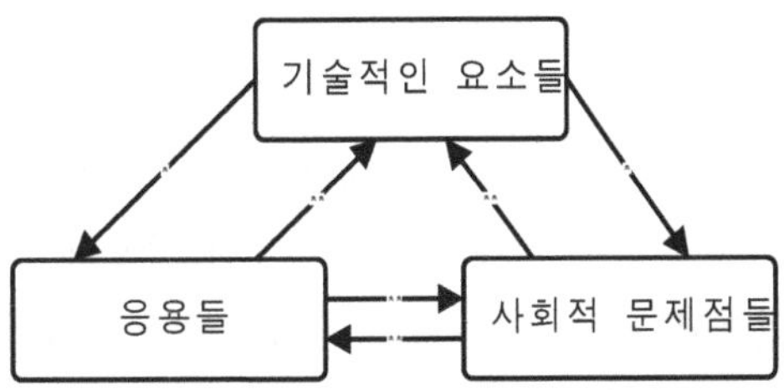

그림 1-2 • 컴퓨터 사이언스의 주제들간의 연관성

3 컴퓨터 사이언스와 타 학문과의 관계

모든 학문과 마찬가지로 컴퓨터 사이언스도 다른 학문분야들과의 밀접한 관계를 가지고 지금까지 발전하여 왔는데 이들 관련성을 살펴보기로 한다.

컴퓨터가 초기에 사용되었을 때는 복잡한 수학적인 문제들을 해결하여 주는 단순히 계산기의 역할을 담당하였는데, 이러한 이유에서 컴퓨터는 다른 학문보다는 수학을 그 기본 바탕으로 하고 있다. 따라서 컴퓨터 사이언스와 수학의 상호 연관성은 컴퓨터 사이언스와 여타의 다른 학문들과의 연관성보다도 훨씬 강하다고 할 수 있을 것이다. 컴퓨터 사이언스와 수학은 모두 형식론(Formalism)이나 기호 구조에 관심을 가지며, 일반적인 문제 해결을 위한 도구와 방법들을 중요시 여긴다. 특히 수치해석은 양 분야에서 공통적으로 연구되고 있는 과제이다. 그래서 이 두 학문의 상호 관련성 때문에 컴퓨터 사이언스는 넓게는 수학적 과학(Mathematical Science)으로 간주되기도 한다.

컴퓨터 사이언스는 공학적 과학(Engineering Science)으로 볼 수도 있다. 컴퓨터 시스템의 구조는 여러 가지 장치들로 이루어진 물리적 구성요소들, 즉 하드웨어와 그 하드웨어의 운영을 관리하는 프로그램들, 즉 소프트웨어로 구성되어 있다. 이러한 컴퓨터 시스템의 설계 작업은 전자공학과 소프트웨어 공학 분야에서의 연구와 깊은 관련성을 가지고 있다.

어떤 정보처리 작업에 대한 명세서를 시스템에 실제 구현하는 일은 먼저 설계 과정과 밀접한 관계가 있는데, 대개의 경우 이 설계 과정은 대단히 복잡하기 때문에 효율적이고 적절한 방법론과 설계를 위한 도구 및 수단이 필수적으로 요구된다. 이러한 방법론이나 도구 및 수단에 대한 관심은 컴퓨터 사이언스에서 뿐만 아니라 경영정보학이나 산업공학에서와 같이 의사 결정이 중요한 학문분야에서도 공통적으로 가지고 있다.

컴퓨터 사이언스와 설계 분야가 밀접한 관계를 갖는 근본적인 이유는 컴퓨터 사이언스가 설계의 핵심적인 문제 해결과 목표 지향의 의사 결정을 위한 정보처리에 큰 관심을 갖는데 기인한다. 이러한 형태의 정보처리들은 컴퓨터 사이언스의 한 분야인 인공지능의 연구 목적이 된다.

이 밖에도 컴퓨터 사이언스와 공통의 관심 영역을 갖는 분야들이 많이 있다. 도서관학도 그러한 분야의 하나이다. 지식을 조직하고 관리하며, 그것을 저장하고 검색하는 시스템을 설계하는 문제들은 컴퓨터 사이언스와 도서관학에서 공통적으로 해결되어야 하는 문제들이다. 이러한 두 분야의 공통의 연구들은 특히 정보과학의 주된 관심거리인 거대한 데이터베이스 시스템에서의 정보의 저장·처리·관리·전달·이용 등에 관한 것이다. 따라서 정보과학의 영역은 컴퓨터 사이언스의 보다 확장된 개념으로 볼 수가 있다.

컴퓨터 사이언스와 공통의 관심 영역을 갖는 또 다른 분야로는 언어학(Linguistics)을 들 수가 있다. 언어학은 언어와 의사통신에 대한 관심을 컴퓨터 사이언스와 공유한다. 언어의 과정과 이해에 관련된 현상들에 대한 연구는 컴퓨터 사이언스와 심리학의 특별한 결합을 필요로 한다. 인지·지각 등의 정신적 기능들에 대한 정보처리 모델링에서 심리학적인 측면의 연구들은 컴퓨터 사이언스에서의 연구들과 실제적으로 중첩된다고 하겠다.

또한 다양한 새로운 컴퓨터 응용이 개발되고 있는 분야들과 컴퓨터 사이언스와의 사이에는 많은 공통의 연구 과제들이 있다. 예를 들면, 교육·법률·의학·관광·금융·출판 등과의 접목을 통한 이러한 새로운 컴퓨터 응용 분야의 출현은 컴퓨터 사이언스의 성장과 발전의 밑거름이 되고 있다고 해도 과언이 아니다. 이와 같은 필요성과 요구에 부응하기 위하여 컴퓨터 사이언스에서는 컴퓨터 응용의 편리성과 효율성 등을 고려한 컴퓨터 시스템의 설계에 지대한 관심을 가지고 있다. 그래서 컴퓨터 응용의 양질성 측면에서 HCI(Human Computer Interaction)는 새로이 각광받는 분야이다.

01 연습문제

01 컴퓨터 사이언스를 정의하여 보아라.

02 컴퓨터 사이언스의 기본이 되는 학문 분야에 대하여 설명하라.

03 컴퓨터 사이언스의 주요 연구 분야에 대하여 소개하고, 각 분야에서의 주요연구 과제에 대하여 설명하라.

04 컴퓨터 사이언스와 타 학문과의 관련성에 대하여 설명하라.

05 컴퓨터 사이언스의 역할에 대하여 설명하라.

06 컴퓨터 사이언스의 특성에 대하여 설명하라.

CHAPTER.02

컴퓨터 개요

Computer
Science

CHAPTER

02 컴퓨터 개요

산업 사회 이후 인간이 개발한 것 중 가장 영향력이 있는 제품이 컴퓨터라고 하는 것에 부정하는 사람은 거의 없다. 이러한 영향력을 지닌 최초의 전자식 컴퓨터인 ENIAC이 개발된 것이 1946년이므로 지금부터 약 50여 년이 지났다. 그러나 이렇게 역사가 미천한 컴퓨터의 출현은 인간 생활에 엄청난 변화를 가져다주었으며, 이전에 우리가 글을 모르는 사람들은 지칭하던 문맹(illiteracy)이라는 용어보다는 컴맹 또는 넷맹이라는 용어가 더 무게를 갖는 시대가 온 것이다. 이와 같은 상황하에서 전반적인 컴퓨터 관련 소양을 갖추는 것은 매우 중요한 것이다. 여기서는 먼저 컴퓨터가 무엇인지 그 정의·기능·특징·필요성 등에 대해 알아보고, 이어서 컴퓨터의 출현 배경과 역사, 여러 가지 분류 기준에 따른 컴퓨터 유형에 대하여 설명한다.

1 컴퓨터란 무엇인가

컴퓨터란 무엇인가? 하는 주제는 컴퓨터에 대한 정의와 기능 및 특징, 그리고 필요성 등에 대해 먼저 알아봄으로써 그 질문에 대답할 수 있다.

1. 컴퓨터의 정의

컴퓨터(Computer)란 지금까지 사람이 해 왔던 기억과 계산 등의 일을 빠르고 정확하게 처리해 주는 기계이며, 사람의 지시에 따라 여러 가지 일을 자동적으로 처리해주는 전자 장치이다. 따라서 필요한 사항들을 입력해 주면 컴퓨터 내에서 여러 장치들이 작동되어 원하는 결과를 출력하게 된다. 컴퓨터란 명칭은 원래 『계산을 수행하는 장치』라는 의미를 가지고 있는데, 초기의 컴퓨터가 단순히 수치 계산을 목적으로 만들어졌기 때문에 이러한 이름이 붙여진 것이다. 그러나 오늘날의 컴퓨터는 수치 계산뿐만 아니라 기억하고, 분류하고, 비교하는 것과 같은 여러 가지 일들을 한꺼번에 처리할 수 있다. 즉, 외부로부터 자료를 입력받아 정의된 방법에 따라 자료를 처리하여 정보를 생성하고, 사용자에게 생성된 정보를 출력해 주는 기능을 가지고 있다.

2. 컴퓨터의 기능

컴퓨터는 어떤 데이터가 입력으로 들어오면 데이터를 해석하고, 수행하며, 결과를 출력하는 장치이다. 즉, 컴퓨터의 가장 기본적인 기능은 데이터를 입력받아서 기억하고, 해석하고, 연산하여 만들어진 명확한 결과를 출력 장치를 통하여 나타내는 것이다. 이러한 컴퓨터의 기능을 요약하면 다음과 같다.

(1) 입력 기능

처리할 데이터와 처리 방법 그리고 절차를 지시하는 프로그램을 외부로부터 읽어 들여 기억 장치로 전달해 주는 기능이다.

(2) 기억 기능

읽어 들인 데이터와 절차를 지시하는 프로그램들과 처리된 결과 등을 기억 장치에 기억시키는 기능이다.

(3) 연산 기능

데이터를 기억 장치에 기억된 프로그램을 통해서 산술 연산과 논리 연산을 하여 결과를 만들어 내는 기능이다.

(4) 제어 기능

기억된 프로그램들의 명령을 하나씩 읽고 해석하여 컴퓨터 각각의 기능이 유기적으로 동작하도록 장치들을 제어하고 지시하는 기능이다.

(5) 출력 기능

컴퓨터 내부에 기억된 내용과 처리된 결과를 문자, 도형, 음성 등의 형태로 외부에 보여주는 기능이다.

컴퓨터의 기능 중에서 기억과 제어 그리고 연산 기능은 가장 핵심적인 것으로써 주기억 장치(Main Memory)와 중앙처리 장치(Central Processing Unit : CPU)에서 이루어진다.

3. 컴퓨터의 특징

컴퓨터는 다음과 같은 여러 가지 특징들을 가지고 있다.

(1) 신속성

자료를 주어진 시간 내에 빠르고 신속하게 처리한다. 컴퓨터는 전자적인 장치이므로 컴퓨터가 하나의 명령을 처리하는 데 필요한 시간은 1밀리초(millisecond : ms)보다 작다. 1ms는 10^{-3}초의 속도를 말하고, 현재의 컴퓨터는 10^{-9}초인 1나노초(nanosecond : ns)까지 속도가 향상되었다.

(2) 정확성

계산 시에 에러나 오차를 최소화하고 정확하게 계산하고 판단한다. 컴퓨터의 전자식 회로는 거의 완전하게 설계되고 충분한 테스트를 거치기 때문에 정확한 프로그램과 정확한 자료가 입력된다면 정확한 결과를 낸다. 또한 컴퓨터는 인간처럼 피곤을 느끼는 일이 없으므로 항상 정확한 결과를 얻을 수 있다.

(3) 자동성

입출력을 비롯한 전체 처리 과정을 자동적으로 처리한다. 컴퓨터는 프로그램을 수행하는 기계로서 프로그램 된 대로 자동적으로 수행한다.

(4) 대량성

대량 데이터의 처리가 가능하고 대량 데이터의 저장이 가능하다. 컴퓨터는 여러 가지 기억 장치들과 보조기억 장치들을 가지고 있으므로 대량의 자료를 저장하거나 계산하는 일을 하는 데 매우 편리하다.

4. 컴퓨터의 필요성

정보화 사회에서 컴퓨터의 필요성은 다음과 같이 요약될 수 있다.

① 과학 기술의 발달과 산업 사회의 급격한 변화로 새로운 정보를 신속하게 수집, 분석, 활용할 필요성이 생겼다.
② 사회 현상이 복잡하고 다양해짐에 따라 처리할 데이터 양이 기하급수적으로 증가하였다.
③ 가상 현실이나 모의 실험을 활용하여 위험 부담을 줄일 수 있기 때문이다.
④ 편리한 생활을 위한 기계 및 전자 장치들을 제어하기 위해 컴퓨터가 필요하게 되었다.

2 컴퓨터의 역사

어떠한 기술의 현재 상황과 개념을 이해하려고 한다면 그 기술이 발전되어 온 과정을 이해하는 것이 매우 중요하다. 컴퓨터 역사에 대한 간략한 고찰은 컴퓨터를 이용한 계산의 기본 개념을 이해하는 것과 바로 연관된다. 이러한 이유 때문에 본 절에서는 지금까지 개발된 컴퓨터들의 개념과 특징을 세대별로 구분하여 살펴보고, 미래의 컴퓨터 기술을 예측하여 본다.

1. 초창기 계산기

컴퓨터가 20세기말에 들어서 흰옷을 입은 일단의 미친 과학자들에 의해 개발되었다고 생각하는 사람들도 더러 있기는 하다. 전자식 디지털 컴퓨터에 대해서 국한시켜 볼 때 아주 틀린 생각은 아니다. 그러나 컴퓨터는 미친 과학자들이 개발한 것은 아니고 더더욱 흰옷과는 아무런 상관이 없다.

계산에 대하여 알아보자면 그 기본적인 아이디어는 데이터의 표현과 처리에 대한 개념에 있다. 동물의 수나 곡물의 양을 숫자로 표현할 수 있게 된 후에 수판이 발명되었는데 이것을 고대식 계산기라고 불러도 무방하다. 수판은 막대기에 끼워진 돌들의 위치에 따라 숫자가 표현되고 이 위치를 단순한 규칙에 따라 변경하는 것으로 계산을 수행하는 장치였다.

그림 2-1 • 옛날의 주판

수판이 규칙에 따라 문제를 풀 수 있는 장치인 것을 알고 있는 중세와 근대의 유럽인들은 이러한 규칙을 기계 장치에 집어넣으면 계산을 자동화할 수 있지 않을까 하는 발상에서 톱니 계산기를 발명하게 되었다. 최초로 인정되는 이러한 종류의 계산기는 1642년에 파스칼(Blaise Pascal)이 고안한 장치였다. 이 장치는 손잡이와 이에 딸린 톱니바퀴가 일정한 비율로 배열되어 손잡이를 좌우로 돌리는데 에 따라 덧셈과 뺄셈을 수행할 수 있는 장치였다. 비록 이런 계산 장치가 발전되어서 현재의 IBM(International Business Machines)과 같은 회사에서 생산되는 컴퓨터의 토대가 된 것은 아니지만 뉴턴(Sir Isaac Newton)과 함께 미적분학을 개척한 라이프니츠(Gottfried Wilhelm von Leibniz)에 의해 계산 도구는 크게 진보하였다. 라이프니츠의 계산기는 덧셈과 뺄셈 이외에도 곱셈과 나눗셈을 계산할 수 있었는데 심지어 간단한 제곱근까지도 계산했다고 한다.

2. 근대 계산기

19세기의 발명가들이 제작한 기계식 계산기들은 톱니바퀴로 대표되는 기계의 잠재적 성능을 이용하는 데에 가장 큰 걸림돌이 손으로 수치들을 입력하는 방식이 번거로운 점이었다. 따라서 새로운 형태의 데이터 입력 방법이 고안되어 근대적 계산기가 탄생하게 되었다. 데이터 입력 방식으로 획기적인 발명은 프랑스 방적 기술자인 잭쿼드(Joseph Marie Jacquard)가 고안한 천공 카드(punched card)였다. 애초에 이 천공 카드의 용도는 산업 혁명의 바람을 타고 등장한 자동 방적기가 직조하는 방직물의 무늬를 다양화하는 데에 있었다. 같은 방적 기계에 서로 다른 순서로 다른 색깔의 실을 배치하는 무늬를 큼직한 천공 카드에 구멍을 뚫어서 집어넣으면 방적 기계는 이 카드에 뚫린 구멍의 순서에 따라 톱니가 물려 실의 순서를 정하게 되고 따라서 고품질의 직조물이 생산될 수 있었다. 이 발명품은 20여 년 전 까지만 해도 컴퓨터에 데이터를 입력하기 위한 주요 수단으로 사용될 만큼 중요한 것이었다.

그림 2-2 • 잭쿼드의 방적 기계

마찬가지로 19세기의 인물인 Charles Babbage는 복잡한 수식을 풀어야 하는 상황에 직면했는데 수작업으로는 필요한 시간 내에 도저히 해결할 수 없는 것이었다. 이 난제를 해결하고자 찰스 바베지는 증기 기관의 힘으로 작동되는 수식 계산 기계를 설계하게 되었고 이를 차분 엔진(difference engine)이라고 불렀다. 차분 엔진은 미적분 방정식을 풀 수 있도록 설계되어서 포탄의 궤적을 계산할 수 있다는 점에 착안한 바베지는 영국 정부로부터 지원금을 타 낼 수가 있었으며, 이후부터 컴퓨터 연구에 국방 관련 부처의 개입은 필수적인 요소가 되었다. 그러나 정밀한 수천 개의 톱니바퀴를 만들 수 있는 기계 기술이 부족하여 이 장치는 결국 현실화되지 못하고 지원은 중단되었으나 찰스 바베지는 이를 토대로 더욱 복잡한 계산 장치인 해석 엔진(analytical engine)의 개발에 착수하였다. 그러나 찰스 바베지는 기계의 제작이 완료되기도 전에 잦은 설계 변경으로 인하여 결국 이 장치도 완성되어 동작되는 단계에 이르지 못했다. 만약 완성되었다면 기계식이긴 하지만 입력과 출력, 처리와 저장기능을 가진 현대적 컴퓨터의 시초라고 불릴 만한 것이었다. 그 이후 1991년 런던 과학 박물관은 찰스 바베지의 설계 도면을 가지고 작동하는 차분 엔진을 제작하는데 성공했다. 찰스 바베지는 시인인 바이런(Lord George Gordon Byron)의 딸 에이다(Augusta Ada Byron)와 함께 이 계획을 몇 년이나 끌었는데 에이다는 세계 최초의 여성 컴퓨터 과학자로 기록되게 되었으며, 병렬 처리 프로그래밍 언어(parallel processing programming language)로 유명한 Ada는 그녀의 이름을 딴 것이다.

찰스 바베지(Charles Babbage)

비록 찰스 바베지의 연구가 미완성으로 끝났으나 복잡한 계산 장치에 대한 수요는 세계 각지에서 발생했다. 미국 인구 조사 통계국은 당시 10년마다 인구 조사를 해왔는데 19세기말에 이르러 인구 조사의 결과가 다음 인구 조사 기간을 넘을 위기에 처할 정도로 인구의 증가로 인한 업무량의 폭주로 난처한 지경에 빠졌다. 이를 자동화하기 위해 나선 사람이 홀러리스(Herman Hollerith)로 그는 방적 기계에 이용되는 천공 카드에 착안하여 각종 설문의 결과를 규격화하여 한 사람의 인적 사항이 하나의 카드에 담길 수 있도록 제작한 다음 이 카드를 톱니바퀴 덧셈 기계와 연결하여 자동으로 통계를 계산하는 방법을 고안하였다. 이 방법으로 인구 조사는 단기간에 정확한 통계를 산출할 수가 있었고 홀러리스는 유효성이 입증된 천공 카드 장치를 계속 개량한 끝에 1896년 회사를 설립하였다. 나중에 이 회사에 왓슨(Thomas John Watson)이라는 사업가가 참여하여 1924년에 IBM으로 명명되었다.

3. 현대식 컴퓨터

현대식 전자 컴퓨터는 많은 인력과 자본이 투입된 결과로 개발이 가능하였다. 특히 국방 분야에서의 자동화 요구는 매우 큰 것이어서 대부분의 큰 개발 프로젝트의 자금원이 정부나 국방 부서였다. 최초의 전자식 계산기의 토대는 2차 대전 중에 성능 좋은 계산기를 필요로 하는 군대의 지원으로 마련되었다. 이때 제작된 계산기는 전쟁 중 극비리에 사용되었는데 2차 대전이 끝난 후에 일반 사무용으로 이를 이용하게 된 시기는 1950년말 이었다. 이러한 계산기는 계속 개량이 되어서 1960년대에 들어서는 경제적으로 타산이 맞게 되어 대량으로 도입하게 되었다. 2차대전 이후에 개발된 계산기들은 시기에 따라 뚜렷한 특징을 지니고 있어 이를 바탕으로 세대를 구분하는 것이 가능하다.

(1) 0세대

알란 튜링(Alan Turing)이라는 1930년대의 영국 수학자는 범용 계산 기계가 가능하다면 그 기계의 능력은 어느 정도일지를 밝히는 논문을 작성하였다. 이 뛰어난 수학자는 2차 대전 기간에 독일 해군의 전신 암호를 해독하는 장치의 개발에 참여한 바 있다. 그가 출간한 여러 논문은 컴퓨터라는 장치가 일반인에게는 물론 학계에도 일반화되기 전에 컴퓨터의 특성을 기술한 업적으로 평가되고 있고 오늘날 컴퓨터 분야에서 최고로 여겨지는 상 중에 하나가 그의 이름을 딴 튜링 어워드(Turing Award)일 정도로 뛰어난 것으로 받아들여졌다. 이와는 별도로 아이오와 주립대학의 아타나조프(John Atanasoff) 교수는 제자와 함께 연립 방정식을 풀 수 있는 전용 전자식 디지털 컴퓨터를 제작하는데 성공했으나 그 이상의 성과를 얻는 데에는 실패하여 최초의 범용 디지털 컴퓨터 개발자의 영광을 놓쳤다. 한편 하버드 대학의 에이킨(Howard Aiken) 박사는 찰스 바베지의 해석 장치에 대한 에이다의 기록을 보고 이를 실현하려는 시도로 당시 천공 카드를 팔아 승승장구하던 IBM 사로부터 지원을 받아 전기식과 기계식을 혼합한 계산기를 제작했다. 그 외에도 미국방성(Department of Defense)은 유도탄의 궤적을 미리 계산해서 전장에서 사용할 필요를 느꼈다. 이를 해결하기 위해 고속 계산기를 제작하기로 하고 미국 필라델피아에 소재한 펜실베니아 대학교의 모클리(J. Mauchly) 박사와 그의 학생 에커트(J. P. Eckert Jr.)에게 연구를 의뢰하였다. 모클리와 에커트는 전쟁이 끝난지 두 달 뒤에야 ENIAC(Electronic Numerical Integrator And Computer)으로 이름 붙인 완전한 범용 전자 컴퓨터를 개발해 내었다.

그림 2-3 • 최초의 컴퓨터 ENIAC

이 컴퓨터는 초당 5번의 곱셈이라는 놀라운 속도를 자랑하였으나 한 가지 문제를 풀도록 맞추어 놓은 후에 다른 문제를 풀기 위해 명령을 변경하기 위해서 회로를 재배치해야 하는 문제점이 있었다. 몇 주에 걸쳐 약 2만여 개의 진공관 중 상당수를 다시 배치해야 다른 순서로 계산을 할 수 있었고 그만한 수의 진공관을 가동하기 위해 필요한 전력은 한 도시의 전깃불까지 흐릿하게 만들 지경이었다. 그리고 진공관은 자주 고장이 나서 잠시 동작하는 사이 하나의 진공관이 고장나 전체 회로가 마비되는 과정도 잦았다.

결국 인상적인 성능과 외관을 갖춘 장치였으나 현재 몇 천 원이면 구입 가능한 전자계산기보다도 용도는 한정되었다. 이에 대한 돌파구를 찰스 바베지에 이은 두 번째 컴퓨터의 아버지로 불리는 수학자인 존 폰 노이만(John von Neumann)이 고안하였고 이 방식이 에커트의 연구 결과와 접목되었다. 이 방식이 바로 저장 프로그램 개념(stored program concept)으로 컴퓨터 프로그램을 처리해야 할 데이터의 일부로 규정하여 이를 기억 장치에 저장해 놓고 반복적으로 이용 가능하도록 한 방식이다.

오늘날의 컴퓨터는 규모가 크던 작던 가격이 비싸던 싸던 간에 모두 이 저장 프로그램 개념을 이어받은 것으로 폰 노이만 기계라고 부른다.

그림 2-4 • ENIAC 컴퓨터 작동 모습

(2) 1세대 컴퓨터(1950년대)

ENIAC과 같은 컴퓨터는 소수의 과학자와 공학자 및 군대에서 이용되었으며 상업적 목적으로 이용된 적이 없었다. 이 시기에 모클리와 에커트는 프로그램 내장 방식을 적용한 컴퓨터를 판매할 수 있을 것이라는 생각에 개발하고 이를 UNIVAC(Universal Automatic Computer)이라고 명명했다.

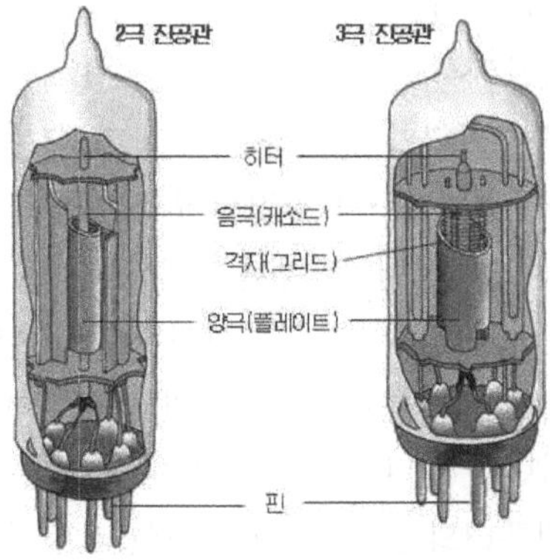

그림 2-5 • 진공관 구조

입력 장치로 IBM의 천공 카드를 이용하고 내부 계산 장치로 진공관을 이용하도록 설계되었는데 인구 조사에 이미 천공 카드를 이용하던 인구 조사국이 이를 구입하였고 이 사실이 UNIVAC을 최초로 판매된 컴퓨터로 유명하게 만들었다. 그러나 모클리와 에커트는 회사를 유지하는데 실패하여 현재의 Unisys라는 회사의 전신인 Sperry-Rand 사에 입사하였다.

그림 2-6 • 진공관

이를 보고 IBM은 701이라고 명명한 진공관식 디지털 컴퓨터를 개발했다. 진공관 컴퓨터들은 전력을 엄청나게 소비하는 반면 속도는 느리고 가격은 비싼데다가 작동하려면 0과 1로 이루어진 이진법 기계어에 익숙한 특수 전문가가 필요했기 때문에 결국 몇 대 팔리지 못했지만 엄청난 덩치에 번쩍번쩍하는 불빛이 비치는 컴퓨터가 설치된 방을 본 일반인들은 이러한 장치의 실체를 파악할 수 없었고 각종 잡지와 방송에 '생각하는 기계'로서 컴퓨터가 질문에 대해 대답을 척척 내놓는 상상을 하였다.

(3) 2세대 컴퓨터(1950년대말~1960년대초)

1세대 컴퓨터에서 가장 불편한 점은 프로그래밍이 어려운 점과 진공관의 사용에 따른 고장이 잦다는 점이었다. 1세대 컴퓨터가 출현하는 것과 거의 동시에 개발된 트랜지스터(TR : TRansistor)는 이 시기에 이르러 성능이 안정되었고 진공관의 단점인 크기, 전력 소모, 열 발생의 문제 등을 한꺼번에 해결하였다. 진공관 컴퓨터와 같은 원리로 작동하는 트랜지스터 컴퓨터가 등장하자마자 컴퓨터의 처리 속도는 획기적으로 빨라지게 되었다. 이렇게 빠르게 되자 오히려 기존의 천공 카드와 같은 입력 장치의 속도가 매우 느린 탓에 컴퓨터의 계산 가능한 처리량의 대부분이 입력을 기다리는 상태에 빠졌다. 트랜지스터로 제작한 컴퓨터라도 가격이 비싸기로는 진공관 컴퓨터와 크게 틀리지 않았고 비싼 컴퓨터를 도입한 기관들은 어떻게 해서라도 시간이 더 흐르기 전에 도입한 컴퓨터에서 더욱 많은 계산을 하기 위한 방법을 찾기 위해 애를 썼다. 이에 대한 중요한 두 가지 해결책은 이 시기에 연구가 시작되었으나 3세대 컴퓨터가 등장하고 보급된 이후에야 이용이 가능해졌다. 그중 하나인 병렬 처리(parallel processing) 기법은 여러 개의 프로세서가 입력과 출력 및 연산을 독자적으로 수행할 수 있도록 하는 것이고 다른 하나는 한 개의 프로세서가 서로 다른 여러 개의 프로그램을 번갈아 가면서 처리하는 멀티프로그래밍(multi-programming) 기법이었다. 이 두 기술은 메인프레임 기술에 전면적으로 채용되어 3세대 컴퓨터가 폭발적으로 산업계에 도입될 수 있도록 하였다. 그 이전까지의 2세대 컴퓨터는 이러한 기술의 장점을 활용할 수가 없었기 때문에 활용의 폭이 크게 제한되었다.

그림 2-7 • 트랜지스터

(4) 3세대 컴퓨터(1960년대중반~1960년대말)

트랜지스터를 이용한 2세대 컴퓨터가 1세대 컴퓨터를 창고로 내몰은 것과 마찬가지의 현상으로 3세대 컴퓨터는 2세대 컴퓨터 대다수를 사장시켜 버렸다. 3세대 컴퓨터에 사용된 것은 트랜지스터와 동일한 원리로 작동되지만 하나의 작은 실리콘(silicon) 조각 위에 여러 개의 트랜지스터와 전자회로를 포함한 집적회로(IC : Integrated Circuit)였다. 이 집적회로는 제조 공정상의 독특함 때문에 칩(chip)이라고도 불린다. 2세대에도 많은 트랜지스터를 이용하면 보다 복잡하고 강력한 컴퓨터를 만들 수 있다는 사실이 알려져 있었으나 개개의 트랜지스터를 납땜해 붙이는 제조 방식으로는 매우 비싼 제조 비용을 감당할 수가 없었다. 집적회로를 이용한 결과 이러한 비용의 문제가 크게 줄었기 때문에 강력한 성능을 가진 컴퓨터의 제조가 가능했다. 성능이 강력해지는 데에 더더욱 유리했던 점은 멀티프로그래밍과 병렬 처리 기법이 사용 가능하였기에 많은 사용자가 한 대의 컴퓨터를 동시에 사용할 수가 있어서 사용자 한 명당 드는 컴퓨터 비용이 획기적으로 낮아지게 되어 대부분의 미국 대기업은 이 시기에 컴퓨터를 도입하는 데에 주저하지 않았다. 이 시기의 후반기에는 DEC(Digital Equipment Corporation) 사가 크기를 크게 축소시킨 미니 컴퓨터를 개발하여 더 이상 컴퓨터가 큰 방 하나를 통째로 차지하고 높은 월급을 받는 운용 전문가가 필요하지 않게 되어 작은 회사도 컴퓨터를 가질 수 있게 되었다.

(5) 4세대 컴퓨터(1970년대초~1980년대말)

1970년대 초에 인텔(Intel Corporation) 사는 시계용 집적회로를 설계하는 일거리를 떠맡았고 이를 테드 호프(Ted Hoff)에게 맡겼다. 결과로 나온 하나의 집적회로는 연산, 제어, 기억 등의 프로세서의 모든 기능을 단순하나마 수행할 수 있는 세계 최초의 마이크로프로세서(microprocessor)였다.

그림 2-8 • 최초의 애플 컴퓨터

초기의 집적회로가 수십 개의 트랜지스터를 하나의 칩에 담을 수 있는 것이었는데 반해 이 시기에 집적회로에 들어가는 트랜지스터의 개수가 수천에서 수만 개까지 들어갈 수 있는 고밀도 집적회로(LSI : Large Scale IC)와 수십만에서 수백 만개까지 들어갈 수 있는 대규모 집적회로(VLSI : Very Large Scale IC)가 개발되고 이 기술을 이용하여 마이크로프로세서는 더욱 강력해질 수 있는 기반이 마련되었다.

최초의 마이크로프로세서 4004는 결국 미약한 성능 때문에 주문 회사로부터 외면을 받았지만 인텔은 연구를 계속하여 8008, 8080으로 이어지는 마이크로프로세서를 개발하였다. 이 단계에 와서 실제로 마이크로프로세서를 이용한 마이크로 컴퓨터를 제작하여 실질적으로 이용할 수 있는 가능성이 열렸지만 대형 컴퓨터 회사들은 마이크로프로세서의 미약한 성능 때문에 장난감 이상으로 취급하지 않았고 단지 취미로 마이크로 컴퓨터를 조립하려는 컴퓨터 애호가들의 관심을 끌었을 뿐이었다. 그러나 1975년 MITS라는 작은 전자 제품 조립 업체가 최초의 개인용 마이크로 컴퓨터라고 할 수 있는 Altair 8800에 8080 마이크로프로세서를 장착하여 내 놓은 이후로 이러한 종류의 컴퓨터는 폭발적인 인기를 끌었고 곧이어 애플 컴퓨터(Apple Computer Inc.) 사를 설립한 스티븐 워즈니악(Steven Wozniak)과 스티브 잡스(Steve Jobs)의 애플 컴퓨터는 사실상 여태까지 대형 컴퓨터 제조 업체의 메인 프레임과 미니 컴퓨터 위주로 진행되던 컴퓨터 시장의 양상을 바꾸어 놓을 정도가 되었다. 주로 메인 프레임 기종의 임대와 판매로 컴퓨터 시장을 장악하던 IBM도 1981년에는 16비트 프로세서인 8088을 채택한 개인용 마이크로 컴퓨터를 제조 판매하게 되었고 이후의 컴퓨터 산업은 해가 갈수록 강력해진 마이크로프로세서 위주로 개편되어 현재는 메인 프레임과 슈퍼 컴퓨터까지도 핵심 부품으로 여러 개의 마이크로프로세서를 중심으로 설계되고 있다. 현재도 마이크로프로세서의 성능 향상은 계속되어 그 발전상은 최초의 마이크로프로세서인 4004가 2,000여 남짓한 트랜지스터를 가진데 비해 펜티엄 프로세서(pentium processor)는 약 300만 개의 트랜지스터를 집적하게 되었다. 이러한 집적화는 향후 계속되어 하나의 칩에 약 10억 개의 트랜지스터를 집적하는 것까지 가능한 것으로 간주된다.

그림 2-9 • 집적 회로

(6) 5세대 컴퓨터(1990년~현재)

지금까지는 주로 하드웨어상의 기술적 발전을 위주로 살펴보았으나 각 시기는 하드웨어상의 뚜렷한 특징 이외에도 이러한 하드웨어를 바탕으로 운용할 수 있는 소프트웨어의 발전 또한 각 시기별로 이루어졌다. 1세대의 진공관 컴퓨터는 비록 프로그램을 사용한다고는 해도 컴퓨터가 수행하도록 사용자가 내리는 명령은 0과 1로 이루어진 이진수들의 긴 나열로 수작업으로 구성해서 사용해야 했다. 이러한 소프트웨어는 단순한 작업을 수행하더라도 복잡하고 어려운 프로그래밍 과정을 오랜 교육을 받은 전문가가 할 수밖에 없어서 그 활용에 있어서 제한점이 많았다.

따라서 1세대 컴퓨터가 이용되는 중간에는 이러한 기계어를 인간이 인식할 수 있는 문자로 대치해서 쓰는 방법이 개발되었는데 이러한 언어가 어셈블리 언어(assembly language)이다. 2세대 트랜지스터 컴퓨터가 이용 가능할 무렵에는 어셈블리 언어나 기계어(machine language)로 작성하는 프로그램의 어려움을 해결하기 위해 보다 인간이 인식하기 쉬운 언어로 작성한 프로그램을 어셈블리 언어나 기계어로 번역하는 컴파일러(compiler) 기술이 나타났다. 컴파일러 기술은 프로그램 내장 방식에 이은 두 번째의 컴퓨터 구조의 혁명이라고 할 수도 있다. 컴파일러를 이용하면 복잡한 2진(binary) 숫자 체계와 컴퓨터의 작동 원리를 익힐 필요가 없이 단기간의 교육을 받고 즉시 해답을 원하고자 하는 문제를 프로그램으로 바꿀 수 있다. 3세대 컴퓨터가 개발되기 전에 컴파일러를 이용하는 기술이 확립되자 프로그램을 보다 체계적으로 구성할 필요가 생겼고 이에 따라 구조적 프로그래밍 언어 기법이 도입되었다. 이를 이용하면 문제가 발생할 때마다 완전히 새로운 프로그램을 작성할 필요가 없이 반복적으로 사용되는 프로그램의 모음인 라이브러리(library)를 이용하여 쉽고 빠르게 프로그램을 작성할 수 있게 되었다. 현재의 모든 소프트웨어들은 이와 같은 구조적 프로그래밍(structured programming) 언어의 기법을 이용하여 작성된 것이다. 4세대부터 마이크로컴퓨터가 널리 사용되면서 컴퓨터에 대한 많은 지식이 없이도 쉽게 사용할 수 있는 그래픽 사용자 인터페이스(GUI : Graphical User Interface)가 개발되고 널리 보급되게 되었다. GUI 기술은 1979년에 복사기로 유명한 제록스(Xerox) 사에서 최초로 개발되었다. 이것을 애플사의 스티브 잡스가 응용하여 자사의 컴퓨터에 먼저 채용하였지만, 현재는 IBM PC는 물론 그 호환 기종들에서도 윈도우(Windows)라는 제품으로 구현되었다. 윈도우는 이제 전 세계의 90% 이상의 개인용 컴퓨터에 탑재되고 있다.

랩탑(laptop)과 팜탑(palmtop) 컴퓨터의 출현과 보조 기억 장치(CD-ROM, DVD 등)의 개선과 멀티미디어의 사용, 가상현실 등이 이 세대의 주요 특징이다.

(7) 미래의 컴퓨터 기술

마이크로프로세서의 등장으로 시작된 개인용 컴퓨터(PC : Personal Computer)의 시대는 아직도 계속되고 있으며, 2000년대 중반인 현재 5세대가 1990년경에 시작된 사실로 미루어 볼 때 새 세대로 변하는 시점이 언제쯤 될지는 기약할 수 없다. 미래의 컴퓨터 기술을 한 마디로 말하기는 힘들지만 현재까지 알려진 바로는 다음과 같은 하드웨어와 소프트웨어의 특징으로 예측할 수가 있다.

하드웨어 측면에서 볼 때 특히 차세대 컴퓨터는 연산 장치를 공간적으로 다수 배치하여 빠른 계산 속도를 얻도록 만든 병렬 처리(Parallel Processing) 기술이 더욱 두드러질 것이고 또한 대용량의 주변기기들과의 접목을 통해 컴퓨터의 멀티미디어화가 더욱 확산될 것이다. 그리고 착용식 컴퓨터(Wearable Computer), 광 컴퓨터(Optical Computer), 양자 컴퓨터(Quantum Computer), 바이오 컴퓨터(Bio Computer) 등과 같은 새로운 형태의 기술들이 적용된 제품들이 출현할 것으로 기대된다.

소프트웨어 측면에서 보면 미래에는 사람처럼 말하고 생각하며 스스로 판단할 수 있는 인공 지능 컴퓨터(AI Computer)와 인간의 뇌신경망을 모방하여 음성 인식 및 합성, 문자 인식 등이 가능한 신경망 컴퓨터(Neuro Computer)가 등장할 것으로 예상된다. 인공 지능(AI : Artificial Intelligence) 기법은 사람의 언어인 자연어를 이해하고, 스스로 주어진 사실을 가지고 문제를 밝혀내고 학습할 수 있는 기능으로 이와 같은 일들을 하는 컴퓨터를 미래의 새 세대 컴퓨터라고 부를 수 있게 될 것이다.

미래에는 또한 유비쿼터스 컴퓨팅(Ubiquitous Computing)이 보편화 되어 사용자가 네트워크나 컴퓨터를 의식하지 않고 장소에 상관없이 자유롭게 네트워크에 접속할 수 있는 정보통신 환경이 형성됨으로써 컴퓨팅의 사용성을 극대화한 사용자 중심의 중단없는 컴퓨팅 환경이 제공될 것으로 예상된다. 즉, 미래의 유비쿼터스 컴퓨팅은 장소나 시간에 구애 받지 않고 생활 속에서 자연스럽고 편리하게 컴퓨터를 사용하는 것을 말한다. Computing, Communication, Connectivity, Contents, Calm(5C)을 기초로 하여 Anytime, Anywhere, Anydevice, Anynetwork, Anyservice(5A)를 지향하는 특징이 있다. 기본적으로 쾌적하고(fresh), 보이지 않아야 하고(invisible), 조용하여야 하며(calm & silent), 가상현실이 아닌 실제이어야 하고(real), 사물들이 대화를 할 수 있어야 하고(connected), 그 보안이 유지되어야(secure) 한다는 조건을 만족하여야 진정한 유비쿼터스 컴퓨팅이라고 할 수 있다.

미래의 컴퓨터 기술 및 향후 새로운 컴퓨팅 환경의 변화에 대한 보다 자세한 내용은 제13장 미래의 컴퓨터에서 배우게 될 것이다.

지금까지 설명한 컴퓨터 세대 구분을 요약한 것이 [표 2-1]이고, 컴퓨터 분야에서 이용되는 단위를 요약한 것이 [표 2-2]이다.

표 2-1 • 컴퓨터 세대 구분

세 대	특 징
제1세대	•구성 소자 : 진공관 •기억 장치 : 수은 지연회로, 자기 드럼, 자기 코아 •처리 속도 : 10^{-3}(ms : milli second) •응용 분야 : 과학 계산, 사무 계산 •입·출력 장치 : 종이 테이프, 천공 카드 •사용 기종 : ENIAC, UNIVAC, EDVAC •기계어 사용
제2세대	•구성 소자 : 트랜지스터 •기억 장치 : 자기 코아, 자기 드럼, 자기 디스크 •처리 속도 : 10^{-6}(μs : micro second) •응용 분야 : 과학 계산, 사무 통계 관리 업무 •주요 출력 장치 : 천공 카드 •사용 기종 : UNIVAC-USSC, USSC II, IBM 7070, IBM 7090 •고급 언어 등장 : FORTRAN, COBOL, ALGOL •과학용 컴퓨터와 사무용 컴퓨터 분리 시작
제3세대	•구성 소자 : 집적회로(IC) •기억 장치 : 자기 코아, 자기 박막 자성선 •처리 속도 : 10^{-9}(ns : nano second) •주요 응용 분야 : 경영 정보 시스템(MIS : Management Information System) •사용 기종 : IBM 360, UNIVAC 9000 •주요 개념 : 다중 처리(multi-processing) 다중 프로그래밍(multi-programming) 시분할 처리 시스템(TSS : Time Sharing System)
제 4세대	•구성 소자 : 고밀도 집적회로(LSI), 대규모 집적회로(VLSI) •기억 장치 : 자기 코아, 반도체 메모리 •처리 속도 : 10^{-12}(ps : pico second) •주요 응용 분야 : 공장 자동화(FA : Factory Automation) 사무 자동화(OA : Office Automation) •주요 특징 : 개인용 컴퓨터의 대중화 운영 체제(OS : Operating System)의 발전
제5세대	•구성 소자 : 대규모 집적회로(VLSI), 초고밀도 집적회로(ULSI) •기억 장치 : 반도체 메모리 •처리 속도 : 10^{-15}(fs : femto second) •주요 응용 분야 : 객체지향언어(OOP) 인터넷(Internet) 병렬 컴퓨팅(Parallel Computing) •주요 특징 : 멀티미디어(Multimedia)의 대중화 가상 현실(VR : Virtual Reality)의 대중화

표 2-2 • 컴퓨터 사용 단위 요약

단위 기호	의 미	크 기	비 고
a	atto	10^{-18}	
f	femto	10^{-15}	
p	pico	10^{-12}	
n	nano	10^{-9}	
μ	micro	10^{-6}	
m	milli	10^{-3}	
K	Kilo	10^{3}	2^{10}
M	Mega	10^{6}	2^{20}
G	Giga	10^{9}	2^{30}
T	Tera	10^{12}	2^{40}
P	Peta	10^{15}	2^{50}
E	Exa	10^{18}	2^{60}

3 컴퓨터의 분류

컴퓨터는 사용 목적, 데이터 표현 방식, 처리 용량 등의 기준에 따라 여러 가지 형태로 분류할 수 있다. 본 절에서는 여러 가지 분류 기준에 따라 컴퓨터를 분류해 본다.

1. 사용 목적에 따른 분류

먼저 사용 목적에 따른 분류를 살펴보면 크게 특수용 컴퓨터(special-purpose computer), 범용 컴퓨터(general-purpose computer), 개인용 컴퓨터(personal-purpose computer)로 구분할 수 있다.

(1) 특수용 컴퓨터

특수용 컴퓨터는 전용 컴퓨터라고도 하며 복잡한 작업이건 단순한 작업이건 주로 한 가지 작업만을 처리할 수 있도록 설계되고 만들어진다. 이러한 특수용 컴퓨터는 생각보다 다양한 분야에서 사용된다. 예를 들면, 달착륙선은 여러 가지 작업에 각기 작업을 전담하는 특수용 컴퓨터가 여러 개 사용되었는데 그중 하나는 착륙선의 고도를 측정하고 상대적인 위치를 조절하는 작업만을 전담하는 컴퓨터가 있었다. 또한 컴퓨터 게임, 교통 신호 제어기, 고속도로 통행료 징수 장치, 무기 제어 장치, 가전 제품 등에 사용되기도 한다. 특수용 컴퓨터는 제한된 작업만을 할 수 있으며 가격 또한 비싼 경우가 많다. 그 이유는 개발에 적지 않은 시간과 비용이 들기 때문이다. 그러나 최근의 개발 도구들의 발전 덕분에 이러한 특수용 컴퓨터를 제작하는 방식이 상당히 자동화되었기 때문에 적용되는 분야가 날로 늘어가고 있다.

그림 2-10 • 특수용 컴퓨터 (워드 프로세서)

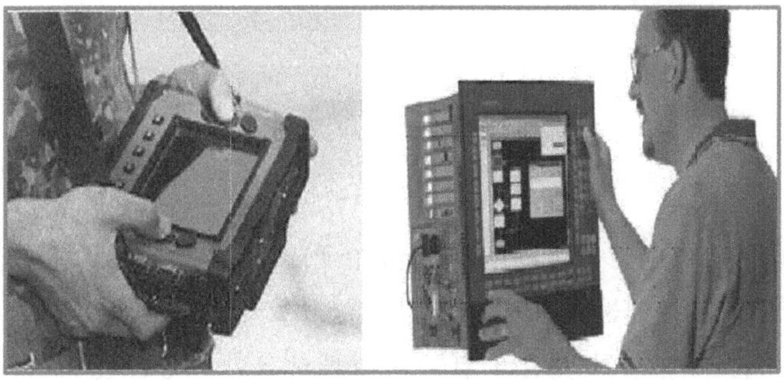

그림 2-11 • 특수용 컴퓨터 (군사용 및 산업용)

(2) 범용 컴퓨터

특수용 컴퓨터와는 달리 여러 분야의 다양한 일을 할 수 있도록 설계된 범용 컴퓨터가 있다. 범용 컴퓨터는 일반적인 자료 처리는 물론이고, 프로그램을 교체하여 다른 작업에 이용할 수 있도록 설계되고 제작된 컴퓨터를 말한다. 특수용 컴퓨터는 한 가지의 프로그램만을 전문적으로 수행할 수 있게 설계되었으나 범용 컴퓨터는 내장된 저장 장치에 여러 가지 종류의 프로그램을 저장해 놓고 필요한 작업에 맞는 해당 응용 프로그램을 사용자의 명령을 받아 기억 장치에 읽어 들여서 수행할 수 있는 구성을 가지고 있다. 따라서 동일한 하드웨어를 이용하여 서로 다른 여러 가지의 프로그램을 수행시킬 수 있다. 이러한 범용 컴퓨터는 다양성을 장점으로 가지고 있으나 한 가지 작업만을 이용할 경우에는 특수용 컴퓨터보다 효율이 떨어지는 경우가 많아서 비용이 많이 들게 된다. 전력이 제한되어 있는 상황 아래서 작동해야 하는 달착륙선에 범용 컴퓨터를 탑재할 경우에는 같은 성능을 내는 특수 목적용 컴퓨터보다 많은 공간과 전력을 사용하기 때문에 불합리하다.

범용 컴퓨터는 과학 기술에 필요한 수치 계산 및 모의 실험, 생산·판매·재고·급여·인사·회계 등의 기업 업무, 은행과 같은 각종 금융 기관 등의 금융 업무, 항공·호텔 업계 등의 예약 업무 등과 같이 그 응용 분야가 실로 무궁무진하다.

그림 2-12 • 범용 컴퓨터(IBM main-frame)

(3) 개인용 컴퓨터

개인용 컴퓨터는 흔히 PC(Personal Computer)라고 부르는 개인의 업무를 처리하도록 설계된 컴퓨터를 말한다. 이는 반도체 기술의 향상으로 집적도가 높아지고 마이크로프로세서의 등장으로 부피를 작게 하고 개인의 업무 처리에 필요한 기능을 강화시켜 값싸고 편리하게 사용할 수 있도록 만든 마이크로 컴퓨터의 한 종류라고 할 수 있다.

오늘날의 개인용 컴퓨터는 구조가 간단하고 다루기 쉬우며 가격도 저렴하고 성능이 향상되어 교육용, 가정용, 기업용 등으로 널리 보급되고 있다. 개인용 컴퓨터는 내부에 장착된 마이크로프로세서의 등급에 따라 XT, AT, 386 PC, 486 PC, 펜티엄 PC 등으로 발전되어 왔다.

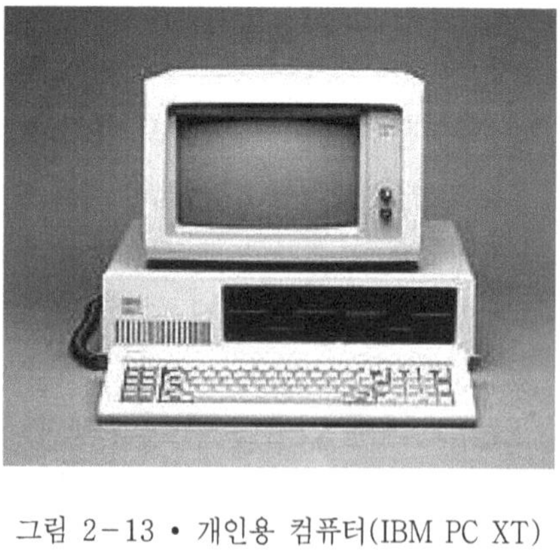

그림 2-13 • 개인용 컴퓨터(IBM PC XT)

2. 데이터 표현 방식에 따른 분류

컴퓨터는 데이터 표현 방식에 따라 디지털 컴퓨터(digital computer)와 아날로그 컴퓨터(analogue computer), 그리고 하이브리드 컴퓨터(hybrid computer)로 나눌 수 있다. 이는 컴퓨터가 취급하는 데이터의 형태가 불연속적인 성격을 가지는 이산 데이터와 연속적인 표현 방식의 아날로그 데이터로 나눌 수 있기 때문이다.

(1) 디지털 컴퓨터

현대적 의미에서의 컴퓨터는 일반적으로 디지털 컴퓨터를 말하는 경우가 많고 실제로 대부분의 컴퓨터는 디지털 컴퓨터이다. 디지털 컴퓨터와 아날로그 컴퓨터의 차이는 아날로그 컴퓨터는 전기나 전류의 모든 변화를 이용하는 방식인데 반해 디지털 컴퓨터는 연속적이 아닌 이산적(discrete)인 형태로 이용하는 것이다. 디지털 컴퓨터는 시간에 따른 연속적인 변화량을 나타낼 때에는 정해진 시간에 측정된 수치만을 기억한다. 현재의 기술로 특수한 아날로그 컴퓨터만이 이용되었던 분야도 성능이 뛰어난 디지털 컴퓨터로 대치할 수 있기 때문에 아날로그 처리 방식을 가지는 컴퓨터는 사라졌으며 일부 측정장치에서 디지털 컴퓨터가 직접 수치화할 수 없는 물리량을 측정하는 용도에 아날로그 처리 방식이 사용된다.

(2) 아날로그 컴퓨터

현재의 컴퓨터는 대부분 디지털 방식이지만 약 20여 년 전까지만 하더라도 아날로그 컴퓨터도 이용되었다. 아날로그 컴퓨터는 물리적인 유사성으로 변수나 양을 표현하고 이를 수학적으로 분석한 물리적 상태를 흉내 내는 방식으로 작동한다. 거리, 속도, 가속도, 온도, 압력 등의 물리량을 전압이나 전류의 양으로 대치하고 기계적 또는 전자적으로 동등한 회로에서 작동시킨 결과를 이용하는 방식이다. 일반적으로 자동차의 속도계가 이러한 아날로그 장치이다. 자동차 주행 축이 회전할 때 이는 전자기 유도를 통해 전류 값으로 변환되고 이 전류가 다시 주행 계기 판의 해당 속도만큼의 계기를 움직이기 때문에 운전자는 바퀴의 회전 속도에 따른 현재 자동차의 진행 속도를 간편하게 알 수 있다.

[표 2-3]은 디지털 컴퓨터와 아날로그 컴퓨터를 상호 비교하고 있다.

표 2-3 • 디지털 컴퓨터와 아날로그 컴퓨터의 비교

구 분	디지털 컴퓨터	아날로그 컴퓨터
데이터 형식	불연속적인 자료	연속적인 자료
입력 형식	부호, 코드화된 숫자, 문자, 기호	길이, 전압, 전류 등 연속적인 양
출력 형식	숫자, 문자, 부호	곡선, 그래프
정밀도	필요한 한도까지 가능	정밀도 제한(0.01% 까지)

구 분	디지털 컴퓨터	아날로그 컴퓨터
연산 방식	사칙, 논리연산	미적분 연산, 고속
대상 업무	범용	특수용, 미분방정식
회로 구성	논리 회로	증폭 회로, 릴레이
프로그램	필요함	필요 없음

(3) 하이브리드 컴퓨터

하이브리드 컴퓨터는 디지털 컴퓨터와 아날로그 컴퓨터의 장점과 특성을 혼합한 컴퓨터로써 변환기를 통해 아날로그 형태로 입력된 데이터를 디지털 형태로 변환하여 처리한 후 결과를 디지털 형태나 다시 아날로그 형태로 변환하여 출력할 수 있는데 이는 어떤 형태의 데이터라도 처리가 가능한 특수 목적의 컴퓨터라고 할 수 있다.

그림 2-14 • 하이브리드 컴퓨터

3. 처리 용량에 따른 분류

범용 목적의 디지털 컴퓨터가 현재 가장 많이 쓰이고 있으며 그 이외의 컴퓨터들은 앞으로 언급할 분류에 큰 연관성이 없다. 얼마 전까지만 해도 컴퓨터의 처리 용량은 컴퓨터의 크기에서 좌우되는 경우가 많아서 컴퓨터의 크기가 클수록 처리 용량이 크고 가격도 비싼 것으로 생각되었다. 현재는 크기와는 별도로 컴퓨터의 처리 속도에 따른 분류를 주로 사용한다. 처리 속도가 빠를수록 강력하고 비싼 컴퓨터인데 이에 따라 슈퍼 컴퓨터, 메인 프레임, 미니 컴퓨터, 워크스테이션과 마이크로 컴퓨터의 5가지 유형으로 분류할 수 있다.

(1) 슈퍼 컴퓨터

슈퍼 컴퓨터(super computer)는 가장 빠르고 가장 가격이 비싼 컴퓨터를 총칭하는 용어이다. 일반적으로는 시간이 오래 걸리는 복잡한 수학 공식을 반복적으로 방대한 분량을 계산하는 과학 기술 분야에서 주로 사용된다. 이러한 분야는 주로 항공 우주, 입자물리와 화학, 전자, 자동차 및 석유 탐사 분야와 기상 예측, 지진 분석, 유전자 분석 등이다. 1994년 목성과 혜성의 충돌이 일어났을 때 이에 따른 효과를 관측하고 기록하는 데에 이용된 것이 슈퍼 컴퓨터이다.

최초의 슈퍼 컴퓨터는 1960년대에 미국 국방성을 위해 그 당시 가장 빠르고 강력한 기계를 만들어 달라는 요청을 받아 만든 것이다. 현재에도 슈퍼 컴퓨터의 개발과 이용에 가장 큰 영향력을 끼치는 것이 세상에서 가장 빠르고 강력한 컴퓨터를 만들어 달라는 주문이다. 슈퍼 컴퓨터 생산자들은 이러한 주문을 받으면 수 십억 원에 이르는 투자를 하여 한 모델에 대해 소수의 컴퓨터만을 개발하고 생산한다. 이렇게 생산된 슈퍼 컴퓨터가 대단한 성능을 발휘하는 한 가지 이유는 여러 개의 프로세서를 동시에 사용하는 방식으로 작동하기 때문이다. 여러 개의 작업을 여러 개의 프로세서에서 수행하거나 하나의 복잡한 작업을 여러 개의 프로세서에 나누어 수행하는 멀티프로세싱 기법이 이러한 슈퍼 컴퓨터를 보다 효율적으로 이용하여 성능을 향상시키는 방법으로 초기의 슈퍼 컴퓨터가 2개나 4개의 프로세서를 이용하는 데에 비해 현재의 슈퍼 컴퓨터는 수백 개에서 수천 개의 프로세서를 사용하는 경우가 많다.

슈퍼 컴퓨터의 속도를 나타내는 기준은 시간의 단위를 이용하는 것이다. 나노 초(ns) 또는 피코 초(ps)의 시간 단위로 명령을 수행하는 시간을 나타내거나 메가 플롭스(mega flops : 초당 100만개) 또는 기가 플롭스(giga flops : 초당 10억개)의 단위로 시간당 수행할 수 있는 명령의 수를 가지고 성능을 나타낸다. 이러한 단위는 다른 종류의 컴퓨터와 공동으로 사용이 가능하지만 그 단위에 있어서 10기가 플롭스 이상을 가지고 있는 컴퓨터가 슈퍼 컴퓨터의 범주에 포함된다. 이러한 성능은 일반적인 회계 및 기록 관리에 이용하기에는 지나치게 강력하기 때문에 계산 중심의 작업에 많이 이용되는 것이다.

그림 2-15 • 크레이 슈퍼 컴퓨터

이용되는 슈퍼 컴퓨터의 수가 적기 때문에 슈퍼 컴퓨터를 개발하고 생산하는 회사들도 전 세계적으로도 몇 되지 않는다. 잘 알려진 회사들은 크레이 리서치(Cray Research), 싱킹 머신즈(Thinking Machines), 후지쓰(Fujitsu), 히타치(Hitachi)가 있다. 크레이 리서치는 1972년에 세이모어 크레이(Seymour Cray)에 의해 설립된 회사이고 이 방면에서 최고의 회사로 이름나 있다. 크레이 리서치에서 생산된 256프로세서의 슈퍼 컴퓨터들은 유럽과 아시아의 각종 기관에서 기상과 국방 분야에 이용할 목적으로 도입한다.

이 슈퍼 컴퓨터에는 DEC 사에서 생산된 알파 마이크로프로세서(alpha microprocessor)가 사용되었다고 한다.

싱킹 머신즈 사의 주력 생산 기종은 이보다 훨씬 성능이 뒤쳐지는 마이크로프로세서를 이용하지만 그 수에서 6만 4천개 가량을 동시에 작동시키는 슈퍼 컴퓨터이다. 이 기종은 비교적 슈퍼 컴퓨터 중에서 가격이 저렴한 편이다. 슈퍼 컴퓨터는 용도에 따라 주문 생산되는 경우가 많기 때문에 가격이 매우 높은데 제일 저렴한 기종이라도 20억원 이상이며 200억원 정도 하는 기종도 성능의 경쟁 때문에 종종 나타난다. IBM도 자사에서 개발한 파워 PC 마이크로프로세서(power PC microprocessor)를 2,000개 가량을 장착한 슈퍼 컴퓨터를 히타치와 함께 개발하기로 계약하여 슈퍼 컴퓨터 개발의 대열에 끼어 들었고 인텔도 자사의 펜티엄 마이크로프로세서를 800개 가량 장착한 슈퍼 컴퓨터를 시판중이다. 이에 따라 각종 홍보전도 치열한데 예를 들어 IBM은 막대한 비용을 들여 서양 장기인 체스(chess) 전문 컴퓨터까지 개발하여 세계 체스 챔피언과 시합을 주선하는 등의 활동을 마다하지 않고 있다. 1997년 IBM이 개발한 체스 전문 슈퍼 컴퓨터인 딥 블루(Deep Blue)와 불세출의 세계 체스 챔피언인 개리 카스파로프(구 소련인)와의 게임에서, 딥 블루는 2승 3무 1패로 승리하였다.

최근의 가장 빠른 슈퍼 컴퓨터는 연산 속도가 2,000기가 플롭스의 ASCI Red 컴퓨터이다. 현재 우리나라가 도입한 슈퍼 컴퓨터 중에서 가장 빠른 컴퓨터는 기상청에서 일기 예보용으로 사용되고 있는 123기가 플롭스의 NEC SX5이다.

(2) 메인프레임 컴퓨터

컴퓨터 산업계의 공룡 기업인 IBM은 1950년말에 메인프레임 컴퓨터(main-frame computer)의 제조, 판매, 임대 등을 통해 성장한 회사이다. 현재 가장 많이 사용되고 있는 컴퓨터라고 하는 것은 옳지 않지만 1990년대 이전까지 전체 컴퓨터 산업계에서 가장 큰 비율의 매출액을 올리며 판매되어 왔다. 메인프레임은 대규모 회사에서 주로 사용하는 컴퓨터이며 IBM은 최소한 이러한 메인프레임 컴퓨터 판매 시장의 3분의 2 이상을 차지하고 있다. 전형적인 메인프레임 컴퓨터는 거의 큰 방 하나를 통째로 차지하는데 이를 사용하는 데에는 슈퍼 컴퓨터와 마찬가지로 적절한 습도와 온도를 유지시키는 까다로운 조건을 만족시켜야 한다. 메인프레임 컴퓨터의 수치 처리 성능은 슈퍼 컴퓨터보다 훨씬 느리며, 가격도 저렴하다.

메인프레임 컴퓨터가 주로 이용되는 환경은 계산의 양보다는 입력과 출력되는 데이터의 양이 많은 경우이다. 메인프레임 컴퓨터는 슈퍼 컴퓨터와 비슷한 멀티프로세싱 방식을 이용하지만 이용되는 프로세서의 수는 일반적으로 8개 미만으로 훨씬 적다. 그 구성에 있어서는 메인프레임은 한 대의 컴퓨터가 아닌 여러 대의 컴퓨터로 구성되어 있다. 사용자가 메인프레임을 이용하기 위해 사용하는 단말기(terminal)가 연결된 전위 프로세서(front-end processor)와 이를 제어하고 각종 산술 연산을 책임지는 호스트 프로세서(host processor)로 구성되어 있고 때로 데이터 검색 연산을 전문으로 담당하는 후위 프로세서(back-end processor)가 추가되기도 한다. 호스트 프로세서 하나만으로 처리가 가능하기도 하지만 빠른 속도로 처리할 필요가 없는 단순하고 반복적인 작업을 전담하는 프로세서를 동시에 이용하면 효율적인 시스템의 구성이 가능하기 때문에 이와 같은 구성을 이용한다.

메인프레임은 단말기를 사용하는 수백 명의 이용자가 동시에 접근(access)할 수 있을 정도로 강력하다. 단말기는 컴퓨터 바로 옆에 있는 경우도 있고 수 킬로미터에서 수 십 킬로미터밖에 떨어져 있을 수도 있다. 메인프레임 컴퓨터가 아주 빠르기 때문에 한 대의 컴퓨터가 여러 명의 사용자가 수행하는 프로그램을 교대로 수행하는 멀티프로그래밍 기법을 이용하는 방식으로 작동되지만 사용자는 다른 사용자가 같이 시스템을 사용하고 있는 것에 영향을 받지 않는다.

메인프레임 컴퓨터 시장은 1980년대 이후에 미니 컴퓨터의 성능이 향상되고 마이크로 컴퓨터와 워크스테이션이 등장함에 따라 그 수요가 크게 줄었다. IBM은 판매가 부진하게 된 메인프레임 컴퓨터의 새로운 개발을 시도하여 위기를 벗어나려는 노력을 하고 있다. 이것 중 하나가 마이크로프로세서를 여러 개 장착한 대형 데이터베이스 전용 메인프레임이다.

(3) 미니 컴퓨터

메인프레임 컴퓨터의 가격이 높아서 중소 기업에서 구입하기가 어려운 단점이 있는 반면에 계속된 기술 개발의 효과로 1960년대 말에 나타난 집적회로를 채용한 미니 컴퓨터(mini computer)는 수 천만원정도의 가격으로도 구입이 가능하게 되어서 보다 많은 수의 회사들이 컴퓨터 도입을 실현할 수 있게 되었다. DEC의 PDP-11과 VAX 780과 같은 미니 컴퓨터는 더 많은 능력을 더 적은 물리 공간에 집어넣었다. 이러한 새로운 컴퓨터들은 방의 구석에 놓을 수 있을 정도로 작아졌고 이러한 새로운 환경에서 소프트웨어 프로그램이 번성하였다.

미니 컴퓨터는 지원하는 사용자 수의 규모와 가격이 메인프레임보다 훨씬 작다는 것 이외에는 메인프레임과 거의 동일한 특징들을 가지고 있다. 일반적으로 미니 컴퓨터라고 불리는 컴퓨터들은 약 200명 정도의 동시 사용자를 지원해주는 시스템을 말한다. 미니 컴퓨터는 메인프레임과 거의 같은 방식으로 설계되어서 저장 장치와 입·출력 장치가 메인프레임용으로 개발된 것을 이용할 수도 있고 심지어는 메인프레임용으로 개발된 소프트웨어를 그대로 사용하는 경우도 있다. 따라서 메인프레임과 미니 컴퓨터를 구분하는 유일한 기준은 규모라고 할 수 있다. 성능이 향상된 미니 컴퓨터는 메인프레임과 거의 구별할 수 없다.

그림 2-16 • PDP-11

(4) 워크스테이션과 마이크로 컴퓨터

메인프레임과 미니 컴퓨터의 공통된 특징 중 하나가 다중 사용자(multi-user) 시스템이라는 점인데 반해 워크스테이션(workstation) 및 마이크로 컴퓨터(micro computer)는 단일 사용자(single-user) 시스템이다. 다중 사용자 시스템은 하나의 시스템을 여러 사용자가 이용하기 때문에 입력과 출력의 방식이 규격화되어 있고 그 외의 조작은 오퍼레이터(operator)라고 불리는 전문가가 전담하지만 단일 사용자 시스템은 입력, 처리, 출력, 저장하는 과정을 이용자가 원하는 방식으로 이용할 수 있고 시스템 사용을 하기 위해 다른 사용자들과 경쟁할 필요도 없다. 이러한 단일 사용자 시스템은 개인의 생산성을 향상시키는 용도로 많이 사용된다.

① 워크스테이션

워크스테이션은 강력한 계산 성능 이외에도 고성능의 그래픽 디스플레이를 필요로 하는 공학자와 건축가, 그리고 그 외의 여러 분야의 전문가들의 작업에 적합하도록 설계된 데스크탑(desktop) 컴퓨터이다. 주로 전자 및 기계 제품과 그에 들어가는 부품을 설계하기 위한 CAD(Computer-Aided Design)에 사용되거나 여러 대의 마이크로 컴퓨터들의 네트워크를 운영하거나 높은 품질의 방송 및 인쇄용 그래픽을 생성하는 데에 사용되고 있다. 워크스테이션을 생산하는 대표적인 업체는 썬 마이크로 시스템즈(SUN Micro Systems), 실리콘 그래픽스(Silicon Graphics), 휴렛-팩커드(HP : Hewlett-Packard), IBM, DEC 사 등이다.

그림 2-17 • SUN 워크스테이션

워크스테이션은 마이크로 컴퓨터와 거의 같은 외형을 가지고 있기 때문에 '슈퍼 마이크로' (super-micro)라고 부른 적도 있다. 하지만 마이크로 컴퓨터와는 성능 이외에도 큰 차이점이 있는데 주프로세서(main processor)의 제조 방식이 RISC(Reduced Instruction Set Computer) 방식으로 제조된 것이냐 CISC(Complex Instruction Set Computer) 방식으로 제조된 것이냐 하는 것을 들 수 있다.

- RISC : 1980년대 중반 마이크로프로세서 설계자들은 프로세서를 제조할 때 자주 사용되지 않는 명령어를 배제하고 모든 명령어들을 단순하게 다시 설계하여 회로를 간단하게 만들면 속도를 획기적으로 향상시킬 수 있다는 사실을 발견하고 이에 따라 마이크로프로세서의 설계를 개조한 RISC 방식을 적용함으로서 비약적인 성능의 향상을 얻을 수 있었다. 대부분의 고성능 워크스테이션은 이러한 RISC 마이크로프로세서를 주처리 장치로 채용하였는데 특히 그래픽 처리 분야에서의 성능 향상이 괄목할만한 것이었다.
- CISC : RISC 프로세서는 CISC 프로세서보다 단순하기 때문에 설계와 생산이 비교적 쉬운 편이지만 CISC 프로세서에서 제공하지 않는 명령어를 사용한 것과 같은 효과를 내기 위해서는 보다 길고 복잡한 프로그램을 작성해야 한다. 칩 가격은 떨어지는 데에 반해 프로그램의 제작 비용은 비싸지고 있는 추세이기 때문에 칩의 복잡성을 낮추는 것이 총비용에서 그다지 좋은 효율을 가지고 있지 않다는 주장도 있기 때문에 CISC 프로세서도 아직까지 많이 사용되고 있으며 더욱 개선되고 있다. 현재의 추세는 RISC의 단점과 CISC의 단점을 상쇄할 수 있는 설계를 채용하여 서로의 구분이 불명확해지고 있다.

② 마이크로 컴퓨터

1975년에 존재하지 않았던 마이크로 컴퓨터는 현재 전체 컴퓨터 산업에서 아주 큰 부분을 차지하고 있다. 지금은 매년 60조원에 상당하는 마이크로 컴퓨터가 판매되고 있고 이

액수는 점점 그 증가율이 높아지고 있다. 이러한 종류의 컴퓨터는 크기와 성능이 다른 여러 가지 종류의 컴퓨터들을 포함하고 있는데 그중 가장 흔하고 일반인들이 자주 접할 수 있는 유형이 책상 위에 올려놓고 쓰는 데스크탑 컴퓨터이다. 데스크탑 컴퓨터는 IBM과 Apple 및 이들의 호환 기종(compatible computer)들이 대부분이다. IBM과 Apple은 자신의 제품이 복제되어 판매되는 현실 때문에 새로운 종류의 RISC 마이크로프로세서를 개발하여 현재 판매되고 있는 마이크로 컴퓨터와 차별화된 종류의 제품을 내놓을 계획을 가지고 있다.

마이크로 컴퓨터의 주요한 처리 성능의 대부분을 담당하는 대용량 집적회로가 크게 발전함에 따라 처음 등장했을 때보다 비약적으로 성능이 향상되어 현재는 고성능의 마이크로 컴퓨터는 저렴한 가격의 워크스테이션과 비슷하거나 앞서는 성능을 가지는 경우도 종종 있다. 따라서 현재의 이와 같은 구분이 앞으로는 무의미해질 것이다. 이는 강력한 워크스테이션이 미니 컴퓨터와 구별하기 어려워지는 현실에서도 나타나고 있다. 이러한 워크스테이션들은 미니 컴퓨터와 메인프레임 컴퓨터의 고유한 특징이라고 여겨지는 다중 사용자 기능을 지원하기 때문이다. 하드웨어뿐만이 아니라 소프트웨어 기술이 발전함에 따라 마이크로 컴퓨터에서 메인프레임에 이르는 대부분의 컴퓨터들이 추가적인 장비를 장착하면 처리 성능과 규모를 원하는 대로 확대시킬 수 있는 설계 또한 나타날 것으로 예상된다. 다만 슈퍼 컴퓨터는 처리해야 할 작업의 내용이 이와 같은 종류의 일반 사무용 컴퓨터들과 동떨어져 있어 고유한 영역을 계속 유지할 수 있다고 보여진다.

그림 2-18 • 마이크로 컴퓨터

현재 많은 사람들이 사용하는 개인용 컴퓨터(PC : Personal Computer)는 마이크로프로세서를 이용한 마이크로 컴퓨터를 뜻한다. 맨 처음 마이크로 컴퓨터라는 용어가 생긴 1970년대 말에 마이크로프로세서를 사용한 컴퓨터는 개인용 컴퓨터밖에 없었다. 현재는 모든 컴퓨터가 마이크로프로세서를 이용해 만들어지기 때문에 그 당시의 정의를 적용한다면 모든 컴퓨터가 마이크로 컴퓨터이다. 그러나 현재 말하는 마이크로 컴퓨터라고 말하는 것은 개인용 컴퓨터를 의미하는 것이다. 개인용 컴퓨터의 줄임 말인 PC는 IBM과 호환 개인용 컴퓨터를 지칭하는 일반 용어로 사용되지만 애플사 제품인 매킨토시(Macintosh)도 개인용 컴퓨터인 것은 분명하다.

(5) 휴대형 컴퓨터

처음 개발된 휴대용 컴퓨터(portable computer)는 10Kg 정도의 무게에 여행용 가방보다 작지 않았다. 이러한 컴퓨터를 휴대용 컴퓨터라고 부르는 것은 사실 우스운 이야기였지만 계속적인 기술의 발전으로 인하여 새로운 제품들이 출시되었다.

① 랩탑 컴퓨터

3~4Kg 정도의 무게에 손가방 만한 랩탑 컴퓨터(laptop computer)라고 불리는 휴대용 컴퓨터가 개발되었다. 무릎 위에 올려놓고 사용할 수 있기 때문에 이러한 이름이 붙었지만 장시간 들고 다닐 때에는 이러한 무게조차 휴대하고 사용하기에는 어려운 것이다.

② 노트북 컴퓨터

현재 휴대용 컴퓨터라고 부르는 컴퓨터의 주종은 사무용 가방 안에도 들어가고 크기는 공책 만한 노트북 컴퓨터(notebook computer)이다. 이러한 종류의 컴퓨터들은 크기와 무게에서의 장점뿐만이 아니라 데스크탑 개인용 컴퓨터에 못지않은 성능을 가지고 있다(실제로 개인용 컴퓨터와 같은 장치를 가진다). 노트북 컴퓨터가 등장한 초기에는 고가였지만 현재는 데스크탑 개인용 컴퓨터와 가격이 비슷하기 때문에 수요가 급증하고 있다.

그림 2-19 • 노트북 컴퓨터

③ 팜탑 컴퓨터

처리해야 할 작업의 종류가 다양하지 않고 노트북 컴퓨터를 휴대하는 것조차 부담스러운 이용자들을 위해 개발된 팜탑 컴퓨터(palmtop computer)도 있다. 노트북과 같이 범용의 용도로 사용할 수 있는 것도 있으나 가장 많이 사용되는 팜탑 컴퓨터는 PDA(Personal Digital Assistant)라는 종류이다. PDA는 약속 시간 관리 및 전화 번호부, 메모장 등의 용도에 한정되어 있는 경우가 대부분인데 최근에는 무선 및 유선 통신 기능을 추가하여 실외 근로자들의 단말기로도 많이 이용되고 있다.

(a) (b) (c)

그림 2-20 • (a) 팜탑 컴퓨터, (b) 스마트폰, (c) 태블릿 PC

④ 스마트폰

간단한 스마트폰(Smart Phone)은 휴대폰에 컴퓨터 지원기능을 추가한 지능형 휴대폰으로써 휴대폰 기능에 충실하면서도 PDA 기능, 인터넷 기능, 리모콘 기능 등이 일부 추가되며, 수기방식의 입력장치와 터치 스크린 등 보다 사용에 편리한 인터페이스를 갖춘다. 무선 데이터망이나 WiFi에 연결할 수 있는 무선인터넷 접속기능을 이용하여 인터넷 및 인트라넷에 직접 접속할 수 있을 뿐 아니라 그룹웨어로의 연동이 가능하다. 인터넷 등에 접속되어 이메일, 웹브라우징, 모바일 뱅킹, 모바일 게임 등의 기능도 수행한다. 또한 다양한 응용 소프트웨어인 앱(App)의 지원뿐 아니라 카메라, GPS, 자이로스코프 등 내장 기능도 지원된다. 스마트폰은 다양한 기능의 수용을 위하여 표준화된 전용 운영체제를 갖추고 있는데 iOS나 안드로이드(Android)를 주로 쓴다.

⑤ 태블릿 PC

태블릿 PC(Tablet PC)란 터치 스크린을 주 입력 장치로 장착한 휴대용 PC이며 개인이 직접 갖고 다니며 조작할 수 있게 설계되어 있다. 이 용어는 2001년에 마이크로소프트사가 발표한 윈도우XP 태블릿PC에디션 제품으로 인하여 잘 알려지게 되었으나 이제 태블릿 PC는 운영체제의 구별 없이 태블릿 크기의 개인용 컴퓨터를 가리키는 말이 되었다. 운영체제는 iOS나 안드로이드(Android)를 주로 쓰며 노트북과는 달리 태블릿 PC는 키보드 없이 터치스크린 또는 스타일러스를 이용하고 인터넷과 랜을 위한 무선 어댑터를 갖추고 있다. 형태상으로는 일반 노트북PC보다 작고 스마트폰보다 큰 화면을 갖추고 있으며 기능면에서는 전자책, 휴대전화, PC 들의 장점을 두루 갖춘 기기로 일반 업무용과 개인 멀티미디어 기기로 활용하며 프레젠테이션, 교육, 모바일 네트워크 기기로도 활용한다.

지금까지 설명한 컴퓨터의 분류를 요약한 것이 [표 2-4]이다.

표 2-4 • 컴퓨터 분류 요약

기 준	분 류	비 고
사용 목적	특수용 컴퓨터 (special-purpose computer)	산업용, 군사용 등의 특수 분야에서 사용
	범용 컴퓨터 (general-purpose computer)	기업업무, 금융업무 등의 범용 분야에서 사용
	개인용 컴퓨터 (personal-purpose computer)	가정, 학교 등의 개인 용도로 사용
데이터 표현 방식	디지털 컴퓨터 (digital computer)	이산적 데이터 처리
	아날로그 컴퓨터 (analog computer)	연속적 데이터 처리
	하이브리드 컴퓨터 (hybrid computer)	디지털 및 아날로그 컴퓨터의 혼합형

기 준	분 류	비 고
처리 용량	슈퍼 컴퓨터 (super computer)	Cray, IBM, Fujitsu, Hitachi, NEC 등
	메인프레임 컴퓨터 (mainframe computer)	IBM, Unisys, Fujitsu, Hitachi, 등
	미니 컴퓨터 (mini computer)	IBM, HP, Fujitsu, NEC 등
	워크스테이션 (workstation)	CISC(Complex Instruction Set Computer)
		RISC(Reduced Instruction Set Computer)-SUN
	마이크로 컴퓨터 (micro computer)	IBM PC, Apple Macintosh, HP, NEC, Sony 등
	휴대형 컴퓨터 (portable computer)	랩탑 컴퓨터(laptop computer)
		노트북 컴퓨터(notebook computer)
		팜탑 컴퓨터(palmtop computer)
		스마트폰(smart phone)
		태블릿 PC(tablet PC)

02 연습문제

01 컴퓨터가 무엇인지 기술적인 측면에서 정의하여 보아라.

02 인간과 컴퓨터의 처리 기능을 비교하여 설명하여라.

03 컴퓨터의 특징을 기술적인 측면에서 설명하여 보아라.

04 진공관(vacuum tube)을 사용한 세계 최초의 전자식 컴퓨터인 ENIAC의 특징에 대하여 아는 대로 기술하라.

05 John von Neumann이 제창한 프로그램 내장 방식(stored program method)의 철학적인 개념을 설명하라.

06 컴퓨터의 논리 소자의 발달 과정을 컴퓨터의 발달 과정과 비교하여 설명하라.

07 디지털 컴퓨터의 특징을 기술적인 측면에서 설명하라.

08 컴퓨터 하드웨어 시스템에서 중앙처리장치(CPU)의 구성 요소를 나열하고 이들간의 기능적인 관계를 설명하라.

09 1800년경 영국의 바베지에 의해 만들어진 것으로 현재의 컴퓨터와 같이 연산 기억 입력 출력 장치를 갖춘 계산기에 대하여 아는 데로 기술하라.

10 컴퓨터 시스템의 구성도를 그리고 동작을 설명하라.

11 컴퓨터의 하드웨어와 소프트웨어를 설명하고, 예를 들어라.

12 컴퓨터의 입출력 장치를 설명하고 예를 들어라.

13 데이터 형태에 따른 컴퓨터의 분류를 기술하라.

14 컴퓨터를 용도에 따라 분류하라.

15 컴퓨터의 정보 처리 방식을 설명하라.

16 가까운 미래에 예상되는 유비쿼터스 컴퓨팅 환경에 대하여 설명하고, 그 실례들을 조사하여 보아라.

17 컴퓨터의 병렬 처리 기술에 대하여 설명하여 보아라.

CHAPTER.03

데이터의 표현과 논리회로

Computer Science

CHAPTER

03 데이터의 표현과 논리회로

1 데이터의 표현 방법

컴퓨터내에서 다루어지는 모든 데이터는 "0"과 "1"의 2진인 두 가지 상태로 표현되고 있다. 이런 연산과 제어의 기본은 부울대수이며, 이 데이터를 2진 숫자(Binary digIT)라고 하며 약자로 비트(BIT)라 한다. 8개의 비트를 한 단위로 하여 1바이트(byte)로 사용하고 있다. 컴퓨터에서 2진수 도입은 컴퓨터 회로소자 특성상 안정성이 높고 편리하기 때문이다. 따라서 이 2진수로 여러 가지 형태의 숫자와 문자, 그래픽 등을 표시하는 방법들이 필요하게 된다.

1. 수 체계

일상생활에서 사용되고 있는 수치의 표현은 10진수를 주로 사용하고 있는데 이것은 0에서 9까지 10개의 숫자를 사용하여 수를 표현하는 방법이다. 컴퓨터에서는 2진법(binary)을 기본으로 하여 8진법(octal), 16진법(hexadecimal) 등이 자주 사용되고 있다.

10진수(decimal number)의 324는

$3 \times 10^2 + 2 \times 10^1 + 4 \times 10^0 = (324)_{10}$이고

2진수(binary number) 101는

$1 \times 2^2 + 0 \times 2^1 + 1 \times 2^0 = (5)_{10}$의 관계가 있다.

또한 8진수(octal number) 74는

$7 \times 8^1 + 4 \times 8^0 = (60)_{10}$이고

16진수(hexadecimal number) EA는

$14 \times 16^1 + 10 \times 16^0 = 234_{10}$와 같이 나타낼 수 있다.

일반적으로 밑수 r인 수는 표현은 아래와 같이 표현할 수 있다.

$a_n a_{n-1} \cdots\cdots a_0 a_{-1} a_{-2} \cdots\cdots a_{-m}$는

$a_n \times r^n + a_{n-1} \times r^{n-1} + \cdots\cdots + a_0 \times r^0 + a_{-1} \times r^{-1} + a_{-2} \times r^{-2} + \cdots$

$+ a_{-m} \times r^{-m}$의 관계가 있다.

단, a_n, ….. , a_{-m} : $0 \le a_n ..... a_m \le r$ 의1정수

r : 정의 정수인 임의의 수 체계의 밑수(혹은 진수)

밑수(base 또는 radix)는 10진법은 0~9의 10개의 수를 사용하고, 2진법은 0~1숫자를 사용하며, 8진법은 0~7까지의 숫자를 사용한다. 또한 16진법은 16개의 수를 표현하기 위하여 0~9의 10개의 숫자와 A, B, C, D, E, F까지의 6개의 문자를 사용하여 16개의 수를 나타낸다. 이들의 수의 진법 체계의 관계를 보면 〈표 3-1〉 과 같다.

16진수 EA는 2진수 8비트로 표시하면 아래와 같다.

MSB LSB

1110 1010 : 8비트(bit) = 1바이트(byte)

또, 2진수의 최상위 비트를 MSB(most significant bit)라 하고 최하위 비트를 LSB(least significant bit)라 한다.

(1) 10진수로의 변환

r진수를 10진수로 변환하려면, 다음과 같이 한다.

① 2진수를 10진수로 변환의 예

$$(101.11)_2 = 1 \times 2^2 + 0 \times 2^1 + 1 \times 2^0 + 1 \times 2^{-1} + 1 \times 2^{-2} = (5.75)_{10}$$

② 8진수를 10진수로 변환의 예

$$(61.46)_8 = 6 \times 8^1 + 1 \times 8^0 + 4 \times 8^{-1} + 6 \times 8_{-2} = (49.59375)_{10}$$

③ 16진수를 10진수로 변환의 예

$$(BF.4)_{16} = 11 \times 16^1 + 15 \times 16^0 + 4 \times 16^{-1} = (191.25)_{10}$$

표 3-1 • 진수간의 관계

10진수	2진수	8진수	16진수
0	0	0	0
1	1	1	1
2	10	2	2
3	11	3	3
4	100	4	4
5	101	5	5
6	110	6	6
7	111	7	7
8	1000	10	8
9	1001	11	9
10	1010	12	A

10진수	2진수	8진수	16진수
11	1011	13	B
12	1100	14	C
13	1101	15	D
14	1110	16	E
15	1111	17	F
16	10000	20	10
17	10001	21	11
.	.	.	.
.	.	.	.
50	110010	62	32
.	.	.	.
.	.	.	.
100	1100100	144	64

(2) r 진수로의 변환

10진수를 r진수로 고치는 일반적인 방법은 밑수인 r로 나누어 그 나머지를 더 이상 나눌 수 없을 때까지 계속한 뒤 역으로 올라가면서 표기하면 된다. 소수부는 밑수 r을 곱해서 그 정수부에 항이 생겼을 때는 그 값을 취하고 생기지 않았을 때는 0을 소수부의 항으로 하여 순차적으로 소수부에 r을 곱해서 소수부가 0이 될 때까지 반복 처리한다.

여기서, MSD(most significant digit)로 최상위 숫자를 나타내며, LSD(least significant digit)는 최하의 숫자를 표시한다.

① 정수부의 변환

r | N (나머지)
r | A_1(몫) ⋯ a_1(LSD)
r | A_2(몫) ⋯ a_2
r | A_3(몫) ⋯ a_3
⋮ ⋮
r | A ⋯ a_{n-1}
a_n(MSD)

$$N(10진수) = a_n \cdots\cdots a_3\, a_2\, a_1$$

↑ (MSD) ↑ (LSD)

② 소수부의 변환

소수부의 값을 0.N라 하면 소수부 변환은 아래와 같이 한다.

$$\begin{array}{r} .N \\ \times\ r \\ \hline a_{-1}.n_1 \end{array} \qquad \begin{array}{r} .n_1 \\ \times\ r \\ \hline a_{-2}.n_2 \end{array} \quad \cdots\cdots\cdots \quad \begin{array}{r} .n_\ell \\ \times\ r \\ \hline a_{-m}.0 \end{array}$$

$0.N = 0.a_{-1}a_{-2} \cdots\cdots a_{-m}$

보기 $(137.75)_{10}$을 2진수로 변환하면, 다음과 같다.

•정수부의 변환

```
2 | 137
2 |  68   —1   (LSD)
2 |  34   —0     ↑
2 |  17   —0
2 |   8   —1
2 |   4   —0
2 |   2   —0
      1   —0
(MSD)—┘
```

$(137)_{10} = (10001001)_2$

•소수부의 변환

```
  0.75        0.50
×    2      ×    2
  1.50        1.00
```

$(0.75)_{10} = (0.11)_2$

$(137.75)_{10} = (10001001.11)_2$

[예] 다음 10진수를 각각 해당 진법으로 변환하라.

① $(5.75)_{10}$을 2진수로 변환하라.

② $(49.59375)_{10}$을 8진수로 변환하라.

③ $(191.25)_{10}$을 16진수로 변환하라.

(3) 2진수, 8진수, 16진수로 변환

① 8진수의 2진수로의 변환

8진수의 기수 8은 2진수의 기수 2의 3배가 되므로 1개의 8진수의 자릿수에 해당되는 3자리의 2진수 값을 바꾸어 놓으면 된다.

보기 $(132.55)_8 \rightarrow (001\ \ 011\ \ 010\ .\ 101\ \ 101)_2$

```
 ↓    ↓    ↓     ↓    ↓
(1    3    2.    5    5)8
```

8진수는 2진수로 다음과 같이 변환된다.

(8진수)		(2진수)
0	→	000
1	→	001
2	→	010
3	→	011
4	→	100
5	→	101
6	→	110
7	→	111

② 2진수의 8진수로의 변환

2진수를 8진수로 고치려면 소수점을 기준으로 좌우로 3자리씩 끊어 이에 해당하는 2진수를 8진수로 옮겨 놓으면 된다. 소수점이 없을 땐 맨 우측으로부터 좌측으로 세어 3자리씩 끊어 8진법의 숫자로 변환하면 된다.

③ 2진수에서 16진으로 변환

16진수는 고급언어(high level language)에서보다 기계어(machine language)나 어셈블리어(assembly language)에서 컴퓨터의 데이터 표현 값이나 어드레스를 나타내는데 자주 사용된다. 16진수의 기수 16은 2진수의 기수 2의 4승배 ($2^4 = 16$)가 되므로 2진수를 16진수로 쉽게 바꿀 수 있다. 2진수를 4자리수로 나누어 이들 각각에 해당하는 1개의 16진수 값을 바꾸어 놓으면 된다.

```
101001011111→1010 0101 1111
               ↓    ↓    ↓
               A    5    F
```

$\therefore (101001011111)_2 = (A5F)_{16}$

④ 16진수 변환에서 2진수로 변환

앞에서와 같은 방법으로 16진수 1개의 자릿수에 해당되는 4자릿수의 2진수 값을 바꾸어 놓으면 된다.

16진수 5EA를 2진수로 변환하면?

```
  5     E     A
  ↓     ↓     ↓
 0101  1110  1010
```

$\therefore (5EA)_{16} = (010111101010)_2$

⑤ 8진수에서 16진으로 변환 또는 16진수에서 8진 변환

8진수에서 16진 변환 또는 16진수에서 8진 변환은 각 진수의 값을 2진수로 변환한 후에 3자리씩 나누어 8진 숫자를 나타낸다. 16진은 4자리씩 나누어 16진수에 해당하는 숫자로 대치하여 변환한다.

2. 데이터의 표현

각종 데이터의 표현 형식으로 문자데이터, 숫자데이터 및 논리데이터가 있다. 여기서 BCD 코드, ZONE 형식, PACK 형식, 고정소수점표현, 부동소수점표현 등에 관해서 알아본다.

(1) BCD 코드

BCD(binary coded decimal) 코드는 8421 코드라고도 하며, 4자릿수(4비트)의 2진수로서 2진화 10진수라고 한다. 2진 4비트 코드로 최대 16개까지 표현이 가능하지만, BCD 코드는 0~9까지의 2진 4비트 외에 1010, 1011, 1100, 1101, 1110, 1111과 같은 수는 사용하지 않는다.

10진수 328을 8421 코드로 바꾸려면?

3 2 8

↓ ↓ ↓

0011 0010 1000

$\therefore (328)_{10} = 001100101000_2$(BCD 코드)

BCD 코드는 각 비트 자리가 자리값(weight)을 갖는데 4개의 자리 중 왼쪽부터 $2^3 = 8$, $2^2 = 4$, $2^1 = 2$, $2^0 = 1$의 값을 가지므로 8421 코드라 부른다. 따라서 8421 코드는 웨이티드 코드(weighted code)이다.

[표 3-2]는 10진수-BCD코드(8421)-2진수 사이의 관계를 보인 것이다.

표 3-2 • 10진수-BCD 코드-2진수 대조표

10진수	BCD 코드	2진수
0	0000	0000
1	0001	0001
2	0010	0010
3	0011	0011
4	0100	0100
5	0101	0101
6	0110	0110
7	0111	0111
8	1000	1000
9	1001	1001
10	0001 0000	1010
11	0001 0001	1011
·	·	·
50	0101 0000	110010
·	·	·
·	·	·
100	0001 0000 0000	1100100

BCD 코드에서는 0~9까지는 BCD 코드가 2진수와 같이 표시되나 10을 넘으면 표에서 보는 바와 같이 다르게 된다. 즉, 2진수에서 10은 1010이지만 BCD 코드에서 10은 00010000이며 2진수에서 16은 10000이지만 BCD코드에서는 00010110이 된다.

(2) 문자 데이터

문자 데이터는 1바이트의 데이터이다. ASCII문자 ABC를 2진법과 16진법으로 나타내면 아래와 같다.

문자	2진 숫자	16진 숫자
A	0100 0001	41H
B	0100 0010	42H
C	0100 0011	43H

(3) 존(Zone) 형식

존(zone) 형식은 언팩(unpack) 형식이라고도 하며, 1바이트에 한 개의 10진수가 저장된다. 1바이트의 왼쪽 4비트를 존(zone) 비트라고 하며 숫자는 항상 $F(1111)_2$가 기억된다. 마지막 바이트의 MSB 4비트는 +일 때 "C"로 표시되고, −일 때 "D"로 표시된다.

보기 존 형식의 예

+712	1111	0111	1111	0001	1100	0010	
	F	7	F	1	C	2	: 16진수 값

C → 양수를 나타냄

−712	1111	0111	1111	0001	1101	0010	
	F	7	F	1	D	2	: 16진수 값

D → 음수를 나타냄

(4) 팩(Pack) 형식

팩(pack) 형식은 수치를 표시하는 4비트의 BCD를 1바이트에 2개를 나타내며 10진수 숫자 2개를 표시한다. 4비트를 사용해서 그것이 +일 때 "C"로 표시되고, −일 때 "D"로 표시된다. 만약 +, −기호가 없으면 $F(1111)_2$로 표시된다.

보기 팩 형식의 예

+712	0111	0001	0010	1100
	7	1	2	C

: 16진수 값

C → 양수를 나타냄

−712	0111	0001	0010	1101
	7	1	2	D

: 16진수 값

D → 음수를 나타냄

(5) 고정 소수점 형식

표현 가능한 고정 소수점 데이터의 범위는 1워드(word)의 길이가 몇 비트인가에 따라 정해진다. 10진수의 연산에는 반드시 Packed 10진수 형식의 데이터가 사용된다. 반면에 고정 길이 데이터(fixed-length data)의 연산 중의 하나인 고정 소수점 연산(fixed-point operation)은 고정 소수점 2진수의 데이터를 취급한다.

고정 소수점 표현은 소수점 위치가 가장 오른쪽 끝에 고정되어 있다고 가정하는 것으로 전체의 수를 정수 상태로 표현한다. 그림과 같이 가장 왼쪽의 비트는 부호를 표시하며 0이면 +, 1이면 −를 나타낸다. 예로서 16비트인 경우로 +8과 −8을 나타낸 것이다.

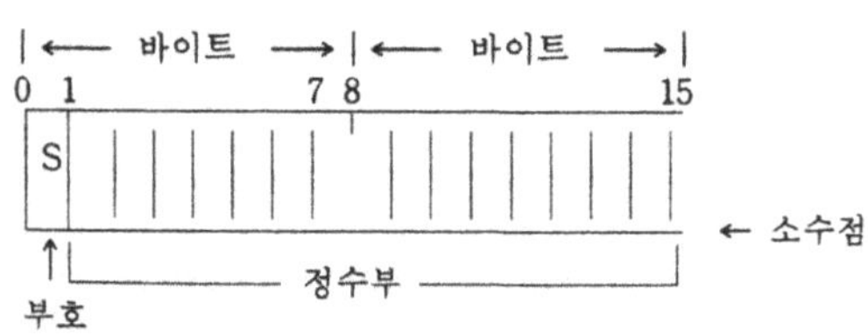

그림 3-1 • 고정 소수점(2 bytes)

보기

+8	0000	0000	0000	1000
−8	1000	0000	0000	1000

고정 소수점 표현

위와 같이 2개의 바이트, 즉 Half word로 표현할 수 있는 수의 범위가 존재한다. 고정 소수점 수는 16bit의 Half word 형식과 32bit의 Full word 형식으로 나타내지는 고정길이 데이터로서 모두 왼쪽의 bit(1, 0)가 그 수의 부호를 나타내고 나머지로서 숫자를 나타낸다. 부호 bit가 0이면 양수, 1이면 음수를 나타낸다. 이 형식으로 표현할 수 있는 수치의 범위는 데이터 길이를 n이라고 했을 때 $-(2^{n-1}-1) \sim (2^{n-1}-1)$이다. 따라서 $n=8$일 때 $-127 \sim +127$, $n=16$일 때 $-32767 \sim +32767$, $n=32$일 때 $-65535 \sim +65535$의 각 범위가 된다. 이와 같은 고정 소수점의 특징은 BCD 코드에 비해서 명령 속도가 빠르다는 것이다.

(6) 부동 소수점 표현

이것은 아주 큰 수나 아주 작은 수를 표현한다든지 아니면 높은 정도(precision)로 취급할 때 많이 쓰인다. 큰 수나 아주 작은 수를 취급할 때 고정 소수점 수형식을 사용한다면 유효숫자의 앞뒤에 많은 0을 취급해야 하므로 불편하다. 따라서 이러한 불편을 덜기 위해 부동 소수점 표현법을 사용한다. 여기에서는 유효숫자만을 나타내는 소수부(fraction part)와 소수점의 위치를 나타내는 지수부(exponent part)로 구분한다. 부동 소수점 표현의 일반형식은 그림과 같이 첫번째 비트는 부호 비트이고 다음 일곱 비트는 지수부이고 나머지는 소수부로 되어 있으며 예로서 -16165를 나타내었다.

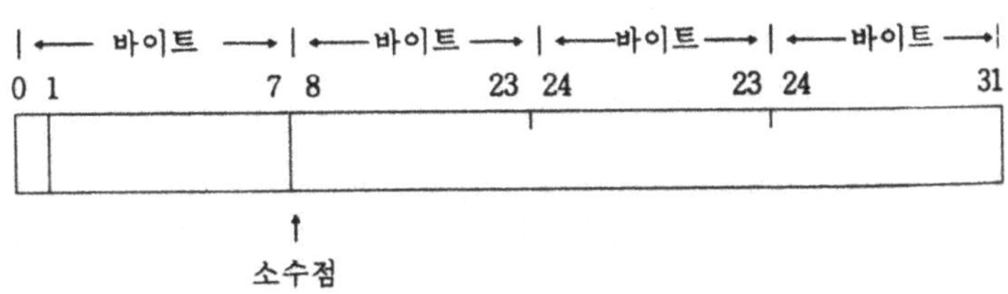

그림 3-2 • 부동 소수점(4 bytes)

보기 $(-16165)_{10} = (-3F25)_{16} = -0.3F25 \times 16^4$

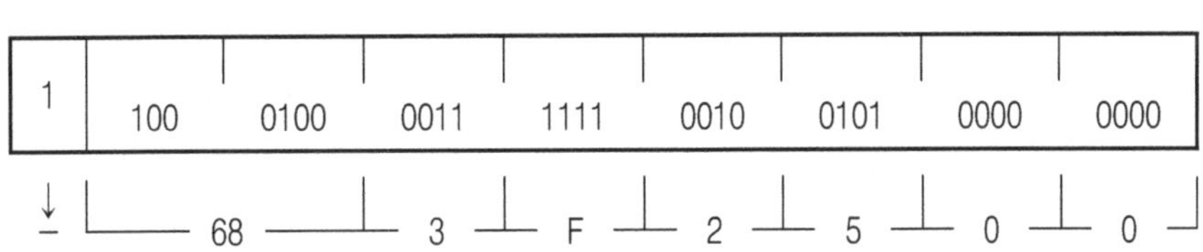

부동소수점 표현

위 그림의 예는 십진수 −16165를 밑수를 16으로 하는 16진법으로 나타낸 것이다. 부동소수점 표현을 사용하면 10^{-78}~10^{74}의 범위까지 지수를 나타낼 수 있으므로 넓은 범위의 수치를 취급할 수 있다.

3. 보수연산

보수(complement)란 어떤 기준이 되는 수를 설정했을 때 그 수에 모자라는 수를 말하는데, 9의 보수는 9로부터 수를 뺀 것인데, 예를 들면 6에 대한 9의 보수는 3이고 2에 대한 10의 보수는 8이다.

덧셈의 보수로 뺄셈을 하는 한 방법은 순환자리 반올림이라 하며 감수의 각 자리에서 얻어진 9의 보수를 필요로 한다. 그러면 피감수는 이 보수화된 감수에 더해지고, 만일 자리올림의 왼쪽의 모든 자릿수로부터 생성되었다면 2자리 올림은 최종적인 답의 합계에 더해진다.

보기

피감수	842		842	
감 수	−365	=	+634	(365에 대한 9의 보수)
차	477		① 476	
			+ 1	(자리올림)
			477	

(1) 1의 보수(1's complement) 방법

1의 보수방법은 양수의 값에 해당되는 비트의 내용을 0은 1로, 1은 0으로 반대로 바꾸어 주는 방법이다. 예를 들어 +25를 1의 보수방법으로 −25로 만들어 보면 그림과 같다.

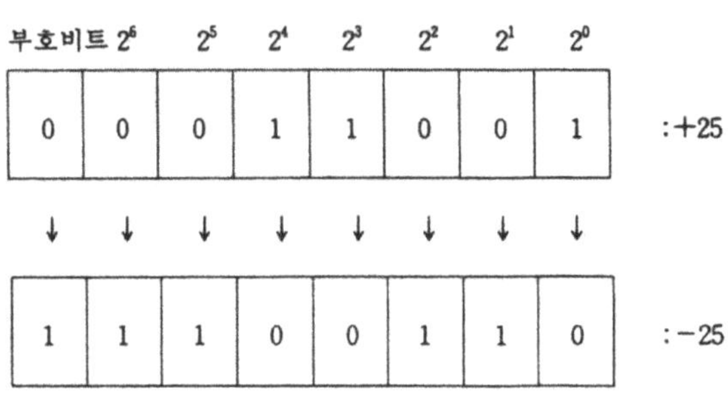

그림 3-3 • 1의 보수(음수)

1의 보수방법인 경우에도 1개의 양수에 대응하여 1개의 음수가 만들어지므로 표현할 수 있는 절대값의 크기에는 변동이 없다.

(2) 2의 보수(2's complement) 방법

2의 보수방법은 양수를 1의 보수로 만들어 준 후, 1의 보수값에 1을 더해준 형태로 예를 들면 다음과 같다.

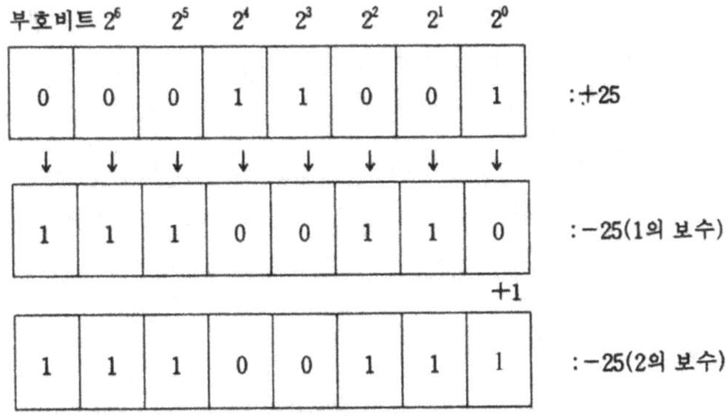

그림 3-4 • 2의 보수(음수)

2진수 n자리수(N)로 나타낼 수 있는 숫자의 크기는 2의 보수(2's complement)의 경우

2의 보수$=2^n - N$이 되고

1의 보수(1's complement)인 경우는

1의 보수$=(2^n - N) - 1$이 된다.

따라서 2의 보수는 1의 보수보다 1이 크다.

다음 표는 실제 사용되고 있는 컴퓨터의 정수 표현 방법과 크기를 나타낸 것이다.

표 3-3 • 실제 컴퓨터의 정수 표현

컴퓨터	2진수형		10진수형	
	방 법	크 기	방 법	크 기
IBM S/360, 370 계열	2의 보수	16, 32 비트	팩드 10진수	32 비트 단어당 7자리
CDC 6000 CYBER 7-170 계열	1의 보수	18, 60 비트	팩드 10진수	60 비트 단어당 14자리
Burroughs B5000, 6000계열	부호와 절대치	40 비트	60 비트 글자코드 형식	48 비트 단어당 6자리
UNIVAC1108	1의 보수	36, 72 비트	없음	
PDP-11	2의 보수	16 비트	없음	
Hewlet-Packard 계열	2의 보수	16 비트	없음	

보기 보수계산의 예

15		001111
+(−3)	=	+111101
12		① 001100

└ 자리올림

올림수가 1이면 1을 버린다. 그 결과 001100이 되어 12가 얻어진다.
※주의 : 마지막 행올림에서 두 보수의 연산은 무시된다.

14		001110
+(−19)	=	+101101
−5		111011

올림수가 없으면 최종값의 결과에 다시 2의 보수를 취하고 음수 부호를 붙인다.

111011	(합계)
000100	(합계에 대한 1의 보수)
+ 1	
000101	(2의 보수)

위의 2의 보수에다 음수 부호를 붙이면 그 결과가 −5가 되는 것으로 나타난다.

보기 뺄셈의 예

15	001111	
−8	+111000	(8에 대한 2의 보수)
7	000111	
15	001111	
−(−3)	+000011	(−3에 대한 2의 보수)
18	010010	
−3	111101	
−(−5)	+000101	(−5에 대한 2의 보수)
2	000010	

4. 정보 교환용 코드

정보교환용 코드는 국제표준화기구(ISO : international organization for standardization)에 의해 정해지고 이것에 준해서 각국에서 정하여 사용하고 있다. 대표적인 것으로 표준 BCD 코드, EBCDIC(extended binary code decimal interchange code) 코드, ASCII(american standard code for information interchange) 코드 등이 있다. 그리고 산업 표준으로 최근에 전세계 모든 문자들을 컴퓨터에서 일관되게 표현하고 다룰 수 있도록 설계된 유니코드(Unicode)가 제정되어 사용되고 있다.

(1) 표준 BCD 코드

Computer로 처리하는 데이터를 수치뿐만 아니라 영자나 특수문자까지 확대하려면, 4비트로는 부족하다. 그래서 표준 BCD 코드에서는 문자를 표현하기 위해 2비트 추가해서 6비트로 표현하고 있다.

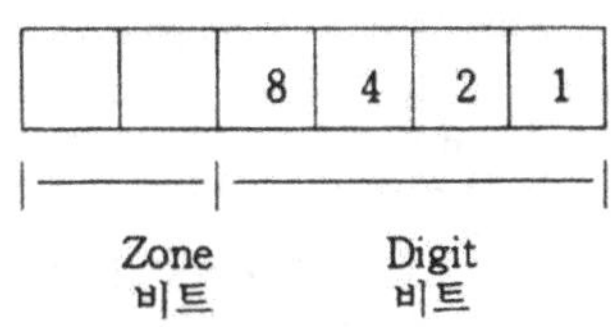

그림 3-5 • 표준 BCD 코드

상위의 2비트는 존비트(zone bit)라 부른다. 즉, 2^6 이므로 64가지의 서로 다른 숫자, 영문자, 특수문자를 나타낼 수 있다.

한편, 6비트로 나타내는 데이터의 단위를 문자(character)라 부른다.

(2) EBCDIC 코드

EBCDIC(Extended Binary Coded Decimal Interchange Code)은 미국 IBM사가 대형 컴퓨터를 위한 코드로 제정한 것으로서 숫자, 영문자의 대문자와 소문자, 특수문자, 한글의 자음과 모음 등을 표현할 수 있도록 BCD에다 4개의 Zone비트를 추가한 것으로 확장된 BCD 코드라고도 한다.

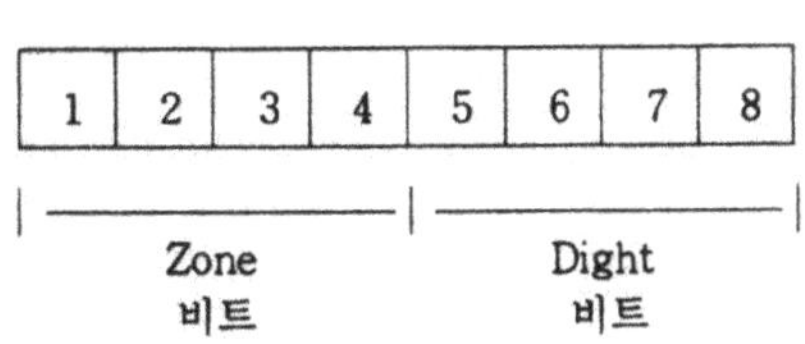

그림 3-6 • EBCDIC 코드

이 8개의 비트를 보통 바이트(byte)라고 하는데 모든 문자를 기억장치에 기억시킬 때, 한 문자가 1바이트의 길이를 차지한다. 이런 방식의 대표적인 것이 미국의 IBM기종이다.

8비트를 사용하면 256(2^8) 종류의 문자를 표현할 수 있으므로 숫자 이외에 대문자와 소문자의 영자, 한글 특수문자 등 넓은 범위에 이르기까지 표현할 수 있게 된다.

(3) ASCII 코드

ASCII 코드(American Standard Code for Information Interchange)는 7bit로 1자를 표현하는 정보교환용 미국표준코드라고 말한다. ASCII 코드는 일반적으로 PC라든가 마이크로 컴퓨터 등에서 많이 사용되고 있다. ASCII 코드는 3개의 Zone 비트와 4개의 Digit 비트로 구성되어 128가지(2^7)의 문자를 표현할 수 있다.

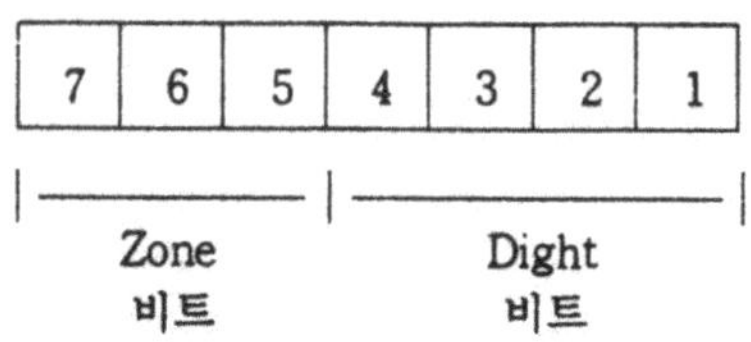

그림 3-7 • ASCII 코드

보기 ASCII 코드의 예

7=37H=011 0111
A=41H=100 0001
n=6EH=110 1110
%=25H=010 0101
~=7EH=111 1110
↑ 16진수(Hexadecimal)를 의미

[표 3—4]에서 표준 BCD 코드, ASCII 코드, EBCDIC 코드를 각 문자에 대해 표현하였다. 이런 코드들은 컴퓨터 대 컴퓨터시스템간의 통신을 단순화하고 표준화하기 위한 시도로서 통신장비의 사용자들과 자료처리 사업자들이 협력하여 만든 것들이다.

표 3-4 • 코드의 비교

Character	표준 BCD code(6 BIT)		ASCII code(7 BIT)		EBCDIC code(8 BIT)	
A	010	001	100	0001	1100	0001
B	010	010	100	0010	1100	0010
C	010	011	100	0011	1100	0011
D	010	100	100	0100	1100	0100
E	010	101	100	0101	1100	0101
F	010	110	100	0011	1100	0110
G	011	000	100	1000	1100	1000
H	011	000	100	1000	1100	1000
I	011	001	100	1011	1101	0010
J	100	001	100	1010	1101	0001
K	100	010	100	1011	1101	0010
L	100	001	100	1100	1101	0011
M	100	100	100	1101	1101	0100
N	100	101	100	1110	1101	0101
O	100	110	100	1111	1101	0110
P	100	111	101	0000	1101	0111
Q	101	000	101	1111	1101	1000
R	101	001	101	0010	1101	1001
S	110	010	101	0011	1110	0010
T	110	011	101	0100	1110	0011
U	110	100	101	0101	1110	0100
V	110	101	101	0110	1110	0011
W	110	100	101	0111	1110	0110
X	110	111	101	1000	1110	0101
Y	111	000	101	1001	1110	1000
Z	111	001	101	1000	1110	0111
0	000	000	011	0000	1111	0000
1	000	001	011	0001	1111	0001
2	000	010	011	0010	1111	0010
3	000	011	011	0011	1111	0011
4	000	100	011	0100	1111	0100
5	000	101	011	0101	1111	0101
6	000	10	011	0110	1111	0110
7	000	111	011	0111	1111	0111
8	001	000	011	1000	1111	1000
9	001	001	011	1001	1111	1001
blank	110	000	101	0000	0100	0000
.	011	011	010	1110	0100	1011
(	111	100	010	1000	0100	1101
+	010	000	010	1011	0101	1110
&	101	011	010	0100	0101	1011

Character	표준 BCD code(6 BIT)		ASCII code(7 BIT)		EBCDIC code(8 BIT)	
	101	100	010	1010	0101	1100
)	011	100	010	1001	0101	1101
–	100	000	010	1101	0110	0000
/	110	001	010	1111	0110	0001
,	111	011	010	1100	0100	1011
=	001	011	010	1101	0111	1110

(3) Unicode 코드

Unicode(유니코드)는 원래 유일한 코드라는 뜻의 Unique Code의 합성어에서 유래하였는데, 전세계의 모든 문자를 컴퓨터에서 일관되게 표현하고 다룰 수 있도록 설계된 산업 표준이다. 유니코드 협회(Unicode Consortium)가 제정하며, 현재 최신판은 유니코드 8.0이다. 이 표준에는 문자 집합, 문자 인코딩, 문자 정보 데이터베이스, 문자들을 다루기 위한 알고리즘 등이 포함된다.

유니코드의 목적은 현존하는 문자 인코딩 방법들을 모두 유니코드로 교체하려는 것이다. 기존의 인코딩들은 그 규모나 범위 면에서 한정되어 있고, 다국어 환경에서는 서로 호환되지 않는 문제점이 있었다. 유니코드가 다양한 문자 집합들을 통합하는 데 성공하면서 유니코드는 컴퓨터 소프트웨어의 국제화와 지역화에 널리 사용되게 되었으며, 비교적 최근의 기술인 XML, 자바, 그리고 최신 운영 체제 등에서도 지원하고 있다.

유니코드에 배치되어 있는 ASCII, 한글 음절, 통합 한자에 관련된 문자 코드 표는 부록 3을 참조하기 바라며, 유니코드 협회의 공식 웹사이트(www.unicode.org)를 통하여 세부적인 관련 자료들에 접근이 가능하다.

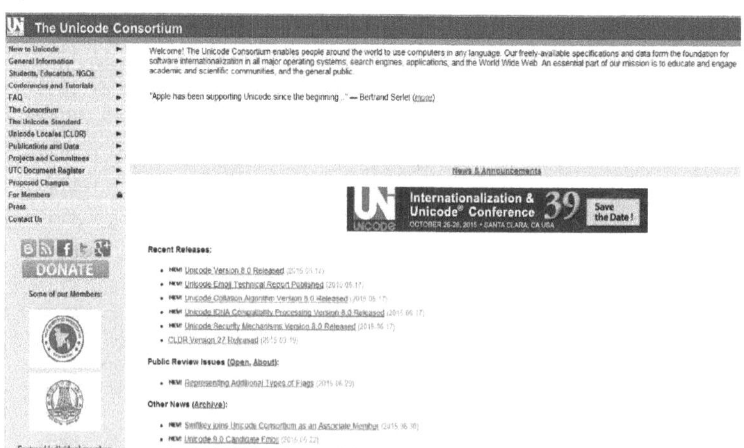

그림 3-8 • 유니코드 공식 웹사이트

2 부울대수

1. 부울대수의 개요

부울대수(Boolean algebra)는 논리적 관계의 문제를 다룰 때 대수 형식으로 표시하며, 여러 가지 논리회로를 설계하거나 같은 기능을 갖는 논리 회로를 간략화하는 데 사용된다. 1847년 영국의 수학자 George Boole은 연역적 논리적의 문제에 응용되는 수학의 기본 법칙과 규칙을 전개하였다. 이것은 인간의 지식이나 사고를 참, 거짓으로 공식화하고 이를 수학적으로 해석하기 위한 것으로 논리대수라고도 한다. 그 후, 1938년 미국 벨(BELL)연구소에 재직중이던 클로드 섀넌(Claude Shannon)이 그 대수의 유용성을 입증하기 위하여 전기 스위치를 이용하여 이를 증명함으로써 실용화하게 되었으며 오늘날에는 컴퓨터의 회로 설계 등에 이용되고 있다. 부울대수에서는 "0"과 "1"의 두 개의 수치만을 사용하며, 연산의 결과는 언제나 0 또는 1로 표현된다.

2. 논리연산

부울함수는 0이나 1의 두 값 중에서 하나만을 가지는 변수로서 변수의 이름은 A, B, C, X, Y, Z 등의 문자로 표시되며, 기본 논리연산으로는 앞에서 기술한 바와 같이 논리합, 논리곱, 논리부정 등이 있으며 이들 부울변수를 논리 연산 기호로 결합시킨 식을 부울함수라고 하며, 이를 논리함수, 논리대수식, 논리대수라 불리기도 한다.

부울대수의 논리연산 공리

공리(1) 교환법칙	모든 A∈P, B∈P에 대하여 $A+B=B+A$ $A\cdot B=B\cdot A$
공리(2) 결합법칙	모든(A, B, C)∈P에 대하여 $(A+B)+C=A+(B+C)$ $(A\cdot B)\cdot C=A\cdot (B\cdot C)$
공리(3) 상호분배법칙	모든(A, B, C)∈P에 대하여 $A+(B\cdot C)=(A+B)\cdot (A+C)$ $A\cdot (B+C)=A\cdot B+A\cdot C$
공리(4)	유일한 원소 0과 1이 존재하며 모든 A∈P에 대하여 $A+0=A$ $A\cdot 1=A$
공리(5)	각 원소는 여인수가 존재한다. A∈P에 대하여 $A+\bar{A}=1$ $A\cdot \bar{A}=0$

3. 부울대수의 정리

위에서와 같은 공리로부터 다음과 같은 기본 정리가 도입되어 모든 논리회로의 수학적인 표현은 물론 복잡한 논리합성과 해석에 사용하게 되었다.

다음은 실용상 중요한 정리를 표현한 것이다.

2개의 이항연산, +(논리합), ·(논리곱)와 ¯(논리부정), 서로 다른 두 개의 요소 0, 1을 갖는 공집합이 아닌 집합이라 할 때 A, B, C가 임의의 원소로서 다음 몇 가지 공리를 만족할 때 이를 부울대수라 한다.

① 교환법칙(commutative law)

$A+B=B+A$

$A \cdot B=B \cdot A$

② 분배법칙(distributive law)

$A+(B \cdot C)=(A+B) \cdot (A+C)$

③ 항등법칙(identity law)

$A+0=A$

$A \cdot 1=A$

④ 보법칙(complement law)

$A+\bar{A}=1$

$A \cdot \bar{A}=0$

등의 정의를 이용하여 다음과 같은 몇 가지 공리를 얻을 수 있다.

⑤ 멱등법칙

$A+A=A$

$A \cdot A=A$

⑥ 흡수법칙

$A+(A \cdot B)=A$

$A \cdot (A+B)=A$

⑦ 제한법칙

$A+1=1$

$A \cdot 0=0$

⑧ 결합법칙

$(A+B)+C=A+(B+C)$

$(A \cdot B) \cdot C=A \cdot (B \cdot C)$

⑨ 드모르간의 법칙

$$\overline{(A+B)} = \overline{A} \cdot \overline{B}$$

$$\overline{(A \cdot B)} = \overline{A} + \overline{B}$$

부울대수의 정리를 증명하려면 첫째 벤 다이아그램에 의한 방법, 둘째 진리치표에 의한 방법, 셋째 물리적인 스위치 회로에 의한 방법 등 여러 가지가 있다. 벤 다이아그램은 논리식의 증명이 직관적으로 표시되는 도표이다.

• 벤 다이아그램

부울(Boole)함수를 벤 다이아그램(Venn diagram)으로 표시하는 방법이 있다.

• 진리치표(truth table)

A	B	C	B+C	A·(B+C)	A·B	A·C	(A·B)+(A·C)
1	1	1	1	1	1	1	1
1	1	0	1	1	1	0	1
1	0	1	1	1	0	1	1
1	0	0	0	0	0	0	0
0	1	1	1	0	0	0	0
0	1	0	1	0	0	0	0
0	0	1	1	0	0	0	0
0	0	0	0	0	0	0	0

3 기본 논리 회로

논리회로는 2가지의 상태를 다루는 방법으로 컴퓨터에서 사용되는 방법이다. 이 방법은 수학적 집합론은 근거로 하여 컴퓨터 내부 스위치(switch)회로를 다루는 원리인데 컴퓨터에서는 스위치가 반도체인 다이오드(diode)와 트랜지스터(transistor)로 구성되어 하나의 수치를 나타내는 데에는 여러 개의 회로가 동시에 사용된다.

따라서 NOT, AND, OR 등의 기본논리회로(logic circuit)를 이해한다. 컴퓨터에 사용되는 어떤 복잡한 회로도(CPU, 기억장치, I/O 등) 이 3개의 기본논리회로의 조합으로 구성된다.

1. NOT 회로

스위치회로

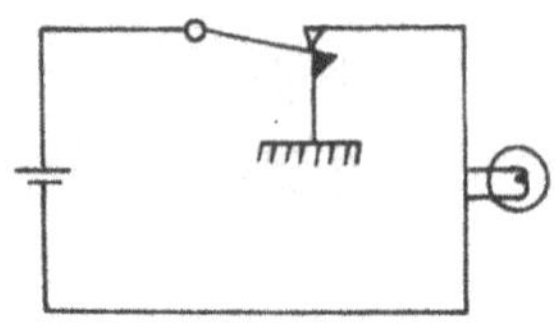

논리회로

진리치표(truth table)

입 력	출 력
x	$f = \bar{x}$
1	0
0	1

NOT 회로는 인버터(inverter)라고도 하며, 입력이 1개로 구성된 것으로 1의 입력신호를 가하면 출력신호는 반전되어 0가 출력된다. 반대로 입력신호가 0이면, 출력신호는 1의 신호로 변환된다.

2. AND 게이트

AND 게이트(AND gate)는 두 입력이 모두 1일 때 그의 출력이 1이 되고 그 외의 입력조건에서는 출력은 0이 된다.

스위치 회로

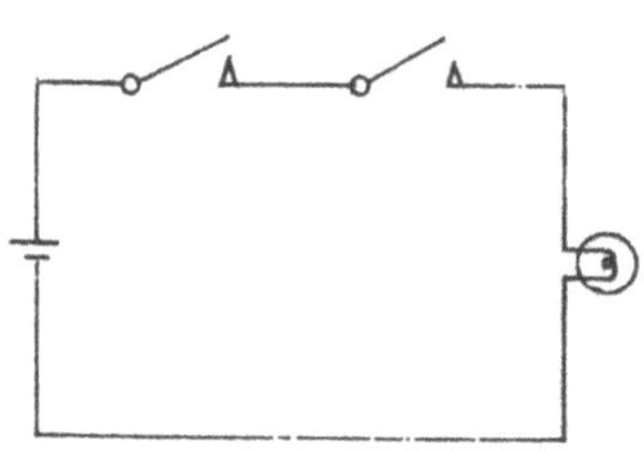

논리 회로

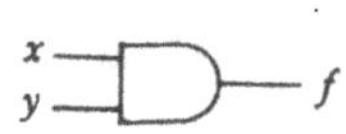

진리치표(truth table)

입 력		출 력
x	y	$f = x \wedge y$
0	0	0
0	1	0
1	0	0
1	1	1

3. OR 게이트

OR 게이트(OR gate)는 입력신호 중 어느 하나 또는 두 개가 모두 1일 때 출력이 1인 논리회로를 말한다.

스위치 회로

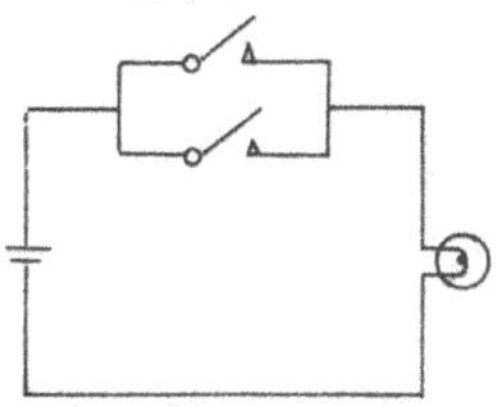

논리회로

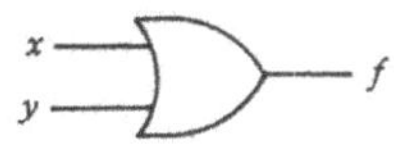

진리치표(truth table)

입 력		출 력
x	y	$f = x \vee y$
0	0	0
0	1	1
1	0	1
1	1	1

4. 부정논리곱(NAND)

AND와 NOT회로의 결합회로로 AND의 결과를 반전한 결과를 얻는다.

진리치표

입 력		출 력
x	y	$f = \overline{x \cdot y}$
0	0	1
0	1	1
1	0	1
1	1	0

기호

논리식

$$f = \overline{x \cdot y}$$

5. 부정논리합(NOR)

OR와 NOT회로의 결합회로로 OR의 출력이 반전된 결과를 얻는다.

진리치표

입 력		출 력
x	y	$\overline{(x + y)}$
0	0	1
0	1	0
1	0	0
1	1	0

기호

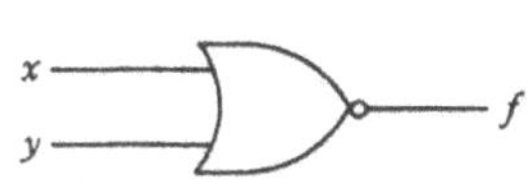

논리식

$$f = \overline{(x + y)}$$

6. 배타논리합

배타논리합(XOR : exclusive-OR)은 두 개의 입력조건이 서로 다르면 1이고, 조건이 같으면 0이 되는 것을 나타낸다.

진리치표

입 력		출 력
x	y	(x⊕y)
0	0	0
0	1	1
1	0	1
1	1	0

기호

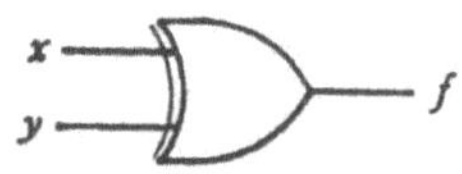

논리식

$f = (x \oplus y)$

4 조합 논리 회로

논리회로는 그 동작의 특성에 따라 조합논리회로(combinational logic circuit)와 순서논리회로(sequential logic circuit)로 구분될 수 있다. 조합논리회로란 입력 논리치가 정해지면 출력 논리치가 결정되는 논리회로로 AND, OR, XOR 등의 논리가 여기에 해당된다. 조합논리회로의 순서는 다음과 같다.

① 진리치표(truth table)에서 논리식을 만든다.
② 논리식을 간략화 한다.
③ AND, OR, NOT gate로 논리회로를 작성한다.
④ 필요시 NAND 또는 NOR gate로 변환한다.
⑤ 동작을 확인한다.

1. 반 가산기

반 가산기(half adder)는 1비트의 2진수 2개를 합하여 그 결과를 한 비트의 합과 한 비트의 올림수로 발생시키는 논리회로이다.

① 진리치표(truth table)에서 논리식을 만든다.

진리치표

입력		출력	
x	y	S	C
0	0	0	0
0	1	1	0
1	0	1	0
1	1	0	1

논리식

합(sum) : $S = \overline{x} \cdot y + x \cdot \overline{y}$

올림수(carry) : $C = x \cdot y$

(위 대수식은 더 이상 간략히 할 수 없음)

② AND, OR, NOT gate로 논리회로를 작성한다.

논리회로

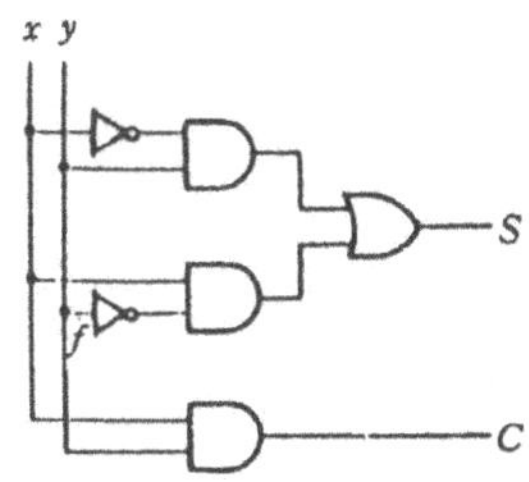

2. 전 가산기

전 가산기(full adder)는 자리 올림수(carry, C)를 더해 줄 수 없는 반 가산기의 결점을 보완하여 만든 회로이다. 즉, 두 개의 입력과 전 단계에서 발생한 자리 올림수(C)를 더할 수 있도록 구성된 회로를 말한다.

진리치표

x	y	z	S	C
0	0	0	0	0
0	0	1	1	0
0	1	0	1	0
0	1	1	0	1
1	0	0	1	0
1	0	1	0	1
1	1	0	0	1
1	1	1	1	1

논리식

$$S = \overline{x}\,\overline{y}z + \overline{x}y\overline{z} + x\overline{y}\,\overline{z} + xyz$$
$$= x \oplus y \oplus z$$
$$C = \overline{x}yz + x\overline{y}z + xy\overline{z} + xyz$$
$$= (\overline{x}y + x\overline{y}) \cdot z + xy \cdot (\overline{z} + z)$$
$$= (x \oplus y) \cdot z + xy$$

논리회로

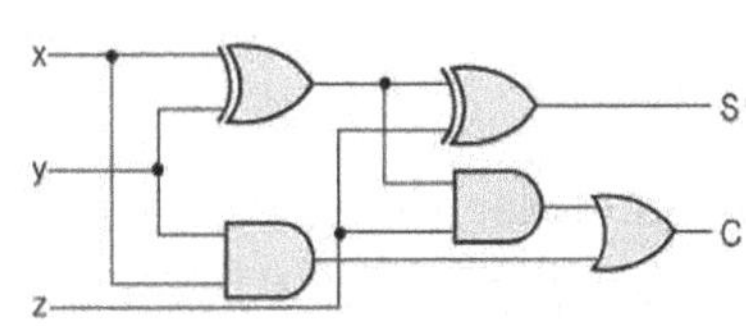

여러 자리의 2진수 덧셈을 위해서는 첫 자리의 덧셈은 반 가산기를 이용하고, 다음 단계부터는 자리 올림수를 더해 주어야 하므로 전 가산기를 사용해야 한다.

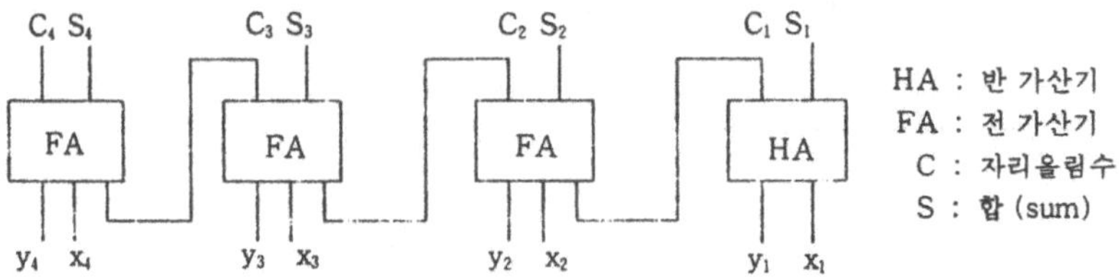

그림 3-9 • 4비트 계산용 전가산기

3. 인코더

인코더(encoder)는 1개의 입력을 다수의 신호로 변환하여 출력을 얻는 회로를 말하며 부호기라고도 한다. 예를 들면 각각 다른 단자의 입력 x_0 …… x_9의 십진수는 최소 코드인 4개의 비트를 이용하여 2진수 코드로 변환시킬 수 있는데 그림에는 이 경우의 진리표와 회로도를 나타낸다.

진리치표

입력	출력			
X_n	f_4	f_3	f_2	f_1
0	0	0	0	0
1	0	0	0	1
2	0	0	1	0
3	0	0	1	1
4	0	1	0	0
5	0	1	0	1
6	0	1	1	0
7	0	1	1	1
8	1	0	0	0
9	1	0	0	1

회로도

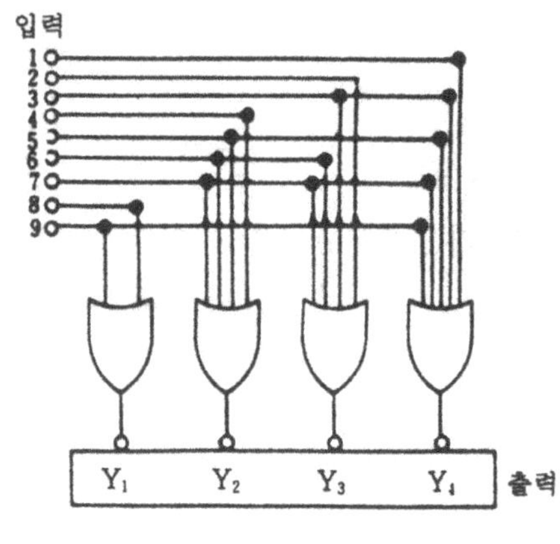

4. 디코더

디코더(decoder)는 인코더와 반대로 다수의 입력신호로서 1개의 출력신호를 얻는 회로이다. 즉, 2진수 코드의 정보를 다른 부호로 바꾸어야 할 때 반대 변환 작업을 수행하는 회로이며 해독기라고도 한다.

5. 멀티플렉서

멀티플렉서(multiplexer)는 n개의 선택입력에 따라 2^n 개의 입력 중 하나를 선택하여 출력하는 회로이며 다중기라고도 한다. 멀티플렉서 회로는 데이터통신 장치에 많이 사용된다. [그림 3-10]은 4×1 멀티플렉서를 나타낸다. 4개의 입력 데이터가 각각 AND 게이트에 입력되고 두개의 선택입력에 의해 AND 게이트의 출력들 중 하나를 선택한다.

진리치표

선택입력 (Select Line)		출력(Output)
S_1	S_0	Y
0	0	I_0
0	1	I_1
1	0	I_2
1	1	I_3

회로도

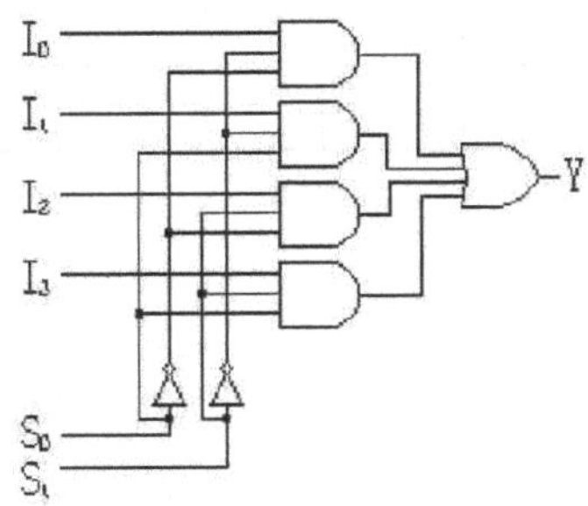

그림 3-10 • 4×1 멀티플렉서

5 순서 논리 회로

순서논리회로(sequential logic circuit)의 출력값은 입력신호의 조합뿐만 아니라 논리회로의 내부 상태에 따라 다르게 출력이 나타난다. 즉, 입력 신호에 의하여 상태를 바꾸도록 지시할 때까지 계속적으로 컴퓨터 내부에서 0, 1의 값을 가지는 bit를 기억하고 유지하기 위하여 사용된다. 이런 소자를 플립플롭(Flip-Flop)이라 하며, 그 동작 상태에 따라 RS Flip-Flop, JK Flip-Flop, T Flip-Flop, D Flip-Flop 등이 있다. 그 응용으로는 정보를 기억하는 레지스터 및 카운터 등의 구성소자들이 있다.

(1) RS Flip-Flop

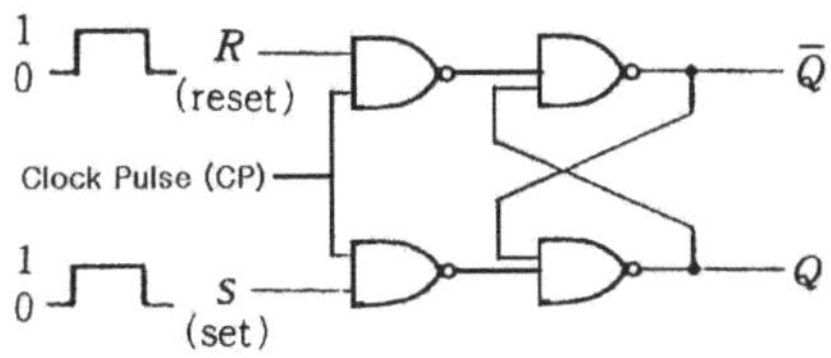

그림 3-11 • NAND gate를 사용한 RS 플립플롭

표 3-5 • RS 플립플롭의 동작원리

S	R	입력 전 Q	입력 후 Q	비 교
1 1	0 0	1 0	1 1	① S=1이면, Q=1이 된다. (Set 상태)
0 0	1 1	1 0	0 0	② R=1이면, Q=0이 된다. (Reset 상태)
0 0	0 0	0 1	0 1	③ S=R=0이면, Q는 입력 전의 상태를 그대로 유지한다. (No Change)
1	1	1	?	사용 금지(Not Allowed)

(2) 레지스터

레지스터(register)는 CPU의 연산장치와 기억장치 중에서 기억장치에서 읽어내는 정보와 연산결과 등을 일시 기억하는 데 사용되어진다. 이러한 일시 기억장치를 레지스터라고 한다. 보통 이 회로 역시 플립플롭으로 만들어진다. 1개의 플립플롭은 1비트의 정보가 기억되어지기 때문에 n개의 플립플롭을 사용하면 n비트의 정보를 기억하는 레지스터가 된다. [그림 3-12]는 4비트 레지스터를 나타낸다.

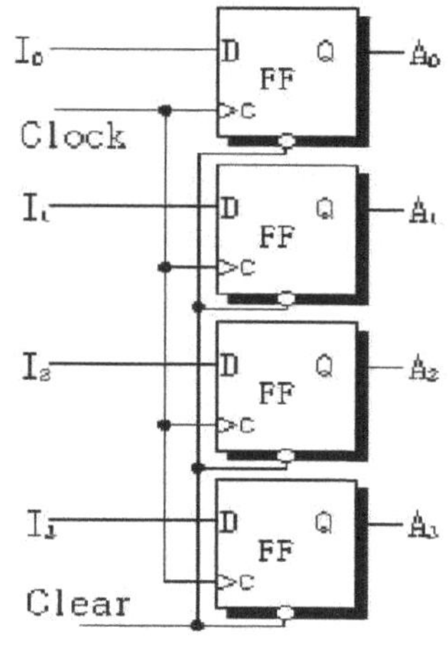

그림 3-12 • 4비트 레지스터

C o m p u t e r S c i e n c e 컴퓨터 사이언스

03 연 습 문 제

01 컴퓨터가 데이터를 표현할 때의 최소 단위는 비트(bit)이고, 8개의 비트가 모여서 (①)가 되며, (①)가 모여 데이터의 속성을 나타내는 (②)를 이루고, 다시 (②)가 모여 (③)가 되며 여러 개의 (③)가 모여 한 개의 (④)를 형성한다.

02 $(1011100)_2$는 ( ) 비트의 데이터이며, 8진수 값은 $(\ \ )_8$이고, 16진수 값은 $(\ \ )_{16}$이다.

03 64비트의 데이터는 ( ) 바이트의 데이터이다.

04 데이터와 정보를 비교 설명하고, 각각의 예를 2개씩 들어보아라.

05 2진수의 8비트는 최대 ( )개의 데이터를 표현할 수 있다.

06 $(820)_{10}$을 2진수, 8진수, 16진수로 각각 변환하라.

07 $(7.375)_{10}$을 2진수, 8진수, 16진수로 각각 변환하라.

08 $(10101001)_2$을 8진수, 10진수, 16진수로 각각 변환하라.

09 $(8AFB.B)_{16}$을 2진수, 8진수, 10진수로 각각 변환하라.

10 +80710, −80710 존(zone) 10진수로 각각 변환하라.

11 +807310, −807310, 팩(packed) 10진수로 각각 변환하라.

12 +807310, −807310을 고정 소수점(2의 보수형)으로 표시하라. 단, 1워드는 32비트로 한다.

13 +123.75와 −123.75을 32비트의 부동 소수점 형식으로 각각 표시하라.

14 다음 10진수의 9의 보수와 10의 보수를 구하라.

12345, 38607, 43552, 89385, 72313

15 다음 10진수를 16비트 2의 보수 방법으로 변환하여 보아라.

102, −179, 534, 62056

16 다음 2진수의 1의 보수와 2의 보수를 구하라.

11100110, 101001011, 10111011, 00111011, 10101010

17 다음 2진수의 감산을 2의 보수를 사용하여 구하라.

(1) 111000−111011
(2) 110110−110101
(3) 100101−100000
(4) 101010−101011

18 $(5EDC.A3B)_{16}$를 2진수, 8진수, 10진수로 각각 변환하라.

19 16진수 $(E42.7)_{16}$을 2진수로 변환하여 보아라.

20 1994, 25, 151의 10진수를 2진화 10진수로 표현하라.

21 다음 8421코드의 8진수와 10진수 값은 얼마인가?

(1) 0111
(2) 10010011
(3) 0101
(4) 10000100

22 다음의 부울 함수를 간단화하라.

(1) $f = x \cdot y + x \cdot y$
(2) $f = x \cdot y + x \cdot \overline{y}$
(3) $f = x \cdot y + 1$
(4) $f = x \cdot (\overline{x} + y) \cdot y$
(5) $f = x \cdot \overline{y} \cdot z + x \cdot \overline{y} \cdot \overline{z} + x \cdot y \cdot z$

23 다음의 진리치표의 빈칸을 채워라.

입 력			출 력			
x	y	z	$x+\overline{z}$	$y^*(\overline{x}+z)$	x^*y^*z	$(z^*y)+(x^*z)$

24 인코더(encoder)와 디코더(decoder)를 기술하라.

25 플립플롭(flip-flop)의 동작 원리를 설명하라.

26 프로그램의 명령어 수행 중에 산술 및 논리 연산의 결과를 일시적으로 기억하는 레지스터가 어떤 것인지 설명하라.

27 일반적으로 개인용 컴퓨터나 마이크로컴퓨터, 그리고 통신 분야에서 많이 사용하는 코드로서, 미국 국립 표준 연구소에서 제정한 7비트(bit) 코드(128자 표현)인 ASCII 코드에 대하여 아는 데로 설명하라.

28 IBM의 호스트 시스템에서 주로 사용되고 있는 EBCDIC 코드에 대하여 아는 데로 설명하라.

29 ASCII 코드와 EBCDIC 코드의 차이점을 설명하라.

30 Unicode 코드 구조를 조사하여 기술하고 ASCII 코드와의 차이점을 설명하라.

CHAPTER.04

컴퓨터 하드웨어

Computer
Science

CHAPTER

04 컴퓨터 하드웨어

1 하드웨어 구성

컴퓨터 시스템은 크게 하드웨어(hardware)와 소프트웨어(software)로 이루어져 있다.

하드웨어는 눈으로 볼 수 있는 기계의 본체를 말하는 것으로, [그림 4-1]에 나타난 것처럼 중앙 처리 장치(CPU : Central Processing Unit), 보조 기억 장치, 입·출력 장치로 구성되어 있으며, 중앙 처리 장치는 또 주기억 장치, 연산 장치, 제어 장치로 나눌 수 있다.

소프트웨어는 컴퓨터를 이용하는 기술을 말하는 것으로 시스템 프로그램과 응용 프로그램으로 분류된다. 흔히 컴퓨터 하드웨어의 5대 장치를 입력 장치, 기억 장치, 연산 장치, 제어 장치, 출력 장치라 하는데, 그 기능은 다음과 같다.

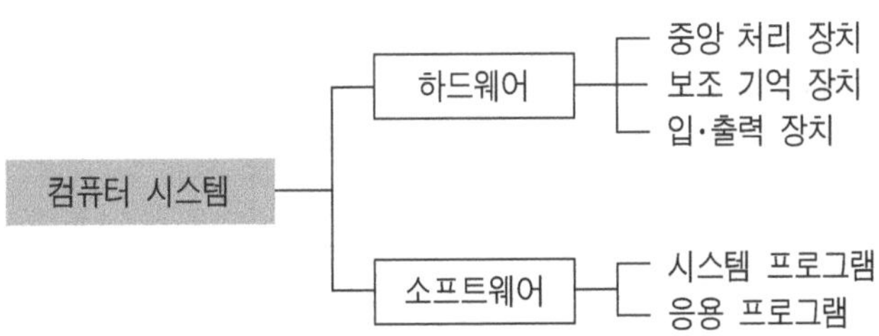

그림 4-1 • 컴퓨터 시스템의 기본 구성

(1) 입력 장치

자료를 컴퓨터 시스템으로 읽어 들이는 기능을 갖고 있으며, 디스크 장치, 테이프 장치, 단말기, 카드 판독기 등이 있다.

(2) 기억 장치

기억 장치는 주기억 장치와 보조 기억 장치로 나누며, 입력된 자료가 처리될 때까지 일시적으로 기억하거나 연산 결과와 출력할 내용 등을 기억한다.

(3) 연산 장치

산술 논리 연산 장치(ALU : Arithmetic and Logic Unit)라고도 하는데, 제어 장치의 지시에 따라 전송된 자료를 처리하기 위하여 4칙 연산, 논리 연산, 자리 이동 등의 연산을 수행하는 장치이다.

(4) 제어 장치

자료를 처리하는 순서를 저장한 프로그램의 명령어를 해독하여 입력 장치,기억 장치, 연산 장치, 출력 장치 등을 제어한다.

(5) 출력 장치

CPU로부터 출력 결과를 받아서 사람이 알 수 있는 형태로 변환하거나 다른 기억 장치(자기 테이프, 자기 디스크 장치 등)로 전송한다.

위의 장치들 중 주기억 장치, 연산 장치, 제어 장치를 묶어서 중앙 처리 장치(CPU)라 하고, 보조 기억 장치, 입력 장치, 출력 장치를 주변 장치라고 한다.

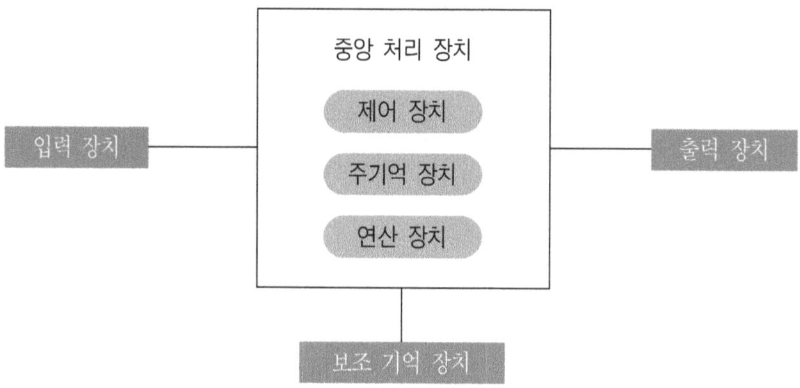

그림 4-2 • 하드웨어의 기본 구성

2 기억 장치

기억 장치(memory unit)는 입력 장치에서 읽어 들인 숫자, 문자, 각종 기호 등의 자료들을 저장하는 장치로 주기억 장치와 보조 기억 장치로 나누어진다. 주기억 장치(main memory unit)는 컴퓨터 시스템의 중앙 처리 장치에 위치하며 실행하고자 하는 프로그램이나 자료를 기억시키는 장치이다. 보조 기억 장치(auxiliary storage unit)는 주변 장치로서 주기억 장치에 필요한 프로그램이나 자료를 보낼 수 있고, 처리된 자료 또는 개발된 프로그램 등을 저장할 수 있다.

기억 장치에서 사용되는 기억의 최소 단위는 비트(bit : binary digit)인데, 8개의 비트를 1바이트(byte)라 한다. 1바이트는 영문자 1문자를 기억하며 한글의 경우 완성형으로 나타낼 때 2바이트로 한글 1문자를 저장한다. 1킬로 바이트(KB)는 1,024바이트로 구성되며, 1메가바이트(MB)는 1,024킬로 바이트이고, 1기가 바이트(GB)는 1,024메가 바이트가 된다. 그 외에 컴퓨터에서 사용되는 단위는 [표 4-1]과 같다.

표 4-1 • 컴퓨터의 사용 단위

단위 기호	의 미	크 기	비 고
a	atto	10^{-18}	
f	femto	10^{-15}	
p	pico	10^{-12}	
n	nano	10^{-9}	
μ	micro	10^{-6}	
m	milli	10^{-3}	
K	kilo	10^{3}	2^{10}
M	mega	10^{6}	2^{20}
G	giga	10^{9}	2^{30}
T	tera	10^{12}	2^{40}
P	peta	10^{15}	2^{50}
E	exa	10^{18}	2^{60}

- 메모리 셀(memory cell) : 한 소자나 전기회로가 하나의 비트를 저장하는 데 사용된다.(0 또는 1) 플립플롭, 충전된 커패시터, 자기테이프 또는 디스크 등이 그 예이다.
- 메모리 워드(memory word) : 메모리에 있는 비트는 몇 가지 형태의 명령이나 데이터로 표현된다. 예를 들면, 8개의 플립플롭으로 구성되어 있는 레지스터는 8비트 워드로 저장되는 메모리로 생각할 수 있다. 최근 컴퓨터에 있어서 워드의 용량은 컴퓨터에 따라 다르나 보통 4~8바이트 사이에 있다.
- 바이트(byte) : 8비트 워드에 대해 사용되는 용어이다. 바이트는 항상 8비트로 구성되고 마이크로컴퓨터에서 가장 일반적인 워드크기이다.
- 용량(capacity) : 여러 비트들은 특별한 메모리소자나 메모리시스템에 어떤 특별한 방법으로 저장될 수 있다. 이를 설명하기 위하여, 4096×20 비트 워드를 저장할 수 있는 메모리를 가지고 있다고 생각하자. 이는 전체 81,920 비트의 용량을 나타낸다. 4096×20으로 표현하기도 하는데, 이런 방법으로 표현할 때 첫번째 숫자(4096)는 워드의 개수이고, 두 번째 숫자(20)는 각 워드당 비트수이다(word size). 메모리에 있어서 워드수는 대개 1024의

곱이다. 메모리용량을 언급할 때 1024=2^{10}으로 표현하기 위하여 일반적으로 "1K"의 형태를 사용하기도 한다. 더욱이 4K×20의 저장용량을 갖는 메모리는 실제적으로 4096×20 메모리이다.

대용량 메모리의 발전으로 2^{20}=1,048, 576으로 표현하기 위하여 "1M" 또는 "1meg"의 형태를 도입하게 되었다. 그러므로 2M×8의 용량을 갖는 메모리는 실제적으로 2,097, 152*8의 용량을 갖는 것이다.

1. 주기억 장치

(1) 주기억 장치의 구성

주기억 장치는 수많은 바이트로 구성되며, 용량이 수 KB에서 수 GB에 이르는 크기도 있다. 입력 장치를 통하여 읽어들인 자료는 '1'과 '0'의 상태가 모아져 바이트 단위로 구성되며 순서에 따라 특정한 장소에 저장된다. 자료를 저장하거나 저장된 자료를 읽기 위하여 각 기억 장소는 고유한 주소를 갖는다.

그림 4-3에 주기억 장치의 구성도를 나타내고 있는데 기억부는 주어진 프로그램이나 데이터를 기억해 두는 2진 기억 소자(memory cell)들이 2차원 행렬(matrix)로 구성되어 있다. 메모리 주소 레지스터(MAR : Memory Address Register)는 프로그램이나 데이터를 입·출력하기 위한 번지를 가지고 있으며, 메모리 버퍼 레지스터(MBR : Memory Buffer Register)는 입·출력하고자 하는 프로그램이나 데이터를 임시 보관하는 레지스터이다. 번지 선택 회로는 MAR에 의하여 기억 장소를 선택하는 회로이며, 제어 회로는 기억 장치에 저장하라는 Write 신호와 기억 장치로부터 읽어내라는 Read 신호를 발생시키는 회로이다. 또한 제어 회로는 칩이나 모듈 개념으로 여러 개로 나누어 구성될 경우 칩 선택 신호나 메모리 모듈 선택 신호가 필요하다.

기억 장치에 저장하는 외부 동작의 순서는 먼저 써넣으려는 기억 장치의 위치, 즉 번지를 MAR에 넣고 프로그램이나 데이터의 비트를 MBR에 넣은 후 입력 신호로 MBR의 내용이 메모리에 저장된다. 기억 장치로부터 읽어낼 때 외부 동작의 순서는 읽어내려는 프로그램이나 데이터 번지를 MAR에 넣은 후 출력 신호를 주면, 메모리의 해당 내용이 MBR로 옮겨져 외부로 출력하게 된다.

• 어드레스(address) : 메모리에서 한 워드의 위치를 식별하는 주소(숫자)로서, 메모리소자 또는 시스템에 저장된 각 워드는 고유의 주소를 갖는다. 주소는 보통 2진수, 8진수, 16진수로 표현되고, 편의를 위해 10진수가 사용되기도 한다. [그림 4-3]은 8개의 워드로 구성되어 있는 작은 메모리를 설명하고 있다. 이들 8개 워드의 각각은 000에서 111까지 3비트 사이에서 표현되는 특별한 주소를 갖는다. 메모리에 있는 특정 워드의 위치를 언급할 때마다, 그것을 식별하기 위하여 그 위치의 주소코드를 사용한다.

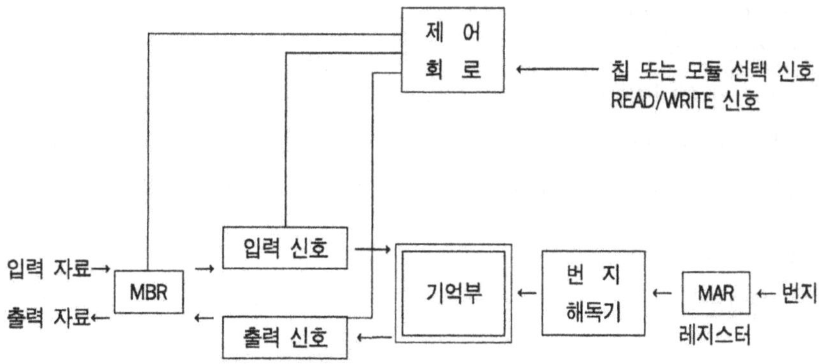

그림 4-3 • 주기억 장치의 구성

(2) 주기억 장치의 종류

컴퓨터 하드웨어 기술의 발전은 기억 용량의 급속한 증가와 함께 기억 소자 크기의 감소, 그리고 가격면에서 급격한 하락을 가져왔다.

① 과거의 주기억 장치

세계 최초의 전자 계산기인 ENIAC은 18,600개의 진공관을 사용하였다. 진공관 한 개는 1비트의 정보를 나타내는데, 그 크기와 전력 소모, 열 발생 등으로 많은 문제점을 포함하고 있었다. 그 이후 트랜지스터(transistor)가 사용되었는데 적은 전력 소모와 신뢰성을 가지고 있었다.

1960년대 초반에서 1970년 중반까지는 자기 코어(magnetic core)가 기억 소자로 사용되었다. 자기 코어는 매우 작은 링(ring) 형태로 되어 있으며, 그 재질이 페라이트(ferrite)라는 자기 재료를 사용하므로 페라이트 코어 메모리라고도 한다.

자기 코어의 기억 원리는 코어의 링을 통과하는 도선에 전류를 흘려 '플레밍의 오른손 법칙' 에 따라 자화(磁化)의 방향을 바꾸어 주는 것이다. 자기 코어는 한번 1 또는 0의 상태가 되면 어떠한 변화를 주지 않는 한 계속 자화 상태를 유지하여 정보를 기억하게 되고, 여러 개의 코어를 코어판(core plane)의 형태로 묶어서 사용하게 된다.

② 현재의 주기억 장치

1960년대 후반부터 반도체 집적 회로(IC : Integrated Circuit) 기술의 개발과 함께 기억 소자로서의 적용이 추진된 후, 1968년에는 주기억 장치의 버퍼 메모리로 사용되기 시작하였다.

그 후 집적 회로는 집적도, 소비 전력, 소형성, 경제성 등으로 코어 메모리를 대체하여 현재까지 널리 이용되고 있다.

③ 미래의 주기억 장치

미래의 기억 장치는 현재의 장치보다 크기가 작고, 대용량, 고속의 기억 소자가 사용될 것이다. 그 중의 하나가 조셉슨 소자(Josephson device)인데, 현재의 기억 소자보다 10배 이상 빠르게 나타나고 있으며, 대량 생산과 가격 등의 문제점을 해결하고 있다. 또한 IBM에서는 제작이 용이한 초전도(super conduction) 상태에 대한 연구도 진행중이다.

(3) 반도체 메모리

현재 주기억장치로 사용되고 있는 반도체 메모리는 하나의 칩(chip)상에 수메가 비트를 저장할 수 있는데 이는 반도체 제조공법상 쌍극성(bipolar type)과 모스형(mos type)의 두 가지로 구분된다.

따라서 이들은 전기적 물리적 특성이 다음과 같이 다양하다.

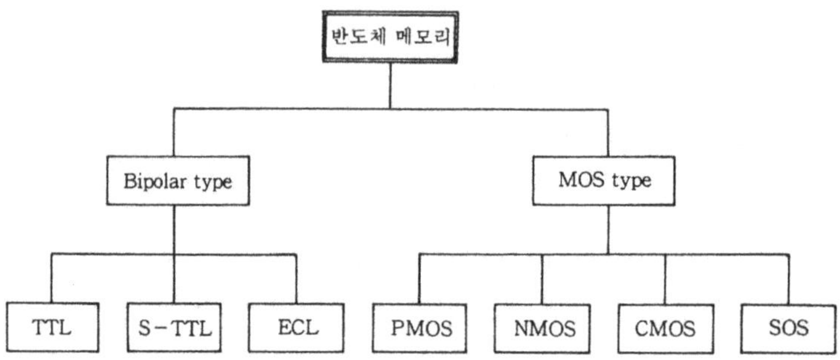

그림 4-4 • 반도체 제조 공정상 분류

•MOS : Metal Oxide Semicondutor
•SOS : Silicone On Sipphire

또한 이들 메모리의 제조기술적인 분류에 따라 그 특성이 또한 다양하며 주요 기준은 다음과 같이 구분된다.

① 밀도(chip당 bit용량)
② 속도
③ 소비전력(bit당 μW 또는 mW)
④ bit당 cost(반도체 제조가격 측면)
⑤ Noise면역성

이들 반도체 메모리의 특성기준에 따라 구분된 특성 비교 예는 다음 [표 4-2]와 같다.

표 4-2 • 반도체메모리 특성비교표

종 류	속 도	요구전력	용 량	잡음면역	가 격
TTL/S-TTL	빠름	높음	낮음	낮음	고가
ECL	가장빠름	가장 높음	가장 낮음	가장 낮음	가장 고가
CMOS/PMOS	중간수준	낮음	가장 높음	높음	가장 저가
CMOS/SOS	가장 느림	가장 낮음	높음	가장 높음	저가

기억 장치가 출력 신호를 받은 시간부터 데이터가 출력될 때까지의 시간을 접근 시간(access time)이라고 한다. 자기 코어 기억 장치에서는 접근 시간과 복원 시간을 합해서 사이클(cycle) 시간이라 하며, IC 메모리에서는 사이클 시간이 접근 시간과 같다. 자기 코어 메모리의 사이클 시간은 μs(10^{-6}초) 정도이고 IC 메모리의 사이클 시간은 ns(10^{-9}초) 정도이다.

① 읽기동작(read operation)과 쓰기동작

특별한 메모리위치(주소)에 저장되어 있는 2진 워드가 감지되어 다른 소자에 전달되는 동작이다. 예를 들어, 만약 어떤 목적으로 [그림 4-3]에 있는 메모리의 워드 4를 사용하려고 한다면, 주소 100번에서 읽기동작을 실행하여야 한다. 한 워드를 메모리로부터 가져오기 때문에 읽기동작을 종종 패치(fetch)동작이라고도 한다.

쓰기동작(write operation)은 새 워드를 특정한 메모리 위치에 두는 동작으로서 저장동작이라고 한다. 하나의 새 워드가 한 메모리 위치로 쓰여질 때마다 그곳에 정확하게 저장된 워드가 놓여진다.

② 액세스시간(access time)

메모리소자 동작속도의 측정치로 읽기동작하는 데 필요한 시간이다. 이는 주소입력 순간으로부터 메모리 내용의 출력순간까지의 시간이다. 액세스시간은 기호 t_{ACC}를 사용한다.

주소	
000	단어 0
001	단어 1
010	단어 2
011	단어 3
100	단어 4
101	단어 5
110	단어 6
111	단어 7

그림 4-5 • 특정한 2진 어드레스를 갖는 각 워드위치

③ 랜덤 액세스메모리(RAM)

한 메로리 워드의 실제 물리적 위치가 그 위치로부터 읽거나 쓰는 데 걸리는 시간이 얼마나 걸리는가에는 영향을 받지 않는 메모리이다. 달리 말하면 액세스시간이 메모리의 모든 주소에 대해서도 같은 메모리이다. 대부분의 반도체메모리와 코어메모리는 RAM이다.

(4) 순차 액세스메모리(SAM)

액세스시간이 일정하지 않고, 주소위치에 따라 변하는 메모리의 한 형태이다. 원하는 주소에 도달할 때까지 모든 주소위치를 통하여 저장된 워드를 연속적으로 찾게 된다. 이는 랜덤 액세스메모리보다 더 긴 액세스시간을 갖는다. 순차 액세스메모리의 예는 자기테이프, 디스크, 자기버블메모리가 있다. SAM과 RAM 사이의 차이를 설명하기 위하여 오디오 테이프 카세트에 있는 60분짜리 노래를 기억시키는 경우를 생각하여 보자. 원하는 노래를 듣고자 한다면 당신은 그 노래를 찾을 때까지 테이프를 앞으로 또는 뒤로 돌려야 할 것이다. 그 처리는 비교적 느린데, 원하는 노래가 기록되어 있는 테이프의 위치에 따라 다르다. 찾고자 하는 것을 찾을 때까지 모든 원하는 정보를 탐색하여야 하기 때문에 이를 SAM이라 한다. 이에 대한 RAM의 예가 CDP(컴팩트 디스크 플레이어)이다. 이는 적당한 코드를 입력함으로써 어떤 한 노래를 빠르게 선택하든간에 같은 시간을 갖는다.

① 읽기전용메모리(ROM)

읽기동작 대 쓰기동작의 비가 매우 높은 응용분야를 위해 설계된 반도체메모리의 종류이다. 기술적으로 ROM은 단 한 번만 프로그래밍되어 쓸 수 있는데, 이 작업은 일반적으로 제작자에 의해 이루어진다. 그 이후 정보는 단지 메모리로부터 읽혀지기만 한다. 또다른 ROM의 형태들은 한 번 이상 쓸 수 있는 메모리(RMM : Read Mostly Memory)도 있다. 그러나 읽기동작보다 쓰기동작이 훨씬 복잡하기 때문에 자주 사용되지는 않는다. ROM의 여러 형태들은 나중에 논할 것이다. 모든 ROM은 비휘발성이고, 전원이 제거되어도 데이터는 그대로 저장된다.

② 정적 램(static RAM device)

전원이 인가되는 동안은 저장된 데이터가 영원히 저장되고, 주기적으로 데이터를 다시 쓸 필요가 없는 반도체 메모리장치이다.

③ 동적 램(dynamic RAM device)

전원이 인가되어도 저장된 데이터가 영원히 유지되지 못하며, 데이터가 메모리에 주기적으로 다시 쓰여져야 저장된 데이터가 계속 저장되는 반도체메모리이다. 이러한 주기적 동작은 리플레시(refresh)동작이라 한다.

④ 휘발성 메모리(volatile memory)

정보를 저장하기 위해 전원이 필요한 메모리의 한 형태로서 전원이 제거되면, 메모리에 있는 모든 정보는 소실된다. 대부분의 자기메모리가 비휘발성이고 반도체메모리는 휘발성 메모리이다.

ROM(Read Only Memory)은 하드웨어적으로 쓰여져 있는 자료를 읽어내기만 하는 기억 장치로 기억 내용의 변경이 불가능하며, 전원을 끊어도 내용이 소멸되지 않는 기능을 갖고 있다. 따라서 변경할 필요가 없는 프로그램을 기억해 둘 때 사용한다. ROM은 읽어내기만 하므로 [그림 4-6]과 같이 기억부와 번지 해독기, 출력 버퍼만으로 구성된다.

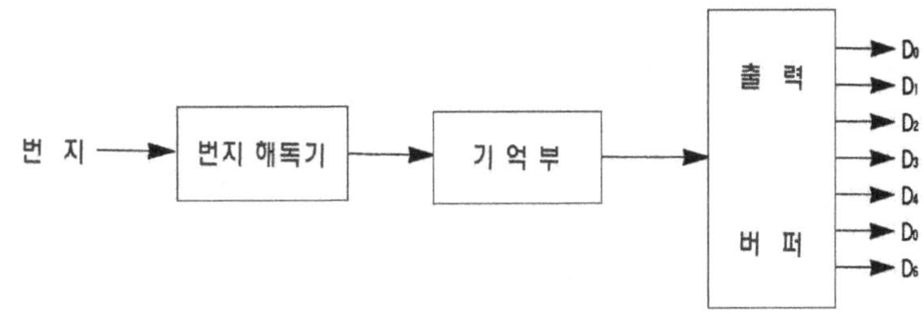

그림 4-6 • ROM의 구성도

ROM은 프로그램이나 자료를 저장하는 방법에 따라 마스크 ROM(Mask ROM), PROM((Programmable ROM), EPROM(Erasable PROM), EEPROM(Electrically Erasable PROM) 등으로 분류할 수 있다. 마스크 ROM은 사용자의 요구에 따라 그 내용을 제작자가 자료를 넣기 때문에 그 내용을 바꿀 수 없으나 대량 생산에 적합하다. PROM은 제작시에 아무런 내용을 넣지 않은 상태로 만들어지며 사용자가 원하는 내용을 PROM writer를 통하여 저장할 수 있다. 그리고 일단 기억이 되면 그 내용을 변경시킬 수 없다. EPROM은 ROM의 내용을 자외선 삭제 장치로 자외선을 가하여 지울 수 있으며, PROM writer로 새로운 내용을 써 넣을 수 있다. EEPROM은 ROM의 내용을 전기 신호에 의하여 삭제할 수 있으며, 역시 PROM writer로 새로운 내용을 써 넣을 수 있는 기억 장치이다.

RAM은 플립플롭(flip-flop)의 조합으로 구성된 정적 RAM(SRAM : Static RAM)과 콘덴서의 전하(charge) 충전 기능을 이용한 동적 RAM (DRAM : Dynamic RAM)으로 구성된다. 특히 DRAM은 충전된 전하가 2ms(milli second) 내에 소멸되므로 다시 그 내용을 기억시키는 재생(refreshment) 과정이 필요하다.

캐시 메모리(cache memory)는 그 구성이 SRAM과 동일하며, 기억 용량은 작으나 속도가 매우 빠른 버퍼(buffer) 메모리로 주기억 장치와 CPU와의 속도 차이를 줄여서 처리의 효율을 높이기 위하여 사용된다. 캐시 기억 장치의 호출 시간은 주기억 장치의 호출 시간보다 5~10배 정도 빠르며, 이를 이용하는 이유는 전체 기억 장치 시스템의 총 소요 시간을 최소화하면서 가능한 한 높은 평균 액세스(access) 속도를 얻는 데 있다.

(5) 메모리의 연결

컴퓨터시스템에 있어서는 물론이거니와, 최근 들어 간단한 디지털 시스템에 있어서도 메모리는 CPU와 연계된 상태에서 지속적으로 명령이 전달된 체계에서 동작한다.

컴퓨터 내부메모리에는 세 종류의 버스로 CPU에 연결되는 신호선이 구성된다. 이는 어드레스 버스, 데이터 버스, 제어 버스로서 [그림 4-7]에 나타내었다. 이들 버스는 각각 몇 개의 선으로 구성되는데, 각 버스선의 수는 컴퓨터마다 다르다. 이 세 종류의 버스는 메모리에 데이터를 읽거나 쓰기 위해 CPU의 필요부분을 동작시킨다.

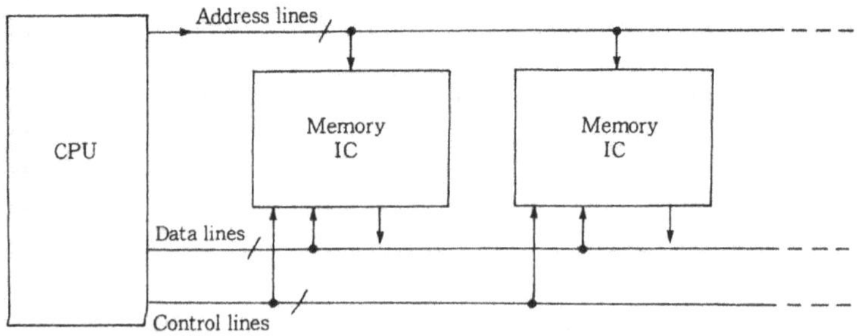

그림 4-7 • 메모리와 버스

컴퓨터가 명령프로그램을 실행할 때 CPU는 (1) 실행될 동작을 나타내는 프로그램코드, (2) 동작될 데이터를 갖고 있는 메모리에서 정보를 계속 읽는다. CPU는 프로그램 명령어에 의하여 지시된 메모리위치에 데이터를 저장하기도 한다. CPU가 특정 메모리 위치에 데이터를 쓸 때, 다음 단계를 실행한다.

① 쓰기동작

㉠ CPU는 데이터가 저장될 메모리위치에 2진어드레스를 공급한다. 어드레스 버스선에 이 어드레스를 인가한다.

㉡ CPU는 데이터 버스선에 저장될 데이터를 인가한다.

㉢ CPU는 메모리쓰기동작을 위해 적당한 제어신호선을 동작시킨다.

㉣ 메모리 IC들은 저장될 위치를 선택하기 위해 2진어드레스를 해독한다.

㉤ 데이터 버스에 있는 데이터는 선택된 메모리위치로 전송된다.

CPU가 특정 메모리위치로부터 데이터를 읽을 때, 다음 단계를 실행한다.

② 읽기동작

㉠ 어드레스 버스선에 이 어드레스를 인가한다. CPU는 데이터의 메모리위치의 2진 어드레스를 공급한다.

㉡ CPU는 메모리읽기동작을 위해 적절한 제어신호선을 활성화시킨다.

㉢ 메모리 IC중에서 읽기동작이 실행되는 위치를 선택하기 위해, 2진어드레스를 해독한다.

㉣ 메모리 IC들은 선택된 메모리위치로부터 데이터 버스에 데이터를 인가한다. 또, 데이터가 전송되는 곳으로부터 CPU로 데이터를 인가한다.

③ 버스

위의 단계들은 각 시스템 버스들을 통해 전송된다.

㉠ 어드레스버스 : 이는 CPU에서 메모리 IC까지 2진어드레스출력을 전달하는 단방향 버스이다.

㉡ 데이터버스 : 이는 CPU와 메모리 IC 사이에 데이터를 옮기는 양방향버스이다.

㉢ 제어버스 : 이는 CPU에서 메모리 IC까지 $R/\overline{W}$ 신호와 같은 제어신호들을 전달한다.

(6) 메모리 맵(Memory Map)

대부분의 IC메모리 응용분야에 있어서 원하는 메모리용량 또는 워드사이즈(word size)가 하나의 메모리 칩(chip)만 가지고 응용분야 전체를 활용할 수는 없다.

따라서, 이들 몇 개의 메모리칩으로 원하는 용량 및 워드사이즈에 알맞게 응용하려면 이들 메모리칩을 조합하거나 큰 용량을 나누어 쓸 수가 있다.

이때, 이들은 조합할 때 기억장치는 주변에 래치회로(latch circurt)와 메모리칩(일명 메모리셀 뱅크 : memory cell bank) 그 외에 MAR(Memory Address Register), MDR(Memory Data Resister) 그리고 제어장치와 같이 연결되어 있다.

2. 보조 기억 장치

(1) 보조 기억 장치의 개요

주기억 장치가 적은 자료를 기억하여 고속으로 처리하는데 반하여 많은 양의 자료를 기억시켜 관리하기 위한 장치를 보조 기억 장치 또는 2차 기억 장치(secondary memory)라 한다.

보조 기억 장치 선택시 고려 사항은 자료를 액세스하는 방법, 기억된 내용의 보관성, 삭제나 갱신의 용이성 등이 있고, 또한 자료를 액세스하는 방법에 따라 순차 액세스와 임의 액세스로 분류된다.

순차 액세스(sequential access)는 물리적으로 저장된 순서에 따라 자료를 검색해 나가기 때문에 주로 일괄 처리(batch processing)에 적합하나 빠른 액세스가 요구되는 실시간 처리(real-time processing)에는 잘 사용되지 않는다. 순차 액세스 방식의 대표적 장치는 자기테이프로서 저렴한 가격으로 대용량을 저장할 수 있다.

임의 액세스(random access)는 원하는 레코드를 순차적으로 읽지 않고 직접 액세스할 수 있는 방식으로 보조 기억 장치로부터 빠르게 검색될 수 있다는 장점이 있다. 임의 액세스 방식의 대표적 장치는 자기 디스크로서 실시간 처리 시스템에서 사용된다.

(2) 보조 기억 장치의 종류

① 자기 테이프

자기 테이프(magnetic tape)는 플라스틱 테이프의 표면에 자성 도료를 입혀 제작된 것으로 1940년대 개발된 이후 컴퓨터 백업 파일의 대표적인 매체가 되었다.

㉠ 특성

자기 테이프는 우리의 생활 주변에서 흔히 볼 수 있는 녹음 테이프와 유사하게 만들어져 있으며, 다른 점은 폭이 1/2~3/4 인치 정도로 녹음 테이프에 비해 폭이 넓고 기록 밀도가 높다는 점이다. 이러한 자기 테이프는 컴퓨터에서 사용되는 주요한 보조 기록 매체이며, 대량의 자료를 반영구적으로 보관할 수 있고 가격이 저렴하다는 장점을 갖고 있다. 단점으로는 테이프가 릴에 순차적으로 감겨 있기 때문에 자료의 순차적 처리(sequential processing)만 가능하다는 점이다.

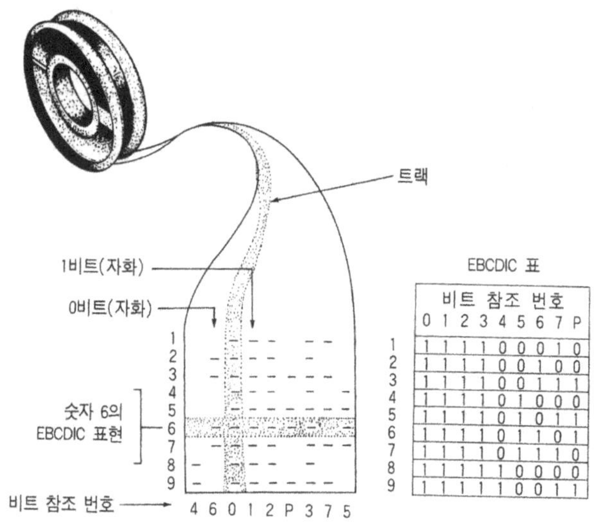

그림 4-8 • 자기 테이프

㉡ 기록 밀도

자기 테이프 1릴(reel)의 길이는 보통 800, 1,200, 1,600, 2,400 피트(feet) 등이며, 테이프의 기록 밀도는 테이프 1인치 당 저장될 수 있는 문자(character)의 수 혹은 바이트(byte)의 수로 계산이 되고 있다. 이 기록 밀도의 단위를 BPI(Byte Per Inch)라고 하는데, 800, 1,600, 3,200, 6,250, 20,000BPI 등의 기록 밀도가 있다.

예를 들어 기록 밀도가 6,250BPI인 2,400피트 길이의 테이프 릴 1개에 저장할 수 있는 바이트의 수는 180메가 바이트(MB)가 된다.

2,400피트×12인치=28,800인치
28,800인치×6,250BPI=180,000,000바이트

자기 테이프는 [그림 4-9]에 나타난 바와 같이 최초로부터 4~5m 지점에 BOT(Beginning of Tape) 마커가 있고, 끝의 6~7m 앞지점에 EOT(End of Tape) 마커가 있는데, 이 부분에는 자료를 수록할 수가 없다.

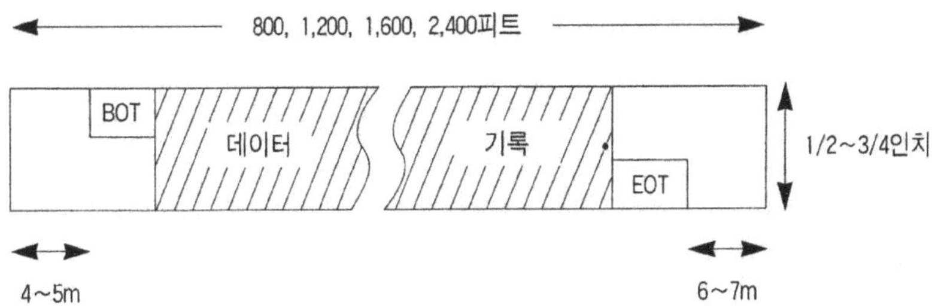

그림 4-9 • 자기 테이프의 BOT, EOT 마커

자기 테이프의 전송 속도는 IPS(Inch per Second)로 나타내는데 이는 초당 테이프의 헤드 위를 지나가는 길이를 말한다. 예를 들어 기록 밀도가 6,250BPI이고 이동 속도가 100IPS이면, 전송 속도는 초당 6,250×100= 625,000바이트가 된다.

자기 테이프는 7 또는 9개의 트랙(track)으로 구성되어 데이터를 표현하고 있다. 9트랙 자기 테이프는 [그림 4-8]과 같이 9개의 수평 트랙으로 구성되어 있으며, 자료의 저장은 ASCII 코드나 EBCDIC 코드로 표현된다. 파일의 갱신과 보수를 쉽게 하기 위하여 자기 테이프는 레이블을 사용하는데 레이블에는 표준 레이블, 비표준 레이블, 레이블이 없는 것 등의 세 가지 종류가 있다.

㉢ 저장 방법

자기 테이프에 레코드는 순서적으로 기록되고 읽혀진다. 이 때 테이프가 레코드를 읽거나 기록하는 과정에서 테이프를 출발시키거나 멈추게 하는데는 물리적인 가속 및 감속을 고려해야 하며, 이를 IRG(Inter Record Gap)로 나타낸다. IRG의 길이는 약 0.3~0.75인치로 각 레코드마다 IRG를 두게 되는 경우는 비효율적으로 자료가 저장된

다. 따라서 효율성을 위해서는 몇 개의 레코드를 묶어서 한 개의 물리적 레코드로 만들어 준다. 이것을 블록화(blocking)라 하며 하나의 블록에 포함된 논리 레코드의 수를 블록화 인수(blocking factor), 각 블록 사이의 간격을 IBG(Inter Block Gap)라 한다.

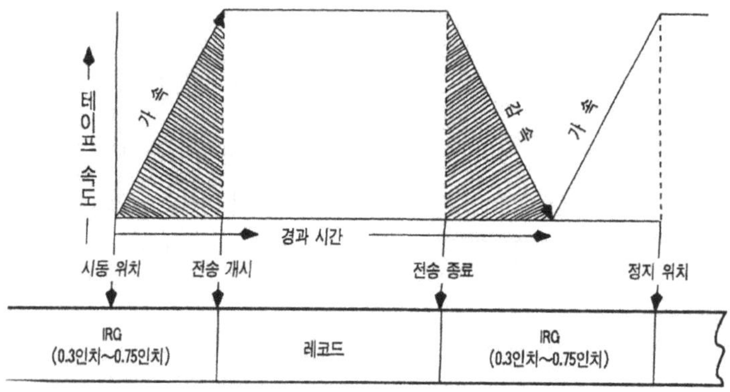

그림 4-10 • 레코드 사이의 간격(IRG)

㉣ 자기 테이프의 레코드 형식

자기 테이프의 레코드 형식은 다음과 같이 구분된다.

- 고정 길이 비블록 레코드(fixed unblock record) : 블록화되지 않은 고정 길이 레코드로서 이 레코드 형식에서는 물리 레코드의 길이와 논리 레코드의 길이가 같다.
- 고정 길이 블록 레코드(fixed block record) : 블록화된 고정 길이 레코드로서 각 논리 레코드의 길이가 일정하며 하나의 물리 레코드 내에 2개 이상의 논리 레코드가 존재한다.
- 가변 길이 비블록 레코드(variable unblock record) : 블록화되지 않은 가변 길이 레코드로서 각 논리 레코드의 길이가 일정하지 않다. 따라서 논리 레코드의 길이를 알려주는 필드와 블록의 길이를 알려주는 필드가 필요하다.
- 가변 길이 블록 레코드(variable block record) : 블록화된 가변 길이 레코드로 길이가 일정하지 않은 논리 레코드가 블록화되어 있는 형식이다.
- 부정 형식 레코드(undefined record) : 길이를 나타내는 필드가 없는 가변 길이 레코드로서 비블록 레코드이다.

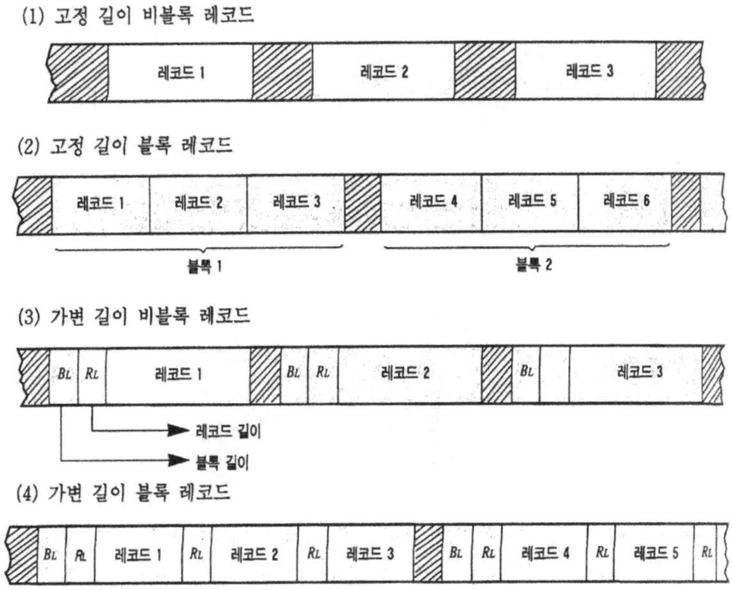

그림 4-11 • 레코드 형식의 종류

② 자기 디스크 장치

자기 테이프는 순차적으로 자료를 읽거나 쓸 수 있기 때문에 일괄 처리에는 적합하지만 짧은 시간에 검색이 요구되는 은행 업무, 좌석 예약 업무 처리에는 적당하지 못하다. 이러한 업무 처리를 위하여 개발된 것이 직접 액세스 기억 장치(DASD : Direct Access Storage Device)인데, 대용량을 저장할 수 있고 임의로 호출이 가능한 장치이기 때문에 실시간 처리가 요구되는 자료 처리에 효율적이다. 자기 디스크는 음반과 같은 둥근 원판의 표면에 자성체를 입혀 만든 것으로 음반은 가장자리부터 중심까지 나선형의 골로 계속 이어져 있지만 자기 디스크는 200~400개의 트랙이 동심원을 이루고 있다.

처리 속도는 1,200~3,600 회전/분이며, 기록 밀도는 한 트랙당 3,000~13,000 바이트, 즉 60만~520만 바이트가 수록된다.

[그림 4-12]와 같이 여러 장의 디스크를 하나의 축에 연결시킨 것을 디스크 팩(pack)이라 하고, 각 면의 트랙을 수직으로 연결한 트랙군을 실린더(cylinder)라 한다. 따라서 1개의 디스크에 존재하는 트랙 수와 팩의 실린더 수는 동일하다. 트랙과 실린더에는 고유 번호인 트랙 번호와 실린더 번호가 있어서 기억 매체상의 주소(address)가 할당되어 있기 때문에 데이터에 직접 액세스하는 것이 가능하다. 따라서 자기 디스크 기억 장치를 직접 액세스 기억 장치라고 하는데, 액세스 타임이 비교적 빠르고, 기억 용량도 상당히 커서 보조 기억 장치 중 가장 많이 사용된다.

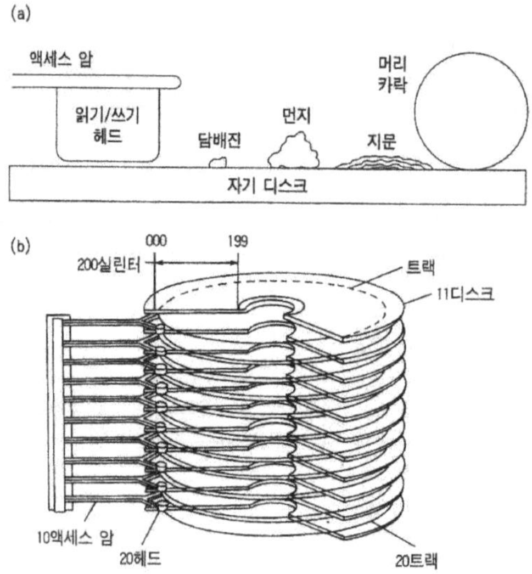

그림 4-12 • 자기 디스크 장치

자기 디스크의 접근 시간(access time)은 액세스 암을 움직여서 자료가 있는 트랙까지 이동하는 설정 시간(seek time), 트랙상의 원하는 레코드까지 도달하는 탐색 시간(search time) 또는 회전 지연 시간(rotational time), 전송 시간(transfer time) 등의 세 요소를 합하여 얻어지며, 고정 헤드 디스크의 경우에는 설정 시간을 고려할 필요가 없다.

③ 자기 드럼 장치

자기 드럼(magnetic drum) 장치는 초기에는 주기억 장치로 사용되었으며, 새로운 기억 장치의 개발에 따라 보조 기억 장치로 사용되고 있으나 현재는 이용 빈도가 낮은 실정이다. 직경 20~30cm인 금속 원통의 표면에 자성 물질을 입힌 드럼으로 드럼을 회전시킬 때 표면에 헤드를 접근시켜 기억된 내용을 읽거나 새로운 내용을 기억시킨다.

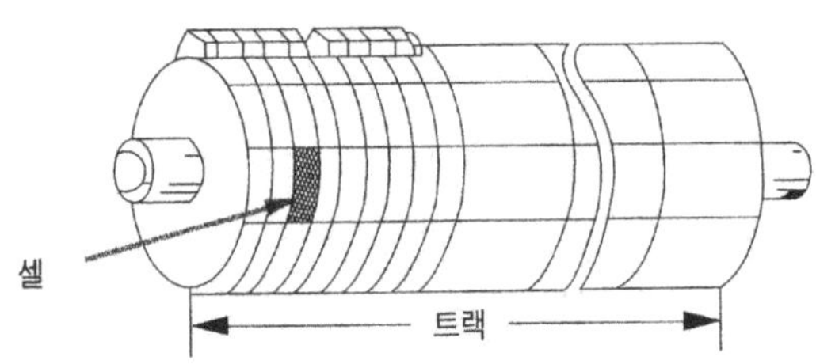

그림 4-13 • 자기 드럼 장치

그림과 같이 자기 드럼의 표면에는 몇 백 개의 트랙이 있으며, 한 트랙 내의 1비트에 해당하는 부분을 셀(cell)이라 하고 각 트랙에서 셀의 모임을 섹터(sector)라 한다. 그리고 자기 드럼의 몇 개 트랙을 모은 것을 밴드(band)라고 부르며, 가로로도 몇 개의 등분을 하여 등분된 몇 개를 모은 것을 섹터라고 한다. 이와 같이 가로로 구분된 섹터와 세로로 구분된 밴드가 합쳐지는 부분에 일정한 주소(address)가 부여되어 주소마다 하나의 값이 기억하게 된다.

④ 플로피 디스크 장치

플로피 디스크(floppy disk)는 1979년 IBM 사가 디스켓(diskette)이라는 이름으로 발표한 이후 개인용 컴퓨터의 보조 기억 장치로서 각광을 받고 있다. 디스켓의 자성면에는 동심원의 트랙이 있으며 이 트랙은 몇 개의 섹터로 나누어진다.

디스켓은 자기 디스크와 같이 데이터를 직접 액세스하며, 가볍고 취급이 간편한 반면, 먼지, 햇볕, 열 또는 자성 물질에 가까이 두지 않는 등 관리상 주의가 필요하다.

보조 기억 장치에는 이외에도 자기 테이프의 원리와 비슷한 오디오 테이프(audio tape)가 있는데, 퍼스널 컴퓨터에 사용되고 있지만 작동 속도가 느리고 오류가 많이 생기는 단점이 있다.

플로피 디스크는 8인치, 5.25인치, 3.5인치 등이 있고 회전수는 360 rpm (rotation per minute)이며 평균 액세스 시간은 270ms이다. 현재 일반적으로 사용되고 있는 3.5인치에는 80실린더에 18섹터가 보통이다.

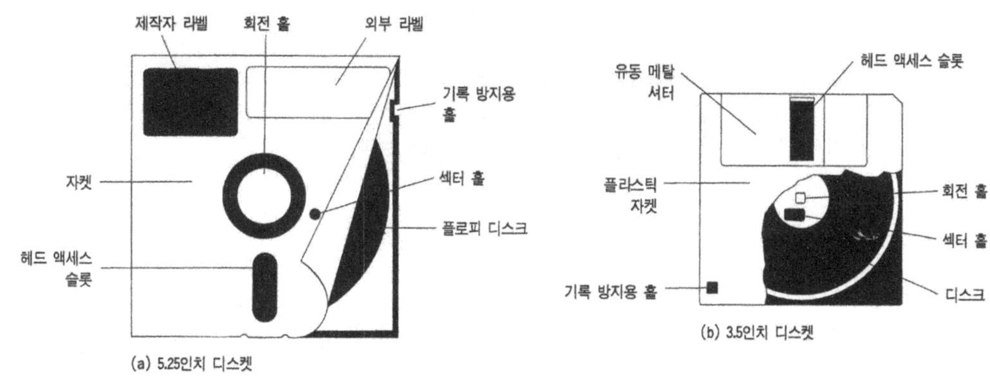

그림 4-14 • 디스켓의 구조

기록 방법에 따라 단밀도, 배밀도, 고밀도 등이 있으며, 2D는 양면 배밀도(double side double density)를 뜻하고, 2HD는 양면 고밀도(double side high density)를 뜻한다.

$$기억\ 용량 = 면수 \times 트랙\ 수 \times 섹터\ 수 \times 섹터당\ 바이트\ 수$$

로 구해지는데, 예를 들어 3.5인치 고밀도의 경우

$$2 \times 80 \times 18 \times 512 = 1,474,560바이트$$

가 되어 약 1.4메가 바이트(MB)를 저장할 수 있다([표 4-3] 참조).

표 4-3 • 플로피 디스크의 기억 용량

구 분	5.25인치 배밀도	5.25인치 고밀도(2HD)	3.5인치 배밀도(2DD)	3.5인치 고밀도(2HD)
트랙 수	40	80	80	80
섹터 수	9	15	9	18
바이트/섹터	512	512	512	512
용량(단면)	184,320	614,400	368,640	737,280
용량(양면)	368,640	1,228,800	737,280	1,474,560

Ti

■ 디스켓의 관리 : 디스켓은 자료의 중요한 저장 창고이다. 저장된 자료를 관리하는 것도 자료를 작성하는 것만큼 중요하며 디스켓을 관리할 때의 주의 사항은 다음과 같다.

① 디스켓을 사용하지 않을 때는 보관집에 넣어 먼지가 묻지 않도록 한다.
② 레이블을 기록할 때는 연필, 볼펜 등을 사용하지 않는다.
③ 디스켓은 자석에서 멀리 둔다.
④ 디스켓의 표면에 물이 묻지 않도록 한다.
⑤ 디스켓의 자성 표면을 손으로 만지지 않는다.
⑥ 직사 광선으로부터 멀리 하고 온도가 낮은 곳에 보관한다.

⑤ 하드 디스크

개인용 컴퓨터의 보조 기억 장치로서 널리 사용되고 있는 하드 디스크(hard disk)는 선정시 용량, 동작 속도, 소비 전력, 기록 방식 등을 고려해야 한다.

용량의 단위는 MB(mega byte)나 GB(giga byte)가 사용되는데 보통 540MB, 1GB, 1.2GB, 1.6GB, 2GB에서부터 수백 GB 등의 다양한 용량의 하드 디스크가 판매되고 있으므로 기종과 비용에 맞추어 용량을 결정해야 한다.

동작 속도는 ms로 나타내며, 보통 평균 액세스 속도와 트랙간 이동 속도, 최대 이동 거리 속도 등을 표시한다. 평균 속도가 빠를수록 전체적으로 동작이 빠르며 가격도 높아진다.

기록의 방식은 MFM(Modified Frequency Modulation) 방식과 RLL (Run Length Limited) 방식 두 가지가 있다. MFM 방식은 플로피 디스크에서 사용하는 방식으로 하드 디스크에서도 사용된다. 그러나 RLL 방식은 같은 사양으로 MFM 방식에 비해 1.5배 이상의 용량을 갖는다.

자료 전송 방식은 CPU의 발전 추세에 따라 발전해 왔다. AT급에서의 자료 전송 방식은 ISA(Industrial Standard Association) 방식을 주로 사용하였으며, ISA 방식을 개선하여 EISA(Extended Industrial Standard Association) 방식이 386급 이상에서 사용되었다. 486급 이상에서는 VESA (Video Electronics Standard Association) 방식과 펜티엄(pentium)급에서 사용을 위한 PCI(Peripheral Component Interconnect) 방식이 개발되어 고급 기종에서 사용되고 있으며, 과거 대형 기종에서만 사용되던 SCSI (Small Computer System Interface) 방식의 하드 디스크와 컨트롤러도 빠른 속도와 확장성 때문에 많이 사용되고 있다.

하드 디스크는 본체에 내장되어 사용되는 것이 보통이나 기억 용량의 증가, 편의성 등으로 외장형 하드 디스크도 사용되고 있다.

외장형 하드 디스크

⑥ 광학 디스크

개인용 컴퓨터의 처리 속도 향상과 멀티미디어 시대를 맞이하면서 개발된 소프트웨어는 종전의 플로피 디스크보다는 좀더 획기적인 기억 장치의 사용을 요구하였다. 그 결과 개발된 광학 디스크는 자기 기록 매체에 비하여 탐색 시간, 높은 기록 밀도, 내구성, 보존성 등의 장점을 갖고 있어 현재 널리 활용되고 있다.

광학 디스크(optical disk)는 때때로 레이저 디스크(laser disk)라고 하는데, 레이저가 자료의 기록에 사용되기 때문이다. 레이저는 제어 가능한 광선으로서 필요한 표면에 도착하면 표면을 태워서 비트 형태의 데이터를 저장한다. 레이저의 데이터 밀도는 인치당 무려 14,000개의 트랙이나 된다. 데이터에 대한 읽기는 약한 빛을 방출해서 반사되어 오는 빛으로 감지한다. 광학 디스크는 레이저 광선으로 기록한 데이터가 잘 지워지지 않는 백업 파일, 역사적 기록 등의 분야에 이용된다. 현재는 레이저와 자기 기술을 합쳐 기록된 내용을 지울 수 있는 광학 디스크가 개발되고 있다.

광 디스크의 종류는 판독/기록 기능에 따라 다음과 같이 나눌 수 있다.

㉠ CD-ROM(Compact Disk-Read Only Memory : 씨디롬)

CD-ROM은 광학 드라이브를 이용해서 읽을 수 있는, 지름이 12 cm인 소형 디스크 위에 정보를 기록, 저장 및 검색할 수 있는 형식의 시스템이다. CD-ROM 플레이어만으로는 디스크에 정보를 기록할 수 없으며, CD-ROM 디스크의 복사 원본이 되는 마스터 디스크에 정보를 기록하기 위해서는 WORM 장치가 사용된다. 규격발표 당시에는 용량이 540MB라 전해졌는데, 현재는 650~700MB정도까지가 주류를 차지하며, 그보다 더욱 용량이 많은 것도 있다. 오디오 디스크, 비디오 디스크, 각종 상품화된 소프트웨어의 저장에 이용된다.

CD-ROM

㉡ WORM(Write Once Read Memory : 웜)

WORM은 디스크에 정보를 단 한번만 기록할 수 있고 기록한 후에 지울 수 없고 판독만 할 수 있는데, 그 후에는 그 드라이브에 있는 데이터가 삭제되지 않도록 보호하는 데이터 저장기술이다. WORM 디스크에 기록된 정보는 그 내용이 변경되지 못하도록 만들어져 있는데, 이것은 뜻하지 않게 데이터가 삭제되는 것을 방지하기 위한 의도이다. WORM 디스크는 5.25"에서 14"에 걸쳐 다양한 크기가 있으며, 한 면당 140 MB에서부터 3 GB에 이르는 다양한 종류의 용량을 가지고 있다. 데이터는 디스크 표면에 레이저로 영구적인 표시를 만듦으로써 기록된다. WORM은 문서용 파일, 비디오용 파일 등에 이용된다.

㉢ MO DISK(Magneto Optical Disk : 광자기디스크)

자기광학(MO) 디스크라고도 하며 자기박막의 광자기 효과를 이용하여 자료를 기록하고 읽어 낼 수 있는 CD-ROM 형태의 외부 기억매체로 구조는 통상의 광디스크와 같다. 대부분의 기억장치 기술은 완전히 자기적(일반 디스크나 테이프 등)이거나 완전히 광학적(레이저 디스크, CD, DVD 등)이지만, 광자기 디스크는 광학과 자기원리가 결합된 기술을 이용한다. 자료를 기록할 때는 레이저광을 사용하여 자화시키는데 이 자화가 유지되어 정보가 기록되고, 판독시에는 피트(pit : 광자기 디스크 표면의 미세한 홈, 소공)에 반사되는 빛의 유무로 데이터를 판독한다. 보편적인 광자기 카트리지는 3.5" 플로피 디스크보다 약간 크며, 모양은 비슷하게 생겼다. 플로피 디스크가 1.44 MB의 데이터를 저장할 수 있는데 반해, 광자기 디스크는 100 MB에서부터 수 GB에 이르는 엄청난 량의 데이터를 저장할 수 있다. 그러나 광자기 드라이브의 최대 약점은 3.5" 디스켓보다는 빠르지만, 하드디스크 드라이브에 비해서는 느리다는 것이다. 광자기 디스크는 자료를 보관하기 위한 백업 기억매체로 좋으며, 이동이 간편하고, 신뢰성이 높은 것이 장점이다. 광자기 디스크는 오디오용, 비디오용, 컴퓨터 데이터 파일 등에 이용된다.

㉣ DVD(Digital Versatile Disk 혹은 Digital Video Disc : 디뷔디)

DVD는 CD에서 더 발전한 광학 디스크 기술을 이용하는 저장매체이다. 외형은 12cm나 8cm 지름의 원반으로서 CD와 같으나 다른 포맷으로 저장되며 높은 용량을 가지고 있다. 고용량이기 때문에 영상물을 담을 수 있는 매체로 시작했지만, 컴퓨터의 정보 저장 매체로 발전하였으며, 지금은 음악을 담는 DVD-Audio도 널이 쓰인다. 레이저공학의 발달로 파장이 짧은 빛으로 신호를 읽고 쓸 수 있게 되어 고용량을 실현할 수 있게 되었다. DVD는 수년 내에 CD-ROM과 음악 CD를 빠르게 교체할 것으로 예측된다. DVD는 한 면에만도 4.7 GB의 정보를 담을 수 있는데, 이는 133분짜리 영화를 수록하기에 충분한 량이다. 양면에 각각 2개씩의 레이어를 둔다고 가정하면, 총 17 GB의 비디오, 오디오 및 기타 다른 정보를 수록할 수 있게 된다.(현재의 CD-ROM 디스크는 외형적인 크기가 DVD와 같지만, 600 MB 정도만을 저장할 수 있는데 반해 DVD는 이의 28배나 되는 더 많은 량의 정보를 담을 수 있다).

DVD-Video가 영화 한편 전체의 길이로 설계된 DVD 형식의 일반적인 이름이며, DVD-ROM은 머지않아 CD-ROM을 대체하게 될 플레이어의 이름이다. 이 플레이어는 DVD-ROM은 물론 CD-ROM까지도 재생할 수 있는 능력을 가진다. DVD-RAM은 기록이 가능한 버전이다. DVD-Audio는 가정에서 사용하는 음악CD 플레이어를 대체하기 위한 플레이어이다. DVD는 MPEG-2 파일과 압축 표준을 사용한다. MPEG-2 이미지들은 MPEG-1 이미지의 4배나 되는 해상도를 가지며, 2개의 필드가 하나의 이미지 프레임을 구성하는 상황에서 초당 60개의 인터레이스드 필드(Interlaced Field)를 전송할 수 있다 (MPEG-1은 초당 30개의 인터레이스되지 않은 프레임을 전송한다). DVD 상의 오디오품질은 현재의 오디오 CD와 견줄만하다.

DVD Mark

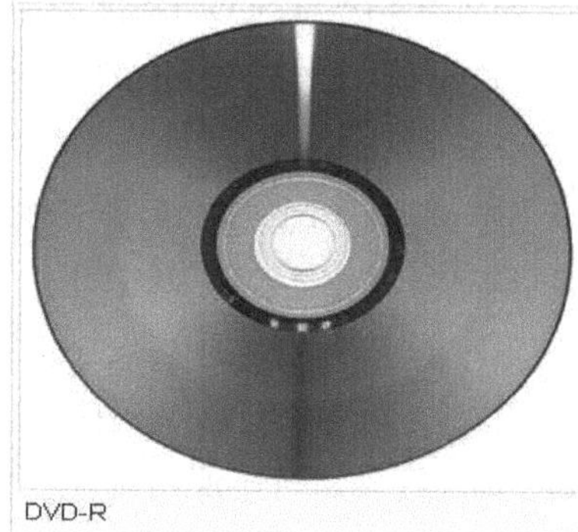
DVD-R

[그림 4-15]는 메모리 계층 구조를 나타낸다.

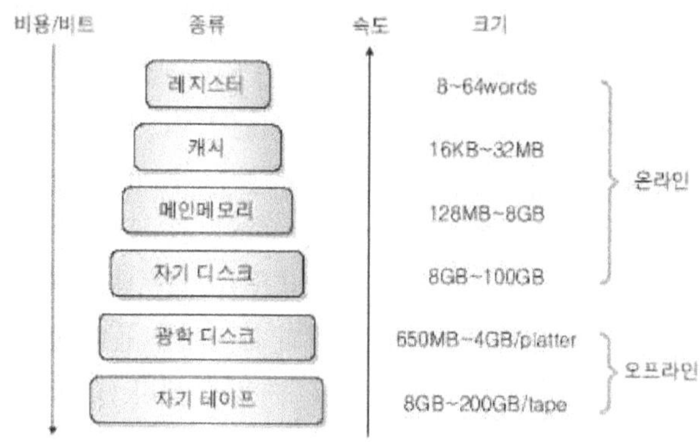

그림 4-15 • 메모리 계층 구조

3 산술 논리 연산 장치

산술 논리 연산 장치(ALU : Arithmetic and Logic Unit)는 제어 장치의 지시에 따라 실제 자료 처리가 이루어지는 곳으로 4칙 연산, 논리 연산, 비교 연산, 자리 이동(shift) 등을 수행하는 장치이다.

1. 산술 논리 연산 장치의 구성

산술 논리 연산 장치의 구성은 [그림 4-16]과 같이 가산기(adder), 레지스터(register), 보수기(complementary) 등으로 구성된다.

가산기는 덧셈을 통하여 산술 및 논리 연산을 수행하며, 레지스터는 연산에 필요한 데이터를 일시적으로 보관하기 위하여 사용되고, 누산기(accumulator)는 연산 결과값을 일시적으로 기억한다.

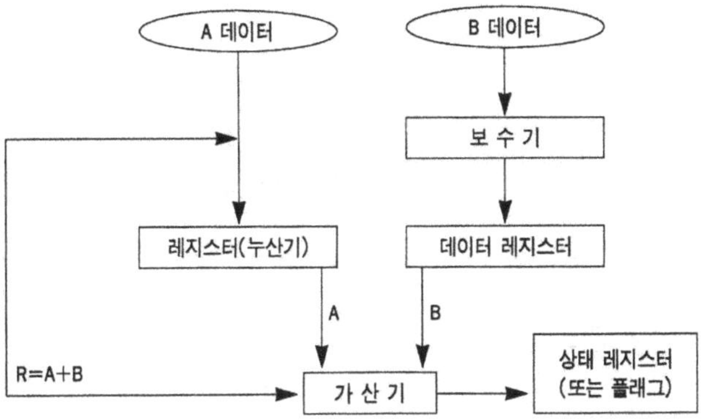

그림 4-16 • ALU의 구조

특히 가산기는 두 수의 덧셈을 수행할 때 발생하는 올림수(carry)를 고려하지 않은 반가산기(half adder)와 올림수를 고려한 전가산기(full adder)로 구별하는데, 데이터를 1비트씩 차례로 연산해 주는 직렬 연산 방식에서는 데이터를 구성하는 비트의 수만큼 필요하게 된다.

보수기는 어떤 수를 보수로 바꾸어 주는 회로로서 뺄셈을 수행할 때 빼는 수를 보수로 바꾸어 가산기에 입력함으로써 감산의 결과를 얻을 수 있다. 보수에는 1의 보수와 2의 보수가 있으며, 컴퓨터 설계 단계에서 그 종류를 결정하게 되는데 일반적으로 2의 보수기를 많이 사용하고 있다.

(1) 누산기(ACC : accumulator)

연산 장치의 중심이 되는 레지스터로 초기에는 연산될 데이터의 보관 장소로 사용되며, 연산 후에는 산술 및 논리 연산 결과를 일시적으로 보관한다.

(2) 데이터 레지스터(data register)

연산에 필요한 데이터가 두 개인 경우, 하나의 데이터를 일시적으로 보관하고 있다가 필요할 때 제공하는 역할을 수행하며 기억 레지스터(storage register)라고도 한다.

(3) 가산기(adder)

누산기와 데이터 레지스터에 보관된 두 값을 더하여 그 계산 결과를 다시 누산기에 보관한다.

(4) 상태 레지스터(status register)

연산 결과가 양(0)인지 음(1)인지, 또는 자리 올림(carry)이나 오버플로우가 발생했는지 등의 연산에 관계되는 상태와 인터럽트(interrupt) 신호를 기억한다.

2. 산술 연산

산술 연산은 10진수 연산과 2진수 연산이 있으며, 2진수 연산은 고정 소수점 연산(fixed-point arithmetic)과 부동 소수점 연산(floating-point arithmetic)으로 구분한다.

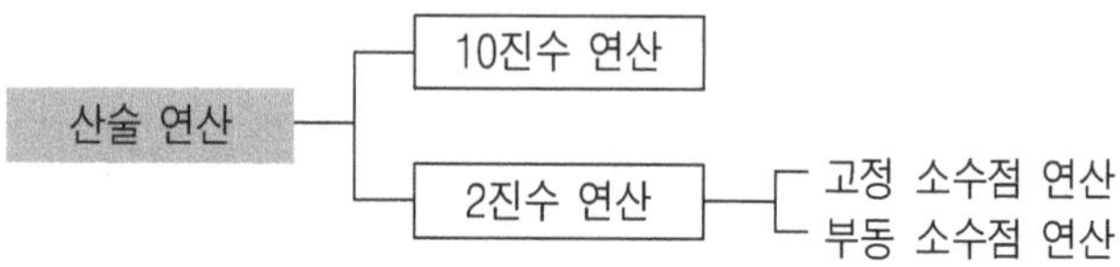

(1) 10진수 연산

부호가 있는 10진수 수치 자료의 연산을 수행하는 것으로 가감승제는 팩형 10진수(packed decimal) 형식의 데이터가 사용된다.

(2) 2진수 연산

2진수 연산은 고정 소수점 연산과 부동 소수점 연산이 있다. 고정 소수점 연산은 일정한 길이의 바이트에 표시된 고정 소수점 수를 연산하는 것으로 10진 연산에 비해 처리 속도가 빠르다. 부동 소수점 연산은 부호 비트, 지수부, 소수부로 구분되어 있으며, 부동 소수점 연산을 위한 특수 목적의 레지스터가 필요하다. 이 연산은 매우 큰 수나 작은 수를 다룰 수 있으며, 연산 처리 속도가 고속인 특징을 갖고 있다.

3. 논리 연산

논리 연산이란 사칙 연산을 제외한 문자 처리를 말하며, 로드(load), 스토어(store), 분기(branch), NOT, AND, OR 등의 논리 연산과 자리이동(shift), 순환이동(rotate) 등을 포함하고 있다. 이러한 데이터 처리는 비트나 바이트로 처리된다. 로드는 기억 장치에서 CPU의 레지스터로 데이터를 이동하는 것을 말하며, 스토어는 레지스터에서 기억 장치로 이동하는 것을 나타낸다. 분기는 명령의 실행 순서를 변경하는 것으로 무조건 분기와 조건 분기가 있다. 8비트 레지스터 처리시 NOT, AND, OR의 처리는 다음과 같다.

(1) NOT 연산

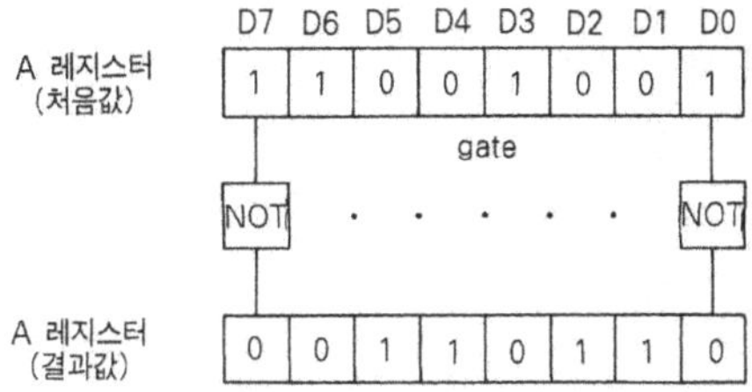

연산 과정은 각 비트별로 인버터(inverter)에 의한 동작을 나타낸다. 따라서 1은 0으로 0은 1로 변환된다.

(2) AND 연산

연산 과정은 각 비트별 논리곱(AND)으로 결과가 나타난다.

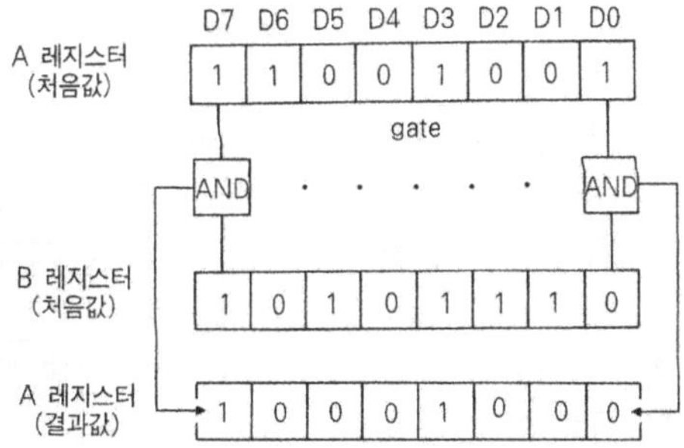

(3) OR 연산

연산 과정은 각 비트별 논리합(OR)으로 결과가 나타난다.

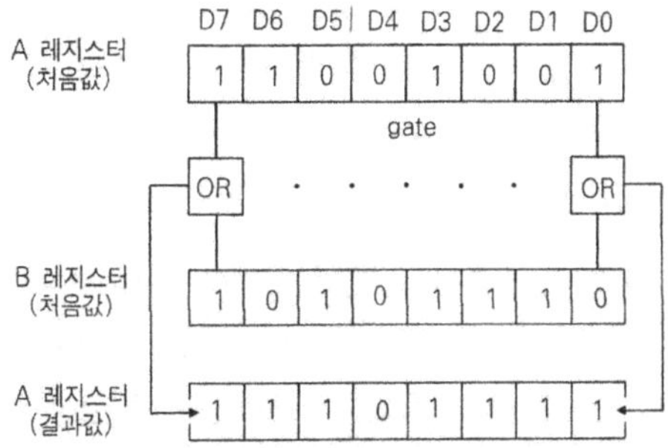

4 제어 장치

제어 장치는 프로그램에 의해 주어진 연산의 순서를 실행해 나가기 위하여 기억 장치, 연산 장치, 입·출력 장치에 신호를 보내고, 또 이들 장치로부터 신호를 받아 다음에 수행해야 할 조작을 결정하는 부분으로서 컴퓨터의 중추선에 해당한다.

컴퓨터의 자료 처리 속도를 MIPS(Million Instructions Per Second)로 나타내는데, 1MIPS는 1초에 백만 개의 명령어가 수행될 수 있음을 나타낸다. 보통 마이크로컴퓨터는 수십에서 수백 MIPS 정도이고 대형 컴퓨터는 수백 MIPS 이상이다.

1. 제어 장치의 구성

제어 장치(control unit)는 주기억 장치에 연결되어 있는 명령어를 순서대로 호출하고 해독하여 그 결과에 따라 연산 장치, 기억 장치, 입·출력 장치에 제어 신호를 보내 원하고자 하는 동작을 유도한다.

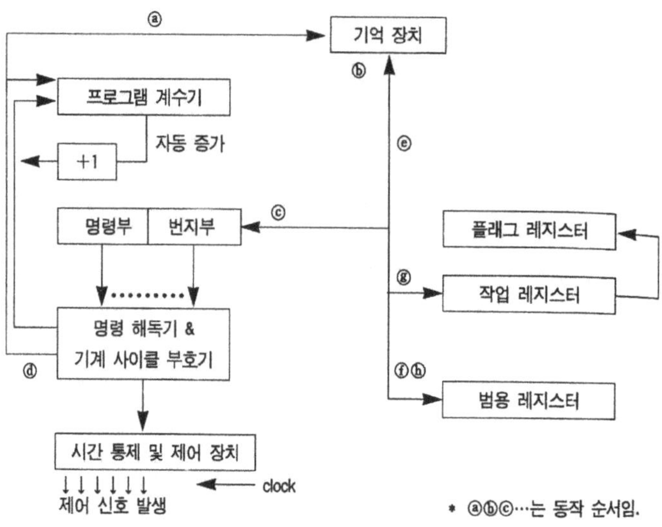

그림 4-17 • 제어 장치의 구성도

이러한 동작을 수행하기 위하여 제어 장치는 프로그램 계수기(PC : Program Counter), 명령 레지스터(IR : Instruction Register), 명령어 해독기(instruction decoder), 시간 통제 및 제어 장치(timing and control unit), 범용 레지스터(general register), 작업 레지스터(working register), 플래그 레지스터(flag register) 등으로 구성한다.

(1) 프로그램 계수기

명령의 실행 순서를 정하기 위하여 다음에 실행될 명령이 들어 있는 번지를 기억해 두는 레지스터이다. 이 PC를 명령어 계수기(IC : Instruction Counter) 또는 위치 계수기(LC : Location Counter)라고도 한다.

(2) 명령 레지스터

프로그램 계수기가 지정한 번지에 기억되어 있는 명령을 꺼내어 이 명령을 해석하기 위하여 임시로 보관하여 두는 레지스터이다. 명령 레지스터는 명령부와 번지부로 구성되어 있는데, 명령부에는 실행 명령 코드(operation code)가, 번지부에는 데이터가 기억되어 있는 번지(operand)가 들어 있다. 명령부의 명령 코드가 명령어 해독기에 옮겨져 해독되며 번지부의 번지가 번지 해독기에 이송되어 해독된다.

(3) 명령어 해독기와 기계 사이클 부호기

명령어 해독기는 명령 레지스터의 명령부에 있는 명령 코드를 해독하여 기계 사이클 부호기에 그 신호를 보내는 장치이다. 기계 사이클 부호기는 명령어 해독기로부터 보내져 온 명령을 실행하는 데 필요한 신호를 만들어 시간 통제 및 제어 장치에 보낸다.

(4) 시간 통제 및 제어 장치

기계 사이클 부호기에서 수신된 신호를 기계 사이클의 클럭에 따라 동기시켜 필요한 최종 신호를 만들어 순서대로 각 장치들로 송출한다.

(5) 범용 레지스터

범용 레지스터는 CPU 내에서 자료를 처리하는 과정에 자료를 일시적으로 보관하는 장치이며, 작업 레지스터는 산술 논리를 수행하는 레지스터로 처리 결과를 보관하는 장치이다.

(6) 플래그 레지스터

상태 레지스터(status register)라고도 하며, CPU의 연산 결과 상태를 저장하는 곳이다. 처리 결과 영(zero), 부호(sign), 오버플로우(overflow), 자리올림(carry), 인터럽트(interrupt) 등의 발생 여부를 나타내는 특수 목적의 레지스터이다.

2. 제어 장치의 동작

[그림 4-17]에서 나타낸 바와 같이 기억 장치로부터 데이터를 인출하여 동작하는 과정은 다음과 같다.

기억 장치에 있는 명령을 꺼내는 단계를 인출 사이클(fetch cycle)이라 하며, 프로그램 계수기에 초기 번지를 지정하면 주기억 장치의 명령이 ⓐ, ⓑ, ⓒ 순서로 명령 레지스터(IR)에 옮겨

온다. 레지스터에는 1개의 명령 내용인 명령 코드(operation code)와 번지부(operand)가 기억되는데, 명령 해독기와 기계 사이클 부호기를 통해 해독되고, 각 장치에 신호를 보내며, 시간 통제 및 제어 장치를 통해 외부 장치들에게 제어 신호를 송출한다. 프로그램 계수기(PC)의 주기억 장치의 번지는 자동으로 증가된다.

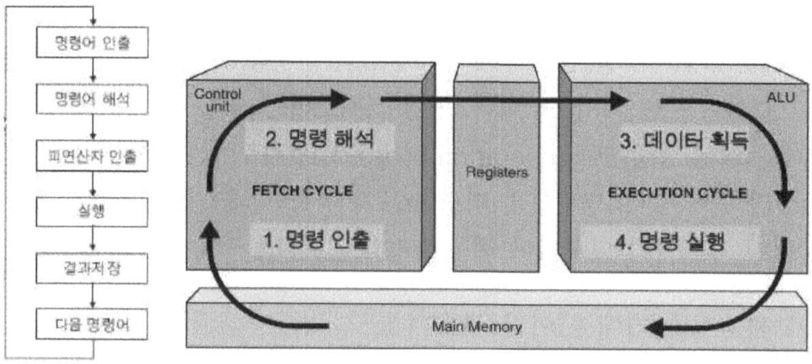

그림 4-18 • 명령어 실행 과정

(1) 인출 사이클(fetch cycle)

기억 장치의 번지를 확인하여 명령을 읽어낼 때까지의 단계로 이 기간 동안에 명령이 주기억 장치에서 제어 장치 내의 레지스터로 옮겨지는데 다음과 같은 과정이 일어난다.

① 현 프로그램 계수기(PC)의 내용을 CPU 내부 버스를 통하여 메모리 주소 레지스터(MAR)로 전송한다.

② MAR의 값에 의해 주어진 메모리 주소의 내용(명령어)을 데이터 버스를 통하여 메모리 버퍼 레지스터(MBR)에 저장한다.

③ PC의 값이 증가한다.

④ MBR의 내용(명령어 코드)을 명령 레지스터(IR)로 이동한다.

인출 사이클 과정

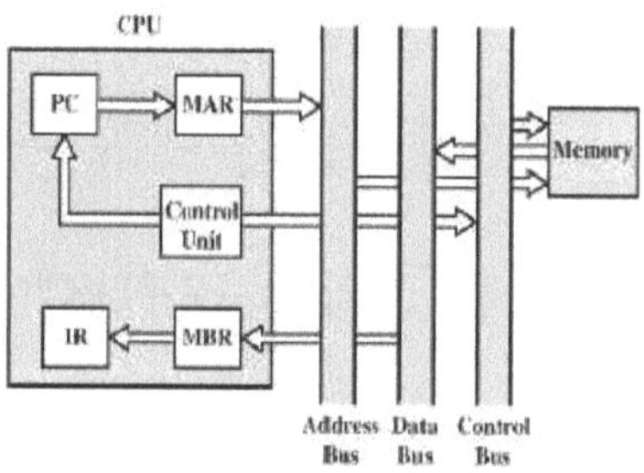

(2) 실행 사이클(execution cycle)

읽어진 명령에 의해 필요한 신호를 만들어 결과를 얻을 때까지의 단계로 이 단계에서는 명령 레지스터의 명령 코드 내용이 명령 해독기에 의해 해독되고, 해독된 내용은 부호기에 의해 각 장치로 신호를 보내게 된다. 만약 해독된 내용이 가산 명령이면 부호기의 신호에 의해 누산기(accumulator)의 내용이 소거되고, 명령 레지스터의 번지부가 주기억 장치의 번지 지정에서 산출되어 기억 레지스터로 옮긴 후 누산기와 가산기의 연산에 의해 계산된 결과는 누산기에 임시 저장된다. 이 과정이 끝나면 실행 단계가 끝나고 다시 인출 단계가 시작된다. 이러한 과정을 기계 사이클(machine cycle)이라 한다.

데이터 획득을 위한 간접 사이클 과정

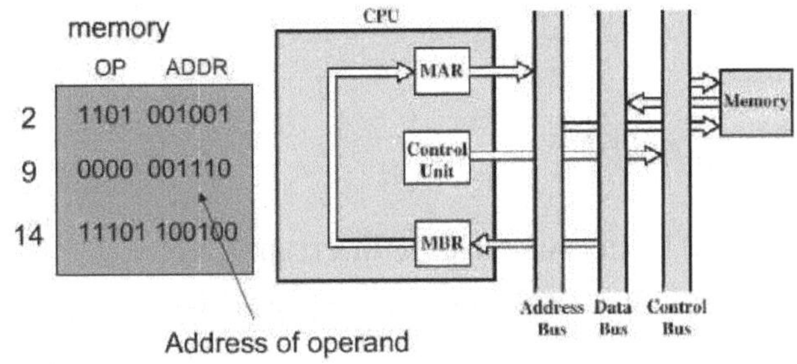

3. 인터럽트

CPU의 플래그 레지스터는 인터럽트(interrupt)에 관한 정보를 포함한다. 인터럽트가 CPU에 가해지면 현재 처리 프로그램을 일단 중지시키고, 인터럽트 프로그램을 수행시킨다. 인터럽트는 CPU의 제어 버스에 속하며, 인터럽트용 전기 신호 단자에 의해 CPU가 인지하게 된다. 예를 들면 개인용 컴퓨터에서 다른 프로그램이 실행되고 있을 때 키보드를 조작하면, 그 프로그램이 종료 후 화면상에 입력된 문자가 나타나는 것을 볼 수 있을 것이다. 즉 다른 프로그램을 수행하면서 키보드 데이터를 기억 장치에 저장했기 때문이다. 이런 기능의 과정을 인터럽션(Interruption)이라 하고 이 활성을 인터럽트(Interrupt)라 한다.

이런 기능을 응용하여 운영 체제에서는 컴퓨터 시스템의 생산성을 향상시키는 수단으로 사용하고 있다. 만일 컴퓨터에 예기치 않은 일이 발생했다면 컴퓨터의 작동은 중단되지 않고 계속 업무 처리를 할 수 있도록 해야 하는데, 이와 같이 어떤 경우에도 계속적으로 업무를 처리하도록 해주는 기능이 인터럽트이다. 즉 어떤 처리 프로그램의 실행중에 제어 프로그램의 서비스를 요구하는 예기치 못한 일이 발생하였을 경우에 이러한 상태를 하드웨어로 포착해서 감시 프로그램(supervisor)에게 제어권을 인도하기 위한 기능이다. 인터럽트가 발생하여 제어권이 제어 프로그램(control program)에 주어지면 제어 프로그램 중에 준비된 인터럽트 처리 루틴(interrupt handling routine)이 실행된다. 이 루틴의 처리가 끝나면 시스템은 인터럽트가 발생하기 이전의 상태로 되돌아가서 먼저 실행되던 처리 프로그램의 실행을 다시 시작한다.

인터럽트를 이용한 제어 이동

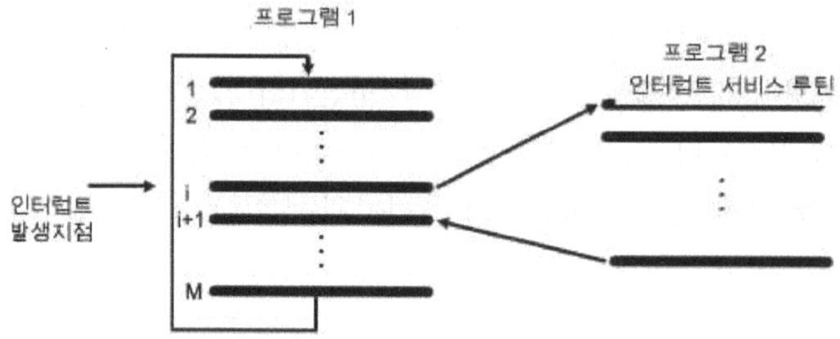

인터럽트 종류는 다음과 같다.

(1) 기계 체크 인터럽트(machine check interrupt)

기계 체크 인터럽트는 어떤 프로그램 실행중에 장치 착오로 인하여 발생하는 인터럽트이다. 기계에 착오가 발생했을 경우에 인터럽트가 일어나 제어 프로그램(control program)으로 제어권이 넘어간다. 이 때 제어 프로그램 내의 인터럽트 루틴이 중앙 연산 처리 장치의 제어권을 인도받아서 필요한 진단이나 착오 정정의 처리를 수행한 후 제어권을 다시 처리 프로그램에 되돌려 주는 것이다.

(2) 외부 인터럽트(external interrupt)

외부 인터럽트는 오퍼레이터가 필요에 의해서 콘솔에 있는 인터럽트 키를 누를 때 발생하는 인터럽트이다. 이러한 동작은 오퍼레이터가 시스템에 어떤 요구나 응답을 할 때 필요하며, 인터럽트 키를 누름으로써 인터럽트가 발생하여 오퍼레이터가 필요한 내용의 명령을 손으로 조작할 수 있다.

(3) 프로그램 인터럽트(program interrupt)

프로그램 인터럽트는 프로그램 실행중에 프로그램 상의 착오나 예외의 상태가 발생했을 경우 일어나는 인터럽트이다. 예를 들면 제산에서 0으로 나눌 때, 연산의 결과 오버플로우가 발생하였을 때이다.

(4) 입·출력 인터럽트(I/O interrupt)

중앙 연산 처리 장치는 입·출력 조작의 게시를 명령하는 것 뿐이며, 실제로 입·출력 조작을 지시하는 것은 채널이다. 그러므로 채널이 입·출력 조작을 함과 동시에 중앙 연산 처리

장치는 다른 처리를 한다. 이 때 입·출력 조작이 끝나거나, 입·출력 착오가 발생되면 중앙 연산 처리 장치의 서비스가 필요해지므로 채널이 인터럽트 신호를 발생시킨다. 이 때 CPU는 제어 프로그램 중의 인터럽트 처리 루틴(I/O interrupt handling routine)이 실행된다.

(5) 제어(감시) 프로그램 호출 인터럽트(supervisor call interrupt)

제어 프로그램 호출 인터럽트는 시스템에 의하여 자동적으로 발생하는 인터럽트와는 달리 프로그램 내에서 특정한 서비스를 요구하는 명령으로 인터럽트를 일으키는 경우를 말한다.

5 입·출력 장치

컴퓨터 시스템의 입·출력 장치는 사용자와 컴퓨터 사이에 정보를 교환할 수 있는 장치를 말하며, 사용 목적에 따라 여러 입·출력 장치가 이용되고 있다.

입력 장치로는 자기 매체를 이용한 자기 테이프, 자기 디스크 장치나 키보드의 조작없이 사용할 수 있는 광학 문자 판독 장치, 마크 판독 장치, 음성 입력 장치 등이 실용화되고 있다. 출력 장치는 인쇄 장치가 대표적인 장치이며, 그 외에 종이 테이프 천공 장치, 종이 카드 천공 장치 등이 있다.

1. 입력 장치

입력 장치는 프로그램이나 데이터를 전자 계산기가 인식할 수 있는 형태로 변환시켜 주기억 장치로 읽어 들이는 장치를 말하며, 키보드(keybord), 광학 표시 판독기(OMR), 광학 문자 판독기(OCR), 자기 잉크 판독기(MICR), 바코드 판독기(bar code reader) 등이 있다.

(1) 키보드

키보드(keyboard)는 타자기의 자판과 비슷하게 생긴 입력 장치로서 영문자 및 한글의 자음과 모음, 숫자, 특수 문자 등이 새겨져 있다. 키보드는 원하는 문자의 키를 눌러 프로그램이나 데이터를 입력할 수 있으며, 101 키가 많이 사용되고 있다.

(2) 종이 테이프 판독 장치

종이 테이프 판독 장치(paper tape reader)는 [그림 4-19]와 같이 종이로 된 테이프에 구멍을 뚫어 정보를 기억하는데 가격이 저렴하고 취급이 간편하며 부피가 적어 보관하기에도 편리한 장점이 있다. 또한 순서 유지를 기할 수 있으나 데이터의 순서를 변경하거나 추가 및 보관이 곤란하다는 단점이 있고 읽는 속도는 매초 100~1,500자 정도이다.

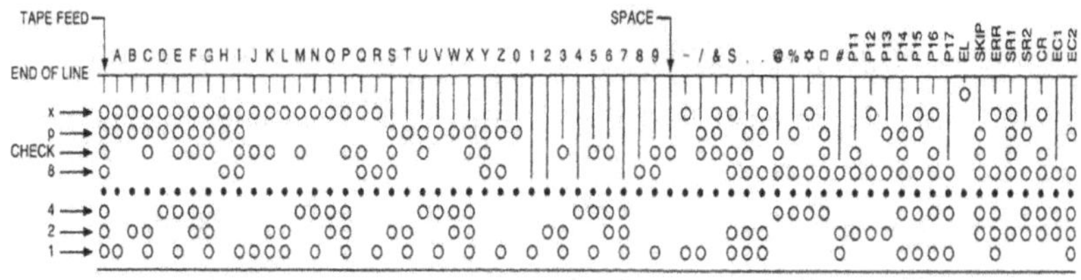

그림 4-19 • 종이 테이프

(3) 자기 잉크 문자 판독 장치

자기 잉크 문자 판독 장치(MICR : Magnetic Ink Character Reader)는 자성 재료가 함유된 잉크로 인쇄되어진 문자를 자기 헤드로 읽어 컴퓨터에 입력하는 장치이다. 문자는 직선이나 점의 조합으로 이루어진다.

MICR은 자기 잉크를 이용하므로 인쇄비가 많이 드는 단점이 있으나 문자의 변조 위험이 적어서 은행에서 수표 처리에 널리 이용되고 있으며 신뢰성이 있고 속도도 빠르다. MICR은 특수 잉크를 사용하기 때문에 출력 장치의 매체로는 사용할 수 없다.

그림 4-20 • 자기 문자 기호

(4) 광학 문자 및 광학 마크 판독 장치

광학 문자 판독 장치(OCR : Optical Character Reader)는 문자가 기록된 용지 위에 빛을 비추어 그 반사광으로 문자와 백지 부분을 구별하여 문자 형태를 판정한 후 직접 입력시키는 장치이다. OCR에 사용되는 문자는 문자체가 정해져 있으며 프린터나 타자기로 인쇄하거나 손으로 쓸 것 등의 규칙만 준수하면 판독이 가능하다.

광학 마크 판독 장치(OMR : Optical Mark Reader)는 카드 모양의 용지에 정해진 위치에 연필로 표시한 마크를 광학식으로 읽는 장치이다. 이 장치는 천공 작업을 생략할 수 있다는 장점이 있으며, 급여 계산, 주문서 작성, 재고 관리, 판매 분석 및 입시 성적 채점 등을 위해 사용한다. 예를 들어 10만 명 분의 카드를 채점 40명이 작업을 하여 30일이 소요되는 경우 OMR카드에 작성하여 입력시키면 1주일 이내에 그 결과를 알 수 있다.

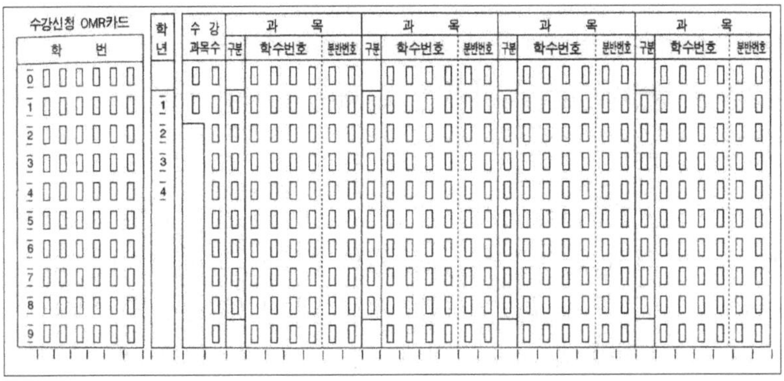

그림 4-21 • OMR 카드

(5) 바코드 판독기

바코드 판독기(bar code reader)는 광학 문자 판독기의 일종으로 바코드는 폭이 서로 다른 막대 모양의 문자로서 주로 상품의 포장지에 인쇄되어 제품의 명세(상품명, 제조 회사, 제조 날짜, 가격 등)를 표시하는 데 사용된다.

8 801042 710184

그림 4-22
바코드의 사용 예

(6) 기타 입력 장치

종래의 키보드 입력 장치 외에 비효율적인 입력 자료의 형태를 손쉽게 입력할 수 있는 장치가 최근 개발되어 사용되고 있는데, 예를 들면 마우스(mouse), 디지타이저(digitizer), 조이스틱(joystick), 라이트 펜(light pen) 등이다.

마우스는 커서를 손쉽게 움직일 수 있는 입력 장치이고, 디지타이저는 감지펜으로 감지판에 그려진 영상을 컴퓨터에 입력시키기 위한 장치인데 의료, 공학 등에 사용되고 있다. 조이스틱은 수평이나 수직으로 움직이는 막대에 따라 커서가 움직이며, 라이트 펜은 스크린에 접근하여 움직일 때 모니터에서 나온 빛을 탐지해서 커서를 자동으로 펜의 위치에 고정한 후 스크린 상의 펜의 움직임을 추적하는 입력 장치이다.

또 최근의 입력 장치로는 컴퓨터에 시각 능력을 부여한 영상 인식 시스템(image recognition system), 영상 화면을 읽어 데이터베이스를 구성하는 이미지 스캐너(image scanner), 사람의 음성을 인식하는 음성 인식 장치(voice recognizer), 음성 대신 문자를 인식할 수 있는 문자 인식 장치(character recognizer) 등이 연구되고 있으며 곧 실용화될 것으로 본다.

2. 출력 장치

컴퓨터로 처리된 결과는 이용자가 알아볼 수 있는 형태로 출력된다. 출력장치는 처리된 내용을 문자나 도형으로 출력시키는 장치로서 대표적인 것은 프린터, 영상 표시 장치(CRT) 등이 있다. 이 때 출력 방법은 프린터와 같은 장치를 통하여 출력된 형태의 하드 카피(hard copy)와 단말기의 화면으로 출력된 소프트 카피(soft copy)로 나눌 수 있다.

(1) 프린터

프린터(printer)는 컴퓨터에서 처리된 정보를 사람이 읽을 수 있는 형태인 문자나 도형으로 출력하는 매체로서 문자 프린터(character printer), 라인 프린터(line printer), 페이지 프린터(page printer) 등이 있으며 도형을 그릴 때 사용하는 X−Y플로터(plotter)가 있다.

문자 프린터는 한 번에 한 문자씩 인쇄하는 장치로 도트 매트릭스(dot matrix) 방식과 볼(ball) 방식이 있으며 비교적 저속의 인쇄 장치로서 출력량이 적은 경우에 많이 사용한다.

라인 프린터는 한 번에 한줄씩 인쇄하는 장치로서 드럼(drum) 방식과 체인(chain) 방식이 있으며, 비교적 고속의 인쇄 장치로서 출력량이 많은 경우에 사용된다.

페이지 프린터는 라인 프린터의 일종으로 마치 한 번에 한 페이지씩 인쇄하는 것처럼 보이기 때문에 붙여진 이름이다.

그림 4-23 • 프린터의 분류

<table>
<tr><td rowspan="4">충격식 프린터</td><td rowspan="2">도트 매트릭스 프린터</td><td>시리얼 프린터</td></tr>
<tr><td>라인 프린터</td></tr>
<tr><td rowspan="2">활자식 프린터</td><td>시리얼 프린터</td></tr>
<tr><td>라인 프린터</td></tr>
<tr><td>비충격식 프린터</td><td>잉크젯 스핀터
레이저 프린터
열전사 프린터
이온 장착 프린터
마그네토 그래픽</td><td rowspan="2">페이지 프린터</td></tr>
<tr><td>COM</td><td>마이크로 필름</td></tr>
</table>

도트 매트릭스 방식은 여러 개의 핀(pin)으로 구성된 헤드가 움직이며 점을 찍어 점의 모임으로 문자를 표현하는 방식을 말한다.

볼 방식은 골프공 모양으로 된 헤머(hammer)의 표면에 활자를 배열시켜 이를 이용하여 인쇄한다.

드럼 방식은 모든 종류의 활자가 배열된 드럼이 고속으로 회전하면서 1행에 인쇄하고자 하는 문자를 배열한 후 헤머로 두들겨 인쇄한다.

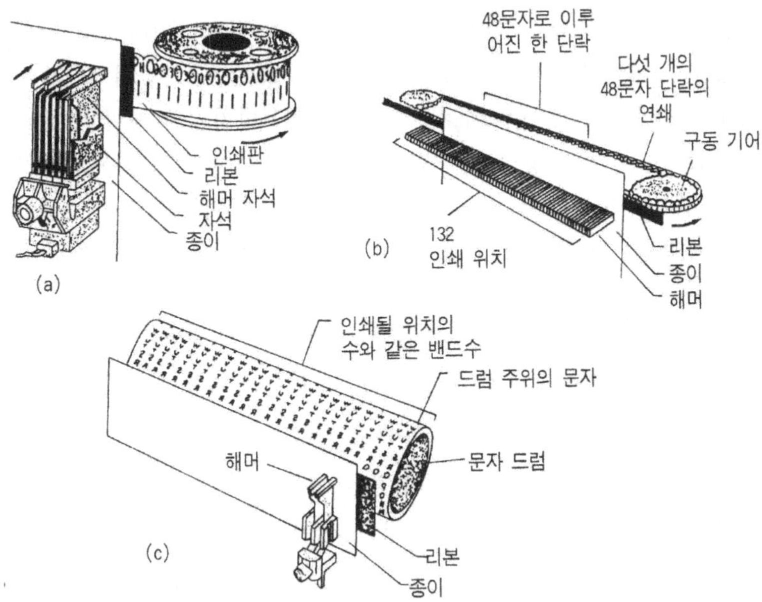

그림 4-24 • 충격식 라인 프린터(3종류)

체인 방식은 모든 종류의 활자가 배열된 3~4벌의 체인으로 연결되어 체인을 돌려 문자를 지정된 장소에 위치시킨 후 120~136개의 헤머로 두들겨 인쇄한다.

최근에는 레이저 광선(laser beam)을 이용한 레이저 프린터가 개발되어 널리 사용되고 있으며 글자 모양이 미려하고 속도가 빨라 각광을 받고 있다.

그림 4-25 • 레이저 프린터

(2) 컴퓨터 단말기(terminal)

과거 일괄 처리 시스템에서는 카드 판독기나 프린터를 사용하여 처리해 왔으나 오늘날 온라인 실시간 처리(online realtime processing)에서는 자료의 입력을 위하여 CRT(Cathode Ray Tube), TFT-LCD(Thin Film Transistor Liquid Crystal Display), LED(Light Emitting Diode), 워크스테이션(workstation) 등이 널리 이용되고 있다.

타자기 터미널은 회선을 통하여 컴퓨터와 연결된 타자기의 자판을 이용하여 자료를 입력하고 그 결과는 하드 카피 형태로 출력한다. 입·출력의 속도와 컴퓨터의 처리 속도와의 차이를 해소하기 위하여 버퍼를 두어 처리한다. 즉 입력한 문자를 버퍼에 보내어 버퍼가 채워지면 컴퓨터에 신호를 보내어 처리하도록 하는 것이다. 이와 같은 장치로 컴퓨터는 저속의 입력 작업중에도 다른 일을 처리할 수 있다.

CRT 터미널은 실시간 처리 시스템에서 자료의 입력과 출력을 위하여 가장 많이 사용되는 장치이다. CRT 터미널은 화면과 자판(keyboard)으로 구성되어 있으며 표시된 자료의 일부를 재편집하거나 추가, 삭제할 수 있는 라이트 펜을 함께 장착한 터미널도 있다. 키보드는 타이프 라이터와 같은 모양으로 문자, 숫자, 특수 문자 등을 입력할 수 있으며 처리 결과를 표시하는 장치이다. 최근에는 디스플레이 모니터(display monitor)로 TFT-LCD, LED 등이 널리 쓰이고 있다. 터미널은 덤 터미널(dumb terminal)과 지능 터미널(intelligent terminal)로 나눌 수 있는데, 덤 터미널은 입력을 위한 자판, CPU와의 연결을 위한 부분만을 가지고 있으며, 지능 터미널은 마이크로프로세서를 내장하고 있으므로 CPU와의 연결 작업 수행뿐만 아니라 단독으로도 작업을 수행할 수 있는 장치이다. 요즘에는 지능 터미널로 PC가 많이 쓰인다.

워크스테이션은 사무 자동화(OA : Office Automation)의 도구로 각광을 받고 있는데, 그 3대 요소는 64비트의 CPU, 고해상도의 그래픽 기능, 고속의 네트워크 구성 기능 등이다. 현재 워크스테이션의 성능은 처음 등장했을 때 보다 많은 차이를 나타내고 있다. 최근의 워크스테이션을 보면 64비트 프로세서를 탑재하고, 최대 64GB 메모리를 지원하며, 900GB의 HDD를 갖추었고, 3D그래픽을 지원하며, 32배속 DVD+/-RW를 장착하였고, Gigabit LAN을 지원하는 최고의 성능을 제공한다.

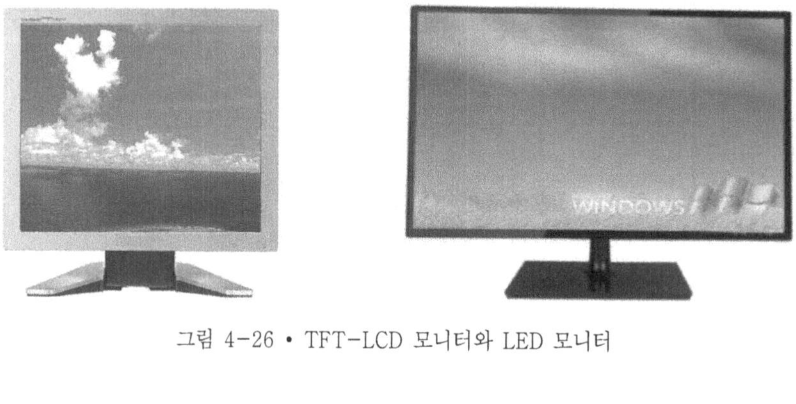

그림 4-26 • TFT-LCD 모니터와 LED 모니터

Computer Science 컴퓨터 사이언스

04 연습문제

01 괄호 안에 공통적으로 들어가는 용어는?
( )는(은) 고속으로 처리되는 중앙처리장치(CPU)와 상대적으로 저속인 주기억 장치 사이에서 일시적으로 자료나 정보를 저장하는 고속 기억 장치로서 컴퓨터의 처리 속도를 월등히 빠르게 할 수 있으나 비교적 고가이다. 근래 출시되고 있는 CPU들은 대부분 이 ( )를 내장하고 있으며 별도로 외부 ( )도 사용할 수 있다.

02 컴퓨터 내부의 CPU와 메모리 사이의 정보 전송에 사용되는 통로인 버스(Bus)에 대하여 설명하라.

03 캐시 메모리(Cache Memory)에 대하여 설명하라.

04 디스크가 80개의 트랙으로 구성되어 있고, 트랙 당 15개의 섹터(sector)로 나누어져 있다면 이 디스크의 총 용량은 약 얼마나 되겠는가? (단, 1섹터는 512KB 이고 양면에 수록할 수 있음)

05 중앙처리장치는 ( ), 연산논리장치, 제어장치로 구성되며, 컴퓨터 시스템은 중앙 처리 장치 이외에 ( ) 장치와 ( ) 장치로 구성된다.

06 기억장치에서 한 자리의 문자를 저장하는 단위를 ( )라고 한다.

07 기억장치는 ( )와 보조기억장치로 나누어지며 보조기억 장치의 대표적인 것은 ( )와 ( )가 있다.

08 주변장치의 종류에는 ( ) 장치, ( ) 장치, ( ) 장치 등이 있다.

09 제어장치가 주기억장치에 있는 데이터와 명령어의 위치를 유지하고 연산논리장치에게 알려 주는 방법은 ( )를 사용해서 이다.

10 CPU가 가지고 있는 대표적인 레지스터 두 가지는 ( )와 ( )가 있다.

11 CPU가 명령어를 실행할 때, 거치는 두 사이클은 ( )시간과 ( )시간으로 이루어진다.

12 컴퓨터의 하드웨어와 소프트웨어를 인간의 신체와 비교하여 설명하여 보아라.

13 레지스터의 종류를 들고 각각의 역할을 설명하여라.

14 사람은 10진수 체계에 익숙해져 있지만, 컴퓨터는 2진수를 사용한다. 그 이유는 무엇인가?

15 충격식 프린터와 비충격식 프린터를 설명하고 각각의 예를 들어라.

16 프로그램과 데이터가 컴퓨터 내로 읽혀져 처리되고 출력하기까지의 과정을 도시하고 설명하여라.

17 ROM을 RAM과 비교하고 ROM을 펌웨어(firmware)라고 부르는 이유를 설명하여라.

18 컴퓨터 시스템에서 보조기억장치가 필요한 이유와 종류를 들어라.

19 하드웨어와 소프트웨어를 개발하는데 있어서 점점 소프트웨어의 비중이 높아가고 있다. 그 이유는 어디에 있다고 생각하는가?

20 컴퓨터의 주기억장치와 보조기억장치를 비교 설명하라.

CHAPTER.05

컴퓨터 소프트웨어

Computer
Science

CHAPTER

05 컴퓨터 소프트웨어

컴퓨터에 어떤 일을 처리하도록 시키기 위하여 컴퓨터의 하드웨어를 동작시키는 것이 필요한데, 이 역을 담당하는 프로그램을 통칭하여 컴퓨터의 소프트웨어(Software)라고 할 수 있다.

컴퓨터의 이용 분야가 폭넓어짐에 따라 여러 분야에서 누구나 쉽게 컴퓨터로 처리될 업무에 맞는 소프트웨어를 개발할 수 있도록 효과적으로 프로그램을 작성할 수 있는 프로그래밍언어가 발전하여 왔다. 또한, 컴퓨터의 하드웨어를 효과적으로 다양하게 운영할 수 있는 시스템 소프트웨어가 필요하게 되었다. 이에 따라 사용자가 컴퓨터를 보다 편리하게 활용하도록 적합한 프로그램의 설계, 하드웨어 각 장치를 효율적으로 관리하기 위해 고안된 시스템 프로그램을 운영 체제 또는 오퍼레이팅 시스템(OS : Operating System)이라 한다.

1 소프트웨어 개념

존 폰 노이만(John von Neumann)이 프로그램 내장 방식 컴퓨터를 고안한 이래 컴퓨터 시스템은 하드웨어뿐만 아니라 하드웨어를 효율적으로 이용하는 소프트웨어를 주요한 구성 요소로 삼게 되었다. 소프트웨어가 없다면 정교한 컴퓨터 하드웨어도 고철에 불과할 것이다. 초기의 소프트웨어들은 처음부터 컴퓨터의 이용 용도에 맞추어 특정 하드웨어에서만 작동하도록 제작되었다. 이렇게 제작된 소프트웨어들은 크기도 크고 구조도 복잡하여 잘못된 프로그램 작성이 전체 시스템의 작동 불능 상황을 가져올 수 있었다. 이후에 여러 가지 개념들이 도입된 결과 소프트웨어는 단순하고 한정된 역할을 하는 여러 계층의 프로그램들로 구조화되었다.

컴퓨터를 이용한 업무의 전산화 과정에서도 소프트웨어의 비중은 하드웨어의 비중을 추월하였다. 컴퓨터가 본격적으로 보급되기 시작한 1950년대에는 업무의 전산화 비용 중 대부분이 하드웨어 장비를 구입하는 비용으로 사용되었다. 그러나 하드웨어 기술의 급속한 발전에 힘입어, 1970년대를 기점으로 업무 전산화 비용 중 소프트웨어 비용이 하드웨어 비용을 추월하기 시작하였다. 이와 같은 내용을 잘 표현하고 있는 것이 [그림 5-1]이다.

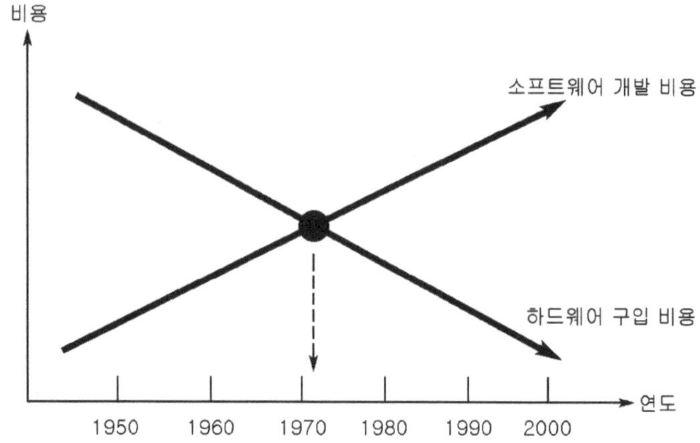

그림 5-1 • 하드웨어 투자 비용 VS 소프트웨어 투자비용

컴퓨터 소프트웨어는 시스템의 효율적인 작동과 여러 가지 하드웨어를 공유하거나 독점하는 조작을 용이하게 해주는 운영 체제(OS : Operating System)가 있고, 운영 체제가 제공하는 기능을 이용하는 응용 프로그램(application program)과 응용 프로그램을 작성하는 프로그램 언어 컴파일러 등이 있다. 운영 체제와 언어 컴파일러는 컴퓨터를 이용하는 목적에 바로 사용되는 것이 아니고 컴퓨터의 이용을 보조해 주는 것으로 시스템 소프트웨어(system software)라고 부른다. 컴퓨터 시스템의 분류와 관계를 도시한 것이 [그림 5-2]이다.

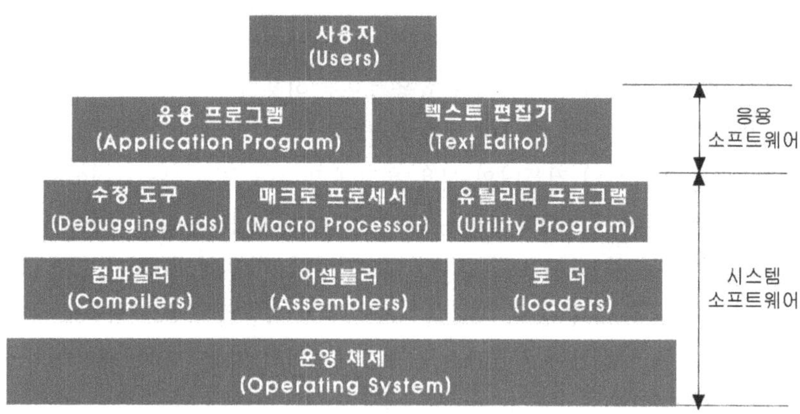

그림 5-2 • 컴퓨터 시스템 분류 및 관계성

2 프로그래밍 언어

프로그래밍 언어는 사람과 컴퓨터 사이의 의사 전달 수단으로 사용되는 매개체로써, 사용자의 편의 목적에 따라 컴퓨터를 활용하기 위해서 여러 종류의 언어가 만들어져 사용되고 있다. 컴퓨터 시스템에는 운영 체제와 그 밖의 응용프로그램들의 소프트웨어를 개발하는 프로그램들이 필요하게 된다.

이 프로그램들은 개발하기 위한 프로그래밍 언어가 필요하다. 프로그래밍 언어는 200여종 이상 개발되었으며, 현재 사용되고 있는 언어도 30여종이나 된다.

1. 프로그래밍 언어의 종류

프로그래밍 언어는 크게 기계어(machine language), 어셈블리어(assembly language), 컴파일러어(compiler language)로 나눌 수 있으며, 컴퓨터가 직접 이해하는 것은 기계어뿐이므로 어셈블리어나 컴파일러어들은 최종 컴퓨터에서 수행되기 위하여 기계어로 번역되어야 한다. 기계어와 어셈블리어는 저급 언어(low level language)에 속하고, 컴파일러어는 고급 언어(high level language)에 속한다.

- 프로그래밍언어
  - 저급 언어 : 기계어, 어셈블러
  - 고급언어
    - 컴파일러 : C, COBOL, FORTRAN, PASCAL, PL/1 …
    - 인터프리터 : APL, BASIC, LISP …
  - 자연언어 : PROLOG, LISP …

그림 5-3 • 프로그래밍 언어의 구분

(1) 기계어(machine language)

컴퓨터에 사용되는 초기단계의 언어로, 0과 1의 2진수를 사용하여 명령어와 데이터를 표현했다. 컴퓨터가 기계어 프로그램을 직접 이해할 수 있기 때문에 수행 속도가 빠르고 능률적이지만 언어가 기종마다 다르며, 프로그램을 작성하고 이해하기가 어렵다. 따라서 하드웨어에 대한 설계를 잘 알아야 프로그램 작성이 가능하다.

(2) 어셈블리어(assembly language)

기계어의 다음 단계 언어로서 기호언어라 하며, 숫자들로 표현된 기계에 어떤 의미있고 기억하기 쉬운 기호를 정의하여 명령어와 데이터를 표현한다. 예를 들어 더하기를 "ADD"로 나타내어 사용하는 방법이다. 기계어보다 배우기 쉽고 사용하기도 편리하지만, 기계어처럼 컴퓨터 상호간에 호환성이 없기 때문에 기종이 다르면, 언어를 다시 습득해야 한다. 그러나 컴퓨터의 모든 기능을 이용할 수 있는 장점이 있다. 어셈블리 언어는 컴퓨터가 직접 이해할 수 없기 때문에 어셈블러(assembler)라는 프로그램을 이용하여 기계어로 번역된다.

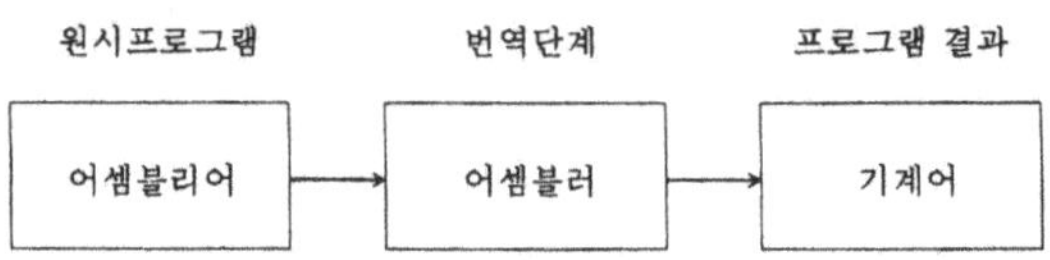

그림 5-4 • 어셈블리 언어의 번역 과정

(3) 고급 언어(high level language)

기계어나 어셈블리언어는 기계 중심의 언어이므로 사용자가 프로그래밍하기 어렵고 컴퓨터 기종간의 호환성이 결여되므로 저급언어라 한다. 현재 사용하고 있는 대부분의 프로그래밍언어는 영문과 비슷한 형태를 하고 있으며, 하드웨어에 대한 깊은 지식이 없어도 프로그램의 작성과 에러의 수정 등을 매우 용이하게 할 수 없으므로 고급언어라고 한다. 이러한 고급언어를 기계어로 번역해주는 프로그램을 컴파일러(compiler)라고 하며, 번역 과정에서 입력으로 들어가는 사용자 프로그램을 원시프로그램(source program)이라고 한다. 그리고 번역되어 출력되는 기계어 프로그램을 목적프로그램(object program)이라고 한다.

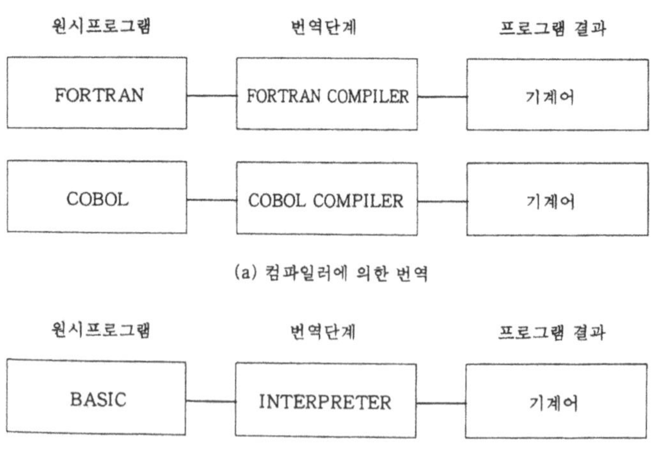

그림 5-5 • 고급 언어 번역 과정

[그림 5-6]은 프로그래밍 언어의 바벨탑(Tower of Babel)을 표현한 것이다.

그림 5-6 • 프로그래밍 언어의 바벨탑

2. 고급 언어의 종류

고급 프로그래밍 언어에는 다음과 같은 종류가 있다.

(1) 포트란

포트란(FORTRAN)은 FORmula TRANslator의 줄인 말로 IBM의 John. W. Backus가 수학식을 표현하기 위해 만든 formula translation을 제안하였으며, 1957년에 IBM 704 컴퓨터에서 포트란 프로그램을 사용한 것이 처음이었다. 복잡한 계산이나 여러 가지 수식의 처리에 적합한 과학 기술 계산용 언어로서 최초로 개발된 컴파일러 언어이다. 포트란은 코볼과 더불어 가장 널리 사용되는 고급언어 중의 하나이다.

(2) 코볼

코볼(COBOL)은 Common Business Oriented Language의 줄인 말로서 1950년도 말에 컴퓨터를 사무처리 분야에 이용하고자 미국방성이 컴퓨터 제조회사와 사용자를 모아 조직한 CODASYL(conference on data system language)에 의하여 만들어진 언어로서 영어와 비슷한 형태를 취하고 이 기종간 공통적으로 사용할 수 있다. 이 언어는 은행이나 기업체 등 일반 사무처리 업무에 적합한 상업용 언어로서 다양하고 입출력이 많은 자료의 처리에 용이하다.

(3) 베이직

BASIC(Beginners All-purpose Symbolic Instruction Code) 언어는 초보자들이 쉽게 컴퓨터 언어를 배워서 간단한 문제를 스스로 풀 수 있게끔 만들어진 언어이다. BASIC 언어로 작성된 프로그램은 한 줄 한 줄마다 프로세서가 자신이 이해할 수 있는 기계어로 번역하여 순서대로 수행되는 인터프리터 언어(interpreter language)의 특징을 가지고 있다. 따라서 작성과 수행이 매우 간편한 반면에 수행 속도가 느리다는 단점이 있다. 전문 프로그래머들은 수행 속도가 느리다는 단점 때문에 그다지 많이 이용하지는 않는다. 그러나 최근에는 배우기 쉽다는 장점을 가지고 있는 이 언어에 컴파일러를 적용하여 프로그램 작성의 생산성을 높이는 일도 있다. 마이크로소프트의 Visual Basic이 그런 종류의 언어이다.

(4) 피엘/원

피엘/원(PL/1)은 Program Language One의 약자로 1960년대 중반에 IBM에서 다목적 프로그래밍 언어로 설계한 것이다. 이 언어의 대표적인 응용분야는 수치계산분야, 상업응용분야 및 시스템프로그램분야이다.

(5) 파스칼

PASCAL은 1971년 스위스 취리히 대학의 워스(N. Wirth)가 개발한 언어이다. 이 언어의 이름은 프랑스의 수학자이면서 철학자였던 블레이스 파스칼을 기념하기 위하여 명명된 것이다. PASCAL 언어는 학생들에게 프로그램 구조와 개념을 지도하기 위하여 구조적 프로그램 기법(structured program method)을 채용한 언어이며, 모듈화(modular) 개념으로 프로그램을 작성할 수 있고 논리적인 구조가 매우 좋기 때문에 교육 및 응용 프로그램 개발에 널리 사용되고 있다.

(6) C 언어

C는 전문 프로그래머가 가장 애용하는 언어이다. C 언어의 장점은 고급언어의 구조적인 특징과 어셈블리 언어의 효율성을 모두 이용할 수 있다는 데에 있다. C로 작성된 프로그램은 데이터의 한 비트까지도 직접 조작할 수 있어서 다른 고급 언어 프로그램보다 훨씬 빠르게 작동한다.

1972년에 AT&T의 벨 연구소(Bell Lab.)에서 개발된 이 언어와 컴파일러는 공개되어 대학에서 가장 많이 널리 이용되었고 그 대학을 졸업하고 취직한 프로그래머들이 모두 C 언어를 이용해 프로그램을 작성했기 때문에 C 언어는 가장 널리 사용되는 언어가 되었다.

(7) C++

컴퓨터 프로그램의 작성이 어렵고 많은 시간이 걸리기 때문에 많은 사람들이 프로그램을 쉽게 작성할 수 있는 방법을 고안해 온 결과가 FORTRAN, COBOL, C 언어 등의 언어들이다. 최근에 가장 인기 있는 프로그램 작성 기법은 객체지향 프로그래밍 언어(OOPL : Object-Oriented Programming Language)를 이용하는 것이다. 객체 지향 언어는 기존의 프로그램 언어들이 프로그램 수행의 절차상 문제를 간단히 하는 것에 집중한 것과는 달리, 객체(object)라고 불리는 단위로 프로그램을 조직할 수 있게 하였기 때문에 프로그램의 작성이 훨씬 간편하다는 장점이 있어서 많이 이용된다. C++은 C 언어에 이러한 언어의 장점을 도입하여 확장한 대표적인 예이다. 실제로는 여러 가지 객체 지향 언어가 많이 개발되었다. SmallTalk와 같은 언어가 가장 정통적인 객체 지향 기법 언어이지만 수행 속도가 느리다는 단점 때문에 많이 이용되지는 않았다.

(8) 자바(Java)

자바(Java)는 썬 마이크로시스템즈의 제임스 고슬링(James Gosling)과 다른 연구원들에 의해 개발된 객체 지향적 프로그래밍 언어이다. 1991년 그린 프로젝트(Green Project)라는 이름으로 시작되어 1995년에 발표되었다. 처음에는 가전제품 내에 탑재되어 동작하는 프로그램을 위해 개발되었지만 현재 웹 어플리케이션 개발에 가장 많이 사용되는 언어 가운데 하나이고, 모바일 기기용 소프트웨어에도 널리 사용되고 있다. 최신 버전은 6이고, 2007년 현재 버전 7이 개발중이다.

자바는 애초에 C++ 언어의 대안으로서 개발되었기 때문에 문법적인 특성은 C++의 조상인 C 언어와 비슷하다. 자바를 다른 컴파일언어와 구분짓는 가장 큰 특징은 컴파일된 코드가 플랫폼 독립적이라는 점이다. 자바 컴파일러는 자바 언어로 작성된 프로그램을 바이트코드라는 특수한 바이너리 형태로 변환한다. 바이트코드를 실행하기 위해서는 JVM(Java Virtual Machine : 자바 가상 머신)이라는 특수한 가상 머신이 필요한데, 이 가상 머신은 자바 바이트코드를 어느 플랫폼에서나 동일한 형태로 실행시킨다. 때문에 자바로 개발된 프로그램은 CPU나 운영 체제의 종류에 관계없이 JVM이 설치될 수 있는 시스템에서는 어디서나 실행할 수 있으며, 이 점이 웹 애플리케이션의 특성과 맞아떨어져 폭발적인 인기를 끌게 되었다.

자바의 버전은 보통 자바SE(JDK/JRE)의 버전으로 말한다. JDK는 표준 라이브러리를 포함하며, JDK 버전이 바뀜에 따라 이 라이브러리가 확대되고 인터페이스(API)가 바뀐다. 언어 자체는 자바언어명세(JLS)에서 정의되며 판(edition)으로 구분한다. JDK가 확장되는 동안 언어는 2판에서 거의 변화가 없었으나, JDK 5와 함께 바뀐 JLS 3판에서 제네릭(generic) 타입, 애너테이션(annotation) 같은 기능이 도입되면서 상당히 바뀌었다. JDK 7에서도 클로저(closure) 등이 도입될 것으로 알려져 있다. 2007년 현재 자바언어는 JLS 3판, JDK는 버전 6이다.

(9) 자연 언어

자연언어(natural language)는 인간이 일상적으로 사용하는 언어이며, 우리가 대화하는 것처럼 자연스럽게 컴퓨터와 주고받을 수 있는 언어이다. 자연어처리는 현재 인공지능 분야에서 많은 연구가 행해지고 있으며, 인공지능을 위한 언어로는 「PROLOG」와 「LISP」이 많이 사용된다.

1970년에 「Winogard」는 자연어처리 시스템을 실현했으며, 자연어는 제5세대 컴퓨터의 언어로 분류되고 있다.

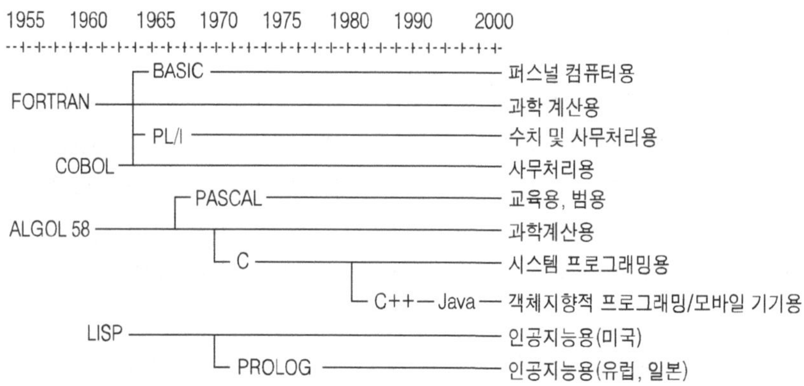

그림 5-7 • 언어의 발전 과정

3 시스템 소프트웨어

시스템 소프트웨어는 하드웨어와 응용 프로그램 사이에서 조정자 역할을 수행하도록 설계된 프로그램이다. 운영 체제, 언어 컴파일러와 각종 유틸리티 프로그램(utility program) 등이 이에 포함된다.

1. 운영 체제

운영 체제의 실체는 컴퓨터의 각 부품들이 협동하여 부드럽게 작동하도록 해 주는 프로그램들의 모음이다. 컴퓨터를 이용하는 목적에 따라 여러 가지의 유형의 운영 체제가 있다. 값비싼 메인프레임과 미니 컴퓨터들은 여러 사용자가 동시에 이용할 수 있는 기능을 운영 체제가 지원해 주기 때문에 높은 가격에도 불구하고 판매된다. 개인용 컴퓨터는 한 사람의 사용자 이용만을 원활히 지원해주면 충분하다. 일반적인 운영 체제의 구성은 [그림 5-8]과 같다.

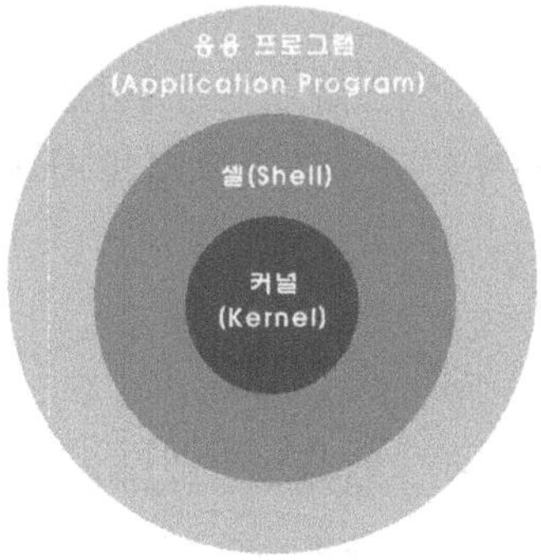

그림 5-8 • 운영 체제 구성

운영 체계가 컴퓨터의 이용에 있어서 가장 근본적인 기능을 제공해주는 소프트웨어이기 때문에 컴퓨터가 켜질 때에 운영 체제는 디스크 장치에 저장되어 있다가 주기억 장치에 적재(load)된다. 이러한 과정을 부팅(booting)이라고 하고, 부팅된 후에 운영 체계의 일부는 주기억 장치에 계속 남아서 사용자의 입력을 받아서 다른 프로그램들을 보조 기억 장치에서 읽어 들인다.

운영 체제는 어떠한 종류의 운영 체제도 [그림 5-9]와 같은 네 가지의 공통적인 기능인 기억 장소 관리(memory management), 프로세서 관리(processor management), 장치 관리(device management), 정보 관리(information management) 등의 자원 관리, 입·출력 제어, 사용자와 운영 체제와의 인터페이스 기능 등을 수행한다. 컴퓨터 시스템의 하드웨어는 입·출력 장치, 저장 장치, 처리 장치 등의 복합적인 구성으로 이루어지는데, 모든 소프트웨어가 이러한 장치들을 한꺼번에 이용하지는 않는다. 따라서 운영 체제는 여러 개의 프로그램이나 프로그램의 일부가 수행되면서 필요로 하는 장치나 작동 시간을 조정해 준다. 또 CPU의 속도에 비해 입·출력 장치의 속도가 느린 점 때문에 전체 컴퓨터의 작동 효율이 저하되는 점을 방지하기 위해 데이터의 흐름을 조절하고 필요에 따라 느린 입·출력을 수행중인 프로그램을 잠시 중단시키기도 한다. 그리고 사용자가 원하는 프로그램이나 데이터의 입·출력을 수행하기 위해서 입력 장치로부터 사용자의 명령을 전달받을 수 있는 기능도 수행한다.

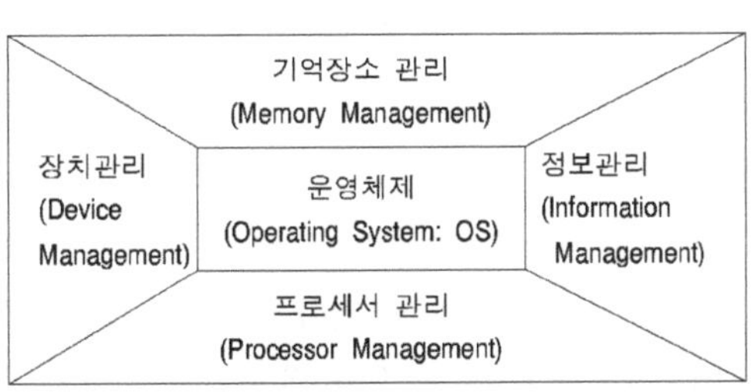

그림 5-9 • 운영 체제 수행 기능

(1) 운영 체제 목적

운영 체제(오퍼레이팅 시스템)는 시스템 소프트웨어로 컴퓨터 시스템을 사용함에 있어 전체의 생산성을 극대화하고 사용자로 하여금 보다 쉽게 사용할 수 있도록 설계함을 목적으로 가고 있다.

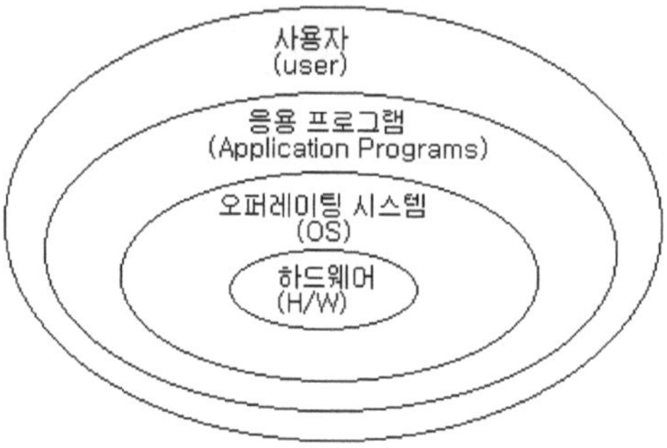

그림 5-10 • 오퍼레이팅 시스템과 하드웨어

따라서 시스템의 성능을 높이기 위하여 처리능력(throughput)을 증대시켜주고, 시스템의 응답시간(turn around time)을 단축시킨다. 또한 사용가능도(availability)를 증대시키며, 신뢰도(reliability)를 향상시킨다.

① 처리 능력의 증대

처리능력(throughput)은 일정한 시간 내에 시스템이 처리하는 일의 양을 말한다. 따라서 시스템의 처리능력이란 시스템 전체를 구성하고 있는 각 장치의 개별적인 처리속도에 의한 능력보다는 전체 시스템이 공동으로 작동하여 일정한 시간 내에 처리되는 일의 양이라는 측면에서 측정되어야 한다. 이를 위해서 도입된 기법이 작업(job)의 연속처리와 다중 프로그래밍(multi-programming)의 개념이다.

② 응답 시간 단축

응답시간(turn around time)은 사용자가 어떤 일의 처리를 컴퓨터에 의뢰하고 그 결과를 얻을 때까지 소요되는 시간으로 응답시간은 가능한 단축되는 것이 바람직하다. 응답시간을 단축시킬 수 있는 방안으로는 작업(Job)의 연속처리, 다중프로그래밍과 온라인실시간처리(online real time processing)와 시분할방식(time sharing) 등이 있다.

③ 사용 가능도 증대

사용가능도(availability)는 컴퓨터 시스템을 사용할 필요가 있을 때 어느 정도 빨리 시스템을 이용할 수 있느냐 하는 정도를 나타낸다. 이것은 곧 사용할 수 있는 하드웨어 자원의 수나 다중 프로그래밍의 능력 등의 요소가 좌우되는 것으로 입출력장치의 수가 많다든가 동시에 실행할 수 있는 작업의 수가 많은 시스템이 사용가능도가 높다.

④ 신뢰도 향상

신뢰도(reliability)는 시스템이 어느 정도 정확하게 작동하는가를 나타내는 정도를 말하며, 즉 입출력 조작이나 기억장치의 사용 중에 착오가 발생하면 하드웨어나 소프트웨어 상에서 착오를 회복시키기 위한 기능이 발휘되는데, 이러한 회복 기능은 몇 번이나 같은 조작을 반복하면서 착오를 회복하려고 시도된다. 이러한 것이 신뢰도를 높이기 위한 방안들이다.

(2) 운영 체제의 구성

컴퓨터 시스템의 전체의 효율과 생산성을 높이기 위하여 운영 체제(OS)는 제어프로그램(control program)과 처리프로그램(processing program)으로 구성된다.

① 제어 프로그램

㉠ 라이브러리(library)

컴퓨터의 주기억장치는 시스템의 기종이나 모델에 따라 다르므로 모든 프로그램이나 데이터를 언제든지 주기억장치 내에 기억시켜 둘 수가 없다.

따라서 모든 프로그램이나 데이터를 외부의 보조기억장치(magnetic disk, magnetic drum 등)에 기억시켜 두었다가 필요할 때마다 필요한 프로그램이나 데이터를 주기억장치로 불러들여 사용한다면 그만큼 기억장소의 여유가 생기므로 바람직하다. 이와 같이 operating system을 구성하고 있는 프로그램들을 보관하고 있는 보조기억장치를 프로그램 라이브러리 또는 시스템 라이브러리라 한다.

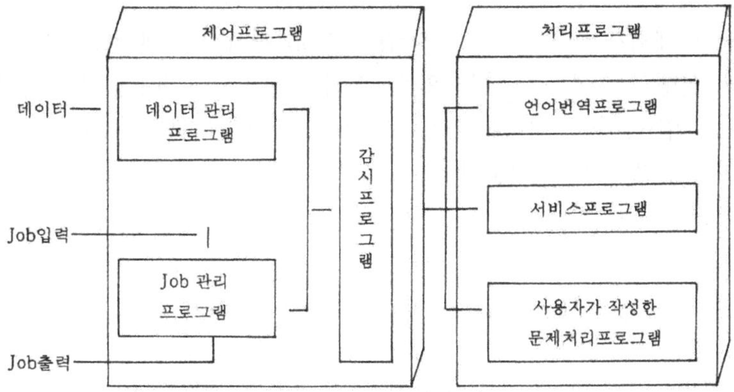

그림 5-11 • 운영 체제의 구성

㉡ 감시프로그램

감시프로그램(supervisor program)은 제어 프로그램의 중심이 되는 프로그램으로 컴퓨터 시스템의 작동상태와 처리프로그램의 실행 과정을 끊임없이 감시하는 역할을 담당한다. 즉, 감시프로그램은 다음과 같은 몇 가지 기능을 가지고 있으므로 시스템에서 실행되는 모든 프로그램은 감시 프로그램의 감독하에 실행된다.

•주기억장치로의 프로그램 적재(Load)
•주기억장치 Memory의 할당 및 기억보호(storage protection)
•요약정보제공(time service 등)
•Multi-programming control(Job과 Job의 연속처리)
•예외적 상황의 감사(check point 등)
•Error의 Logging
•Virtual memory 사용할 때 Page-in/Page-out지원
•입출력 Operation의 개시와 종료 및 감시 등의 기능을 가진다.

㉢ 데이터 관리프로그램(data management program)

데이터 관리프로그램은 데이터를 관리하는 프로그램으로 시스템이 취급하는 여러 가지의 데이터와 파일을 표준적인 방법으로 총괄 관리 해가는 프로그램이다. 데이터 관리프로그램의 역할은 주기억장치와 외부기억장치 사이의 데이터 전송과 외부기억장치상의 데이터 갱신(update), 유지를 담당하고 있으며, 예를 들면 입출력 조작의 제어, 파일의 식별(레이블 처리), 블록화와 비블럭화 작업 등을 한다.

㉣ 작업 관리프로그램(job management program)

운용 체제가 하는 일의 기본단위를 "Job"이라 하는데 이는 재고관리를 하는 프로그램의 실행, 급여계산을 하는 프로그램의 실행 또는 COBOL의 컴파일러를 실행하는 것 등으로 입력, 출력, 처리를 포함하는 하나의 작업단위를 가르킨다. 컴퓨터를 사용한다는 관점에서 생각할 때 입출력 같은 작업은 job이라는 기본단위로 처리됨을 알 수 있다.

따라서 작업(Job) 관리프로그램은 작업(job)의 연속처리를 위한 schedule이나 입출력장치의 할당을 관리하는 프로그램으로서 이같이 작용하는 루틴을 job scheduler라 하고 또 하나는 시스템이 오퍼레이터에게 어떤 판단을 요구할 경우나 오퍼레이터에게 주의를 시킬 필요가 있을 경우에는 메시지(message)를 보내주거나 오퍼레이터가 시스템에 대해서 조작방법을 변경하거나 시스템의 상태에 관한 정보를 요구하거나 메시지에 대한 응답지령을 내주는 등 시스템과 오퍼레이터와의 사이에 연락을 담당하는 마스터 스케쥴러(master scheduler) 등 두 가지 프로그램으로 구성되어 있다.

② 처리 프로그램

처리 프로그램은 언어번역프로그램(language translator), 서비스프로그램(service program), 사용자가 작성한 문제처리 프로그램(problem program) 등 크게 세 가지 유형의 프로그램으로 이루어져 있다.

㉠ 언어번역프로그램

언어번역프로그램(language translator)은 업무처리를 위해 작성된 프로그램을 기계가 알 수 있는 기계언어로 번역하는 프로그램을 말하며 컴파일러(compiler)라고도 한다.

컴파일러가 없다면 프로그래머는 컴퓨터가 알아듣는 0과 1의 조합인 기계언어를 사용하여야 하므로 매우 불편하다. 그러나 컴파일러를 이용하면 기계어 대신 사람의 말에 가깝고 쓰기 편리할 언어로 프로그램할 수 있기 때문에 편리해진다. 컴파일러는 프로그램 언어에 따라 여러 가지 종류가 있다. 예를 들면 어셈블러(assembler), FORTRAN 컴파일러, COBOL 컴파일러, PL/1 컴파일러, PASCAL 컴파일러, C/C++ 컴파일러, Java 컴파일러 등이 있다.

㉡ 서비스프로그램

서비스프로그램(service program)은 프로그램 작성자의 부담을 경감시켜 주기 위해서 컴퓨터 메이커에서 제공되는 프로그램이다. 그러므로 프로그램은 어떤 컴퓨터 시스템을 막론하고 자주 사용되어 사용 빈도가 높은 것들을 프로그램화하여 사용자(user)에게 제공하고 사용자의 시간 및 노력을 경감시킴으로써 업무처리의 능률을 높이고, 경비절감을 하게 한다. 이 서비스 프로그램의 주요한 것을 보면 다음과 같다.

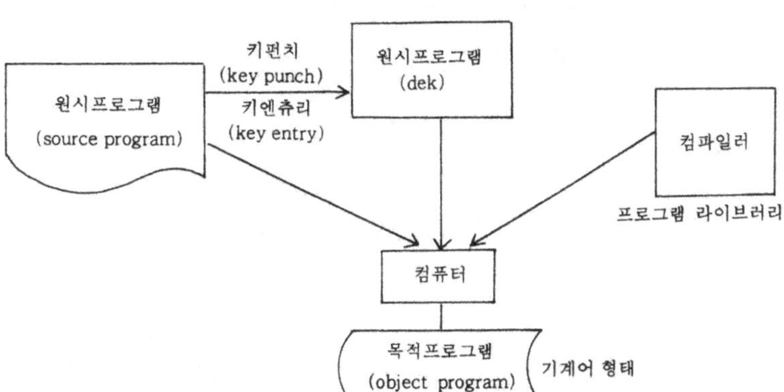

그림 5-12 • 프로그램의 컴파일 과정

•분류·조합프로그램 : 분류·조합프로그램(sort/merge program)은 한 개의 파일 중에 레코드를 어떤 키의 순번으로 순서를 재분류한다든지, 복수개의 파일을 조합하여 하나의 순서로 된 파일로 만들어주는 역할을 하는 프로그램으로 사용자의 프로그램을 도와주는 역할을 한다. 분류에 있어 레코드를 낮은 키번호에서 높은 키번호로 예를 들면 01, 02, 03, ……의 순으로 배열하는 것을 오름차순(ascending sort)라 하며, 반대로 큰 키 값에서 작은 키 값으로 분류하는 것을 내림차순(descending sort)이라 한다.

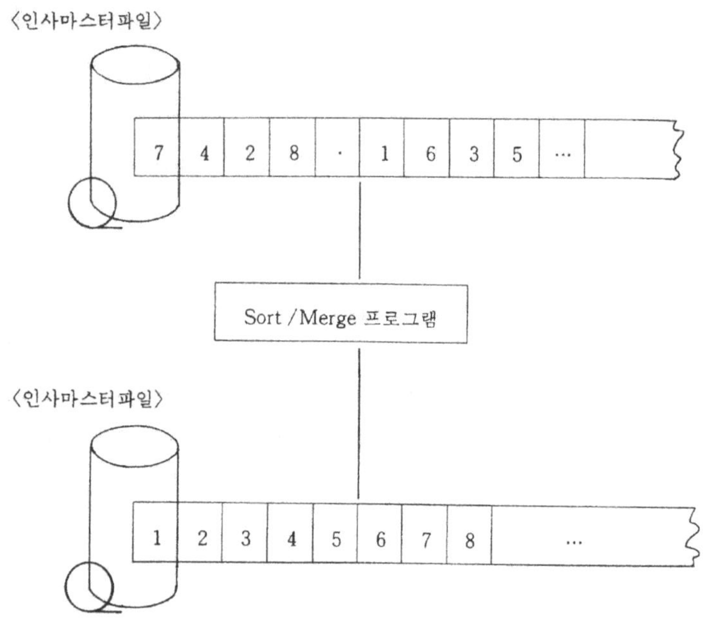

그림 5-13 • 분류 조합(sort/merge) 프로그램의 작용

•유틸리티 프로그램 : 유틸리티 프로그램(utility program)은 여러 형태의 종류가 있는데, 주로 어떤 기어 매체에 있는 파일을 다른 매체로 전송하거나 복사하거나 하는 프로그램으로 예를 들면 자기디스크에 있는 파일을 자기 디스크로 옮긴다든가, 자기 디스크의 파일을 프린터로 인쇄한다든가 하는 등의 프로그램을 말한다. 그리고 프로그램 라이브러리에 프로그램을 등록한다든지, 갱신한다든지 하는 라이브러리의 보수기능을 가진 라이브러리 관리프로그램이 있다. 즉, 매체변환 유틸리티, 텍스트 에디터(text editor) 등의 프로그램이 있다.

•연계편집 프로그램(linkage editor : 링키지 에디터) : 원시프로그램을 컴파일러에 의해 기계어로 번역한 결과 생긴 목적프로그램은 컴퓨터가 해독할 수 있는 기계어로 작동

된 프로그램이지만 이대로 주기억장치에 읽어 넣고 실행할 수 없는(non-executable) 형태이다. 명령 하나하나는 기계어로 번역은 되어 있으나 주기억장치에 읽어 넣을 때의 번지할당(address allocation)이 안되어 있는 등 미해결된 점이 몇 가지 있다. 이들을 해결하는 실행가능한(executable) 형태로 만들어야 하는데 이것을 가능하게 하는 서비스프로그램이 연계편집프로그램이다. 이의 역할을 다음 그림에서 나타내었다.

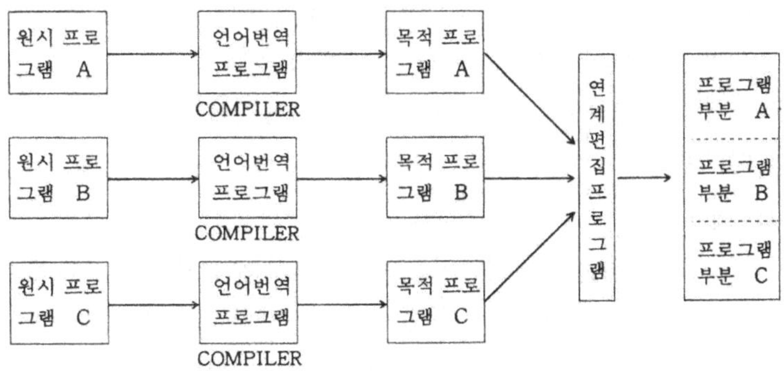

그림 5-14 • 연계편집 프로그램의 역할

(3) 운영 체제의 기능

운영 체제의 기능은 크게 중앙연산장치의 관리, 기억장치의 관리, 주변장치의 관리, 정보의 관리로 나눌 수 있다. 중앙연산장치의 관리란 각 작업에 중앙연산장치를 어떻게 배당하는가에 대한 관리이며, 기억장치의 관리란 주기억장치를 각 작업에 얼마나, 어떻게, 언제 배당하는가의 문제이다.

주변장치의 관리란 프린터, 카드판독기, 자기테이프, 자기디스크와 같은 주변장치와 채널(channel)에 대한 관리이며 정보의 관리는 정보의 검색, 새로운 정보의 추가와 수록에 필요한 일을 관리하는 것이다.

① 중앙연산장치의 관리

프로그램의 각 작업이 어떻게 중앙연산장치를 배당받아 수행되는가를 결정하는 것이다. 프로그램을 수행하려면 작업 스케줄러(job scheduler)가 한 개의 작업을 몇 개의 프로세스로 나누고, 프로세스 스케줄러(process scheduler)가 하나의 프로세스를 택하여 중앙연산장치에서 수행된다. 또한 프로세스 스케줄러 안에는 교통정리기(traffic controller)가 있어 프로세스의 상대를 파악하게 한다. 여기에서 작업스케줄러는 작업이 제출되었을 때 이 작업을 필요한 몇 개 프로세스로 나누어 준비상태에 두는 일을 한다. 그런데 작업이 많을 경우에 작업을 선택하는데 우선순위(priority)의 개념을 적용하여 우선적으로 수행할 필요가 있는 것은 빨리 수행하고, 아주 긴 작업이라 할지라도 너무 오래 지연해서는 안되도록 효율적인 방법을 택하는 것이 필요하다. 그리고 작업 스케줄러에 의해 프로세스로 바꾸어 준비상태에 들어가게 되면 프로세스 스케줄러가 중앙연산장치를 배당한다. 그러므로 프로세스 스케줄러는 모든 프로세스의 상태를 파악하고 프로세스의 분배정책을 수행하여 배당받은 프로세스가 일을 끝내면 중앙연산장치를 회수해야 한다. 이를 위해 프로세스 스케줄러 안에 있는 교통정리기가 각 프로세스의 상태를 파악한다.

프로세스 스케줄러는 준비상태에 있는 프로세스 중에서 어느 프로세스에게 중앙연산장치를 얼마 동안 배당할 것인가를 결정해야 한다. 대표적인 방식으로 각 프로세스에 차례로 일정량을 배당하는 라운드 로빈(round robin)방식과 프로세스에 우선 순위(priority)를 정해서 배당하는 우선순위 방식이 있다.

② 감시프로그램

주기억장치의 관리는 주기억장치를 효율적으로 분배하고 또한 운영 체제의 목적과 부합되도록 하는데 목적이 있다. 주기억장치의 관리기법은 크게 나누어 연속로딩(continuous loading)과 분산로딩(scatter loading)이 있다. 연속된 기억장소에 저장하여 수행하는 방법이며 분산로딩은 프로그램을 페이지(page) 단위로 나누어 필요한 부분만 주기억장치에 저장하여 수행시키는 방법이다.

③ 주변장치의 관리

컴퓨터 시스템은 프린터, 카드판독기, 자기테이프, 자기디스크, 자기드럼과 같은 종류의 주변장치를 갖고 있다. 주변장치는 가격면에서 전체 시스템의 상당한 비중을 차지하므로 효율적으로 운영하는 것이 바람직한 것이다. 주변장치는 한 번에 한 작업만이 수행되는 경우에는 관리가 필요없이 모든 주변장치를 한 작업이 사용할 수 있다. 그런데 다중프로그래밍을 사용하면 여러 작업이 주변장치를 함께 사용하게 되므로 각 작업이 배당 요청을 하면 어느 작업에 어떻게 배당할 것인가를 결정해야 한다. 배당하는 방법에는 크게 두 가지로 나누는데 하나는 전용으로 배당하는 방법과 다른 하나는 공용으로 배당하는 방법이다.

④ 정보의 관리

컴퓨터 시스템이 가지고 있는 정보의 검색, 정보의 추가와 수록에 필요한 모든 일을 담당하는 것이다. 정보란 운영 체제를 비롯한 유틸리티 프로그램과 그밖에 유용한 프로그램을 포함할 뿐 아니라 사용자의 프로그램 및 이의 수행에 필요한 여러 가지 자료를 망라한 것이다.

운영 체제에서 정보를 관리하는 부분을 파일체제라 하는데 이 체제는 모든 정보상태를 파악하고, 정보의 수록형태와 수록장소를 결정하며 정보를 사용하는 프로세서를 위한 조치 등을 수행하는 기능을 가지고 있다.

2. 운영 체제의 발전

운영 체제는 효율적으로 하드웨어 자원을 관리하기 위한 프로그램의 조직적인 집합체로서 시스템 전체의 생산성을 향상시킬 목적으로 설계된 것이다. 따라서 작업이 주어졌을 때 시스템의 자원을 사용하는 방식이 다양하며, 그 방식에 따라 일괄처리시스템, 다중처리시스템, 시분할 시스템, 실시간시스템 등이 있다.

(1) 일괄처리시스템

일괄처리시스템(batch processing system)은 작업, 즉 데이터가 일정량 또는 일정시간이 될 때까지 모아 두었다가 한꺼번에 처리하는 방식이다. 상품별 매출액을 알고자 하는 경우나 설문서의 집계분석과 같은 문제에서는 데이터가 일정량이 될 때까지 모이지 않으면 처리를 해보아도 의미가 없으므로 일정량이 될 때까지 데이터를 모아 두었다가 처리하게 된다.

(2) 다중 처리 시스템

다중프로그래밍(multi-programing) 방식은 현대의 컴퓨터로 한꺼번에 여러 개의 프로그램을 실행해 나가는 방식으로 주기억장치에 2개 이상의 처리 프로그램을 넣고 이들 여러 개의 프로그램이 중앙처리장치를 공동으로 사용케 하는 방법이다.

다중처리(multi-processing) 시스템은 한 컴퓨터에 여러 개의 처리기(processor)를 가지고 있는 시스템을 말한다. 따라서 다중 처리한 동일한 프로그램이 둘 이상의 작업으로 나뉘어져서 여러 개의 처리기에서 동시적으로 수행하는 것이다.

다중처리시스템을 사용하는 목적은 높은 신뢰성과 유용성 및 컴퓨터의 능력을 증대시키는데 있으며, 만일 하나의 처리가 고장났을 경우에도 다른 처리기들이 계속 그 기능을 유지할 수 있으므로 능률성은 다소 감소되더라도 신뢰성은 높아지는 것이다. 또한, 다중처리시스템을 필요에 따라 처리기들을 컴퓨터 장치에 첨가하여 부착시킴으로써 용량을 확장시키거나 고장난 처리기만을 교환할 수도 있다.

(3) 시분할시스템

시분할시스템(TSS : time sharing system)은 여러 이용자로 하여금 하나의 컴퓨터를 사용할 수 있도록 한 시스템으로서 한 개의 중앙처리장치의 시간을 쪼개서 여러 사용자가 사용할 수 있도록 한 것이다. 즉, 여러 사용자로 하여금 각기 독립적으로 하나의 컴퓨터를 사용하는 것으로 생각되게 하는 복수사용자(multi-user) 시스템이다.

시분할 시스템은 중앙처리장치의 빠른 처리 속도를 이용한 것으로 각 단말장치에 입력된 작업에 대하여 중앙처리장치의 시간을 쪼개서 작업을 처리해 나가므로 단말장치에서는 마치 혼자서 컴퓨터를 사용하는 것같이 된다.

(4) 실시간 처리 시스템

실시간시스템(real-time processing system)은 앞에서 기술된 배치처리 시스템과 달리 빠른 반응을 보인다. 즉, 데이터가 발생할 때마다 즉시 처리하여 결과를 얻도록 하는 법이다.

실시간시스템은 데이터가 발생할 때마다 즉시 처리하기 때문에 응답 시간이 짧고 누적되는 데이터가 없으므로 분류할 필요가 없으며, 파일의 갱신이 수시로 이루어지므로 항상 최신의 파일을 유지할 수 있다는 장점이 있다. 그러나 시스템 유지 비용이 많이 들고, 데이터의 정리 및 정정을 위한 시스템 운용이 복잡하다는 단점도 있다.

예로서 실시간처리시스템은 은행, 증권거래소, 비행기 예약 등에 사용되고 있다.

(5) 온라인 시스템

온라인 시스템(on-line system)은 통신회선을 이용하여 멀리 떨어진 곳에 단말장치를 설치하고, 중앙의 컴퓨터와 직접 연결하여, 단말장치에서 직접 데이터 처리가 가능하게 하는 시스템이다.

온라인 시스템은 단말 장치, 통신회선, 전송제어장치의 세 가지 요소로 구성되고, 전송제어장치(communication control unit : CCU)는 통신회선을 제어하며 컴퓨터와 회선간의 상호 관계를 정리한다.

3. 운영 체제의 예

지금까지 개발된 많은 종류의 컴퓨터들은 각각 다른 운영 체제를 사용한다. 각 운영 체제들은 대부분 매우 다른 방식으로 동작하고 사용자에게도 다르게 보이지만 최근에 개발된 운영 체제들은 이전에 개발된 운영 체제들에서 사용된 기능과 프로그램들을 이용할 수 있는 호환성을 갖추고 있다.

(1) MS-DOS와 윈도우

IBM과 IBM 호환 PC들에서 가장 먼저 이용한 운영 체제가 MS-DOS(MicroSoft-Disk Operating System)이였다. 현재의 MS-DOS는 6번의 개정을 거친 것으로 버전 6.x라고 불리며, MS-DOS를 줄여서 DOS라고 부르기도 한다. DOS는 개발되었을 때부터 초보자들이 이해하기 어려운 명령어 라인 처리기(command line interpreter) 형태의 인터페이스(interface)를 가지고 있었다. DOS를 이용하기 위해서는 수많은 명령어들을 외우고 매번 명령어를 입력하는 방식으로 운영 체제를 작동해야 했다. 이러한 DOS의 단점을 보완해 주기 위하여 메뉴와 아이콘을 이용하는 GUI(Graphic User Interface : 그래픽 유저 인터페이스) 환경이 개발되었다. 즉 사용자가 직접 명령어들을 입력하는 대신에 화면에 보이는 아이콘(icon)을 선택함으로써 간편하게 프로그램을 실행시킬 수 있게 해 주었다. GUI 기술은 제록사에서 최초로 개발하였는데, 그 기본 구성요소는 윈도우(window), 아이콘(icon), 메뉴

(menu), 포인팅(pointing) 이 네 가지이다.

GUI 소프트웨어의 대표적인 것으로는 DOS를 제작한 마이크로소프트사에서 개발한 윈도우(Windows)이다. 윈도우 운영 체제는 윈도우 3.1, 윈도우 95/98/ME/XP/Vista/2000/NT 등 다양한 버전(version)들이 후속적으로 발표되고 있다. 이외에도 애플사의 MacOS와 IBM의 OS/2도 GUI를 기반으로 하고 있다. MacOS는 성공적 이었지만 OS/2는 상업적으로 성공을 거두지는 못했다.

마이크로소프트사에서 윈도우 95 운영 체제를 개발하기 위한 프로젝트를 시작하면서, 프로그램 개발 프로젝트 이름을 미국의 도시 이름으로 명명하였고, 지금도 계속되는 기능 개선 작업의 프로젝트 이름에 적용하고 있다. 이러한 개발 코드명을 요약한 것이 [표 5-1]이다.

표 5-1 • 운영 체제와 개발 코드명

개발 코드명	의 미
시카고(Chicago)	최초의 '영문 윈도우 95'를 개발하기 위한 프로젝트 명
내시빌(Nashville)	'윈도우 95'의 결함 부분을 수정 보완한 마이너 업그레이드(minor upgrade) 버전
멤피스(Memphis)	'영문 윈도우 98'을 개발하기 위한 프로젝트 명
카이로(Cario)	'윈도우 NT 4.0'을 개발하기 위한 프로젝트 명
롱혼(Longhorn)	'윈도우 비스타'을 개발하기 위한 프로젝트 명

윈도우는 풀다운 메뉴(pull-down menu)와 다양한 글꼴(font) 등을 지원하는 GUI 인터페이스 프로그램이다. GUI는 여러 개의 프로그램을 동시에 한 화면에서 간편하게 수행하고 데이터를 여러 프로그램간에 쉽게 교환할 수 있게 해주는 장점이 있지만 주기억 장치를 많이 요구하고 작동 속도가 느리다는 단점이 있다. 그러나 최근에는 기술 발전에 힘입어 주기억 장치와 프로세서의 속도가 많이 향상되어 윈도우를 사용하는 것은 더 이상 문제가 되지 않고 있다.

(2) 매킨토시 운영 체제

애플 컴퓨터는 제록스에서 먼저 개발한 GUI 기술을 자사의 매킨토시 컴퓨터에 구현하여 GUI 환경의 운영 체제를 장착한 컴퓨터를 대량으로 판매한 최초의 회사이다. 매킨토시 운영 체제의 이름이 바로 MacOS이고 최초의 매킨토시 운영 체제가 출현한 이래로 7번의 중요한 개정을 거쳤다. 매킨토시 컴퓨터는 아직도 초보자가 사용하기 쉬운 GUI 인터페이스를 자랑하는 운영 체제를 장착한 것으로 정평이 나 있다. 최근의 매킨토시는 IBM PC와 그 호환 기종과의 성능 경쟁에서 뒤지지 않기 위해 마이크로프로세서를 전면적으로 교체한 파워

PC(Power PC) 기종들이다. 일반적으로 운영 체제는 프로세서에 종속적이므로 프로세서를 다른 종류로 바꾸는 것은 과거에 판매한 시스템과 여러 면에서 호환성을 포기한 것일 수 있지만 애플은 에뮬레이션(emulation)이라고 불리는 기술을 적극적으로 채용하여 서로 다른 두 가지 종류의 매킨토시 컴퓨터에서 동일한 운영 체제가 작동할 수 있도록 하는 놀라운 기술을 선보이기도 하였다.

(3) 유닉스 계열

개인용 컴퓨터의 운영 체제가 윈도우즈나 매킨토시 운영 체제 중 하나일 수 있다면 보다 값비싼 전문가용 워크스테이션과 다중 사용자(multi-user) 시스템들은 유닉스(UNIX) 운영 체제를 채용하고 있다. 유닉스 운영 체제는 메인프레임부터 개인용 컴퓨터까지 다양한 종류의 컴퓨터들에서 작동되고 있고 멀티태스킹(multitasking)을 아주 뛰어나게 지원해준다. 다만 유닉스의 기본 사용자 인터페이스는 명령어 라인 인터페이스로 사용하기가 매우 어렵다.

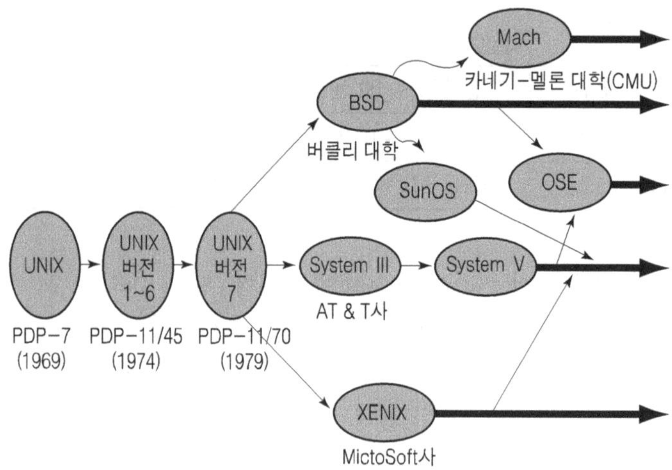

그림 5-15 • UNIX 운영 체제 발전 계보

MS-DOS와도 공통적인 이러한 단점을 해소하기 위한 유닉스용 GUI 프로그램인 X-윈도우(X-Window)가 개발되어 있음에도 불구하고 아직도 유닉스의 이용은 초보자에게는 쉽지 않다. 처음에는 대학과 연구소에서만 이용되다가 뛰어난 다중 사용자 지원과 안정성 덕택에 대기업은 물론 일반인들도 많이 이용하고 있다. 유닉스 운영 체제의 발전 계보를 요약한 것이 [그림 5-15]이다.

(4) 리눅스 계열

리눅스(Linux)는 하나의 컴퓨터 운영 체제이면서, 그것의 커널(kernel)을 가리키기도 한다. 리눅스는 자유 소프트웨어와 오픈 소스 개발의 가장 유명한 표본으로 들 수 있다. 리눅스는 다중 사용자, 다중 작업(멀티태스킹), 다중 스레드를 지원하는 네트워크 운영 체제(NOS)이다.

리눅스는 핀란드 헬싱키 대학의 대학원생이던 리누스 토발즈(Linus Torvalds)가 개발한 커널로써 엄밀하게 따지면 이 '리눅스'라는 용어는 리눅스 커널만을 뜻하지만, 리눅스 커널과 GNU(GNU's Not UNIX : 그누) 프로젝트의 라이브러리와 도구들이 포함된, 전체 운영 체제(GNU/리눅스로도 알려져 있음)를 나타내는 말로 흔히 쓰인다. 리눅스 배포판은 핵심 시스템 외에 대다수 소프트웨어를 포함한다. 현재 200여 종류 이상의 배포판이 존재한다.

리눅스의 매력은 프로그램 소스코드가 공개돼 있어 프로그래머가 원하는 대로 특정기능을 추가할 수 있고, 더욱이 어느 플랫폼(platform)에도 포팅(porting)이 가능하다는 것이다. 리눅스는 성능이 뛰어나고 인터넷상으로 무료로 다운로드하여 사용할 수 있는 장점이 있는 반면, 운영 기술교육이나 애프터 서비스 등의 사후관리가 어려웠기 때문에 그동안 일반인이나 기업이 사용하기 어렵다는 단점도 있었다.

초기에 리눅스는 개개인의 애호자들이 광범위하게 개발하였다. 이후 리눅스는 IBM, HP와 같은 거대 IT 기업의 후원을 받으며, 서버 분야에서 유닉스와 마이크로소프트 윈도우즈 운영 체제의 대안으로 자리 잡았다. 리눅스는 데스크톱 컴퓨터를 위한 운영 체제로서도 인기가 늘어가고 있다.

리눅스는 처음에 인텔 386 마이크로프로세서를 위해 개발되었으나 현재는 다양한 컴퓨터 아키텍처를 지원한다. 리눅스는 개인용 컴퓨터에서부터 슈퍼컴퓨터는 물론 휴대 전화, 개인용 비디오 레코더와 같은 임베디드 시스템까지 광범위하게 이용되고 있다.

4 응용 소프트웨어

컴퓨터 사용자들이 원하는 목적을 이룰 수 있도록 도와주는 다양한 소프트웨어를 직접 개발하지 않고 이를 소프트웨어 상점에서 구입한다는 것을 이미 밝힌 바 있다. 그렇다면 사용자는 자신이 하고자 하는 작업이 어떠한 것인지를 확실하게 알아야만 한다. 그렇지 않다면 엉뚱한 소프트웨어를 구입한 다음 사용하지도 못하고 발만 동동 구르게 될 것이다. 이용 목적에 따라 사용되는 소프트웨어들은 크게 워드 프로세서(WP : Word Processor), 스프레드시트(spreadsheet), 데이터베이스 관리 시스템(DBMS : Data Base Management System) 등으로 구별할 수 있다. 최근에는 인터넷의 발전에 따라 웹 브라우저(Web Browser)라고 불리는 통신 프로그램도 하나의 종류로 당당히 자리 잡게 되었다.

1. 워드 프로세서

개인용 컴퓨터를 사용하는 이용자들은 대부분 워드 프로세서를 사용하고 있다. 워드 프로세싱 소프트웨어를 사용하면 문서의 작성, 수정, 저장, 인쇄 등의 작업을 간편하게 할 수 있다. 이러한 종류의 소프트웨어를 어느 정도 다룰 줄 알게 된 사용자는 종이와 연필을 그다지 좋아하지 않게 된다. 워드 프로세서는 기술적으로는 타자기의 진화된 직계 후손이라고 할 수 있다. 손으로 작성한 문서에 비해 타자기는 일정한 크기의 균형 잡힌 문서를 만들어 낼 수 있는 장점이 있었는데 워드 프로세서는 타자기에서 가능하지 않았던 문서의 다양한 편집을 가능하게 한 것이다.

최근의 워드 프로세서 소프트웨어들은 멋진 문서를 간편하게 작성하는 것 뿐만 아니라 철자 교정기가 내장된 워드 프로세서를 이용한다면 맞춤법이 틀린 문장을 쉽게 발견할 수 있다. 어떤 워드 프로세서는 사전을 가지고 있어서 번역이 어려운 단어를 즉석에서 번역하는 것을 도와주기도 한다. 타자기와 다른 또 한 가지 기능은 매크로(macro)라고 불리는 것이다. 매크로는 자주 쓰이는 어구와 단어를 몇 개의 키 조합으로 즉석에서 입력할 수 있게 해 주거나 반복적인 작업을 간편하게 해 준다.

2. 스프레드시트

원래 스프레드시트는 회계 전표를 의미하는 용어이지만 컴퓨터를 이용하여 작성하는 스프레드시트를 단순한 회계 전표라고 부른다면 스프레드시트 이용자들에 대한 모독이 될지도 모른다. 워드 프로세서가 문서 작업을 간편하게 해 주었다면 스프레드시트는 각종 수식에 대해 유사한 일을 하는 것이다. 그러나 스프레드시트를 주로 이용하는 목적은 아름다운 전표를 빠르고 간편하게 작성하는 것이 아니다. 다양한 직종의 전문가들이 주로 스프레드시트를 이용하는 목적은 각종 수치를 편리하게 조작하여 복잡하게 만들어진 숫자의 세계에서 하나의 숫자 변화가 전체적으로 어떻게 변화하는지를 미리 알아볼 수 있도록 하기 위함이다. 스프레드시트가 수행하는 계산은 탁상용 전자계산기를 이용한 계산과는 비교할 수 없는 종류의 일로, 수식을 미리 기입하면 같은 종류의 계산은 숫자를 집어넣는 즉시로 계산이 완료된다.

사실 마이크로컴퓨터의 성공은 스프레드시트의 등장 덕분에 가능한 것이라고도 할 수 있다. 한 대의 대형 컴퓨터와 여러 개의 단말기를 이용한 기존의 컴퓨터 이용 환경과는 달리 마이크로컴퓨터는 계산 능력은 뒤졌지만 저렴한 가격에 개인이 원하는 용도로 전용할 수 있기 때문에 스프레드시트 같은 소프트웨어를 적용해 자유롭게 이용할 수 있었다. 현재 스프레드시트는 대부분의 기업에서 가장 많이 사용되는 분석과 예측용 프로그램이 되었다.

3. 데이터베이스

워드프로세싱과 스프레드시트의 이용이 마이크로컴퓨터의 등장 이후에 나타난 데에 비해 데이터베이스는 개발의 역사가 매우 깊다. 컴퓨터의 진정한 능력은 수많은 데이터를 저장하고 조직하고 쉽게 검색할 수 있는 데에 있다. 현대적 의미의 컴퓨터가 개발되기 이전에도 천공카드를 이용한 인구 조사가 시행된 것이 이러한 분야의 자동화에 대한 필요성을 여실히 증명하고 있는 것이다.

대기업이건 중소기업이건 개인이건 간에 조직적으로 관리할 데이터는 언제나 있다. 이러한 데이터를 관리하고자 할 때 데이터베이스 소프트웨어를 이용하면 손쉽게 능률을 올릴 수 있다. 모든 컴퓨터 사용자들이 데이터베이스를 이용하는 것은 아니지만 이용할 이유는 충분히 가지고 있기 때문에 앞으로 수많은 분야에서 데이터베이스가 만들어질 것이다.

4. 멀티미디어 응용 프로그램

워드 프로세서, 데이터베이스, 스프레드시트는 현대의 컴퓨터 사용자들의 생산성을 높여주는 도구들이다. 그러나 컴퓨터의 이용이 이러한 소프트웨어들의 사용만을 의미하지는 않을 것이다. 한 자루의 연필로 기업의 회계 장부를 작성할 수도 있지만 미술관에 걸린 멋진 걸작품을 그릴 수도 있다. 컴퓨터의 이용도 최근에는 GUI 인터페이스가 널리 채용됨에 따라 계산하는 데에만 국한되지 않고 다양한 종류의 멀티미디어 데이터를 만들어 내거나 감상하는 데에도 쓰인다.

멀티미디어란 글로 쓰여진 문서에 그림뿐만 아니라 움직이는 그림과 소리 등과 다양한 시청각 요소들을 포함시킬 수 있는 것을 말한다. 기존의 미디어는 그림과 글이 인쇄된 신문이나 소리를 방송하는 라디오, 움직이는 영상과 소리를 방송하는 텔레비전 등이 독립적으로 존재하였으나 컴퓨터 분야에서 발전된 수많은 기술들을 이용하면 이러한 여러 가지 미디어들이 혼재하는 응용 프로그램과 데이터를 간편하게 개발할 수가 있다.

5 프로그램 작성

1. 프로그램 작성과정

소프트웨어에 대한 좁은 의미가 바로 프로그램이므로 프로그래밍언어로 프로그램을 효율적으로 작성하여 활용하는 것은 매우 중요한 일이다. 프로그래밍은 명령문을 기술하는 일이지만, 넓은 의미에서 그 준비과정인 문제분석과 프로그램의 설계 및 번역과 실행 과정을 거쳐 결과를 얻기까지의 전 과정을 포함한다. 따라서 프로그래밍 작업은 체계적으로 행해져야 한다.

(1) 문제분석(problem analysis)

프로그래밍의 첫 단계 작업은 컴퓨터가 행해야할 작업 내용을 철저히 조사하는 것으로 프로그래밍 언어 및 주변장치를 선정하고 어떤 데이터를 입력하고 어떻게 처리하면 될 것인가를 개괄적으로 검토해야 한다.

(2) 입출력 설계(input/output design)

입력될 데이터의 종류와 양식을 정하고 처리된 결과를 어떤 형태로 인쇄할 것인지에 대하여 설계한다.

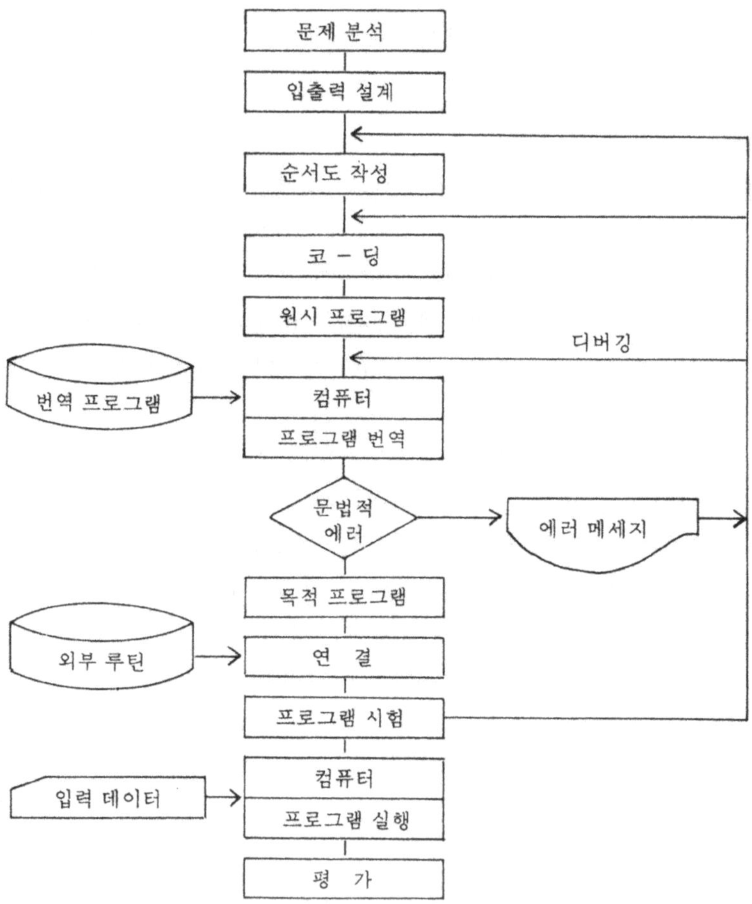

그림 5-16 • 프로그래밍 절차와 실행 과정

(3) 순서도 작성(flowchart design)

문제 해결 방법을 생각하여 처리의 논리적인 흐름을 순서도 기호를 사용해서 작성한다.

(4) 코딩(coding)

순서도에 따라서 적당한 프로그래밍 언어를 선정하여 일정한 양식의 코딩 용지(coding sheet)에 프로그램을 기술한다. 입출력 설계가 잘되고 좋은 순서도가 작성되었어도 코딩 과정에서 에러가 생기면 무의미하므로 프로그램은 알아보기 쉽고 정확하게 기술해야 한다.

(5) 원시 프로그램 입력

코딩용지에 작성된 프로그램은 그대로 컴퓨터에 입력시킬 수 없으므로 직접 키보드를 이용하여 입력하는 자기디스크와 같은 보조기억 매체에 수록하여 입력시키는 방법이 있다. 컴퓨터에서 발생하는 에러는 코딩과 입력 과정에서 만들어진 것이 대부분이므로 신중하게 입력해야 한다.

(6) 디버깅(debugging)

원시프로그램이 입력되면 번역프로그램인 어셈블러나 컴파일러에 의해 기계어로 번역되면, 번역과정에서 프로그래밍언어의 문법규칙이 어긋나는가를 검사하여 문법적 에러(syntax error)가 있으면 중단되고 착오 내용을 알려준다. 이 내용을 보고 프로그램을 수정하여 완전한 문장으로 고친 다음 재입력한다.

(7) 프로그램 테스트(program test)

기계어로 번역된 프로그램은 링키지 에디터(linkage editor)에 의해 실행 가능한 프로그램이 된다. 문법적 에러가 없어도 실행이 불가능하거나 실행되어도 정확한 결과를 얻을 수 없는 경우가 있으므로 실제의 데이터를 처리하기 전에 모의 데이터를 만들어 프로그램의 논리적 에러(logical error)가 있는지를 검사한다.

(8) 실행(execution)과 평가

프로그램의 테스트가 성공적으로 끝나면 실제의 데이터를 입력하여 원하는 결과를 출력하며, 비효율적이거나 불편한 점이 있는지, 보다 간편하고 빠른 방법은 없는지를 연구하고 단계를 재검토한다.

2. 구조화 프로그래밍

컴퓨터가 대중화되면서 소프트웨어의 수요가 증가하고 소프트웨어에 대한 비중이 점점 커지게 되었다. 따라서 소프트웨어의 합리적인 유지 및 보수, 신뢰도와 생산성 향상 등, 소프트웨어의 중요성은 소프트웨어 공학(software engineering)이라는 학문을 낳게 했다.

프로그램은 무엇보다도 읽기 쉬워야 하고 쉽게 이해될 수 있어야 한다. 그러기 위해서는 수정하기 쉬워야 하고, 논리적으로도 간결하게 표현되어야 한다. 구조화 프로그래밍(structured programing)은 1969년 다익스트라(E. W. Dijkstra) 교수가 처음 소개했으며, 프로그램을 보다 정확하고 쉽게 작성하는 기법이다.

(1) 구조화 프로그래밍 방식

구조화 프로그래밍의 기본목적은 적은 비용을 들여 좋은 프로그램을 만드는데 있으며, 프로그램이 체계적으로 분할되어 있고 논리적 흐름이 위에서 아래로 향하고 있다. 다익스트라 교수는 프로그램을 어렵게 만드는 요인이 부적절하게 사용되는 「GOTO」 명령이며, 프로그램을 기본적인 논리 구조로 작성하여 「GOTO」문이 없어지면 프로그램은 위에서 아래로 자연스럽게 읽을 수 있으므로 이해하기 쉽다고 주장했다.

많은 언어들이 프로그램의 한 지점으로부터 멀리 떨어진 다른 지점으로 처리 순서를 바꾸기 위해 「GOTO」문을 사용한다. 「GOTO」문은 분명 프로그래머들에게 편리한 명령이지만 그로 인해 프로그램은 읽고 수정하기가 어려워지고, 그 결과 에러가 발생할 가능성이 커진다. 포트란 77이 IV를 확정하고 구조화 프로그래밍의 기능을 갖춘 언어로 발표된 것처럼 프로그래밍을 쉽게 하는 구조화 프로그램기법이 널리 이용되고 있다.

(2) 기본 논리구조

프로그램의 기본적인 논리구조는 순차(sequence), 선택(selection), 반복(repeat) 등이다. 이것은 프로그램이 하나의 입구와 하나의 출구를 가지면 어떤 논리도 기술할 수 있다.

① 순차

순차구조는 프로그램이 위에서 아래로 순서대로 수행된다.

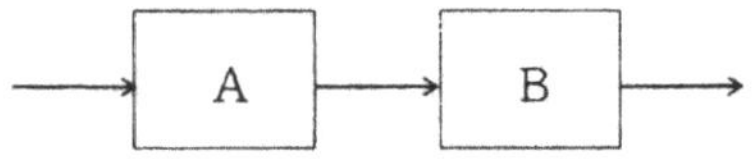

그림 5-17 • 순차 구조

② 선택(IF-THEN-ELSE)

조건을 검사하고 조건에 따라 두 가지 중 하나가 수행된다. 베이직이나 코볼과 같은 언어는 기계어 개념에 가깝기 때문에 조건에 따라 분기시키는 GOTO문 개념이 함께 사용된다. 그러나 파스칼이나 알골, C, ADA 등의 언어는 if-then-else 구조와 구조화 프로그래밍언어이다.

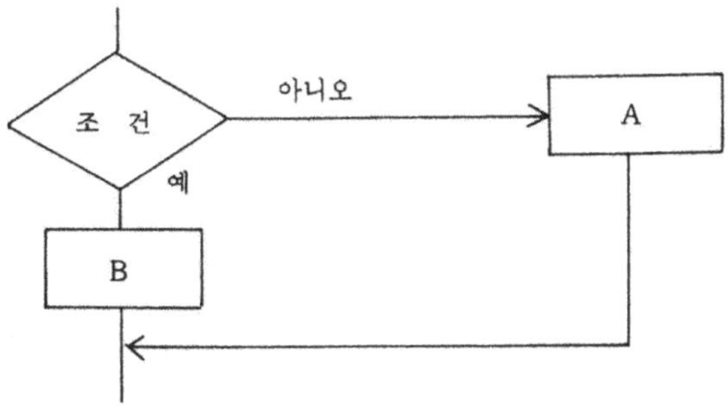

그림 5-18 • 선택구조

③ 반복(DO UNTIL, DO WHILE)

조건에 따라 일정한 횟수만큼 반복해서 수행한다. 반복문에는 조건이 만족될 때까지 수행하는 UNTIL문과 조건이 만족되는 도안 수행하는 WHILE문이 있다.

6 순서도(flowchart)

순서도는 처리단계를 순서적으로 표시해 두거나 혹은 제품이나 자료의 이동상태를 동시에 나타내어 전체적인 작업이나 공정 혹은 물건의 유통단계 등의 내용을 쉽게 이해할 수 있도록 만들어 놓은 프로그램의 설계도라 할 수 있다.

순서도는 반드시 정해진 국제표준화기구(ISO : International Organization for Standard-ization) 기호를 사용하며 [그림 5-19]와 같은 템플리트(Template : 순서도용자)를 이용하여 쉽게 그릴 수 있다.

또한 순서도는 프로그램 코딩(program coding)의 기초 자료가 되므로 다른 사람들도 이해할 수 있도록 객관적인 입장에서 표현되어야 한다.

순서도는 시스템 분석가가 전체 시스템의 관계를 표현하는 시스템 순서도(system flowchart)와 프로그래머가 프로그램의 논리를 표현하는 프로그램 순서도(program flowchart)로 구분할 수 있다.

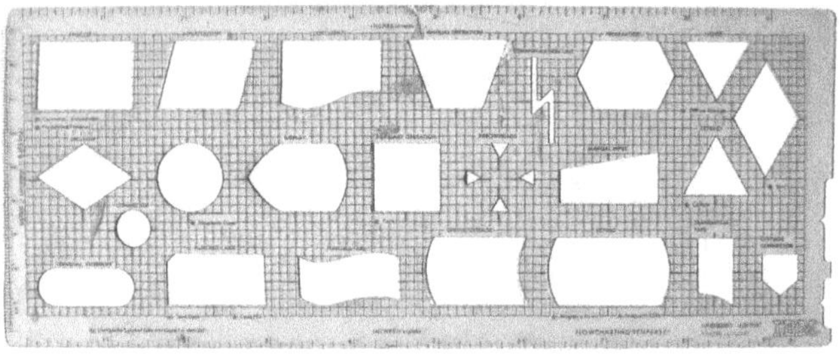

그림 5-19 • 템플리트자

시스템 순서도는 컴퓨터 외부에서 수행되는 모든 과정을 표현하므로 데이터 흐름중심으로 데이터가 처리되는 작업단위로 나타내고 데이터가 변화되는 매체를 표현하며, 프로그램 논리는 표현되지 않았다. 프로그램 순서도는 컴퓨터의 내부에서 수행되는 처리과정을 표현한 것으로 프로그램 논리를 표현하였다.

일반적으로 프로그래머가 작성하는 순서도는 프로그램을 작성하기 위한 것이므로 프로그램 순서도로 전체적인 업무를 파악하기 위한 개략순서도(general flowchart)와 직접 프로그램을 작성할 수 있도록 세부적인 내용을 표현하는 상세순서도(detail flowchart)로 구분할 수 있지만 일반적으로 상세순서도를 작성하는 것이 일반적이다.

1. 순서도 기본 기호

순서도를 작성할 때에 시스템 순서도와 프로그램 순서도에서 공동으로 사용되는 기호는 다음과 같다.

사용 기호	이 름	용 도
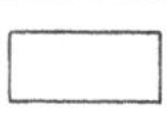	처리 (process)	처리 작업을 나타내는 것으로 각종 연산, 기억장소의 값의 변화 등 데이터의 이동 등을 나타낸다.
	주석 (annotation or comment)	프로그램 순서도 사용기호를 보다 구체적으로 설명함으로써 순서도를 이해하는 데 도움을 준다.
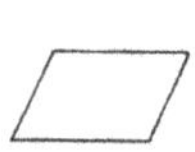	입출력 (input/output)	입출력처리를 의미하며, 처리될 데이터를 컴퓨터에 입력하는 기능과 처리된 결과를 출력시키는 기능을 나타낸다.
	연결자 (connector)	순서도 작성시 동일 쪽 중 다른 곳으로의 출구나 다른 곳으로부터의 입구를 나타낸다.
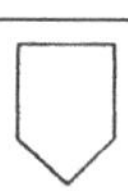	페이지 연결자 (off page connector)	흐름이 다른 쪽으로 연결됨과 다른 쪽에서부터 연결되는 입구를 나타내며, 기능은 연결자와 동일하다.
	흐름선 (flow line)	처리의 흐름을 나타낸다.

2. 프로그램 관련 기호

사용 기호	이 름	용 도
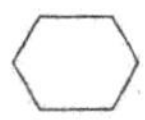	준비 (preparation)	기억장소 할당, Register 변경 및 루틴의 초기치 설정 등을 나타낸다.
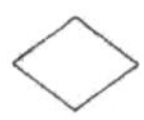	판단 (decision)	주어진 조건에 따라 비교하여 판단하며, 진행할 방향의 선택이나 스위치의 조작 등을 나타낸다.
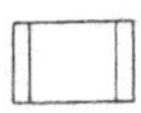	정의된 처리 (predefined Process)	다른 곳에서 이미 지정된 서브루틴 또는 서브프로그램을 호출을 나타낸다.
	단자 (terminal)	프로그램 순서도의 시작과 종료를 나타낸다.
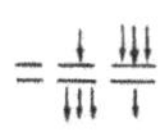	병렬형태 (parallel mode)	2개 이상의 동시작동이 이루어짐을 나타낸다.

3. 시스템 관련 기호

사용 기호	이 름	용 도
	펀치카드 (punched card)	천공카드에 의한 입출력장치를 의미한다.
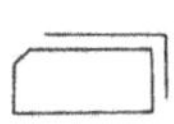	카드 파일 (card file)	천공카드에 레코드가 모여서 파일을 구성하고 있음을 나타낸다.
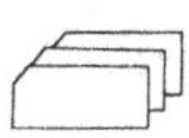	카드덱 (card deck)	천공카드 묶음을 의미한다.
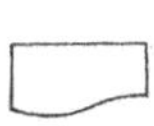	문서 (document)	각종 종류의 서류와 보고서를 말하며 라인 프린터에 의한 입·출력을 나타낸다.
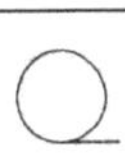	자기테이프 (magnetic tape)	자기 Tape를 매체로 하는 입·출력 기능을 나타냄을 의미한다.
	종이테이프 (paper tape)	종이테이프를 매체로 사용하는 입·출력을 나타냄을 의미한다.
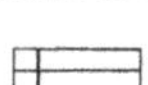	자기 코어 (magnetic core)	자기코어를 매체로 사용하는 입·출력을 나타냄을 의미한다.
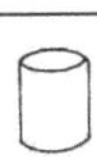	자기디스크 (magnetic disk)	자기 디스크를 매체로 사용하는 입·출력을 나타냄을 의미한다.
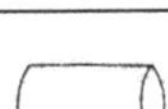	자기드럼 (magnetic drum)	자기드럼을 매체로 사용하는 입·출력을 나타냄을 의미한다.

사용 기호	이 름	용 도
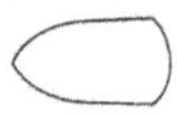	영상표시 (display)	작업처리 결과를 콘솔, CRT표시기 등에 출력하는 것을 나타낸다.
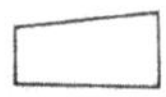	수동조작 (manual operation)	컴퓨터에 의한 동작이 아닌 오프라인에 의해 행해지는 각종 처리 과정을 나타낸다.
	보조조작 (auxiliary operation)	컴퓨터에서 직접 제어되지 않는 장치로 오프라인이 수행되는 여러 가지 보조 조작을 나타낸다.
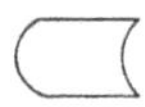	온라인기억장치 (on-line storage)	온라인이 가능한 컴퓨터의 보조기억장치에 의한 입력과 출력을 나타낸다.
	오프라인기억장치 (off-line storage)	오프라인 상태에서 기억매체에 레코드들이 기록됨을 의미한다.
	통신연결 (communication link)	디지털통신 전용회선, 전화회선 등 각종 통신회선과 연결됨을 나타낸다.
	병합 (merge)	2개 이상의 파일을 한 개로 합치는 작업을 나타낸다.
	추출 (extract)	만들어진 한 파일에서 필요한 부분만을 분리하여 새로운 파일을 만드는 과정을 나타낸다.
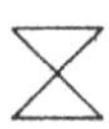	대합 (collate)	2개 이상의 파일에서 2개 이상의 파일을 만드는 것을 나타냄을 의미한다.
	정렬 (sort)	일정한 순서 없이 입력된 파일에 일정한 기준에 따라 순서대로 배열하는 작업을 나타낸다.

4. 순서도 작성요령

프로그램을 작성하려는 문제가 간단한 경우는 대부분 순서도를 작성하지 않고 직접 프로그램 언어로 코딩에 들어가는 경우가 대부분이다. 그러나 작성하려고 하는 프로그램이 복잡하고 프로그램 용량이 클 때에는 프로그램 설계 절차에 따라 수행하여야 하며, 이 때 순서도 작성은 필연적이라고 하겠다.

이런 순서도 작성은 프로그램 디버깅, 설계자료 문서화(documentation)와 프로그램 정비 측면에서 바람직하다. 따라서 짧은 주어진 문제라도 순서도 작성을 습관화하는 것이 필요하다.

[그림 5-20]은 집에서부터 학교까지 가는 과정의 순서도이다.

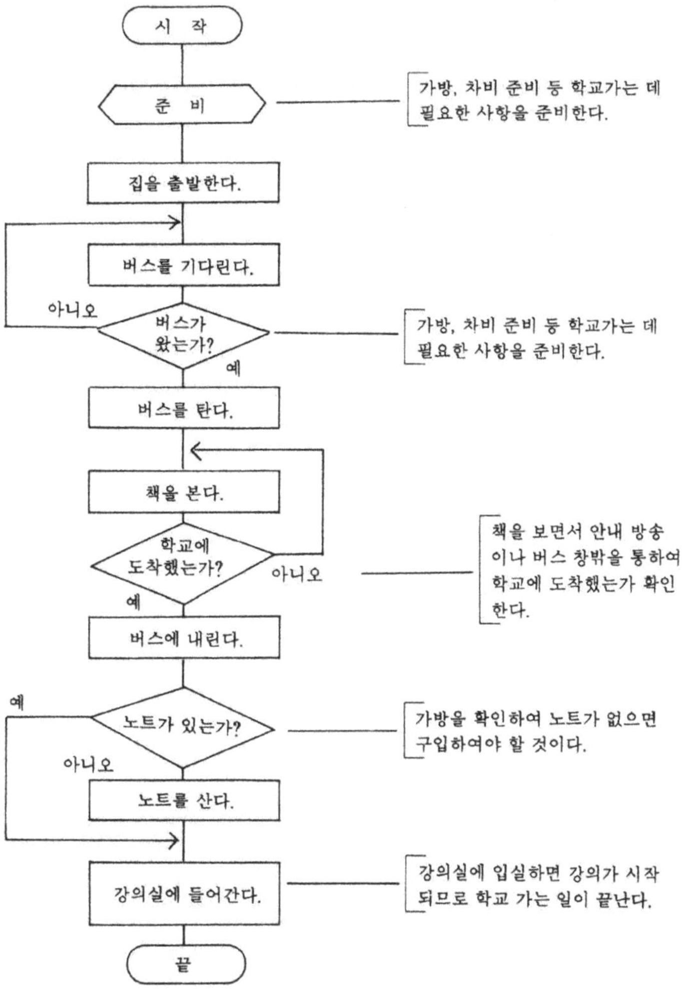

그림 5-20 • 순서도의 예

순서도는 프로그램의 설계도이므로 ISO에서 제정한 국제규격에 의해 확실하고 명확하게 나타내어야 한다.

① 프로그램의 시작과 끝은 단자(terminal)로 표현한다.

② 논리적인 흐름은 위에서 아래로, 왼쪽에서 오른쪽으로 작성함을 원칙으로 한다.

③ 흐름선은 교차하지 않도록 작성한다.

④ 복잡한 프로그램인 경우 주 프로그램 순서도는 가능한 한 페이지 크기로 작성하며, 세분화된 서브루틴은 다른 페이지에 작성하여 여러 단계로 구분하여 작성하되 전체흐름을 쉽게 이해할 수 있도록 작성한다.

⑤ 과정이 길거나 복잡하면 다른 페이지에 작성하되, 연결자로 연결한다.

⑥ 순서도 기호의 내부에는 처리할 내용을 명확하고 간단하게 기술한다.

⑦ 순서도 기호의 내부 내용의 의미를 좀 더 상세하게 기술이 필요할 경우 주석기호를 사용하여 설명한다.

⑧ 편리한 순서도자(template)를 활용한다.

⑨ ISO 기호를 사용한다.

05 연습문제

01 응용 소프트웨어에 대하여 개념적으로 설명하고, 예를 들어 보아라.

02 High-level Language(고급언어)로 작성된 프로그램을 컴퓨터 시스템에서 수행되도록 하려면 원시 프로그램을 기계어로 번역하는 절차가 필요하다. 이때 필요한 소프트웨어에는 어떤 것이 있는지 나열하고 아는 데로 설명하라.

03 컴퓨터 사용환경에 따라 도스, 윈도, 유닉스, 리눅스 등 다양한 운영 체제가 사용되고 있다. 이러한 운영 체제(Operating System)의 주요 기능에 대하여 그 기술적인 측면에서 아는데로 기술하라.

04 프로그램 언어로 작성한 원시 프로그램을 실행하기 위해서는 이를 기계어 프로그램으로 바꾸거나 직접 수행할 수 있는 중간 역할을 하는 매개체가 필요하다. 이 때 원시 프로그램의 종류에 따라 컴파일러(Compiler), 어셈블러(Assembler) 또는 인터프리터(Interpreter)와 같은 프로그램들이 사용된다. 이들 각 언어번역 프로그램의 기능과 특징에 대하여 상호 비교·설명하라.

05 운영 체제의 목적에 대하여 간략히 설명하라.

06 운영 체제의 제어프로그램의 종류를 들고 각각에 대해 설명하라.

07 소프트웨어의 특징을 아는 데로 나열하고 설명하라.

08 일종의 언어처리기로 반복되는 어셈블러 명령을 짧고 간단하게 처리하는 프로그램인 마크로 프로세서에 대하여 설명하라.

09 로더(lader)의 기능과 역할에 대하여 설명하라.

10 시스템 소프트웨어의 종류를 나열하고 각각을 설명하여라.

11 유틸리티(utility)프로그램의 종류를 들고 간략히 설명하라.

12 운영 체제의 자원에는 어떤 것이 있는지 나열하여 보아라.

13 단위시간에 수행한 일의 양을 무엇이라 하는지 설명하라.

14 컴퓨터가 사용하는 프로그램의 정의에 대해 아는 데로 기술하라.

15 좋은 프로그램이 갖추어야 할 요건이 무엇인지 나열하여 보아라.

16 프로그래머를 위한 문서화에 포함될 사항에는 어떤 것이 있는가?

17 순서도의 기능에 의하여 두 종류로 분류하면 어떤 것이 있는가?

18 컴퓨터의 하드웨어와 소프트웨어를 쉽게 설명하고 구성요소들을 분류하여라.

19 사람이 사용하는 언어를 자연어라고 한다. 자연어를 컴퓨터가 사용하는 프로그래밍 언어와 비교하여 차이점을 설명하여라.

20 순서도를 작성할 때 고려할 사항에 대하여 설명하라.

21 다음 점수를 학점으로 바꾸는 프로그램의 순서도를 작성하여라.

점 수	학 점
90점 이상	A^0
80점 이상	B^0
70점 이상	C^0
60점 이상	D^0
50점 이상	F^0

22 컴퓨터의 하드웨어와 소프트웨어 관점에서 펌웨어(firmware)를 설명하여라.

23 다중프로그래밍(multi-programming)과 다중 처리(multi-processing)를 비교 설명하여라.

24 다중프로그램밍에서 인터럽트가 필요한 이유를 설명하여라.

25 컴퓨터의 프로그래밍 언어는 기계어, 어셈블리어, 고급언어로 분류된다. 각각의 장단점을 비교 설명하여라.

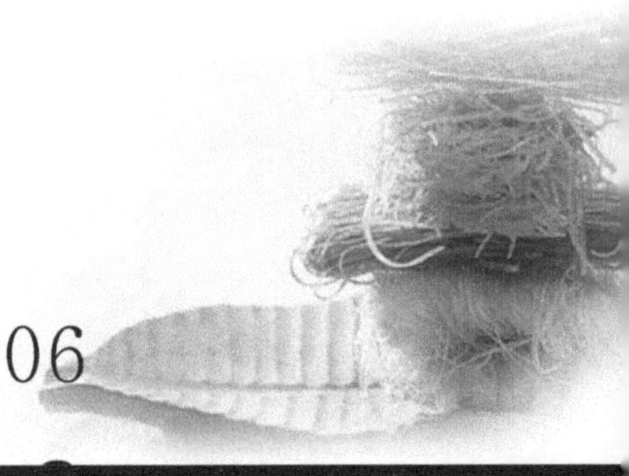

CHAPTER.06

마이크로 컴퓨터

Computer
Science

CHAPTER

06 마이크로 컴퓨터

반도체 공학의 급격한 발달은 대규모의 반도체 회로를 작은 영역 안에 집적시켜 하나의 소자로 만드는 반도체 제조기술의 커다란 진보를 가져왔다. 이러한 집적회로의 출현은 지금까지의 회로설계 개념을 바꾸어 놓았으며 새로운 시대를 여는 주춧돌이 되었다.

특히 제2의 산업혁명이라고 불리우는 마이크로프로세서(micro-processor)의 출현은 새로운 기술적 진보를 위한 필수불가결한 도구로 각광을 받게 되었다. 마이크로프로세서는 컴퓨터의 CPU를 단일 IC칩에 집적시켜 만든 반도체 소자로서, 1971년에 미국 인텔(Intel)사에 의하여 세계 최초로 만들어졌으며 오늘날은 이를 흔히 MPU(Micro-Processor Unit)라고 부르기도 한다. 즉, 마이크로프로세서는 일반 컴퓨터의 CPU에서 주기억장치를 제외한 연산장치, 제어장치 및 각종 레지스터들을 단지 1개의 IC 소자에 집적시킨 것이라 할 수 있다. 본 장에서는 마이크로프로세서와 마이크로 컴퓨터(micro-computer)가 무엇인지 먼저 알아보고, 또 이들이 어떠한 형태로 응용되고 있는가를 개략적으로 살펴본다.

1 마이크로프로세서란

CPU는 레지스터, 연산장치(ALU), 멀티플렉서, 디코더 등 여러 가지 디지털 기능을 수행하는 소자들을 조합해서 설계할 수가 있다. 이러한 설계 방식은 어떤 특수한 용도에 맞게 설계할 수 있는 장점이 있다. 그렇지만 CPU는 컴퓨터의 부품 중에서 광범위하게 사용되는 소자이므로 표준화된 하나의 집적회로로 설계하는 것이 유용할 수가 있다. 마이크로프로세서는 한 개의 IC칩으로 된 CPU를 가리킨다. 여러 IC칩으로 설계한 CPU와는 다르게, 마이크로프로세서에서는 직접적으로 레지스터나 ALU 등과 외부 부품을 연결할 수가 없으며, 다만 이 칩의 단자를 통해서만 정보전달이 가능하다. 또 마이크로프로세서는 CPU의 모든 내용이 하나의 조그만 칩 속에 내장됨으로 해서 가격이 훨씬 싸지며 부피가 줄어든다는 중요한 장점이 있다. 저렴한 가격과 작은 크기로 인해 마이크로프로세서가 이전에는 경제성이 없던 구조를 설계 가능하게 해줌으로써 컴퓨터 설계 기법에 있어 변혁을 가져오게 했다.

마이크로프로세서에는 1회의 명령으로 동시에 처리할 수 있는 데이터의 양에 따라서 16비트, 32비트, 64비트 등의 종류가 있으며 일반적으로 그 값이 클수록 성능이 좋다. 또한 같은 비트수라 하더라도 1초간에 실행 가능한 명령의 회수나, 버스라 불리는 주변장치와의 데이터 전송로가 한번에 운반 가능한 데이터의 양, 버스가 1초간에 수행 할 수 있는 전송횟수 등에 차이가 있어서 이것들의 값이 클수록 성능이 우수하다.

마이크로프로세서는 다양한 방면에 응용되고 있다. 마이크로프로세서는 원래 컴퓨터에 탑재될 것으로서 만들어졌으나, 최근에는 컴퓨터뿐만 아니라 가전제품이나 공업기기 등의 제어에 이용되기도 한다. 특히 고성능 휴대전화나 PDA에서는 복수의 처리를 행하는 경우가 많아서 PC 정도의 성능을 가진 마이크로프로세서를 탑재한 제품도 나오고 있다. 또 범용 컴퓨터의 CPU로나 특수용 컴퓨터의 프로세서로 뿐만 아니라, 교통신호 제어, 개인 가정용 컴퓨터, 계측 제어기기, 사업용 업무처리 등 다양하게 사용되고 있다.

[그림 6-1]은 마이크로프로세서의 기본 구조를 나타내고, [그림 6-2]와 [그림 6-3]은 Intel사의 펜티엄4 마이크로프로세서 내부 구조와 외부 구조를 각각 나타낸다.

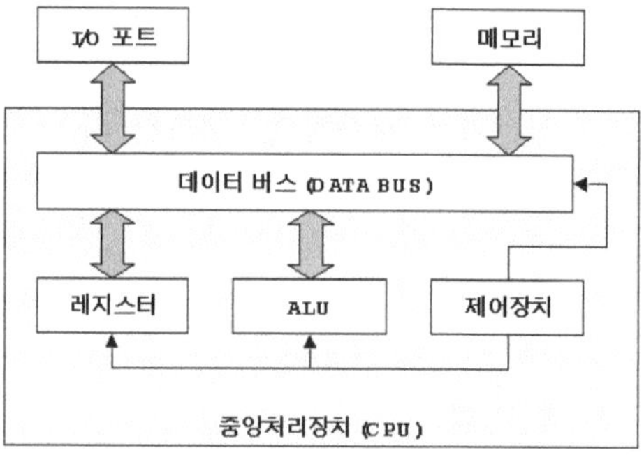

그림 6-1 • 마이크로프로세서의 기본 구조

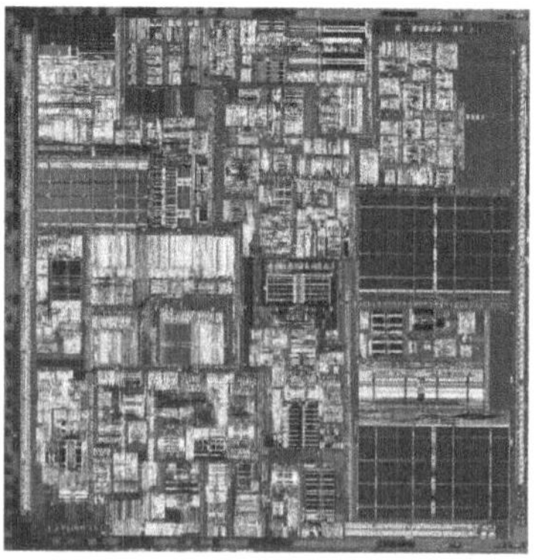

그림 6-2 • Intel의 펜티엄4 마이크로프로세서 내부 구조

그림 6-3 • Intel의 펜티엄4 마이크로프로세서 외부 구조

PC에서 쓰여지고 있는 마이크로프로세서는 Intel사의 Pentium 시리즈나 AMD사의 Athlon 시리즈로 대표되는 x86계 프로세서와, Apple사의 Macintosh 가 채택하고 있는 PowerPC 시리즈의 두 가지 종류가 대표적이다. 상용 UNIX에서 동작 시키는 경우가 대부분인 워크스테이션이나 서버 등의 고성능 컴퓨터에는 Sun Microsystems사의 SPARC시리즈나, Hewlett Packard사의 PA-RISC시리즈, Intel사의 Itanium시리즈 등이 유명하다.

Intel사의 마이크로프로세서는 4004·4040·8008·8080·8085·8086·8088 · iAPX 432·80186·80188·80286·80386·80486·i860·i960·펜티엄·펜티엄 프로·펜티엄 II·셀러론·펜티엄 III·XScale·펜티엄 4·펜티엄 M·펜티엄 D·펜티엄 EE·제온·코어·코어 2·펜티엄 듀얼코어·아이테니엄·아이테니엄 2 등으로 발전하고 있는데 이들 몇몇 마이크로프로세서들의 특징을 비교하면 [표 6-1]과 같다.

표 6-1 • Intel의 마이크로프로세서 특성 비교

Intel 마이크로프로세서	발표 년도	발표 당시 클럭	MIPS	레지스터 크기	버스 크기
8086	1978	8 MHz	0.8	16	16
Intel 286	1982	12.5 MHz	2.7	16	16
Intel 386 DX	1985	20 MHz	6.0	32	32
Intel 486 DX	1989	25 MHz	20	32	32
Pentium	1993	60 MHz	120	32	64
Pentium Pro	1995	66 MHz	200	64	64
Pentium II	1997	100 MHz	400	64	64
Pentium III	1999	133 MHz	533	64	64
Pentium 4	2000	400 MHz	1300	64	64
Xeon	2000	533 MHz	1400	64	64
Dual Core	2006	800 MHz	1600	64	64
Core 2 Quad	2006	1066 MHz	2400	64	64

대부분의 마이크로프로세서는 [그림 6-4]와 같은 기능적인 내부 구조를 가지고 있으며 크게 네 부분으로 나눌 수 있다.

① 실행 장치(EU : Execution Unit)

EU는 마이크로프로세서의 각 명령어를 수행하는 장치이다. EU에는 ALU(Arithmetic Logic Unit : 산술 논리 연산장치)와 제어 장치(CU : Control Unit), 레지스터 등으로 구성된다. ALU에서는 덧셈이나 비교 연산과 같은 산술 연산, 논리연산을 수행한 후 중간 결과를 레지스터에 보관한다.

② 명령어 장치(IU : Instruction Unit)

명령어 장치는 메모리에서 가져온 명령어를 EU에서 정확히 수행할 수 있도록 제어하는 장치이다. 이때 제어 장치는 ALU나 레지스터들이 잘 동작되도록 하여 준다.

③ 어드레싱 장치(AU : Addressing Unit)

어드레싱 장치는 CPU가 메모리나 입출력 장치에서 데이터를 읽거나 쓸 때 메모리나 입출력 어드레스를 만들어 주는 장치이다.

④ 버스 인터페이스 장치(BIU : Bus Interface Unit)

버스 인터페이스 장치는 어드레스, 데이터, 컨트롤 버스를 통해서 마이크로프로세서 외부와 연결시켜 주는 장치이다.

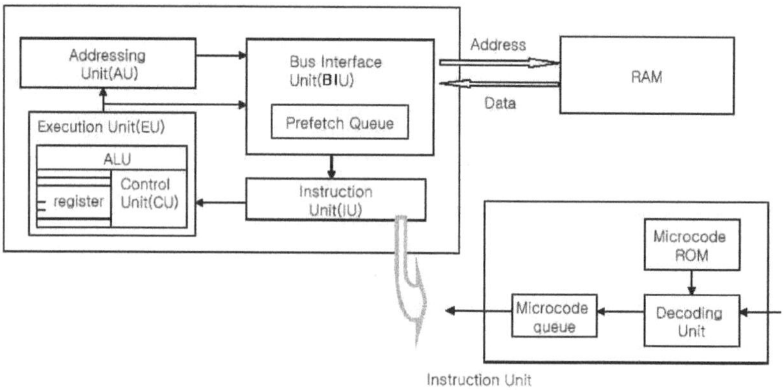

그림 6-4 • 마이크로프로세서의 기능적 내부 구조

마이크로프로세서는 데이터 버스를 통해서 데이터를 메모리에 읽거나 쓸 수 있으며, 데이터를 읽거나 쓰는데 사용할 메모리 위치는 어드레스에 의해서 정해진다. 마이크로프로세서는 어드레싱 장치에서 어드레스를 계산한 후 어드레스 버스로 보내게 되며, 데이터를 읽거나 쓰는 일은 버스 인터페이스 장치에서 수행한다. 버스 인터페이스 장치는 메모리의 어드레스를 내

보내고 메모리에 쓸 데이터를 내 보내거나 어드레스를 내 보내고 메모리에서 데이터를 읽어 들인다. 또한 버스 인터페이스 장치는 마이크로프로세서에서 수행할 명령어를 읽을(fetch) 때는 데이터를 읽을 경우와 마찬가지다. 버스 인터페이스 장치에서 데이터를 읽어 들였을 경우는 그 데이터가 레지스터에 저장된다. 그러나 버스 인터페이스 장치가 명령어를 읽어 들였을 경우는 그 명령어가 프리패치(pre-fetch) 큐(que)에 저장된다. 명령어 장치는 프리패치 큐에서 명령어를 읽어 들여 해석하고(decode), 해석된 명령어(decoded instruction)를 실행 장치로 보낸다. 그러면 실행 장치에서는 해석된 명령어에 따라서 ALU와 레지스터가 제어되어 명령어에 맞는 동작을 수행하게 된다. 마이크로프로세서 내부에는 각 부분 사이의 자료를 전달해 주는 내부 버스(internal bus)가 있다.([그림 6-4] 참조)

2 마이크로 컴퓨터란

마이크로 컴퓨터는 CPU, 기억장치(RAM, ROM 등), 입출력장치 등과 같은 주변장치들로 구성된다. 이들 장치들은 각각 독특한 구조를 갖고 있다. 이 구조와 동작상태를 이해함으로써 전체적인 마이크로컴퓨터의 구조를 이해할 수 있으며, 실제 설계에도 응용할 수 있게 된다.

1. 마이크로 컴퓨터의 기본 구성

마이크로 컴퓨터란 중앙 제어요소나 산술 요소로서 마이크로프로세서(micro-processor) 칩을 사용하는 컴퓨터 시스템을 말한다. 마이크로 컴퓨터의 능력은 사용된 마이크로프로세서의 특징과 기억 용량, 보조 장치의 형태, 설계의 양질성, 확장성 등으로 정해진다. 기본 기능과 구조에서 가격, 크기, 수행 속도, 연산 능력의 차이를 제외하면 소형 컴퓨터와 비슷하다. 마이크로 컴퓨터의 하드웨어는 기억 장치와 보조 회로가 MPU(Micro-Processor Unit)와 함께 흔히 하나의 인쇄 회로 기판에 조립된다. 마이크로 컴퓨터는 프로그램에 의하여 산술계산과 논리계산을 행하며 입력된 데이터를 처리하고 기억하며 출력장치로 그 결과를 인쇄하고 컴퓨터의 일반적 기능을 수행할 수 있도록 구성되어 있다.

따라서 마이크로 컴퓨터는 [그림 6-5]와 같이 전형적인 컴퓨터의 구조를 갖고 있다. CPU는 프로그램이나 사용자에 의해 지시된 명령을 실제적으로 처리하며 전체시스템을 제어하는 중추적인 부분이며 기억장치는 프로그램이나 데이터를 기억하는 기능을 갖는다.

입출력장치는 외부로부터 데이터를 읽어 CPU에게 전달하거나, CPU로부터의 데이터를 외부로 출력하는 기능이다. 특히 마이크로 컴퓨터에 있어서 입출력장치는 다양한 응용을 위하여 외부장치와 직접 연결을 담당하고 있기 때문에 구조나 동작이 매우 복잡하다.

각 구성 요소는 일반적으로 독립된 LSI(고밀도집적회로, Large Scale Integration)형태로 제조되고 설계자는 요구되는 기능에 알맞은 부품을 선정하여 상호 연결함으로써 마이크로 컴퓨터를 설계한다.

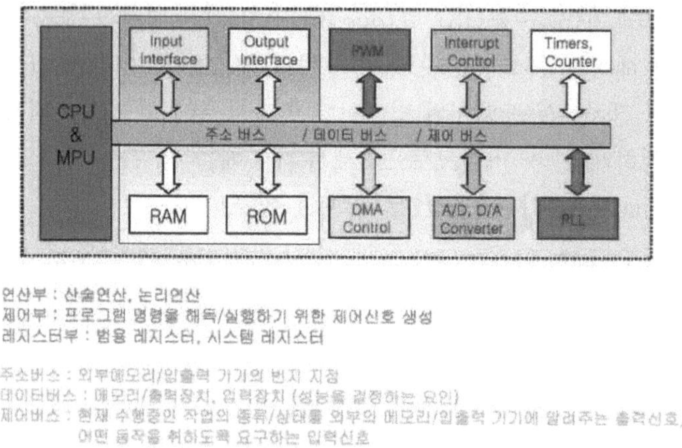

그림 6-5 • 마이크로 컴퓨터의 기본 구성도

2. 마이크로 컴퓨터의 시스템 버스

마이크로 컴퓨터의 각 장치들 상호간에는 필요한 신호를 전달하는 통로에 의해서 연결되어진다. 이 통로를 시스템 버스(Bus)라 한다. 버스는 각 장치를 상호 연결하는 신호들의 집합으로써 그 기능에 따라 제어버스(Control Bus), 데이터버스(Data Bus), 주소버스(Address Bus)의 세 가지로 분류한다. 일반적으로 버스는 여러 개의 신호선으로 구성되어 있는데, n개로 구성되어 있으면 버스의 크기를 n비트라고 부른다. 따라서 n비트 버스는 한 사이클 시간에 2^n 가지의 정보를 전달할 수 있게 된다. 예를 들어 데이터버스가 16비트로 되어 있으면, 한 사이클 시간에 2^{16}가지의 정보를 전달할 수 있다.

버스 구조에 대하여 설명하기 전에 메모리 구조에 대하여 간단하게 살펴보자. 메모리는 프로그램이나 데이터가 기억되는 곳으로 기억된 내용은 주소(address)라고 불리우는 고유번호에 의하여 구별된다. 이 주소는 학급의 학생 번호나 아파트의 호수와 같다고 생각하면 된다.

아래의 [그림 6-6]은 주소 개념에 대한 보기이다. 16비트 마이크로프로세서인 Intel 8086의 경우 CPU에는 20개의 주소를 위한 단자가 나와 있다. 이 주소 단자가 모이면 2^{20} =1,048,576(1 Mega)이 되므로 0에서 1,048,576까지의 번지를 나타낼 수 있다. 즉, 다음 그림에서 주소 단자가 모여 10진수로 52번을 지정하면 11001100이란 2진수로 된 데이터가 선택되어진다.

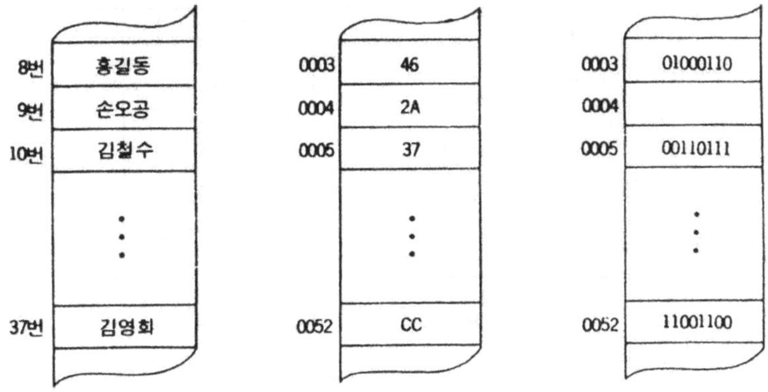

(a) 학급의 출석부 (b) 16진표시 (c) 2진표시

그림 6-6 • 주소(address)의 개념

물론 주소 지정도 실제에 있어서는 2진수로 표시되어야 한다. 데이터버스인 경우 Intel 8086에는 16개의 데이터를 위한 단자를 가지고 있다.

(1) 주소버스(Address Bus)

메모리상의 주소를 구별하기 위한 신호의 집합으로 CPU에는 이를 위하여 보통 20개의 단자를 갖고 있다. 이 단자들은 CPU에 출력되어지는 단일 방향성 버스(uni-directional bus)이다.

(2) 데이터버스(Data Bus)

CPU에서 처리된 데이터나 주소에 의해 지정된 데이터들이 전달되는 통로를 말한다. CPU에는 이를 위하여 16개의 단자를 갖고 있는 것이 일반적이다. CPU에는 데이터가 입출력되고 있기 때문에 이 버스는 양방향성(bi-directional)이다.

(3) 제어버스(Control Bus)

CPU가 주변장치들을 제어하거나 주변장치들이 CPU로부터 제어신호를 얻기 위한 제어신호들의 통로를 말한다. 제어신호에는 CPU에 따라 혹은 Intel i86 등 각 마이크로프로세서마다 서로 다른 제어신호를 갖고 있으며 마이크로프로세서의 기능은 이 제어신호에 의하여 좌우된다.

[그림 6-7]은 마이크로 컴퓨터의 세 가지 유형의 버스 구조를 보여주고 있다.

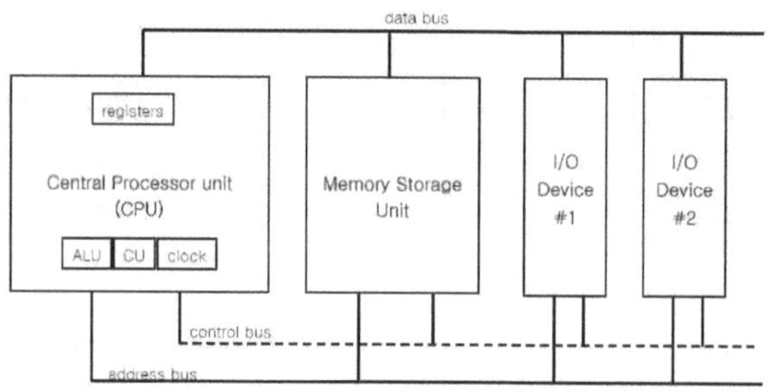

그림 6-7 ▶마이크로 컴퓨터의 버스 구조

3. 마이크로 컴퓨터의 CPU 구조

마이크로 컴퓨터의 CPU는 산술논리연산을 처리하고 주변장치를 제어하는 중추적인 기능을 수행한다. 대형 또는 미니컴퓨터의 CPU와 구별하여 MPU(Micro-Processor Unit)라고도 한다.

(1) 외부구조

앞 절에서도 살펴봤듯이 마이크로 컴퓨터의 CPU 외부 버스(external bus)에는 메모리의 주소 지정을 위한 단일방향 주소버스 단자들이 있고, 또 데이터가 입출력되기 위한 양방향성 데이터버스 단자들이 있다. 그리고 주변기기를 제어하고 주변기기의 제어 신호를 받아들이기 위한 제어버스 단자가 있다. 제어버스에는 메모리(기억장치)나 I/O(입출력)장치에서 데이터를 읽거나 쓰기 위한 R/W(read/write)단자, 인터럽트(interrupt)나 직접메모리호출(DMA : direct memory access) 등의 단자들이 있다.

[그림 6-8]은 마이크로 컴퓨터의 CPU 부분이 세 가지 유형의 버스들로 연결된 외부구조를 보여주고 있다.

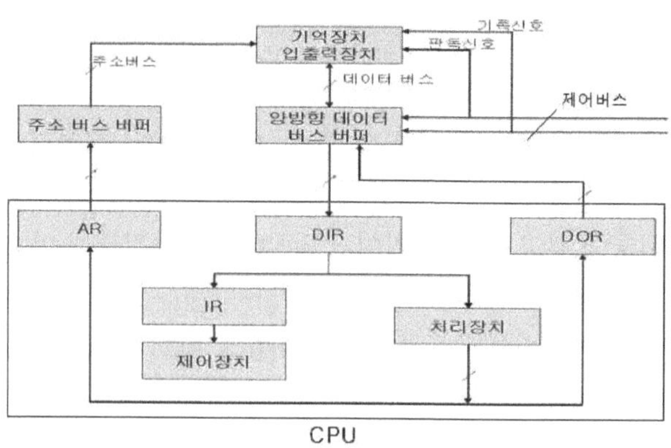

그림 6-8 • 마이크로 컴퓨터의 CPU 외부구조

(2) 내부구조

마이크로 컴퓨터의 CPU 내부구조는 각종 레지스터들(registers : 일시적으로 데이터를 기억하는 장치들)과 산술논리연산장치(ALU : Arithmetic Logical Unit)가 내부 버스(internal bus)를 통해서 [그림 6-9]와 같이 연결되어 있다.

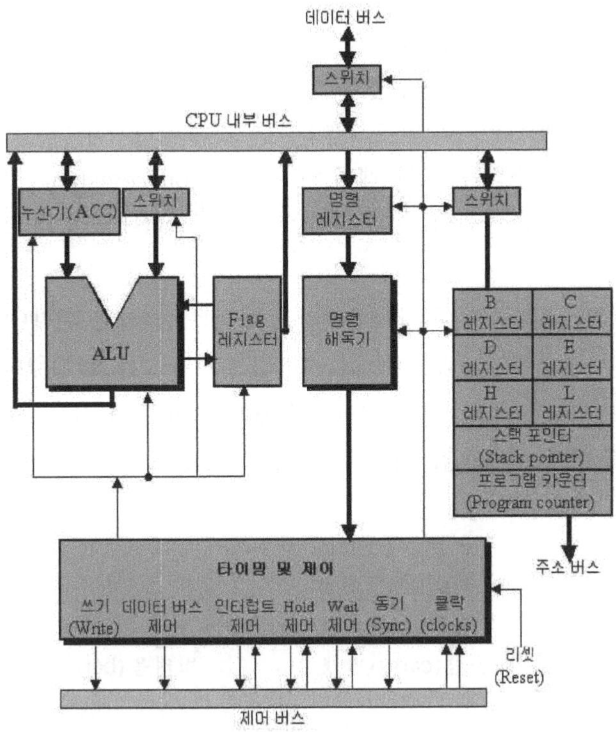

그림 6-9 • 마이크로 컴퓨터의 CPU의 내부구조

16비트 마이크로프로세서의 CPU 내부 각 부분의 구성은 다음과 같다.

① 프로그램카운터(PC : Program Counter)

16비트의 길이를 갖고 있으며 CPU가 다음에 처리해야 할 명령이나 데이터의 메모리상의 위치, 즉 주소를 지시하고 있다. CPU의 처리에 의하여 프로그램카운터는 자동적으로 하나 씩 증가한다.

② 산술논리연산장치(ALU : Arithmetic Logic Unit)

ALU는 CPU가 하여야 할 처리를 실제적으로 수행하는 장치로 ALU는 가산기(adder)를 주축으로 구성되어 있다. ALU에 처리되는 산술 및 논리 연산 등에는 다음과 같은 것이 있다.

- 가산(addition)
- 감산(subtraction)
- 증가(increment by 1)
- 감산(decrement by 1)
- 자리이동(shift)
- AND연산(logical AND)
- OR연산(logical OR)
- XOR연산(logical exclusive OR)
- 보수(complement)

③ 상태 레지스터(status register)

ALU에서 산술연산 또는 논리연산의 결과 발생된 특정한 상태를 표시해 준다. 이와 같은 상태 표시는 처리 결과에 따라 프로그램의 흐름을 변경하거나 다른 처리를 행하기 위해서 필요하다. 상태 레지스터를 조건 레지스터(condition register) 또는 플래그 레지스터(flag register)라고도 부른다. 상태 레지스터에서 나타내는 상태에는 다음과 같은 것이 있다.

㉠ Z(zero) 비트 : 연산결과 값이 0이면 Z 비트는 1상태로 된다(이것을 1로 set되었다고 한다). 그렇지 않으면 0이 된다(이것은 0으로 reset되었다고 한다).

㉡ C(carry) 비트 : 다음의 2진 연산에서 보는 바와 같이 최상위비트(most significant bit : MSB)에서 자리올림(carry)이나 빌려옴(borrow)이 발생하였을 때 1로 set된다.

```
  1 0 1 0 0 1 0 1          0 1 1 1 0 0 1 1
 +1 1 0 0 0 1 0 0         -1 1 0 1 1 0 0 0
 ----------------         ----------------
 1 0 1 1 0 1 0 0 1         1 0 0 1 1 0 1 1
 자리올림(carry)발생       빌려옴(borrow)발생
```

㉢ S(sign) 비트 : 컴퓨터에서는 최상위 비트로 + 또는 −부호로 나타내는 경우가 있다. 최상위비트(MSB)가 1이면 −, 0이면 +로 나타내는 것이 일반적이다. S(sign) 비트는 처리결과가 +인지, −인지를 표시하는데 +이면 0으로 reset되고, −이면 1로 set된다.

㉣ P(parity) 비트 : 패리티 비트(parity bit)는 데이터 속에 포함된 1의 개수를 세어 데이터 전송시 발생하는 오차 등을 검출하기 위한 목적으로 사용된다. 짝수 패리티(even parity)처리의 CPU인 경우, 1의 개수가 짝수이면 1로 set되고 홀수이면 0으로 reset된다.

㉤ AC(auxiliary carry) 비트 : BCD(binary coded decimal)연산에서 정확한 결과를 얻고자 할 경우 3번째 비트에서 4번째 비트로 carry의 발생 유무는 매우 중요하다. 이러한 처리를 위해서 3번째 비트에서 4번째 비트로 carry가 발생할 경우 AC 비트는 1로 set되고 그 외에는 0으로 reset된다.

④ 명령어 레지스터(IR : instruction register)

CPU가 처리해야 할 일을 명령어(instruction)라고 부른다. CPU는 명령어를 가져와 어떤 처리를 해야 될 것인지를 판별하게 된다. 명령어 레지스터는 실행할 명령어를 임시로 보관하는 곳이다.

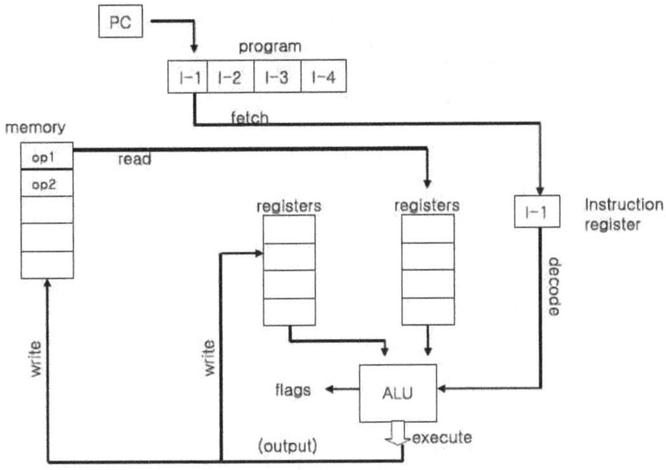

그림 6-10 • CPU의 명령어 실행 단계

[그림 6-10]은 CPU의 명령 수행 사이클(instruction execution cycle)을 나타낸다. 명령어의 각 실행 단계는 다음과 같다.

㉠ fetch 단계 : 제어장치(CU)는 메모리에서 CPU로 다음 명령어를 가져와 명령어 큐에 놓고 프로그램 카운터를 증가 시킨다.

㉡ decode 단계 : CU는 가져온 명령어를 해석하여 피연산자가 필요하면 메모리의 데이터 세그먼트나 데이터 레지스터에서 읽어 온다.

㉢ execute 단계 : ALU는 연산을 수행하고 결과를 CU를 통해 레지스터나 메모리로 보내고 상태 플래그를 set 시킨다.

⑤ 스택 포인터(SP : stack pointer)

CPU가 처리를 쉽게 하기 위하여 메모리의 일정한 곳에 데이터를 연속적으로 기억시켜 두는 것이 편리할 때가 있다. 이렇게 사용되는 메모리 영역을 스택(stack)이라 한다. CPU는 메모리상의 스택의 위치를 알고 있어야 스택 영역에 데이터를 기억시키거나 꺼내올 수 있게 된다. 이 스택 영역의 선두 번지를 지정하는 것을 스택 포인터라 한다. 스택 포인터는 번지를 나타내므로 16비트 길이의 레지스터이다. 스택 영역에 데이터를 기억시키는 동작을 푸시(Push)라 하고 데이터를 읽어 내오는 것을 팝(Pop) 또는 풀(Pull)이라 한다. 이

동작을 아래의 [그림 6-11]에서 보였다.

메모리의 처음 상태가 아래 [그림 6-11]의 (a)와 같고 스택 포인터가 135번지를 지시하고 있을 때 36(16진수)이란 데이터를 푸시 동작에 의해서 기억시킨다고 하자. 푸시 동작에 의해 스택 포인터는 1만큼 감소하며 134번지를 지시하게 되고, 이 번지에 36이란 데이터가 기억된다. 다시 8A(16진수)란 데이터를 스택에 푸시 시켜 기억시키면, 마찬가지 방법으로 스택 포인터가 1만큼 감소되어 133번지를 지시하고 이 번지에 8A가 기억된다.

역으로 스택에 기억된 데이터를 팝 동작에 의하여 CPU로 읽어올 경우를 아래 [그림 6-11]의 (c)에서 고려해 보면, 스택 포인터가 133번지를 지시하고 있으므로 팝 동작을 하게 되면 지시된 번지의 내용이 CPU로 읽혀지고 스택 포인터는 자동적으로 1만큼 증가하여 134번지를 지시하게 된다.

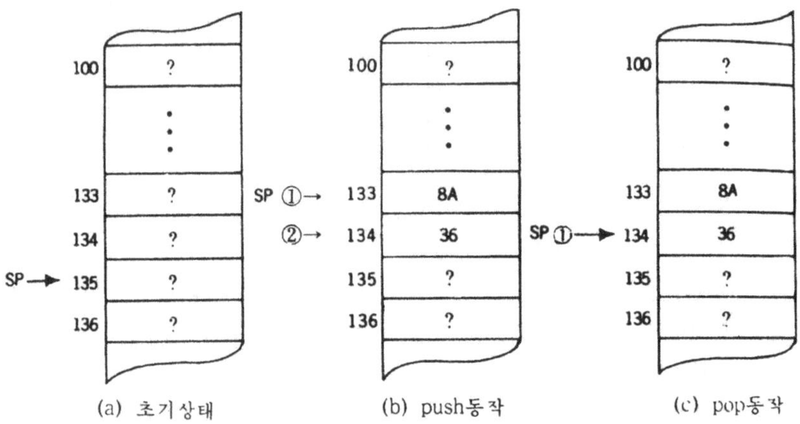

그림 6-11 • Stack 동작

이상에서 살펴본 바와 같이 푸시와 팝 동작에 의하여 스택 포인터는 자동적으로 증감되게 되고, 스택은 나중에 기억된 데이터가 먼저 읽혀지는 후입선출(last-in-fitst-out : LIFO)구조로 되어 있음을 알 수 있다.

⑥ 인덱스레지스터(index register)

대량의 데이터는 사전식으로 구성된 표(table)에 의하여 처리하는 것이 편리한 경우가 많다. 영어사전에서 "computer"란 단어가 어디 있는지를 말하고자 할 때 4327번째 단어라고 하는 것 보다 356페이지 위에서 3번째 단어라고 하는 것이 더 편리한 것과 같다. 이때 357페이지는 "computer"란 단어의 위치를 알기 위한 지표, 즉 index로 사용된 것이다. 이와 같은 기능을 담당하고 있는 레지스터를 인덱스레지스터라 하며 메모리의 주소를 나타내므로 16비트 길이이다.

⑦ 누산기(ACC : accumulator)

ALU에서 처리한 결과를 저장하거나, 처리하고자 하는 데이터를 일시적으로 기억하는 특별한 레지스터를 누산기라 한다. ALU 처리 결과는 항상 누산기에 저장된다.

⑧ 범용레지스터(general purpose register)

CPU에 필요한 데이터를 일시적으로 기억시키는데 사용되는 레지스터를 말한다. CPU에는 이러한 목적의 레지스터들을 많이 가지고 있는 것이 일반적이다. 이렇게 함으로써 일시적인 데이터는 자체에 기억되므로 메모리 사용이 줄어들어 처리속도가 향상되어진다.

[그림 6-9]에서 설명한 것과 같이 일반적인 마이크로프로세서의 경우 범용레지스터들은 B, C, D, E, H, L 등의 이름을 붙여 사용한다. 이밖에 인터럽트나 기타 특수한 동작을 위한 레지스터들이 있는 경우도 있다. 또한 CPU가 일을 처리하기 위하여 자신만이 사용 가능한 동작 레지스터(working register)도 있다. 이와 같은 것은 마이크로프로세서의 기종마다 같지 않다.

3 마이크로 컴퓨터의 종류

LSI(Large Scale Integration : 고밀도 집적회로)의 특징은 소형이면서 경량이고, 가격이 싸며, 소비 전력이 적고, 부품의 수가 적어서 신뢰성이 높다는 장점을 갖고 있다.

마이크로 컴퓨터는 범용 컴퓨터의 특징과 기능을 LSI 기술에 의하여 재구성한 것이기 때문에, 대형 범용 컴퓨터와 LSI의 두 가지 특징을 모두 가지고 있다고 할 수 있다. 그 종류의 중요한 몇 가지를 들면 다음과 같다.

1. 개인용 컴퓨터(PC : personal computer)

일반적으로 PC라는 약어로 불리는 개인용 컴퓨터는 개인 단독 사용 또는 전용으로 개발된 저가의 소형 컴퓨터로서 본체에다 입출력장치, 보조기억장치 등을 갖춘 시스템을 말한다. 사용자의 선택에 따라 공유할 수는 있지만 다른 컴퓨터의 처리, 디스크 및 인쇄기 자원을 공유할 필요가 없다. 최초의 PC는 미국 IBM사에서 1981년부터 판매를 시작하였는데 인텔의 마이크로프로세서 8086을 중앙 처리 장치(CPU)로, 마이크로소프트 디스크 운영 체계(MS-DOS)를 운영 체계로 채용하였다. 그 후 진화를 거듭해 8, 16, 32, 64비트로 성능이 우수한 PC들이 시판되고 있다.

PC는 소프트웨어로 자체 운영 체제(operating system : OS)를 가지고 있고, 어셈블리어(assembly language)와 BASIC은 물론, 고급 컴파일러 언어인 COBOL, C/C++, Java 언어도 사용할 수가 있다. 또한 현재 다양한 응용 소프트웨어가 PC에서 지원된다. 우리나라에서도 1982년부터 본격적으로 생산하여 시판하고 있다. [그림 6-12]는 개인용 컴퓨터의 기본적인 구성을 나타낸다.

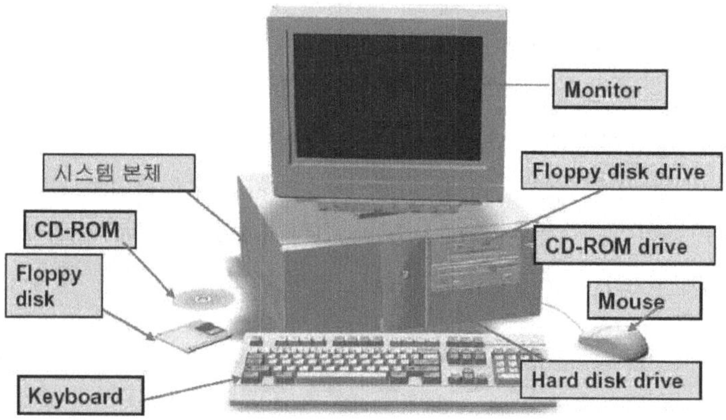

그림 6-12 • 개인용 컴퓨터의 기본 구성

2. 사무용 컴퓨터

인사, 급여, 회계, 재고관리 등 업무의 전산화를 위하여 기억용량도 1GB 이상으로 확장하고 보조기억장치로는 용량이 큰 하드 디스크(hard disk)나 자기테이프 장치 등을 갖춘 대규모 마이크로 컴퓨터 시스템을 말한다.

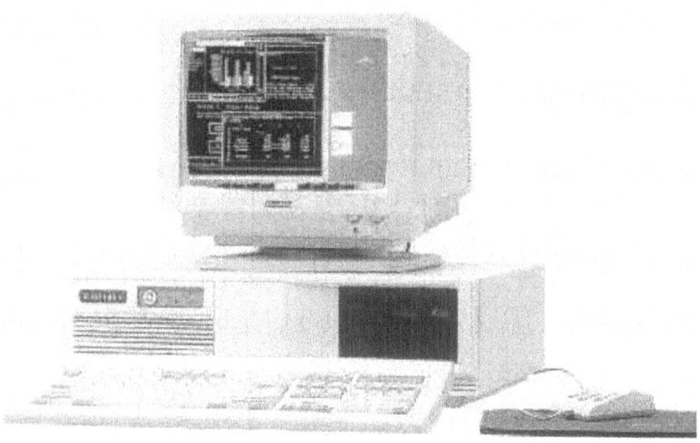

그림 6-13 • 마이크로 컴퓨터의 구성 형태

[그림 6-13]은 마이크로 컴퓨터의 구성 형태를 나타내는데, 이러한 시스템은 대형 범용컴퓨터에서만 가능한 것으로 생각했던 고급 컴파일러 언어인 COBOL, C/C++, Java 언어 등을 대형 범용 컴퓨터와 호환성 있게 사용할 수 있다. [그림 6-14]는 마이크로 컴퓨터의 시스템 본체(System Unit)를 나타내고, [그림 6-15]는 마이크로 컴퓨터의 마더보드(Motherboard)를 보여주고 있다.

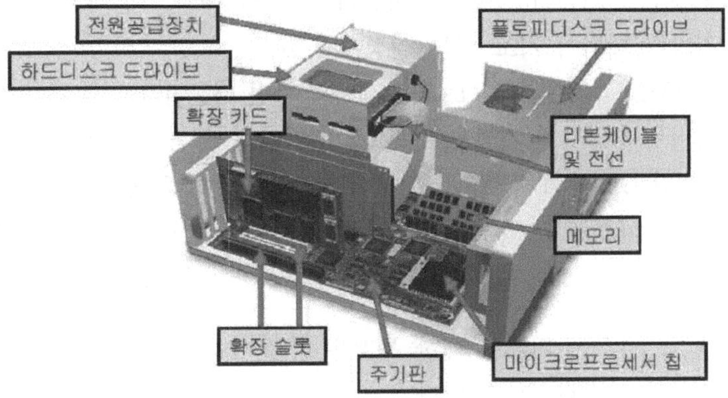

그림 6-14 • 마이크로 컴퓨터의 시스템 본체 (System Unit)

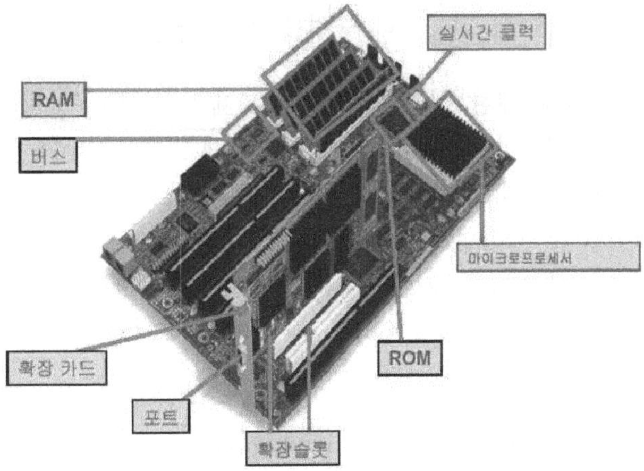

그림 6-15 • 마이크로 컴퓨터의 마더보드 (Motherboard)

4 마이크로 컴퓨터의 응용

마이크로 컴퓨터가 발표된 1970년 이래 초기에는 탁상용 계산기나 금전등록기와 같은 사무기기와 소형 계산기의 부품으로서 편리한 것이라는 정도였으나 그 잠재적인 능력이 이해됨에 따라 많은 분야에서의 응용이 급속히 추진되어 왔다. 한편, 생산자측에서도 새로운 마이크로컴퓨터가 계속 발표되어 그 기능이 개선되고 사용하기도 편리해져 이전에 예상도 못하였던 분야에까지 응용 범위가 확대되어 가고 있는 실정이다.

이러한 것이 가능하였던 것은 마이크로프로세서의 발전 때문이라고 할 수 있다. 초기의 마이크로프로세서는 4비트의 간단한 기능을 가진 LSI였지만, 지금은 고속이며 8, 12, 16, 32, 64 비트로 성능이 우수한 LSI가 개발되었기 때문이다. 특히, 한 개의 칩으로 구성된 마이크로 컴퓨터(one chip microcomputer)의 출현이야말로 인간생활의 모든 분야까지 응용될 수 있게 되었다.

마이크로 컴퓨터를 사용한 기기에 대한 특징은 다음과 같은 것들이 있다.

① 장치들을 소형화·경량화 할 수 있다.
② 새로운 기능의 추가 등 확장성이 용이하다.
③ 신뢰성을 향상시킬 수 있다.
④ 부품의 표준화가 가능하다.
⑤ 부품수의 감소 등으로 가격을 낮출 수 있다.
⑥ 소프트웨어 변경만으로 그 기능이나 능력을 변경·확장할 수 있는 융통성이 있다.

이러한 마이크로컴퓨터에 대한 장래 전망은 반도체의 진보와 특히 VLSI(Very Large Scale Integration : 초 고밀도 집적회로)기술의 실용화에 의해서 마이크로컴퓨터가 점점 고성능화·고기능화 되어감에 따라 마침내 현재의 대형 범용컴퓨터에 필적하는 규모의 것이 개발될 것으로 예상된다. 그러나 이것들을 사용하는 데에 있어서는 우수한 소프트웨어가 개발되어야 함은 물론이다. 결국은 VLSI기술과 소프트웨어 개발기법에 크게 의존하게 되었지만, 그 장래성은 크게 밝은 전망이다.

1. 응용소프트웨어(application software package)

마이크로 컴퓨터에서 응용 소프트웨어 패키지를 활용하여 많은 업무를 수행할 수 있는데 널리 사용되고 있는 응용 패키지들을 요약하면 다음과 같다.

(1) 워드프로세싱 패키지(word processing package)

사용자의 텍스트 자료를 전자적으로 처리하여 문서의 작성, 편집, 인쇄를 자동화로 우수한 사무용 컴퓨터가 되었다. Ward Star, Volkswriter, Multimate, Easywriter, Word, Perfect 등과 한글 사용이 가능한 한글 2007, 훈민정음 프로그램 등 여러 가지가 있다.

워드프로세싱 패키지들은 사용하기 쉽고, 더 강력한 다른 프로그램(스프레드쉬트, 그래픽 등)과 결합하여 통합패키지로 만들기 위한 노력이 계속되고 있다. 개선된 패키지들은 메뉴 방식이 잘 되어 있어 명령의 수를 감소시켜 주고, 전자 마우스(electronic mouse)와 터치 스크린(touch screen) 등의 장치를 사용할 수 있게 되어 있다. 또한, 단어나 구절의 검색(search) 및 대체(replace), 단락의 줄맞춤(align), 하이픈 삽입(hyphenation) 등의 기능을 포함하며, 강력한 워드프로세싱 기능을 원하는 사용자의 요구에 따라 계속 향상 될 것으로 본다.

(2) 전자 스프레드쉬트 패키지(electronic spreadsheet package)

사용자의 문제를 분석, 계획 및 구축(modeling)을 위하여 컴퓨터화 된 도구(computerized tool)로서 자료와 공식들을 기록할 수 있는 행·열로 된 작업표(worksheet)를 표시하는 프로그램으로 계산기와 종이를 이용한 연습장의 사용을 시대에 뒤떨어진 것으로 만들었다. Visi Calc, Multiplan, Calc, Lotus 1-2-3, Excel, Quatro 등이 있다.

Quatro, Visi Calc(deskble calculator)는 Havard의 경영대학원 학생이었던 리클린(Daniel Bricklin)이 복잡한 재무분석을 요하는 많은 비즈니스 사례들을 분석하고 지루하고 반복되는 작업을 매 주일마다 계속하여야 하는 데에 어려움을 느껴 플랭스톤(Robert Frankston)의 프로그래밍에 관한 도움을 받아 작업표에 자료를 기록하고 계산하는 것을 자동화하는 스프레드쉬트 프로그램을 개발하였다.

(3) 그래픽 패키지(graphics package)

수치적 자료(numerical data)를 막대도표(bar chart), 선형도표(line chart), 원형도표(pie chart) 등의 그래픽 디스플레이로 변환시켜 비디오 모니터에 표시하거나 또는 프린터나 플로터(plotter) 등을 통하여 종이에 인쇄하는 프로그램으로 Graphplan, Business, Graphpak, BPS, Graphics, DR. Halo 등이 있으며 CAD용으로 우리나라에서의 사용 실태를 보면 Auto CAD의 사용이 가장 많고 Red CAD, Versa CAD 등 순으로 여러 가지를 사용하고 있다.

(4) 통합 패키지(integrated package)

별도로 프로그램들을 바꾸지 않고서 워드프로세싱, 전자 스프레드쉬트, 그래픽 등과 같은 영용 소프트웨어의 기능 중 일부와 데이터통신, 데이터베이스 관리 등과 같은 시스템 소프트웨어의 기능을 결합한 것이다. Symphony, Framework, Corporate MBA, Open Access,

Enable, Ability 등과 그리고 Topview, Vision, Windows, DESQ 등과 같은 운영 환경 패키지(operation environment package)가 있다.

(5) 일반사업용 패키지(common business package)

일반적인 회계와 기타 기업기능에 필요한 정보처리업무를 수행하는 프로그램으로 판매분석(sales analysis), 주문처리(order processing), 재고관리(inventory control), 지불계정(accounts payable), 수취계정(accounts receivable), 총계원장회계(general ledger accounting), 급여(payroll) 등의 기능을 수행한다.

2. 응용하드웨어(application hardware)

응용 하드웨어 분야에는 마이크로 컴퓨터 및 마이크로프로세서를 활용하여 많은 업무를 수행할 수 있는데 널리 사용되고 있는 응용 분야들을 요약하면 다음과 같다.

(1) 메카트로닉스(mechatronics)

메카트로닉스(mechatronics)란 말은 기계공학(mechanics)과 전자공학(electronics)의 합성어로서 컴퓨터 제어 및 정보처리 기술 등의 전자 및 정보통신공학에서 발전시킨 기술을 기계공학에 적용하여 지능형 기계전자 복합시스템을 설계하는 새로운 기술 분야이다. 메카트로닉스는 1975년경 일본에서 만들어져 1980년을 전후로 정착된 새로운 기술 분야인데 특히 마이크로 컴퓨터를 이용한 제어 시스템, 전기 시스템 및 기계 시스템을 통합하는 데 사용된다. 메카트로닉스 시스템은 단순한 전기와 기계 시스템의 결합체가 아니고, 단순한 제어 시스템 이상으로서 그들 모두의 완전한 통합체이다. 차량, 로봇, 공작기계, 세탁기, 카메라와 많은 다른 기계들을 설계하는 데 있어서 그러한 공학설계에 대한 통합적인 접근방법의 채택이 점점 늘어나고 있다. 만약에 보다 싸고 신뢰성 높고 유연한 시스템을 개발하려면 기계공학, 전기공학, 전자공학 및 제어공학들의 통합이 설계공정의 가장 초기 단계에 이루어져야 한다. 메카트로닉스는 기계적 시스템을 개발한 후 전기 부분 및 마이크로 컴퓨터 부분을 설계하는 순차적인 접근방법보다는 이러한 분야들에 대한 동시적인 접근(concurrent approach)이 필요하다. 메카트로닉스는 센서, 계측 시스템, 드라이버와 구동 시스템, 시스템 거동해석, 제어 시스템과 마이크로 컴퓨터 시스템을 포함한 기술 분야를 야기시킨다.

[그림 6-16]은 마이크로 컴퓨터 시스템을 이용한 메카트로닉스 플랜트(mechatronics plant)의 응용 사례를 나타내고 있다. [그림 6-16]의 구성도에서는 마이크로 컴퓨터 시스템을 제어기로서 일반적으로 사용하고, 기계시스템에 대한 전기적 액추에이터를 통하여 기계적 입출력 정보를 얻는 데는 전기적 센서를 가지고 있다.

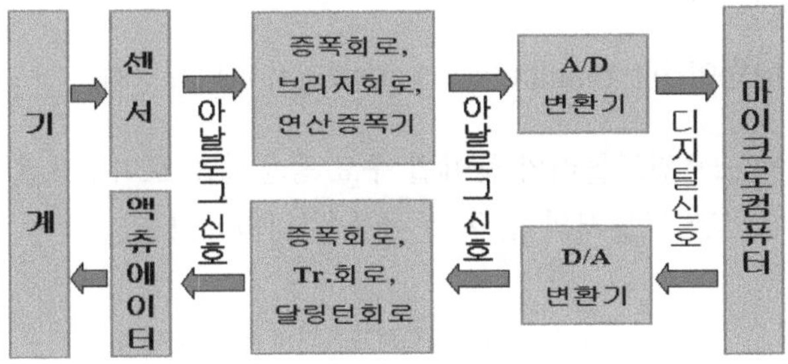

그림 6-16 • 마이크로 컴퓨터 시스템을 이용한 메카트로닉스 플랜트

(2) 마이크로컨트롤러(Microcontroller)

[그림 6-17]과 같이 단일 칩 마이크로 컴퓨터(single chip micro-computer)는 단일 보드 마이크로 컴퓨터(one board micro-computer)에 들어가는 모든 부품들을 하나의 반도체 칩(VLSI 등)에 집적한 것으로써 용도에 따라 연산 및 데이터의 처리를 목적으로 하는 연산용과 기계의 제어를 목적으로 하는 제어용으로 분류할 수 있는데 마이크로컨트롤러는 제어를 목적으로 하는 단일 칩 마이크로 컴퓨터로서 8051 계열 프로세서가 마이크로컨트롤러에 속한다.

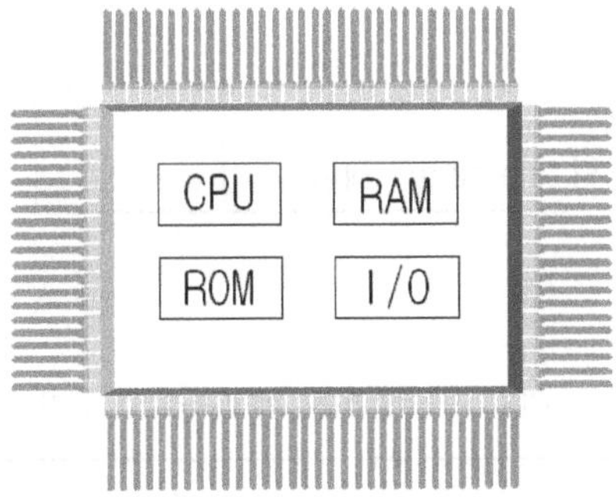

그림 6-17 • 단일 칩 마이크로컴퓨터

단일 칩 마이크로 컴퓨터의 한 분류인 마이크로컨트롤러는 다음과 같은 특징들을 가지고 있다.

① 마이크로컨트롤러는 단일 기계, 컴퓨터 주변장치, 통신장치, 공정 등의 제어를 목적으로 입출력 기능을 강화

② 외부 핀(pin)의 대부분을 입출력 기능에 할애하고, A/D 변환기, D/A 변환기와 PWM(Pulse Width Modulator : 펄스폭 변조기)을 내장하기도 하며, 타이머/카운터도 내장하고 동기식/비동기식 통신포트도 내장

③ 인터럽트 기능 강화
④ 비트 조작 명령어(bit manipulation instruction)를 강화

[표 6-2]는 마이크로컨트롤러의 분야별 주요 응용들을 보여주고 있고, [표 6-3]은 CPU 성능에 따른 마이크로컨트롤러의 응용 분야들을 나타내고 있다.

표 6-2 • 마이크로컨트롤러의 분야별 응용

산업	•모터 제어 •로봇 제어 •프로세스 제어 •수치 제어 •지능형 변환기(transducer)	계측	•의료용 계측기 •가스 크로마토 그래프 •오실로스코프
가전제품	•비디오 레코더 •레이저 디스코 •비디오 게임기	유도제어	•미사일 제어 •Torpedo 유도 제어 •지능형 무기 •우주선 유도 제어
데이터 처리	•플로터(plotter) •복사기 •하드디스크 구동장치 •테이프 구동장치 •프린터	자동차	•점화 타이밍 제어 •연료 분사 제어 •변속기 제어 •ABS 제어 •열 방사 제어
통신	•모뎀 •지능형 line card의 제어		

표 6-3 • CPU 성능에 따른 마이크로컨트롤러의 응용 분야

4비트 CPU	8비트 CPU	12비트 CPU	16비트 이상의 CPU
•전자렌지, 전기밥솥, 가스 오븐, 전기세탁기 등 가전 제품 •휴대용 음향기기 •자동차용 라디오 •게임기	•단말기 •계측기기 •고급 탁상계산기 •학습기 •재고 관리기 •감시장치	•자동차 Electronics •계측 •상수도, 가스 등의 Telemeter	•프로세서 제어 •기타 복잡한 기계나 시스템 제어

06 연습문제

01 마이크로프로세서가 무엇인지 기술하고, 그 내부 구조에 대하여 설명하여 보아라.

02 마이크로 컴퓨터가 무엇인지 기술하고, 그 구성 요소를 나열하고 설명하라.

03 마이크로 컴퓨터의 시스템 버스에 대하여 기술하라.

04 마이크로 컴퓨터의 CPU 내부 구조에 대하여 기술하라.

05 마이크로프로세서와 마이크로 컴퓨터의 차이점을 비교·설명하라.

06 one board 마이크로 컴퓨터란 무엇인가?

07 single chip 마이크로 컴퓨터란 무엇인가?

08 마이크로 컴퓨터의 종류에 대해 알아 보아라.

09 마이크로 컴퓨터의 응용 분야에 대해 기술하라.

10 마이크로컨트롤러가 무엇인지 설명하여 보아라.

11 마이크로컨트롤러의 응용 분야에는 어떤 것이 있는지 기술하여 보아라.

CHAPTER.07

파일 처리

Computer
Science

CHAPTER

07 파일 처리

파일은 컴퓨터 보조 기억장치 내에 저장되어 있는 같은 종류의 레코드들의 집합 즉 어떤 목적을 위해 모아놓은 레코드들의 집합으로 정의할 수 있다.

1 파일과 레코드

레코드(record)는 특정한 개체(entity)에 대한 정보 항목의 집합으로 서로 연관된 데이터 필드(data field), 속성(attribute) 또는 데이터 아이템(data item)들의 집합이다.

그러므로 데이터 필드 또는 데이터 아이템은 특정 사물의 어느 한 성질의 값을 나타내는 이름을 가진 논리적 데이터의 최소 단위로 예를 들어 학교에서는 한 학생에 대한 기록으로 레코드를 구성할 수 있고 데이터 필드는 학생이름, 학번, 주소, 나이, 학과, 성적 등이다.

1. 레코드

파일을 구성하는 요소는 레코드이며, 레코드를 구성하는 요소는 항목이다. 필요에 따라서 파일을 구성하는 레코드들은 몇 개가 모여 하나의 블록(block)을 형성하기도 하는데, 이 데이터와 레코드, 블록 및 파일의 관계는 [그림 7-1]과 같다.

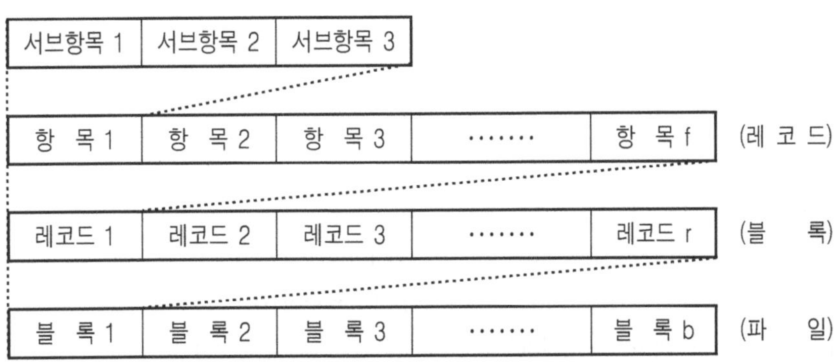

그림 7-1 • 파일과 레코드

2. 물리 레코드와 논리 레코드

물리 레코드(physical record)란 [그림 7-2]와 같이 자기테이프의 경우 여러개의 레코드 즉 프로그램에 의하여 처리되는 최소단위의 레코드들을 하나의 블록으로 해서 통합 기록하는 경우, 그 한 블록을 가리키는데, 컴퓨터 시스템 내에서는 실제로 이 블록 단위로 물리적인 입출력이 이루어지기 때문에 물리 레코드라고 한다. 따라서 이 블록을 형성하는 즉 블록에 포함되는 개개의 독립된 레코드를 논리 레코드(logical record)라고 한다.

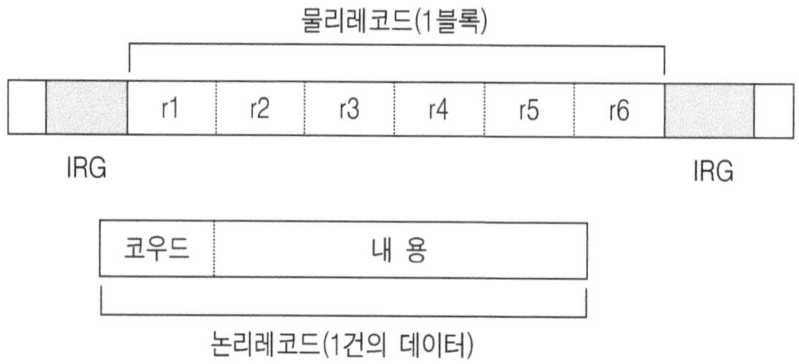

그림 7-2 • 6개의 논리레코드로 구성된 물리레코드

이러한 물리 레코드와 물리 레코드 사이에 있는 공간을 IRG(Inter Record Gap) 또는 IBG(Inter Block Gap)라고 한다.

2 레코드의 형식

하나의 파일을 구성하는 레코드들은 그 길이가 모두 같은 경우도 있고, 그렇지 않은 경우도 있으며, 또 처리효율을 높이기 위하여 몇 개의 논리레코드를 합하여 블록을 형성하는 경우도 있고, 그렇지 않은 경우도 있다.

따라서 레코드 형식은 다음과 같이 분류할 수 있다.

- 비블록화 고정길이 레코드(unblocking fixed length record)
- 블록화 고정길이 레코드(blocking fixed length record)
- 비블록화 가변길이 레코드(unblocking variable length record)
- 블록화 가변길이 레코드(blocking variable length record)

(1) 비블록화 고정길이 레코드

하나의 논리레코드가 하나의 물리레코드를 구성하며, 모든 레코드의 길이가 동일한 것으로 경제성이 낮고, 처리속도가 떨어지는 반면 프로그램의 작성은 용이하다.

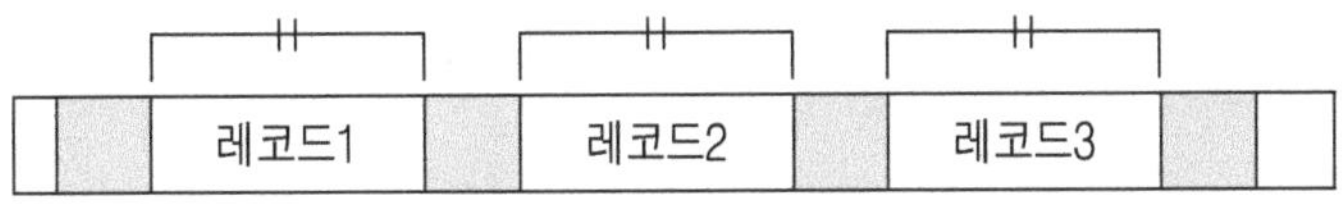

그림 7-3 • 비블록화 고정길이 레코드

(2) 블록화 고정길이 레코드

길이가 같은 논리레코드들이 같은 수로 모여 블록을 형성한 형식으로서 모든 물리레코드의 길이도 자연히 동일하게 된다. 이 방식은 경제성이 높고 속도가 빠르며, 프로그램 작성이 용이하다.

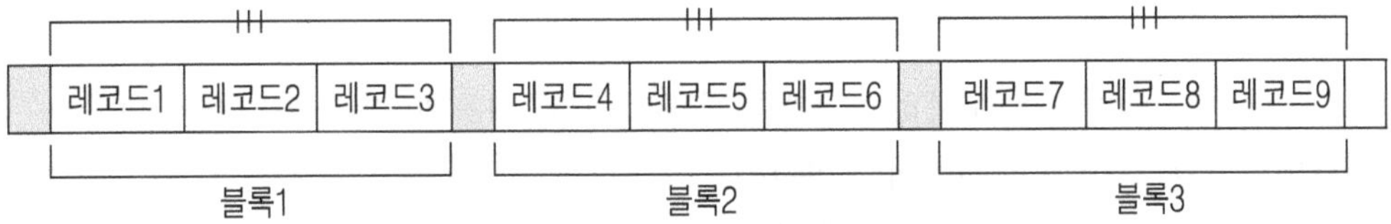

그림 7-4 • 블록화 고정길이 레코드

(3) 비블록화 가변길이 레코드

각기 길이가 다른 논리레코드가 블록을 형성하지 않고 그대로 물리레코드로 수록되는 것으로 각 물리레코드의 앞에는 블록 길이와 레코드 길이가 수록된다. 이 형식은 경제성이 낮고, 처리속도가 늦으며, 프로그램 작성이 어렵다.

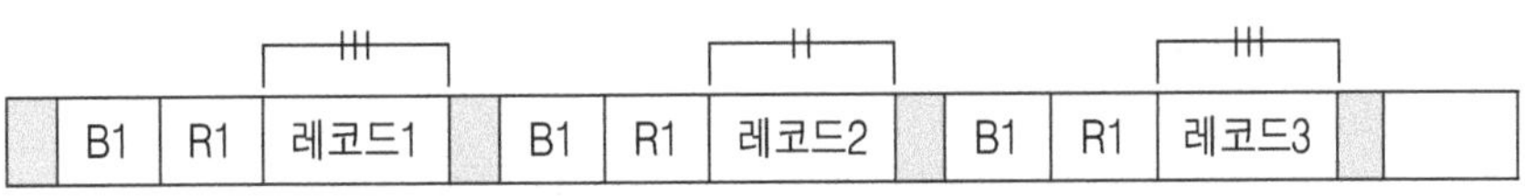

그림 7-5 • 비블록화 가변길이 레코드

(4) 블록화 가변길이 레코드

길이가 다른 레코드들을 모아 블록을 형성하여 수록하는 형식으로 각각의 블록의 길이도 달라지므로 각 블록의 앞에는 블록의 길이를 표시하고, 또 각 레코드의 앞에는 레코드의 길이를 표시한다. 이 형식은 경제성이 높고 속도가 빠르다는 장점은 가지고 있으나 프로그램을 작성하기가 어렵다.

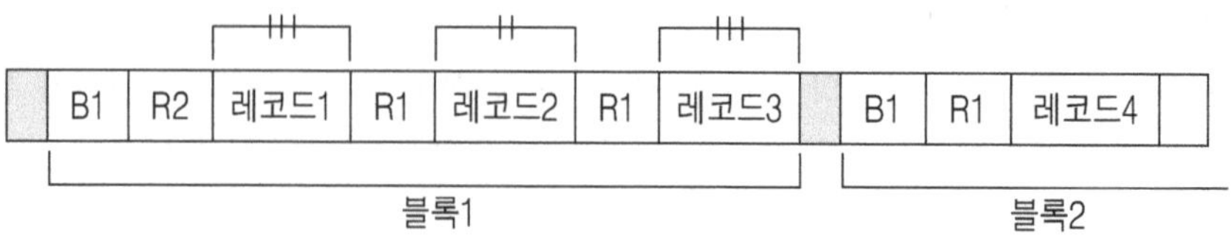

그림 7-6 • 블록화 가변길이 레코드

3 파일의 종류

파일은 사용하는 매체, 파일의 내용 및 파일의 편성방법 등 그 분류기준에 따라 여러 가지로 나눌 수 있다.

1. 매체에 의한 분류

파일을 어떤 기억매체에 수록하느냐에 따른 분류로서 다음과 같은 파일이 있다.

- 자기테이프 파일(magnetic tape file)
- 자기디스크 파일(magnetic disk file)
- 자기드럼 파일(magnetic drum file)
- 카드 파일(card file)
- 기타

2. 내용에 의한 분류

파일에 수록된 내용은 무엇이며, 어떤 용도로 사용되고 언제 만들어지느냐에 따른 분류로서 다음과 같은 파일이 있다.

- 데이터 파일
  - 원시 데이터 파일(source data file)
  - 마스터 파일(master file)
  - 트랜잭션 파일(transaction file)
  - 보고서 파일(report file)
  - 역사 파일(history file)
  - 요약 파일(summary file)
  - 트레일러 파일(trailer file)

- 프로그램 파일
  - 제어 프로그램 파일(control program file)
  - 처리 프로그램 파일(process program file)

- 작업 파일
  - 입력 데이터 파일(input data file)
  - 출력 데이터 파일(output data file)
  - 중간 임시 파일(temporary file)
  - 체크 포인트 파일(check point file)

(1) 원시 데이터 파일

원시자료에 의하여 최초로 적당한 매체에 수록한 입력 데이터 파일로서, 이 파일이 컴퓨터 시스템에 입력되어 다음 단계의 작업에 쓰여진다.

(2) 마스터 파일

마스터파일(master file)은 어느 한 시점에서 조직체의 사업에 관한 정적인 면을 나타내는 자료의 집합으로 비교적 영구적인 자료를 포함하고 있다. 데이터 처리 측면에서 살펴보면 전표처리에서 쓰이는 원장 또는 대장 등과 같이 데이터 처리 시스템에서 중추적 역할을 담당하며 기본이 되는 자료의 축적 파일로서 장기간 동안 트랜잭션 파일에 의하여 갱신해 가면서 활용된다.

예를 들면 재고관리에 있어서의 재고 마스터 파일, 인사관리에 있어서의 인사기록 마스터 파일 등이 여기에 속한다.

(3) 트랜잭션 파일

트랜잭션파일(transaction file)은 마스터파일의 내용을 변경시킬 트랜잭션의 집합이다.

트랜잭션은 마스터파일은 새로운 레코드를 추가하거나 현존하는 레코드를 제거·수정하기 위한 자료를 가지고 있다. 따라서 마스터 파일이 고정적인 성격을 지닌 데 대하여 이것은 변동적인 성격을 지니고 있다.

예를 들면 재고 마스터 파일에 대한 출고 데이터 파일, 또는 인사기록 마스터 파일에 대한 전보 및 승급 데이터 파일 등이 트랜잭션 파일이다.

(4) 보고서 파일

보고서파일(report file)은 사용자에게 보여주기 위한 일정한 양식을 갖춘 자료를 포함하고 있다. 이 파일은 하드카피(hard copy) 보고서로 출력하거나, 단말장치 화면에 디스플레이하기 위해 사용된다.

(5) 역사 파일

기록파일이라고도 부르며, 후일 통계처리에 쓰여지거나, 마스터 파일 등이 파괴되었을 때에 원상복구용의 보존파일로서 역사적인 기록이 이 파일의 내용이다.

예를 들면 전월말 시점에서의 마스터 파일과 1개월간의 트랜잭션 파일을 누적시켜 놓은 파일이 여기에 속한다.

(6) 요약 파일

합계파일이라고 부르며, 집계에 편리하도록 하기 위하여 다른 파일의 합계를 모아 놓은 파일이다.

예를 들면 재고 마스터 파일로부터 품종별 재고량의 합계를 별도로 모아 놓은 파일이 여기에 속한다.

(7) 트레일러 파일

마스터 파일을 양방향의 레코드로 작성하여 2개로 만들어진 파일로서, 사용목적에 따라 효율이 향상될 수 있도록 선택할 수 있으며, 설계시에는 인덱스를 필요로 한다.

(8) 프로그램 파일

프로그램파일(program file)은 주기억장치나 보조기억장치에 저장되어 있는 자료를 처리하는 명령들을 포함하고 있다. 이 명령어는 C나 Java와 같은 고급언어나 어셈블리언어, 기계어, 작어제어언어(job control language : JCL) 등으로 쓰여진다. 명령어들은 원시코드나 컴파일, 링킹(linking), 인터프리테이션(interpretation) 등의 처리결과와 같은 형태일 수도 있다.

(9) 작업 파일

작업파일(working file)은 시스템에 있는 임시파일로서 마스터파일과 같이 영구적 특성을 갖고 있는 것도 아니고 트랜잭션이나 보고서파일과 같이 입출력의 성격을 갖는 파일도 아니다. 작업파일도 어느 한 프로그램에서 생성된 자료를 다른 프로그램의 입력으로 이전시키기 위한 파일이다. 정보시스템에서 이러한 작업파일은 상당히 많이 이용되고 있다.

3. 파일 편성에 의한 분류

파일에 어떤 방법으로 데이터를 기록하느냐에 따른 분류로서 다음과 같은 파일들이 있다.

- 순차 파일(sequential file)
- 색인 순차 파일(indexed sequential file)
- 랜덤 파일(random file)

4. 순차 파일

파일의 순차성이란 파일의 편성 방법 중에서 가장 간단한 방법으로 파일 매체에 레코드를 논리적인 순서에 따라 순차적으로 기록하는 것을 말하며, 일반적으로 키(key)항목의 순서에 따라 일정한 순서가 유지되는데, 선형구조의 경우에는 이 순차성이 가장 유리하다.

이러한 레코드를 판독하는 경우에도 순차적으로 접근하는 형태를 가지게 되므로 SAM(Sequential Access Method) 파일이라고도 한다.

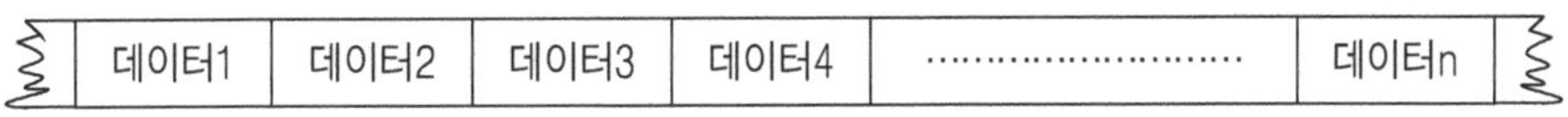

그림 7-7 • 순차 파일에서의 데이터의 기록

(1) 순차 파일의 장점

순차 파일은 기본키(primary key) 값에 따라 순차적으로 배열되어 있으므로 일괄처리(batch processing) 중심의 업무처리에 많이 이용되는 것으로 다음과 같은 장점을 가지고 있다.

① 레코드가 키 항목순서로 배열되어 있으므로 일자별(daily), 또는 월별(monthly)로 처리하는 경우에는 시간적으로 속도가 빠르며 처리비용이 절감된다.

② 기록매체의 종류에 관계없이 어떤 매체라도 순차파일의 기록매체가 될 수 있다.

③ 기록매체에 순차적으로 실제 데이터만 저장하면 되므로 기억공간(memory space)의 활용률이 높다.

(2) 순차 파일의 단점

파일 전체를 처리대상으로 하는 경우에는 능률적이나 특정의 데이터만을 그 대상으로 할 경우에는 다음과 같은 단점이 있다.

① 파일내에 새로운 레코드를 삽입할 경우, 파일 전체를 새로운 기록매체에 복사하는 과정을 거쳐야 한다.

② 파일내에서 필요 없는 레코드를 삭제할 경우에도 역시 복사과정을 거쳐야 하므로 부수적인 작업시간과 비용의 낭비가 따른다.

③ 파일내에서 특정의 레코드를 검색하고자 할 때 순차적 검색(sequential search)을 해야 하므로 검색효율이 떨어진다.

(3) 대표적인 기록매체

순차 파일의 기록매체는 순차적 접근(sequential access)만 가능한 매체도 되므로 대표적인 매체로는 다음과 같은 3가지를 들 수 있다.

① 자기테이프(magnetic tape) : 순차적 접근 기억매체
② 자기디스크(magnetic disk) : 직접접근 기억매체(direct access storage)
③ 자기드럼(magnetic drum) : 직접접근 기억매체

(4) 응용 파일

새로운 레코드의 추가나 또는 기존 레코드의 삭제가 빈번하지 않으며 특정의 레코드만을 검색하는 일이 드문 대신 주기적으로 일괄처리하는 성격의 파일에 적합한데, 집계용 파일이나 단순한 마스터 파일 등이 그 대표적인 응용파일이다.

5. 색인 순차 파일

색인 순차 파일의 목적은 순차 파일의 장점을 유지하면서 임의적인 접근문제를 해결하고자 하는 것이다. 따라서 이 파일은 순차적 처리와 임의처리가 모두 가능하다. 순차적 처리는 파일의 처음부터 시작하거나 파일내의 어느 지정된 레코드부터 처리를 시작할 수 있으며, 임의처리는 찾고자 하는 레코드에 대하여 키 값을 제공함으로써 가능하다.

색인 순차 파일은 다음과 같이 기본 데이터 구역(prime data area), 오버플로우 구역(overflow area), 그리고 인덱스(indexes)등 3종류의 구역으로 구성되어 있다.

cylinder

a : master index area   b : cylinder index area
c : track index area   d : prime data area
e : cylinder overflow area   f : general overflow area

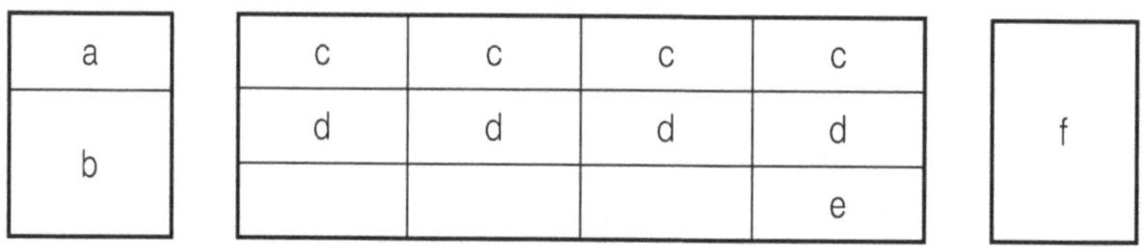

그림 7-8 • 색인순차 파일의 구성

① 마스터 인덱스 구역(master index area)

실린더 인덱스 정보의 건수가 많을 때, 그것을 일정한 크기의 블록으로 블록화하여 처리해야 할 키 값을 갖는 레코드가 어느 실린더 인덱스 상에 기록되어 있는가를 나타내는 정보가 수록된 구역이다.

② 실린더 인덱스 구역(cylinder index area)

처리해야 할 레코드의 키 값으로 그 레코드가 어느 실린더에 수록되어 있는가를 나타내는 정보가 수록된 구역이다.

③ 트랙 인덱스 구역(track index area)

이 구역에는 기본 데이터 구역의 한 트랙상에 기록되어 있는 데이터 레코드 중에서 최대 키 값과 그 주소가 기록되어 있다. 트랙 인덱스 구역에 의해서 처리하여야 할 키 값을 갖는 레코드가 실제로 어느 트랙에 기록되어 있는지를 판별한다.

④ 기본 데이터 구역(prime data area)

이 구역은 실제 데이터 레코드가 기록된 구역으로, 데이터들은 키 항목에 따라 분류되어 있어야 한다.

⑤ 실린더 오버플로우 구역(cylinder overflow area)

새로이 추가되는 레코드가 많아서 기본 데이터 구역에 더 이상 기록할 수 없을 때 오버플로우된 레코드를 기록하는 구역이다.

⑥ 일반 오버플로우 구역(general overflow area)

실린더 오버플로우 구역에 더 이상 오버플로우된 데이터를 기록할 수 없을 때, 이 구역에 기록한다.

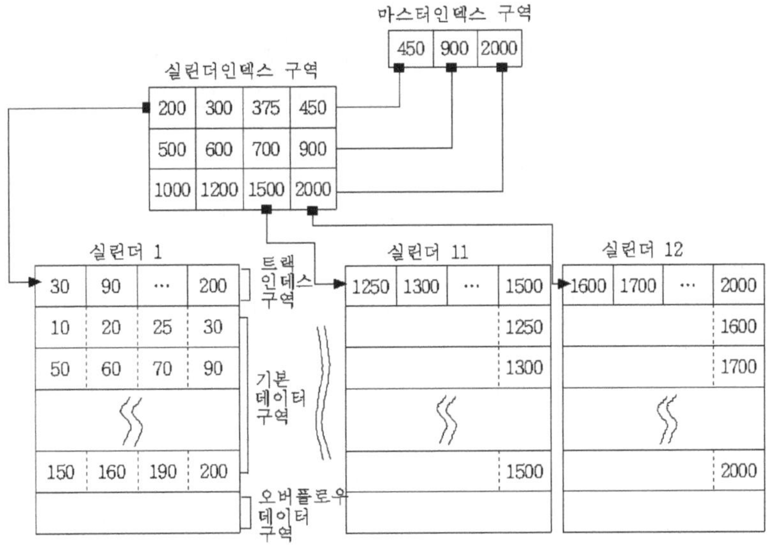

그림 7-9 • 3개의 인덱스 관계

색인 순차 파일에서 인덱스의 계층을 어떻게 설정하는냐는 데이터의 양이나 활용방법과 빈도 및 특성에 따라 다르다. 기본적으로는 색인 순차 파일의 구성이나 이 파일의 처리는 처리하고자 하는 키 값으로 인덱스 구역으로부터 그 데이터가 수록된 주소를 확인하고, 그 주소에 데이터 레코드를 수록하거나 또는 수록된 레코드를 찾아내는데, 이 파일의 처리를 나타내면 [그림 7-10]과 같다.

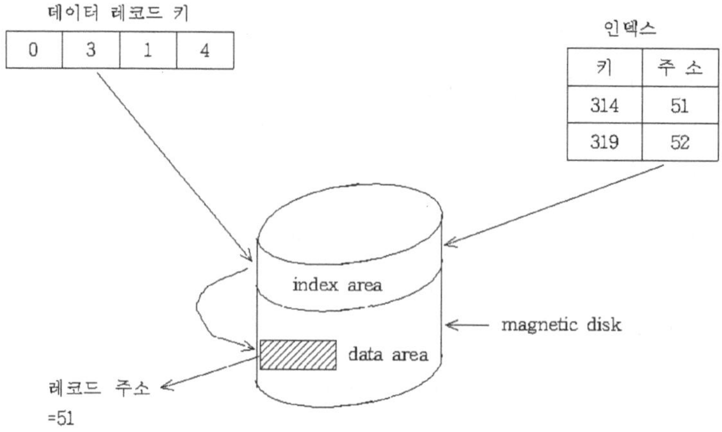

그림 7-10 • 색인 순차 파일의 처리

이와 같이 색인에 의한 순차 접근 방법을 사용하기 때문에 색인 순차 파일을 ISAM (Indexed Sequential Access Method) 파일이라고도 한다.

(1) 색인 순차 파일의 장점

이 파일은 순차 파일의 처리효율을 높이기 위하여 인덱스를 둔 것으로 다음과 같은 장점을 가지고 있다.

① 순차적 처리와 임의처리가 모두 가능하므로 파일 처리의 목적에 따라 융통성 있게 처리할 수 있다.

② 파일내에 레코드를 추가하거나 또는 삭제할 경우에 순차 파일처럼 파일 전체를 복사할 필요가 없다.

(2) 색인 순차 파일의 단점

기본데이터의 저장뿐만 아니라 인덱스도 저장하여야 하므로 다음과 같은 단점이 있다.

① 색인 또는 오버플로우 구역이 설정되므로 기억공간이 많이 필요하고, 또 실제 데이터가 저장되지 않는 유휴공간이 생기므로 낭비가 따른다.

② 특정의 레코드를 처리하고자 할 때에는 일단 여러 단계의 인덱스 처리를 필요로 하기 때문에 접근시간이 느려진다.
③ 오버플로우 되는 레코드가 많아지면 사용중에 파일을 재편성하여야 한다는 문제점을 지니고 있다.

(3) 사용되는 기록매체

인덱스를 이용하여 계층적인 처리를 행하여야 하므로 자기 테이프와 같은 순차적 처리만 가능한 기억매체는 사용할 수 없고, 임의처리가 가능한 자기 디스크나 자기 드럼 등을 기록매체로 사용하여야 한다.

(4) 응용 파일

부품원가 파일이나 코드 마스터 파일 등과 같이 레코드의 키가 코드화 되어 있는 파일일 경우 색인 순차 파일을 만드는 것이 효율적이다.

6. 랜덤 파일

랜덤 파일은 비록 순차처리가 가능할지라도 주로 임의처리를 위하여 사용된다. 이 파일은 레코드 내에 처리를 위한 특정의 키를 갖지 않을 수 있으며, 또 파일내의 레코드들이 어떤 일정한 순서를 유지할 필요가 없다. 따라서 특정의 키에 의하여 순차처리가 가능할지라도 그 속도나 효율은 매우 떨어진다.

논리적으로 이웃한 레코드들이 물리적으로 인접한 위치에 저장되는 것이 아니고, 레코드 중의 특정 항목을 키로 하여 이것을 적당한 방법으로 변환하여 기억 가능한 주소를 계산해 내고, 이 주소에 그 레코드를 기억시키는 방법이다.

(1) 주소계산

랜덤 파일(혹은 직접 파일)은 레코드를 연속적인 순서에 의해 액세스 하지 않고 임의의 특정 레코드를 직접 액세스할 수 있기 때문에 일반적으로 직접 액세스 저장장치(DASD)에 구성한다.

그러나 일반적으로 키 값이 순차적으로 되어 있는 경우보다는 그렇지 않은 경우가 많으므로 별도의 주소계산 루틴을 만들어 이 루틴을 통해서 주소를 생성하는 방법을 사용하여야 한다. 따라서 랜덤 파일을 구성할 때에는 레코드의 실제 키값과 DASD상의 물리적 주소 사이를 서로 변환할 수 있는 어떤 관계를 설계해야 하는데, 이 관계를 사상함수(mapping function) 또는 해쉬함수(hash function)라고 하며 해쉬 기법(hashing scheme) 또는 키-주소 변환방법(key-to-address transformation)이라고도 한다.

사상함수를 R로 표시하면 다음과 같이 나타낼 수 있다.

R(키값) → 물리적 레코드 주소

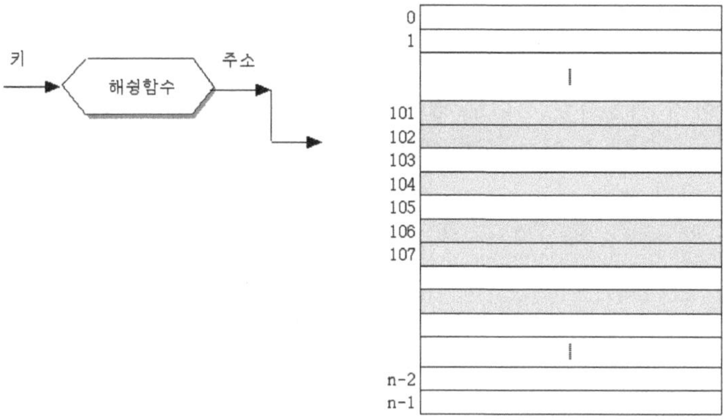

그림 7-11 • 키 -주소 변환

그러므로 어떤 레코드를 랜덤 파일에 저장할 때, 사상함수 R은 레코드의 키값을 DASD상의 물리적인 (상대)주소로 변환하는 역할을 하며 또한 특정 키값을 가지고 DASD상의 어떤 레코드를 검색하고자 할 때에도 사상함수를 적용함으로써 그 레코드가 저장되어 있는 DASD상의 주소로 변환할 수가 있다. 이와 같이 랜덤 파일에서 레코드의 실제 키값과 DASD상의 물리적 주소의 특정한 관계를 맺게 하는 방법에는 직접주소 방식과 간접주소방식이 있다.

직접주소방식은 레코드의 실제 키값을 그대로 DASD상의 물리적 주소로 사용하는 방법이며 간접주소방식은 키를 어떤 계산에 의하여 다른 독자적인 주소로 할당하는 방법이다.

주소를 계산하는 가장 간단한 방법은 레코드 중의 특정의 항목을 키로 하여 그 값을 상대주소로 결정하는 방법이다.

예를 들어, 재고파일에서 제품번호가 1부터 순차적으로 되어 있고 각기 유일한 값을 가지고 있다면 제품번호를 기억장소의 상대주소로 활용하는 방법이다. 그러나 이러한 방법은 다음과 같은 문제가 있다. 만약 사원번호(키)가 0001에서 9999까지 사용하는 어떤 회사의 실제 사원이 3,000명이 있다면, 9999 레코드에 해당되는 기억영역을 확보해 두어야만 한다. 따라서 실제로 사용되는 것은 3000 레코드이므로 이러한 경우는 보통 간접주소방식을 사용하는 것이 좋다.

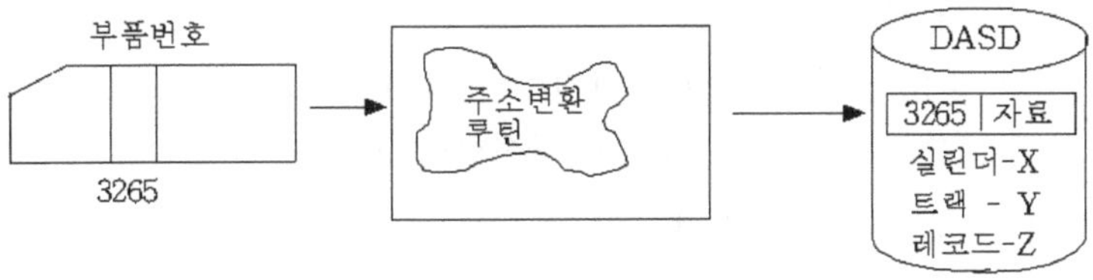

그림 7-12 • 간접 주소 방식

(2) 직접사상기법(direct mapping)

레코드의 실제 키값을 DASD상의 물리적 주소로 변환하는 기법이다.

① 절대주소법(absolute addressing)

R(키값)→주소의 사상함수를 구현하는 방식으로 '키값 = 주소'의 관계를 갖도록 하는 것으로 프로그램 사용자가 보조기억장치(자기디스크)에 있는 레코드의 실제 주소를 키값으로 직접 지정하는 것이다. 처음 레코드를 파일에 저장할 때 레코드의 최종 위치(실린더 번호, 트랙 번호, 레코드 번호)를 사용자가 결정해야 한다.

㉠ 장점

- 사상함수 R이 매우 단순하다.
- 키값으로 레코드의 물리적 위치를 결정하기 위한 처리시간을 필요로 하지 않는다.

㉡ 단점

- 논리적인 면과 물리적인 면을 서로 독립적으로 생각할 수 없다. 사용자는 레코드가 물리적으로 어떻게 저장되어 있는지를 정확히 알아야만 한다.
- 사용자들은 일반적으로 적당한 형태의 키값을 제공하지 않는다. 은행계좌의 예에서 고객 계좌 레코드를 식별하기 위해 계좌번호를 사용하는 것은 당연하나 계좌번호는 적당한 물리적 기억장소가 아니다.
- 절대주소는 특정장치에 종속적이므로 파일이 차지하고 있는 장치를 바꾸나 개선하려면 키값도 변경해야 한다.
- 같은 장치에서 랜덤 파일을 재구성하고자 할 때는 키값도 변경해야 한다. 이러한 재구성의 목적은 주소공간의 확장, 자유공간의 통합, 주소공간의 축소 등이 된다.

② 상대주소법(relative addressing)

사상함수 R(키값) → 주소를 구현하는 또 다른 방법은 '키값=상대주소'가 되는데, 상대주소는 절대주소로 변환시키기 위해 채널프로그램에 공급된다.

상대주소법은 절대주소법과는 달리 특정장치에 종속적이 아니기 때문에 파일이 저장되어 있는 위치를 바꾸거나 개선하더라도 레코드키값을 변경할 필요가 없다.

파일에서 레코드의 상대주소는 그 파일에 있는 레코드의 서수(ordinal number)로 한다. n개의 레코드 공간을 가지고 있는 파일은 집합{1, 2, 3, …, n−1 , n} 또는 {0, 1, …, n−1}중의 하나를 상대주소로 갖도록 구성한다. 따라서 i 또는 i −1을 갖게 된다.

상대주소법의 장점은 다음과 같다.

- 사상함수 R이 매우 간단하다.
- 레코드의 실제 키값이 주어졌을 때 기본적으로 보조기억장치에서 레코드의 위치를 결정하기 위한 처리시간을 추가로 필요로 하지 않는다. 왜냐하면 채널프로그램이 상대주소를 절대주소로 간단하게 변환하기 때문이다.

(3) 디렉토리조사기법(directory look−up)

직접사상기법의 단점을 제거하고 장점만을 살린 것으로 아주 보편적으로 이용되고 있다. 이 방법은 색인 순차 파일에서 사용하는 방법과 유사하다.

디렉토리조사기법의 기본개념은 '키값 : 주소' 쌍으로 구성하여 DASD상의 디렉토리나 테이블에 기록·유지하는 데 있다. 이 때 랜덤 파일의 레코드를 찾으려면 먼저 디렉토리에서 그 키값을 찾아 그 키값에 해당하는 주소로 DASD상의 물리적 레코드위치를 찾는 것이다.

키	주 소
곽 재 우	n-1
김 유 식	n
김 태 권	i-1
⋮	
안 중 근	1
이 순 신	i+1
이 태 백	i
⋮	
홍 길 동	2

(ㄱ) 디렉토리

랜덤 파일	상대주소
안 중 근	1
홍 길 동	2
⋮	
김 태 권	i-1
이 태 백	i
이 순 신	i+1
⋮	
곽 재 우	n-1
김 유 신	n

(ㄴ) 랜덤 파일

그림 7−13 • 랜덤 파일을 위한 디렉토리구성

가장 간단한 형태의 디렉토리는 [그림 7−13]과 같이 '키값 : 레코드주소'의 배열로 구성하는 것이다.

디렉토리의 엔트리(레코드)들을 키값에 따라 정렬(여기서는 가나다순으로)되어 있어서 순차탐색(sequential search) 뿐만 아니라 이진탐색(binary search)도 여기서 할 수 있으므로 원하는 엔트리의 위치를 보다 빠르게 찾을 수 있다. 그러나 랜덤 파일의 엔트리들은 정렬되어 있지 않다. 그러므로 디렉토리에서 키값만 탐색되면 랜덤 파일에서는 주소변환루틴 없이 그 상대주소에 해당하는 실제 레코드를 쉽게 찾을 수 있다.

(4) 주소 계산 기법

키 값을 가지고 어떤 계산을 수행하여 그 결과가 상대주소가 되는 방법이다.

키 값으로 상대주소를 구하기 위한 계산을 해쉬함수라 한다.

해쉬 기법의 문제점은 서로 다른 키 값이 해쉬 함수에 의하여 계산될 때 항상 유일한 주소가 생성되는 것이 아니고 중복될 때가 있다는 점이다. 이때에는 두 레코드가 같은 기억공간을 점유하려고 하는데, 이런 현상을 충돌(collision)이라 하며 충돌되는 레코드를 동거자(synonym)라고 한다.

동거자를 처리하는 방법은 여러 가지가 있으나 가능한 한 충돌현상이 최소화되도록 해쉬 함수를 만들어야 한다.

키-주소 변환방법에는 다음과 같은 것들이 있다.

① 숫자 분석법(digit analysis)

이 방법은 키값의 분포를 이용하여 주소를 결정한다. 저장되어야 할 레코드들의 표본을 이용하여 키값에 의한 테이블을 만들고 테이블에 각 숫자별로 빈도수를 기록하여 균등한 분포를 갖는 자리수를 파일의 주소로 사용한다.

아래 그림에서는 1,000개의 표본을 예로 하여 보여주고 있다. 그림의 숫자 위치 1,2,4와 5는 숫자들이 모여 있어서 적합하지 못하다. 그러나 숫자 위치 3,6,7,8 그리고 9는 어느 정도 균등한 분포를 하고 있으므로 매우 적합하다.

숫자위치

숫자	1	2	3	4	5	6	7	8	9
0	400		105			50	100	180	10
1		100	100		100	150	120	200	130
2		300	98	400		75	99	80	60
3			95		150	75	105	75	240
4		300	102			200	80	140	105
5	600		102		400	180	102	75	80
6		100	80			80	100	40	130
7			98	600	350	140	98	150	80
8		200	120			40	101	10	105
9			100			10	95	50	60

그림 7-14 • 숫자 분석법의 예

이러한 숫자 분석은 그대로 주소로 결정하는 것이 아니고 숫자 사이의 상관 관계를 고려하여 분포를 조정하여야 한다.

② 접지 변환법(folding transformation)

접지 변환(folding transformation)이란 키의 숫자들을 종이를 접듯이 양끝을 접어 숫자를 변환하는 것이다. 이렇게 접어 포개진 두수를 더한 결과를 주소 범위에 맞도록 조정한다. 이 변환법은 길이가 긴 키에 적합하다.

[그림 7-15] 접지 변환법의 예를 보여준다.

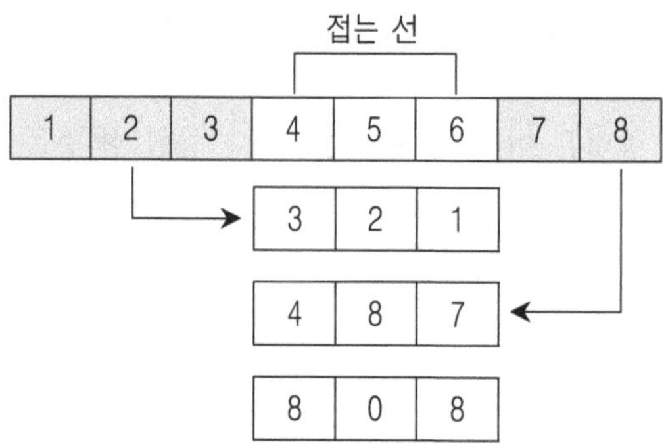

그림 7-15 • 접지 변환법의 예

[예]

키 ; 412383

덧셈 : 412+483

주소 : 895

③ 진수 변환법(radix transformation)

진수 변환(radix transformation)이란 키가 구성된 진수가 아닌 다른 진수를 가지고 숫자를 표현하는 것이다. 진수 변환된 결과를 다시 주소 범위에 맞도록 조정해야 한다.

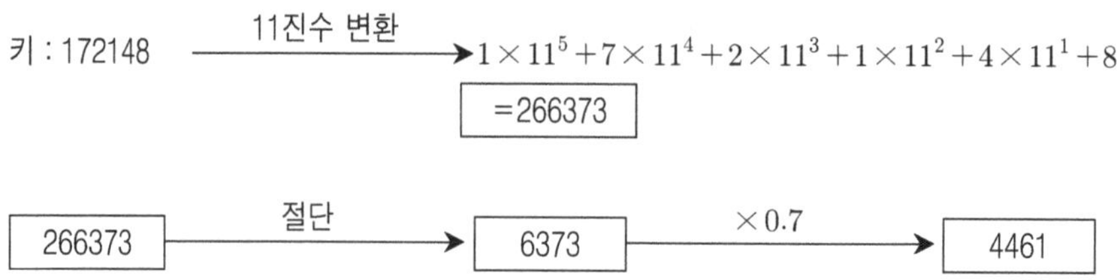

그림 7-16 • 진수 변환법의 예(주소 범위가 7,000인 경우)

④ 나눗셈 변환법(division transformation)

주소 공간을 제수로 하여 키를 나눈 나머지를 레코드 주소로 하는 방법이다. 이 방법에서 제수를 단순한 숫자로 선택하면 결과가 균등한 분포가 되지 않을 경우가 발생한다.

따라서 균등 분산을 위하여 소수(素數)를 제수로 이용하게 된다. 이 방법은 균등한 분산성 이외에 오버플로우를 방지할 수가 있어서 많이 이용된다.

다음은 나눗셈 변환법의 예를 보인 것이다.

키 : 123456

5660에 가까운 소수

주소 공간 : 5660 ⟶ 제 수 : 4973

접는 선

주 소 : 123456÷4973=24 나머지 : 4104(주소)

⑤ 미드-스퀘어 변환법(mid-square transformation)

키값을 제곱한 다음 그 수의 중앙위치에서 미리 정해진 자리의 숫자를 뽑아내어 상대주소를 만든다. 만약 n 자리의 상대주소가 필요하면 제곱한 키의 중앙 n 자리만 남기고 양끝 자리를 잘라 버린다.

㉠ 장점

- 디렉토리에서 키값을 찾기만 하면, 레코드의 물리적 위치(주소)는 기본적으로 어떤 처리과정도 필요 없이 결정된다.
- 키값들을 상대주소로 바꾸는 것은 내부적으로 하는 것이기 때문에 키값을 직관적으로 이해할 수 있는 형태로 나타낼 수 있다.
- 키값은 주소-공간에 대하여 독립적이므로 논리적-물리적 독립성을 유지시킬 수 있다. 즉, 랜덤 파일을 재구성할 때 디렉토리의 주소값들은 변경해야 하지만 키값은 전혀 영향을 받지 않는다.

07 연습문제

01 레코드(Record)란 무엇인가?

02 물리 레코드와 논리 레코드의 차이점은 무엇인가?

03 레코드의 형식에는 어떤 것이 있는지 나열하고 설명하라.

04 매체의 종류에 따른 파일의 종류를 나열하고 설명하라.

05 내용에 의한 파일의 종류를 나열하고 설명하라.

06 파일 편성 방법에 따른 파일의 종류를 나열하고 설명하라.

07 순차 파일의 갱신시 고려해야 될 사항을 간단히 기술하라.

08 랜덤 파일의 장단점을 간단히 기술하여라.

09 색인 순차 파일에서 사용하는 3개의 인덱스를 간단히 설명하라.

10 색인 순차 파일의 장단점을 간단히 기술하여라.

CHAPTER.08

데이터베이스

Computer
Science

CHAPTER

08 데이터베이스

데이터베이스는 이제 우리에게 생소한 말은 아니며 반드시 전산인이 아니어도 쉽게 접할 수 있는 용어가 되었다. 그것은 데이터베이스분야, 또는 데이터베이스 응용부분이 폭넓게 자리잡고 있음을 의미한다.

데이터베이스란 특정업무를 처리함에 있어서 필요한 다양한 자료들이 서로 상호연관되어 저장된 데이터의 집합체라고 할 수 있다. 여기서는 이러한 데이터베이스의 필요성 및 구조 등에 대하여 살펴보기로 하자.

1 데이터베이스(Data Base)의 필요성

현대의 정보산업사회에서의 자료처리는 매우 중요한 의미를 갖는다. 매일 발생되는 끊임없는 자료의 증가는 저장과 분석에 어려움이 뒤따르고 있으나 많은 양의 자료를 보조기억장치에 기억시킬 수 있게 되고 또한 멀리 떨어져 있는 사용자가 터미널을 통해 컴퓨터와 의사소통을 할 수 있게 되자, 사용자들은 컴퓨터로 자료를 처리하고 정보를 얻어내기 위한 다양한 방법을 필요로 하게 되었는데 이것이 데이터베이스 기술이다.

컴퓨터의 계산능력을 성공적으로 사용하기 위해서는 무엇보다도 요구하는 사항이 무엇인지 분석해야 하고, 업무형태 및 특성을 반영할 수 있는 데이터를 구성해야 한다.

회사의 업무형태와 업무소요에 적합하도록 데이터를 체계화하는 방법의 하나로서 데이터베이스를 이용하는 것이다. 원래 베이스란 군사용어로서 기지라는 의미를 가지고 있다. 따라서 데이터베이스는 자료를 제공하는 보급에 의해 처리되는 자료 관리 시스템을 의미한다. 데이터베이스를 도입하는 효율화를 기함은 물론 비용과 효과면에서 효과를 크게 증진시키기 위한 것이다. 데이터의 활용을 위해 과거에는 파일을 구성하여 사용하였다. 종래의 파일은 [그림 8-1]과 같이 하나하나 독립적으로 처리되었고 이것을 다루는 프로그램도 모두 각각이었다.

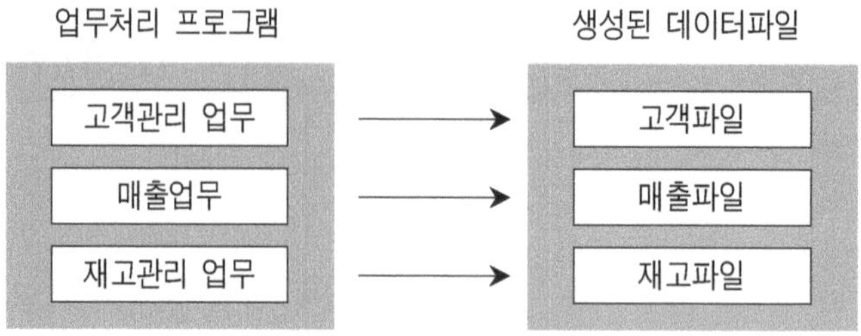

그림 8-1 • 종래 파일

예를 들면 고객 관리업무 프로그램으로 생성된 자료는 고객파일, 매출업무 프로그램에 의해 생성된 매출파일, 재고관리 업무 프로그램에 의해 생성된 재고파일 등의 자료는 다른 업무에 참조되거나 수행될 수 없다.

따라서 종래의 파일시스템은 다음과 같은 문제점을 지적할 수 있다.

(1) 각종 파일을 통해 중복되는 자료가 많다.

예를 들어 고객 파일에 있는 주소, 상호의 자료가 매출 파일에도 있을 수 있고 또 재고 파일에도 있을 수 있다.

고객번호	성명	주소 (거주지)	상품명	고객파일

주소 (거주지)	상호	매출일	상품명	매출파일

그림 8-2 • 고객과 매출 파일의 중복된 구성 예

(2) 사용자의 요구사항에 따라 프로그래밍이 다르다.

종래의 파일은 특정한 업무와 특정한 처리방식에 알맞도록 각각 독립적으로 구성된 것이기 때문에 사용자의 요구사항의 변화에 따라 프로그램을 다시 수정하거나 만들어야 한다. 앞의 고객 파일의 경우 고객번호순으로 기록되어 있다면 "성명을 가나다순으로 인쇄하기", "주소별로 인쇄하라" 또는 "거주지순으로 인쇄하되 품목별로 하라"는 요구가 있을 때는, 이들 요구에 대한 프로그램을 하나하나 별개의 프로그램으로 만들어야 한다.

그러나 이와 같은 처리는 "순서대로 인쇄하라"라는 기본적인 처리유형에 모두 해당되며, 조건에 따라 분류하는 기능만 다르므로 분류하는 부분, 인쇄하는 부분만은 하나의 공통된 프로그램으로 만들 수 있다.

(3) 파일에 새로운 자료를 추가하는 경우에 처리가 복잡해진다.

새로운 항목(item)을 추가할 때 문제가 생긴다. 예를 들어 장부에 취급품목을 추가한다고 가정하자. 이 파일의 경우 모든 고객의 취급품목의 수가 일정하지 않고 아래의 표와 같이 여러 가지가 있을 수 있다.

고객번호	취급품목
서 001	TV
서 002	TV, 냉장고
서 003	선풍기, TV

위와 같이 고객에 따라 그 자료가 길기도 하고 짧기도 하고 반복되기도 하며 실제로 파일을 만들 때 취급품목이라고 하는 기억장소의 산정문제 등 자료처리의 복잡성을 가져오게 되어 파일의 유지 및 보수(maintenance)가 쉽지 않다.

2 데이터베이스 정의

데이터베이스(database)라는 용어는 1963년 미국의 System Development Corporation이 개최한 1차 "Development and Management of a Computer-centered Data Base"라는 심포지엄의 제목에서 공식적으로 처음 언급되었다. 여기에서의 데이터베이스는 자기 테이프와 같은 저장 장치에 저장된 데이터 파일을 의미하였으며, 1963년 IDS(Integrated Data Store)라는 데이터베이스 관리 시스템이 바흐만(Charles W. Bachman)에 의해 만들어짐으로써 현대적 의미의 데이터베이스 개념이 확립되었다.

데이터베이스의 개념은 "원래 같은 데이터가 상이한 목적을 가진 여러 응용에 중복되어 사용되어질 수 있다"는 것에 기초를 두고 있다. 즉 데이터베이스는 한 조직의 여러 응용 시스템에서 공유할 수 있는 데이터, 그리고 통합·저장된 운영 데이터들의 집합이라는 것이다.

일반적으로 데이터베이스에 저장되어 있는 데이터는 통합되고 공유되며, 중복을 최소로 하여 개개의 파일을 통합·처리하고자 하는 것이다. 그 의미는 다음과 같다.

(1) 데이터베이스는 통합된 데이터(integrated data)이다.

데이터베이스에는 같은 데이터가 중복되어 존재하지 않는다. 데이터의 중복은 데이터의 관리에 많은 부작용을 일으킨다. 그러나 효율적인 데이터 관리 측면에서 중복을 허용하기도 하며, 이는 데이터베이스의 최소 중복을 의미한다.

(2) 데이터베이스는 저장된 데이터(stored data)이다.

데이터베이스는 자기 테이프나 디스크와 같은 저장 매체에 저장된 데이터를 말하며, 컴퓨터에 의해 저장되고 관리된다.

(3) 데이터베이스는 운영 데이터(operation data)이다.

어떤 조직이 고유의 기능을 수행하기 위해서는 반드시 유지해야 하는 데이터가 있다. 즉 조직에서는 없어서는 안 될 존재 목적이 분명한 데이터의 집합을 의미한다.

(4) 데이터베이스는 공유 데이터(shared data)이다.

서로 다른 사용자(응용 프로그램)들이 서로 다른 목적으로 데이터베이스 내의 같은 데이터를 접근할 수 있음을 의미한다. 즉 여러 사용자들이 서로 다른 목적으로 데이터를 공동으로 이용하는 것이다.

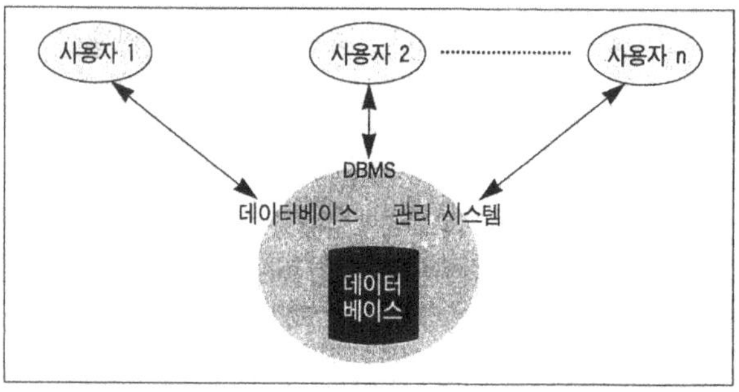

그림 8-3 • 데이터베이스

데이터베이스는 다음과 같은 특징을 갖는다.

① 실시간 접근성

생성된 데이터를 즉시 컴퓨터로 하여금 처리하여 그 결과를 이용하여 의사 결정에 바로 반영할 수 있다.

② 계속적인 변화

데이터베이스의 데이터는 항상 변화하는 현실을 반영해야 한다. 이에 따라 데이터베이스의 변화는 계속되고 지속적이어야 한다.

③ 동시 공유

데이터베이스는 서로 다른 목적의 여러 사용자가 동시에 접근할 수 있어야 한다. 즉 같은 내용의 데이터를 여러 사람이 동시에 다른 방법으로 공용하는 것이다.

④ 내용에 의한 참조

데이터베이스로 구축된 데이터는 레코드의 주소로 참조되는 것이 아니라 데이터 값에 의해 참조되는 것이다.

3 데이터베이스의 목적

종래의 파일구조에서 살펴본 문제점들을 해결하고 컴퓨터의 이용도를 최대화시키면서 업무의 효율성을 높이고자 데이터베이스를 작성하려면 다음과 같은 요건을 만족하여야 한다.

1. 데이터 중복의 최소화

데이터베이스란 여러 업무에서 다수의 사용자가 이용하는 데이터를 한데 모아놓은 것이다. 여러 개의 업무가 있을 때에는 공통적으로 사용하는 데이터가 발생하는데, 종래의 파일 처리방식에서는 업무마다 파일을 가졌기 때문에 자료의 중복은 매우 흔한 일이다. 데이터베이스에서는 데이터를 통합하여 구성하기 때문에 이러한 중복을 사전에 통제할 수 있으므로 이러한 중복을 가능한 배제해야만 한다. 그러나 데이터의 중복을 완전히 없앨 수는 없다. 예를 들어 2개의 업무에서 똑같은 데이터를 사용하는데 있어 한 업무는 데이터를 계속 갱신하는 업무이고, 다른 한 업무는 주기적으로 갱신하는 업무라면 이때 데이터 중복은 필연적일 것이다. 또 사용자의 요구에 대한 처리시간을 단축시키기 위해서도 중복을 허용할 수 있고, 사고발생시 데이터의 파손에 대비한 복구를 위해서도 데이터가 중복될 수 있다.

2. 데이터의 독립성

현재 구축된 완벽한 데이터베이스라 할지라도 미래의 여건 변화에 따라 데이터베이스의 수정이 필요하게 된다. 그런데 종래의 파일 처리방식에서는 파일들이 프로그램에 종속되어 필요한 업무에 따라, 즉 새로운 프로그램이 개발되면, 그에 종속되는 파일이 생성되었다. 이러한 사소한 변경으로 인한 업무의 불안을 해소하기 위하여 데이터베이스에서는 파일을 프로그램과 완전히 독립시켜서 그 자체에 의미를 부여하고자 하는 것이다.

데이터의 독립성은 크게 두 가지로 분류된다. 하나는 논리적 데이터 독립성(logical data independence)이며, 다른 하나는 물리적 데이터 독립성(physical data independence)이다.

(1) 논리적 데이터 독립

기존 응용프로그램에 영향을 주지 않고 데이터베이스의 논리적 구조를 변경시킬 수 있는 능력을 의미한다. 즉 데이터의 논리적 구조가 변하면 과거에는 그에 따라 프로그램이 변경되어야 하였으나 데이터베이스에서는 하나의 논리적 데이터 구조를 가지고 응용프로그램이 요구하는 여러 가지 형태의 논리구조로 사상시킬 수 있는 능력이 있다.

(2) 물리적 데이터 독립

하나의 논리적 구조로 표현된 데이터베이스는 물리적 저장장치에 저장된다. 이것은 실제로 데이터베이스가 하나의 물리적 구조를 갖는다는 것을 의미한다. 그러므로 데이터베이스는 하나의 물리적 구조로 여러 응용시스템을 지원해야 하는데 현재의 기술의 혁신으로 새로운 저장장치의 개발이나 접근기법의 개발로 성능이 증진되어 데이터의 물리적 구조를 변경시켜야 할 때 기존의 응용프로그램에 영향을 주지 않고 물리적 구조를 변경시킬 수 있는 것을 물리적 데이터 독립성이라고 한다.

다시 말하면 응용프로그램이나 데이터베이스의 논리적 구조에 영향을 주지 않고 데이터의 물리적 구조를 변경시킬 수 있는 능력을 물리적 데이터 독립성이라고 하며 하나의 논리적 구조로부터 상이한 물리적 구조를 지원할 수 있어야 한다.

3. 데이터의 무결성

데이터의 무결성(integrity)이라는 것은 데이터베이스에 들어 있는 데이터의 값과 그것이 표현하는 현실 세계의 값이 일치하는 정확성을 보장하는 것이다.

데이터 중복의 최소화에 대하여 설명한 바와 같이 가장 이상적이 데이터베이스에서도 중복의 문제는 발생하게 되어 있다. 따라서 허용되지 않는 값이나 부정확한 데이터가 여러 가지 경로에 의해 저장될 수 있다. 이와 같이 하나의 사실을 표시하는 두 개 이상의 항목이 존재할 때, 그 항목의 내용이 서로 일치하지 않는 경우가 있을 수 있다. 불일치(inconsistency)의 문제는 무결성이 결핍을 나타내는 데이터 관리상의 중대한 허점이다. 중복이 발생하지 않는 경우에도 부정확한 데이터가 데이터베이스 안에 저장될 수가 있다.

예를 들어, 판매된 이후 다시 반납된 자료를 판매액에 포함시켜 재고 및 판매관리에 부정확을 초래할 수 있다. 이러한 문제를 방지하기 위하여 중앙통제에 의한 데이터 갱신방법을 사용하기도 한다. 종래의 파일개념에서는 데이터의 중복이 매우 흔한 상황이었으므로 무결성의 문제는 심각하였다.

4. 데이터의 공유 및 연결성

종래의 파일에서는 동일한 자료를 여러 사용자가 동시에 사용하는 것이 불가능하였다. 이러한 파일의 배타적 사용은 일괄처리에서는 문제가 없으나 분산처리나 온라인 처리에서는 큰 문제가 된다. 데이터베이스에서는 이러한 문제점을 데이터의 공유와 연결의 방법을 통하여 해결하였다. 중복 데이터를 가급적 배제하여 데이터베이스를 구축하여야 하기 때문에 데이터베이스내의 데이터들은 상호 밀접한 관계로 연결되어야 한다. 왜냐하면 모든 업무에서 동일한 데이터베이스를 이용하기 때문에 데이터 상호간에 연결되어진 것을 경로(path)라고 한다.

5. 데이터의 보호

데이터베이스는 한 기관에 사용되는 모든 데이터를 한 자리에 모아 놓고 동시에 여러 사람이 이용하게 되는데, 이때 중요한 점은 자기에게 필요한 데이터만을 참조하고 조작해야지 다른 업무에 관계되는 데이터를 참조하고 조작하게 해서는 비밀유지가 되지 않는다. 이를 위하여 데이터베이스는 완벽한 비밀보호가 되도록 하여야 한다.

6. 데이터의 일관성 유지

만약 현실세계를 나타내는 두 개의 데이터가 있을 때 오직 하나의 데이터만이 변경되고 다른 하나는 변경되지 않는다면 데이터의 불일치성을 갖게된다. 따라서 데이터베이스는 중복을 제어하고 중앙집중식 통제를 통해 데이터의 일관성을 유지한다.

7. 실시간 처리 접근성

데이터베이스는 항상 접근이 가능하고 질의에 대하여 실시간에 처리 응답할 수 있어야 한다. 즉 생성된 자료를 즉시 컴퓨터에 보내어 그 처리 결과를 기다려서 다음 의사결정에 즉시 반영할 수 있어야 한다.

4 데이터베이스 구조

1. 데이터베이스의 구성요소

사용자의 측면에서 본 데이터의 개념적 구성요소를 살펴보면 개체 또는 엔티티(entity), 레코드라고 불리는 정보의 단위로 데이터베이스는 구성된다. 물론 개체 즉 레코드는 단독으로 존재할 수 있으며 정보로서의 역할이 가능하다. 관계형 데이터베이스에서는 이러한 레코드의 집합을 테이블이라고 하며 행과 열로 표시한다.

	고객번호	이름	주소	상호
고객				
개체 집합	서1234	김유신	서울시	신세계
	충0011	홍길동	충청남도	현대상사
	서0004	김정수	서울시	금성전자

(1) 개체(entity)

데이터베이스가 표현하려는 정보대상으로 개체를 구성하고 있는 속성들이 어떤 값을 표현할 때 실제화된다.

(2) 속성(attribute)

데이터의 가장 작은 논리적 단위로 테이블의 열(column)을 나타내며 일반적으로 파일구조에서는 데이터 항목(data item) 또는 필드(field)라고 한다. 위에서 고객번호, 이름, 주소 등을 의미하며 자체로서의 중요한 의미는 없다. 따라서 단독으로 존재하기보다는 다른 여러 속성과 함께 구성하면 중요한 의미를 제공한다.

(3) 도메인(domain)

속성에서 나타낼 수 있는 값의 집합 즉 하나의 속성이 표현할 수 있는 모든 값을 총칭한다. 예를 들면 주소의 도메인은 각 시도 전체를 나타낸다.

(4) 튜플(tuple)

테이블의 행(row)을 의미하며 레코드와 유사한 개념으로 테이블이 n개의 열을 가지면 행을 n-튜플이라고 하며 테이블을 n차 테이블이라고 한다.

2. 데이터베이스의 논리적 구조와 물리적 구조

데이터베이스는 실제 값들로 구성되며, 이러한 값은 물리적 저장 장치에 저장되어야 한다. 이 저장된 장치의 저장 구조를 사용자와 시스템의 입장에 따라 데이터베이스의 구조를 논리적 구조와 물리적 구조로 정의한다.

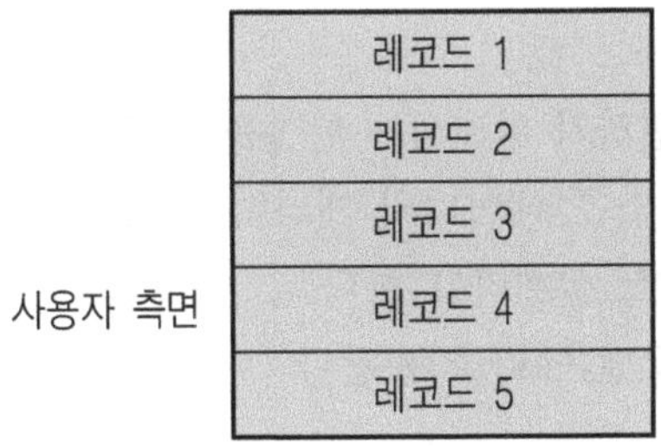

그림 8-4 • 논리적 구조

데이터베이스의 논리적 구조는 사용자가 정의하는 논리적 표현 방법을 말한다. 즉 응용 프로그램이나 사용자가 표현하는 데이터의 표현 구조를 말하는 것이다. 앞서 설명한 바와 같이 데이터베이스는 다수의 응용 프로그램이나 사용자가 공유하는 데이터의 집합체이며, 따라서 일반 응용 프로그램의 접근이라는 것은 이 논리적 구조의 일부이다. 논리적 구조로 정의된 데이터 레코드를 논리적 레코드(logical record)라 한다.

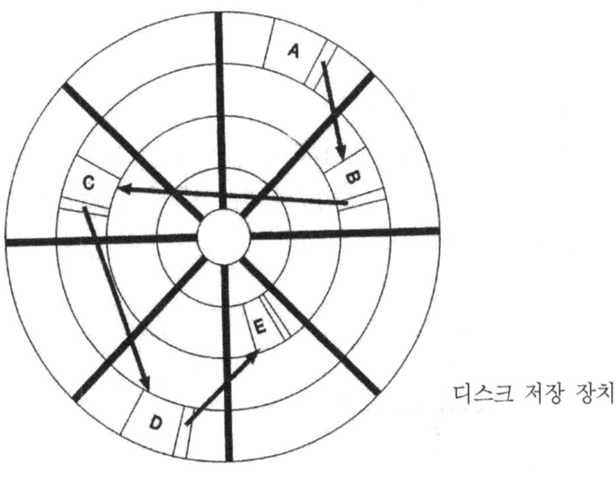

그림 8-5 • 물리적 구조

데이터베이스의 물리적 구조는 디스크(disk)나 테이프(tape)와 같은 물리적 저장 장치에 저장된 데이터들의 실제 저장 구조를 말한다. 즉, 저장 장치의 측면에서 데이터를 표현한 구조이다. 데이터베이스의 물리적 구조로 표현된 레코드를 물리적 레코드(physical record)라 한다. [그림 8-5]는 디스크 저장 장치에 저장된 물리적 레코드의 저장 구조를 연결 리스트(linked list) 형식으로 표현하고 있다.

3. 데이터베이스의 모델

현실 세계를 데이터베이스로 표현하기 위해서는 현실을 추상화(abstract)하여 표현할 수 있는 모델의 설계가 필요하다. 이와 같은 데이터의 개념적·논리적 표현을 위한 설계와 물리적 구조로의 변환 과정을 데이터베이스 설계라고 한다.

현실을 표현하기 위한 데이터 모델은 다음과 같다.

(1) 관계형 모델(relational model)

데이터와 데이터 간의 관계를 테이블로 표현한 구조를 말한다. 즉, 데이터베이스가 테이블의 집합체로 정의된다.

[학생]

학 번	이 름	학 과
96303001	홍길동	정보 관리
96303002	성춘향	컴퓨터

[지도]

교수 번호	학 번	시 간	강의실
82	96303001	월123	3-302
78	96303001	화456	2-503

(2) 망 모델(network model)

망 모델은 레코드들의 집합으로 표현되며, 레코드 간의 관계는 링크(link)로 나타낸다. 데이터의 타입을 정의하는 레코드 타입 간에는 하나 이상의 관계가 존재하며, 이러한 관계는 링크 위에 이름으로 식별하여 나타낸다.

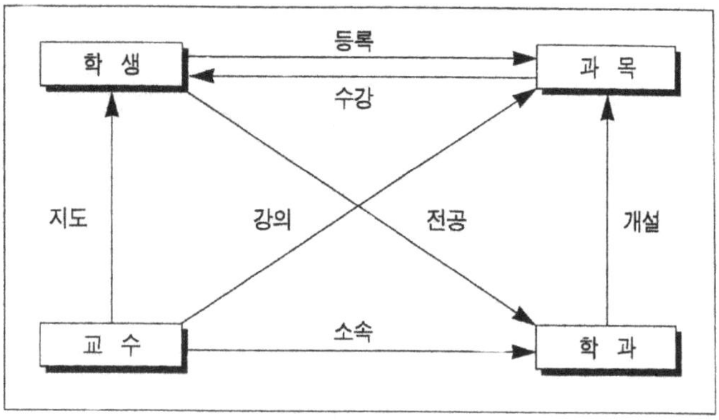

그림 8-6 • 망 모델

(3) 계층 모델(hierarchical model)

계층 데이터베이스는 순서화된 트리(tree)들의 집합으로 구성된다. 이 구조는 데이터베이스가 허용하는 레코드의 타입과 이들의 관계만을 명세한다. 또한 상위의 레코드와 하위의 레코드는 일 대 다(1 : n)의 관계만이 허용되며, 이들의 관계를 부모-자식(parent-child)의 관계라 한다.

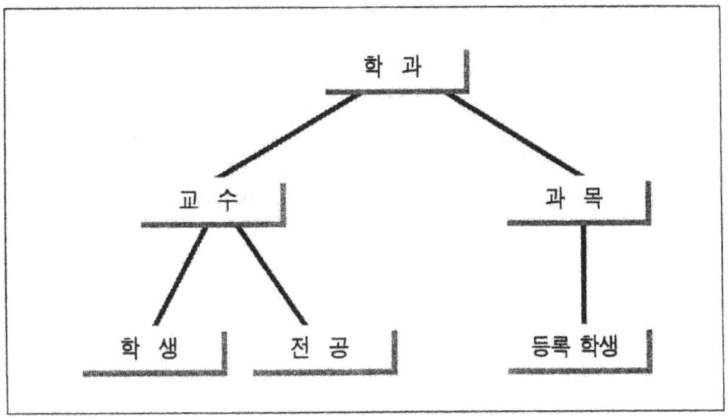

그림 8-7 • 계층 모델

(4) 객체 지향 모델(object oriented model)

객체 지향 기술은 객체 지향 프로그래밍 언어(C++, Smalltalk), 객체 지향 데이터베이스 시스템, 객체 지향 사용자 인터페이스(매킨토시, 마이크로소프트 윈도우 시스템) 등에 다양하게 사용되고 있다.

객체(object)는 실세계의 어떤 개체(entity)를 나타내는 자료와 프로시저(procedure)의 합성체이다. 즉 객체는 자료와 프로시저를 둘러싸고 있는 것(캡슐화 : encapsulation)이다. 객체 지향이라는 것은 객체 캡슐화와 상속(inheritance)의 두 가지 기능을 갖는 것을 의미한다. 상속(재사용)이라는 것은 다음과 같이 설명된다. 객체는 자료 부분과 프로시저 부분으로 되어 있다. 같은 속성을 갖고 있는 같은 자료 부분과 같은 프로시저 부분을 갖고 있는 객체들의 집단(은행의 예 : 고객, 계좌, 대출 등)을 클래스(class)라 한다. 한 클래스는 독립적으로 존재하지 않고 속성과 프로시저 부분을 다른 클래스가 물려받도록 구성된다. 이를 상속이라 한다. 이와 같은 개념의 모델로 정의되는 데이터베이스를 객체 지향 데이터베이스라 한다.

객체 지향 데이터베이스는 하나의 데이터베이스 레코드에 음성, 영상, 텍스트, 화상 등을 포함할 수 있다. 즉, 이러한 구조는 멀티미디어 응용에 적합한 것이다.

객체 지향 데이터 모델은 한 클래스가 하나 이상의 클래스로부터 상속받고 클래스 간의 상속 구조는 방향성 비순환 그래프(DAG : Directed Acyclic Graph)를 이룬다. 이러한 그래프 구조를 상속 계층 구조(inheritance hierarchy) 또는 클래스 계층 구조(class hierarchy)라고 부른다.

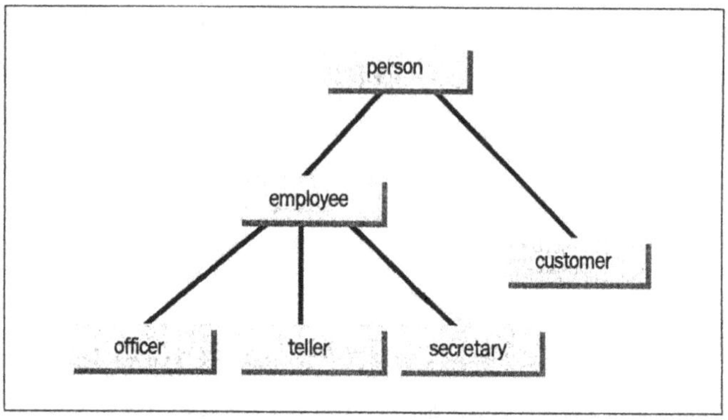

그림 8-8 • 은행 예의 클래스 계층 구조

5 데이터베이스 관리 시스템

1. 데이터베이스 관리시스템(database management system : DBMS)이란?

종래의 프로그램에 의한 파일처리는 특정업무에 대해서 고정된 방식으로 처리하기에는 비교적 수월한 반면 변동이 심하고 다양한 업무에는 좋지 못하다는 결론을 얻을 수 있다. 이라 같은 문제점을 해결하고 컴퓨터의 이용을 보다 효과적으로 극대화시키면서 빠른 분석과 능률적인 자료처리의 기술이 데이터베이스이다. 데이터베이스에서는 이와 같은 개개의 파일을 [그림 8-9]와 같이 하나로 통합해서 처리하고자 하는 것이 그 첫째의 목표이다.

그림 8-9 • 데이터베이스(파일의 통합적인 처리)

데이터베이스 시스템은 기본적으로 4요소로 구성된다. 자료(data), 하드웨어, 소프트웨어, 사용자 등 4개로 이루어지며 여기서 소프트웨어란 데이터베이스 관리시스템(DBMS)이다. 데이터베이스의 구성에서부터 이용까지의 모든 것을 취급하는 소프트웨어로 데이터베이스 구축과 프로그래밍이 가능하다.

데이터베이스 관리시스템은 문자 그대로 데이터베이스(고객관리에 관한 자료, 매출업무에 관한 자료, 부품재고에 관한 자료)를 관리한 프로그램을 총칭한 것으로 데이터베이스에 있는 내용을 일반사용자들이 용이하게 사용할 수 있도록 사용자와 데이터베이스간에 다리를 놓아주는 역할을 하는 일종의 서비스용 프로그램이다.

2. 데이터베이스 관리시스템의 기능

(1) 정의 기능

하나의 물리적 구조의 데이터베이스로 여러 사용자가 요구하는 다양한 형태의 데이터를 지원해 줄 수 있도록 데이터베이스 구조를 정의한다.

(2) 조작 기능

사용자와 데이터베이스 사이의 인터페이스를 위한 수단을 제공한다. 즉, 사용자의 요구에 따라서 체계적으로 접근하고 조작할 수 있는 기능을 제공한다.

(3) 제어 기능

공용의 데이터베이스 내용이 항상 정확하고 안전하게 유지될 수 있도록 데이터의 무결성 제어, 접근 권한과 보안 유지, 그리고 병행 수행 제어 기능을 제공한다.

6 스키마(schema)

스키마는 데이터베이스 구조를 나타내는 데이터개체(entity), 그리고 속성, 이러한 개체사이의 관계에 대한 정의와 제약조건 등을 총칭한 의미로 사용자의 관점에 따라 다음과 같이 구분한다.

1. 외부 스키마

사용자나 응용프로그래머가 개별적으로 직접 필요로 하는 데이터베이스의 정의를 기술한 것으로 시스템 입장에서 보면 데이터베이스의 일부분만을 표현하기 때문에 외부스키마라고 하며 또한 한 논리적 부분으로 볼 수 있기 때문에 서브 스키마라고 한다. 결과적으로 원하는 데이터에만 액세스한다. 하나의 데이터베이스는 여러 개의 응용 시스템을 지원하기 때문에 여러 개의 외부 스키마가 존재하게 된다.

2. 개념 스키마

기관이나 조직체의 입장에서 본 데이터베이스의 전체 구조이다. 즉 사용자들이 필요로 하는 모든 데이터를 종합한 조직 전체의 데이터베이스 구조로 하나만 존재하며, 바로 이 개념 스키마의 일부를 접근하는 것이 사용자들이나 응용프로그래머이다. 다시 말하면 개념 스키마로부터 모든 외부 스키마가 지원되고 생성된다. 따라서 개념 스키마는 데이터베이스 접근권한, 보안정책 무결성 규칙 등이 포함된다.

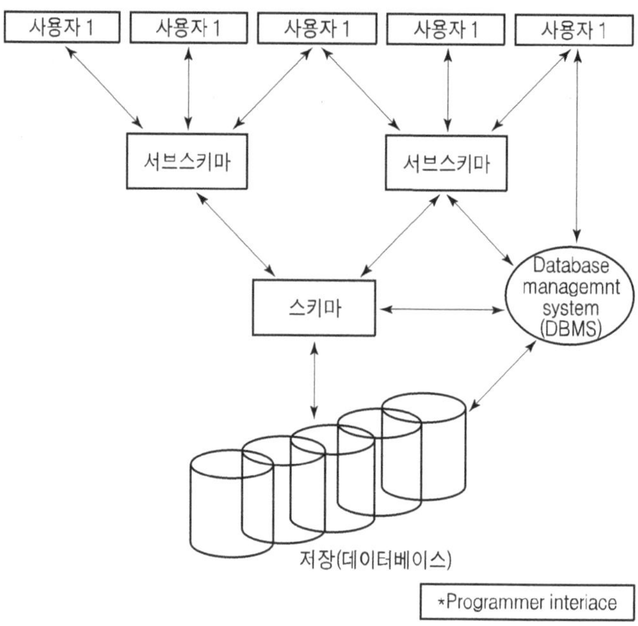

3. 내부 스키마

물리적 저장장치의 면에서 본 전체 데이터베이스 구조이다. 즉 개념 스키마의 물리적 저장 구조로 실제로 저장된다.

08 연 습 문 제

01 데이터베이스에서 실제로 저장된 내부 레코드 형식을 정의하며 색인사용 저장된 데이터의 표현방법 등을 기술한 스키마를 무엇이라 하는지 상세히 설명하라.

02 데이터베이스의 단점을 나열하고 간략히 설명하라.

03 데이터베이스의 구성요소에는 어떤 것이 있는지 나열하고 간략히 설명하라.

04 데이터베이스의 3층 스키마에서 사용자가 직접 인터페이스 할 수 있는 바깥쪽의 스키마를 무엇이라 하는지 상세히 설명하라.

05 서브스키마가 무엇인지 상세히 설명하라.

06 데이터베이스의 자료 특성에는 어떤 것이 있는지 나열하고 간략히 설명하라.

07 일반적인 관계 DBMS 구조의 3단계가 무엇인지 나열하고 상세히 설명하라.

08 관계 데이터베이스에서 관계의 한 행(row)을 나타내는 것으로 파일의 레코드에 해당되는 것은 무엇인지 설명하라.

09 데이터베이스 이용의 최대 목적은 무엇인지 설명하라.

10 데이터베이스 시스템의 특징이 무엇인지 상세히 설명하라.

11 데이터베이스의 데이터 모델에는 어떤 것이 있는지 나열하고 설명하여라.

12 다음의 용어들을 간단히 설명하여라.

(1) 엔티티 (2) 필드
(3) 튜플 (4) 항목
(5) 속성 (6) 도메인

CHAPTER.09

컴퓨터 보안

Computer
Science

CHAPTER

09 컴퓨터 보안

컴퓨터 보안은 최근에 컴퓨터 과학 분야에서 중요한 위치를 차지하고 있는데, 이는 인터넷의 급속한 확산과 전자 상거래의 폭발적인 보급으로 그 역할과 필요성이 어느 때 보다 절실하기 때문이다. 오늘날과 같이 거의 모든 정보 시스템들이 인터넷과 같은 컴퓨터 네트워크를 통해 연결되어 있는 환경에서는 불법적인 정보의 획득을 목적으로 하는 공격자로부터 안전한 정보 보호가 무엇보다 중요하다. 악의적으로 서버에 침투하여 정보를 삭제하거나 유출시키고, 인터넷을 통해 컴퓨터 바이러스(Virus)나 웜(Worm)을 유포시키는 행위가 빈발하는 요즈음에는 이러한 침입자들로부터 개인이나 기관이 사용하는 컴퓨터와 관련된 모든 것을 안전하게 지키고 보호하는 것은 더욱 중요하다고 하겠다.

컴퓨터 보안을 유지하기 위한 대처 방안으로는 외부의 침입을 막기 위한 방화벽(Firewall), 외부로부터의 침투 징후를 포착하기 위한 침입탐지 시스템(IDS : Intrusion Detection System), 정보를 손상시키는 컴퓨터 바이러스를 예방하거나 치료하기 위한 안티 바이러스 시스템(Anti-Virus System), 암호화를 통한 정보의 접근만을 허용하게 하는 암호 인증 시스템(Authentication System), 개인이나 특정 기관이 독점적으로 네트워크를 사용할 수 있도록 해주는 가상 사설망(VPN : Virtual Private Network) 등이 있다.

1 컴퓨터 보안이란

컴퓨터 보안(Computer Security)은 여러 가지 의미를 내포하고 있다. 일반적으로 보안이란 개인이나 기관이 사용하는 컴퓨터와 관련된 모든 것을 안전하게 보호하는 것으로 컴퓨터 시스템에 대한 것과 컴퓨터 안에 들어있는 중요한 정보를 보호하는 행위를 말한다. 이 때 어떤 것을 어떠한 대상으로부터 지키느냐에 따라 시스템 보안(System Security)과 자료 보안(Data Security)으로 나눌 수 있다.

인터넷의 급속한 팽창으로 인해서 네트워크 해킹(Hacking)이 사회적으로 문제화되고 있는데 이는 인터넷이 개방된 구조를 가지고 있기 때문에 보안에 문제가 발생할 가능성이 아주 높아서 각 기관은 실정에 맞는 보안 정책을 수립하고 보안 시스템을 구축할 필요가 있다. [그림

9-1]은 최근에 우리나라의 경우 컴퓨터 침해와 불법 행위로 인해서 피해를 입은 기관별 통계를 나타낸 것인데, 오른쪽은 개인을 제외한 사고 비율표이다.

피해 기관 수

구분	사고 기관	
	기관 수	비율(%)
대학(ac)	705	21.4
기업(co)	2,416	73.0
비영리(or)	126	4.0
연구소(re)	14	0.5
네트워크	32	1.1
개인	9,058	-
합계	12,225	100

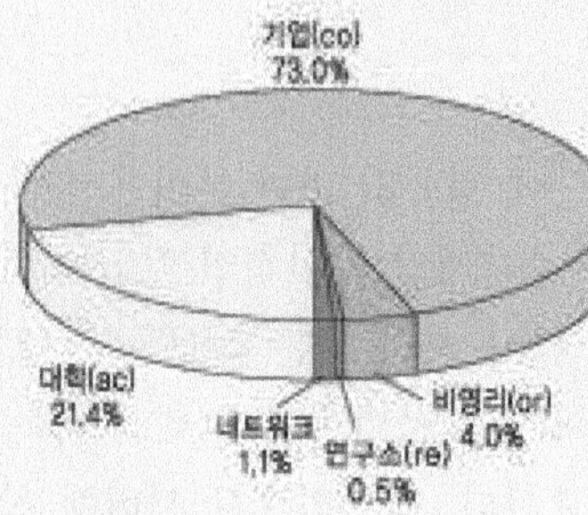

그림 9-1 • 컴퓨터 침해 및 불법 행위로 인한 피해 기관별 통계

시스템 보안은 컴퓨터 시스템의 운영 체제, 응용 프로그램, 서버 등의 허점을 이용해서 불법적으로 사용하는 것을 방지하는 것으로 주로 방화벽(Firewall)을 설치하여 보안 시스템을 구축한다. [그림 9-2]와 같이 방화벽은 내부의 신뢰성 있는 네트워크와 외부의 신뢰성 없는 네트워크 사이에 위치하는데 외부의 불법 침입으로부터 내부의 정보 자산을 보호하고 외부로부터의 유해 정보를 차단하기 위한 정책과 이를 지원하는 하드웨어와 소프트웨어를 총칭한다.

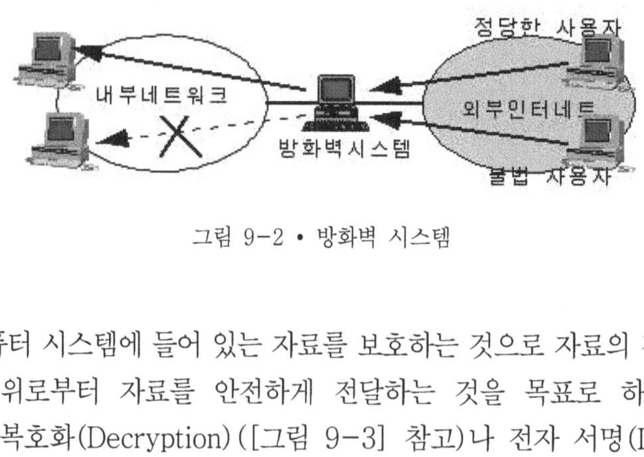

그림 9-2 • 방화벽 시스템

자료 보안은 컴퓨터 시스템에 들어 있는 자료를 보호하는 것으로 자료의 전송 도중에 가로채거나 수정하는 행위로부터 자료를 안전하게 전달하는 것을 목표로 하는데 주로 암호화(Encryption) 및 복호화(Decryption)([그림 9-3] 참고)나 전자 서명(Digital Signature)([그림 9-4] 참고)을 이용한다.

그림 9-3 • 자료 전송시 암호화 및 복호화

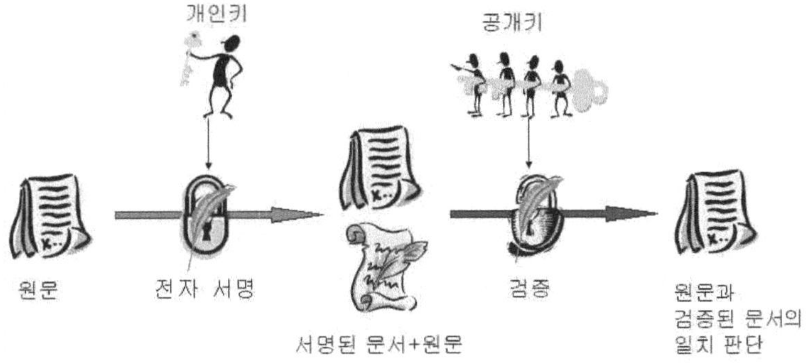

그림 9-4 • 전자 서명 시스템

다음 각 절에서는 방화벽과 암호화 및 전자 서명에 대해서 자세히 알아보도록 한다. 더불어 인터넷 망을 사용하는 전자상거래 등에서 중요한 요소인 인터넷 보안(Internet Security)에 대해서도 알아본다.

2 방화벽(Firewall)이란

컴퓨터의 시스템 보안을 위한 한 방책으로 사용되는 방화벽은 기관의 보안 정책에 따라 인가된 인터넷 서비스에 대한 접근은 허용하고, 인가되지 않은 서비스에 따르는 트래픽을 철저하게 막음으로써 효율적인 보안 서비스를 제공하도록 한다. 물론 이 방화벽 시스템을 구현하는 것이 기관의 보안을 완전하게 보장하지는 않지만, 가장 효과적이고 비용이 비교적 적게 드는 방법이라고 할 수 있다.

방화벽의 원래 의미는 건물에서 발생한 화재가 더 이상 번지는 것을 막는 것이다. 이 의미를 인터넷에 적용한다면, 이는 네트워크의 보안 사고나 위협이 더 이상 확대되지 않도록 막고 격리하는 것이라고 할 수 있다. 이는 특히 어떤 기관의 내부 네트워크를 보호하기 위해서는 외부에서의 불법적인 트래픽이 들어오는 것을 막고, 허가하거나 인증된 트래픽만 허용하는 적극적인 방어 대책이라고 할 수 있다.

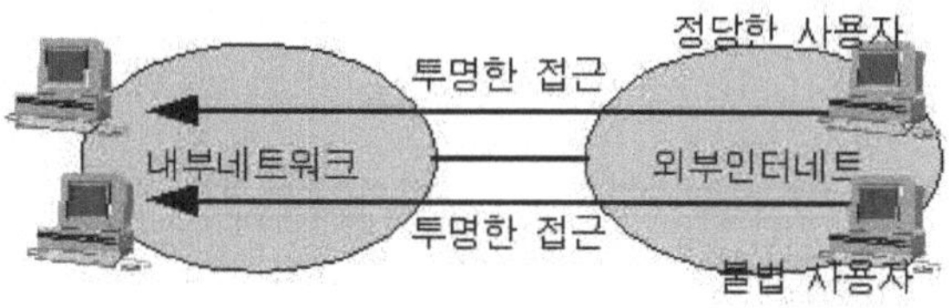

그림 9-5 • 인터넷 접속과 위험 지대(Zone of Risk)

방화벽 시스템의 기본 목표는 네트워크 사용자에게 가능한 한 투명성을 보장하면서 위험 지대를 줄이고자 하는 적극적인 보안 대책을 제공하는 것이다. 다음 [그림 9-5]는 일반적인 인터네트에 접속되어 있는 네트워크를 나타내고 있는데, 외부와의 투명한 접근을 허용하므로서 내부 망 전체가 위험 지대임을 보여주고 있으며, [그림 9-6]의 경우는 외부와 내부 네트워크간의 유일한 경로에 방화벽 시스템을 둠으로써 방화벽 시스템이 보안 서비스를 제공하여 불법적인 트래픽을 거부하거나 막을 수 있는 것이다. 물론 투명성을 보장하지는 않지만 내부 네트워크를 안전지대로 만들 수 있는 것이다.

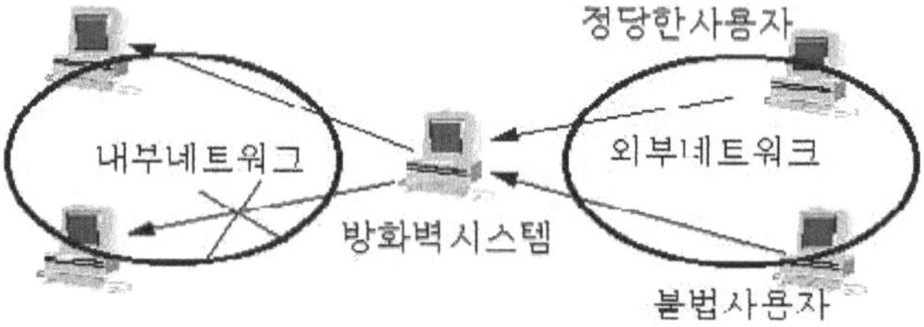

그림 9-6 • 방화벽 시스템과 안전지대(Zone of Security)

1. 방화벽 시스템의 이점

방화벽 시스템의 구축은 호스트에 대한 보안을 강화시킴으로써 사이트에 많은 이점을 제공한다. 방화벽을 구축, 사용함에 있어서의 이점을 요약하면 다음과 같다.

(1) 위협에 취약한 서비스에 대한 보호

방화벽은 네트워크에 대한 보안을 강화하고, 기본적으로 안전하지 않은 서비스를 필터링(filtering)함으로써 서브넷 상에 있는 호스트에 위험을 감소시킬 수 있다. 즉, 단지 선택된 프로토콜만 방화벽을 통과시킴으로써 서브넷 네트워크 환경은 위험에 덜 노출되게 된다.

(2) 호스트 시스템에 대한 접근 제어

방화벽은 또한 호스트 시스템에 대한 접근을 제어할 수 있다. 예를 들면, 외부 네트워크에서 내부 네트워크에 있는 호스토로 접속하고자 할 때, 원하지 않는 접근은 차단할 수 있다. 따라서 사이트는 메일 서버나 NIS(Network Information Service)같은 특별한 경우를 제외하고 외부로부터의 접근을 차단할 수 있다.

(3) 보안의 집중

방화벽은 대부분의 수정된 소프트웨어와 추가되는 보안 소프트웨어를 여러 호스트에 분산시키는 것과는 달리 원하는 호스트에 방화벽을 설치할 수 있다는 점에서 실제적으로 경제적일 수 있다. 특별히 일회용(one-time) 패스워드 시스템과 그 밖의 추가적인 인증 소프트웨어를 방화벽에 설치할 수 있다.

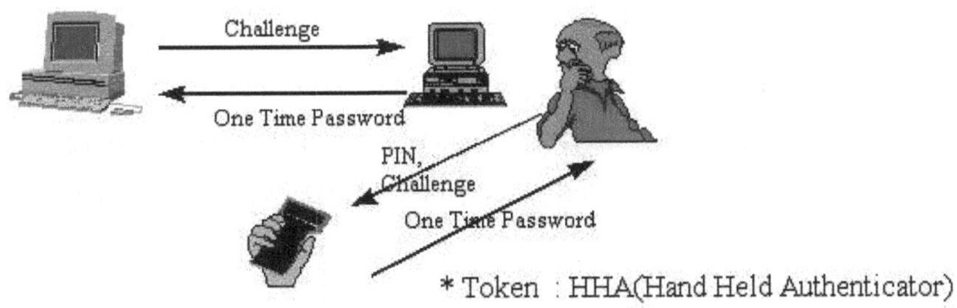

그림 9-7 • 일회용 패스워드 시스템

(4) 확장된 프라이버시

프라이버시는 대체적으로 해가 되지 않는 것으로 생각되는 정보가 실제로 공격에 유용하게 사용할 수 있는 실마리를 제공할 수 있기 때문에 어떤 사이트에서는 중요시 된다. 방화벽을 사용하면, 원하는 사이트는 핑거(finger)와 DNS(Domain Name Service)와 같은 서비스를 막을 수 있다. 핑거는 마지막 로깅 시간과 메일과 다른 아이템을 읽었는지와 같은 사용자 정보를 알려준다. 그러나 핑거는 침입자에게 시스템이 얼마나 자주 사용되는지, 시스템에 연결된 사용자가 있는지, 그리고 침해될 수 있는 지에 관한 정보를 알려줄 수 있다.

방화벽은 또한 사이트 시스템에 관한 DNS 정보를 막을 수 있다. 그래서 사이트 명과 IP 주소를 인터넷 호스트가 사용할 수 없게 해준다. 원하는 사이트는 이러한 정보를 막음으로써 침입자에 유용한 정보를 숨길 수 있다.

(5) 네트워크 사용에 대한 로깅과 통계자료

시스템에 대한 모든 접근이 방화벽을 통과 한다면, 방화벽은 접근을 로그할 수 있고, 네트워크 사용에 대한 유용한 통계 자료를 제공한다. 의심이 가는 활동에 대해 적절한 경고 기능을 제공하는 방화벽은 방화벽과 네트워크가 침입 시도를 받고 있는지 또는 침입 되었는지에 대한 세부 사항을 제공해 준다.

(6) 정책 구현

방화벽은 네트워크 접근 제어 정책에 대한 구현을 제공한다. 사실상, 방화벽은 사용자와 서비스에 대한 접근을 제어할 수 있다. 그래서 네트워크 접근 정책은 방화벽에 의해서 구현될 수 있다. 그러나 방화벽이 없다면, 이러한 정책들은 전적으로 사용자의 협조에 의존해야 한다. 사이트에서는 사용자의 협조에 의존할 수도 있으나 일반적으로 인터넷 사용자에게는 의존 할 수 없다.

2. 방화벽 시스템의 기본 구성 요소

방화벽 시스템에 대한 일반적인 용어 정의 및 개념을 먼저 규정하고, 방화벽 시스템의 구성 요소들에 대해서 알아본다. 방화벽 시스템이 가지는 여러 가지 기능과 보안 대처 수준에 따라 여러 가지 유형의 방화벽 시스템이 존재할 수 있다. 여기서는 일반적인 방화벽 시스템의 구성 요소들에 대하여 기술한다.

(1) 네트워크 정책(Network Policy)

방화벽 시스템의 설계, 설치, 사용에 직접적으로 영향을 줄 수 있는 두 가지 레벨의 네트워크 정책이 있다. 상위-레벨 정책은 명확한 내용 즉, 제한된 네트워크로부터 서비스를 허용할 것인가 또는 명확하게 거부할 것인가를 정의하는 네트워크 접근 정책, 이러한 서비스를 어떻게 사용할 것인가, 그리고 이러한 정책의 예외 조건 등을 말한다. 하위-레벨 정책은 어떻게 방화벽이 실질적으로 접근을 제한하고 상위-레벨 정책에서 정의한 서비스를 필터링(filtering)할 것인가에 대한 사항이다.

(2) 방화벽 시스템의 사용자 인증 시스템(Advanced Authentication)

방화벽 시스템은 한 기관의 네트워크 전체를 보호해야 하므로 일반적으로 유닉스 시스템에서 사용되는 단순한 패스워드로 사용자를 인증하는 방법을 사용하지 않는다. 좋은 인증

수단으로 스마트카드(Smart Card), 인증 토큰(Authentication Token), 생물 측정학(Biometrics), 그리고 소프트웨어 메커니즘 등을 사용한다. 현재 많이 사용하고 있는 우수한 인증 시스템으로는 일회용 패스워드이다. 즉, 매번 사용자가 로그인을 시도할 때 마다 매번 새로운 패스워드를 이용하는 것으로, 이는 침입자가 최근 이용하고 있는 스니퍼(sniffer)에 의한 패킷 가로채기를 통해 시스템의 사용자 ID와 패스워드를 알아내서 침입하는 것을 근본적으로 막아준다.

(3) 패킷 필터링(Packet Filtering)

IP 패킷 필터링은 통상 라우터 인터페이스를 지나는 패킷을 필터링하기 위해 설계된 패킷 필터링 라우터(packet filtering router)에 의해 행해진다. 패킷 필터링 라우터는 IP 패킷중 다음을 전부 또는 일부를 필터링할 수 있다.

① 발신지 IP 주소
② 목적지 IP 주소
③ TCP/IP 발신지 포트
④ TCP/IP 목적지 포트

(4) 응용 계층 게이트웨이(Application Level Gateway)

응용 계층 서비스는 축적 전달(Store-and-Forward) 방법을 사용하는 경우가 많은데, 이는 게이트웨이에서 수행하는 방법과 같다. 게이트웨이는 송신자 응용 서비스가 보내는 정보를 그대로 전달하면 되는 것이다. 실제로 이 게이트웨이에서는 보안을 위한 특별한 서비스가 제공된다. 예를 들어 내부와 외부간의 모든 응용 레벨의 트래픽에 대해 로깅이나, 텔넷(Telnet) 및 파일전송프로토콜(FTP) 등에서 사용자 인증이 필요한 경우에 우수한 인증 방법을 사용한다. 이 응용 계층의 게이트웨이 기능은 프록시 서버(Proxy Server)라는 서버 기능을 제공하게 된다. 예를 들어 외부의 전자우편 클라이언트가 내부의 어떤 호스트내 전자우편 서버와 접속하기를 원하면, 중간에 프록시 서버가 이를 받아 다시 내부의 서버에게 전달하는 방식이 된다.

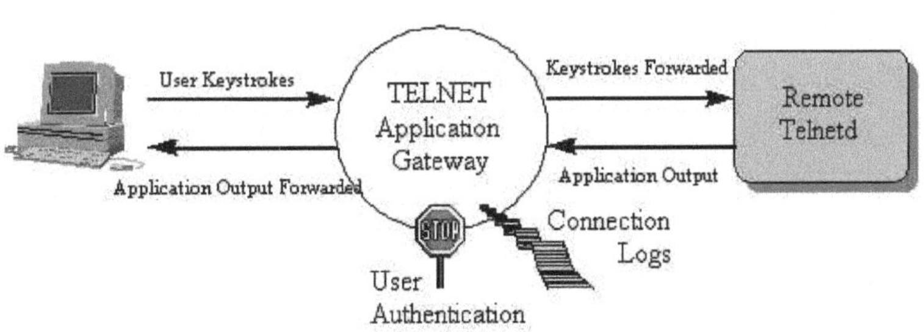

그림 9-8 • 응용 레벨 게이트웨이

(5) 스크린 라우터(Screen Router)

어떤 기관이 인터넷에 접속할 경우 라우터(Router)라는 인터넷 패킷을 전달하고 경로 배정(Routing)을 담당하는 장비를 사용하게 된다. 이러한 라우터는 단순 장비가 아니라 패킷의 헤더 내용을 보고 필터링(스크린)할 수 있는 능력을 가지고 있다. 네트워크 레벨의 IP(Internet Protocol) 데이터그램(Datagram)에서는 출발지 및 목적지 주소에 의한 스크린, TCP(Transmission Control Protocol) 레벨의 패킷에서는 네트워크 응용을 판단하는 포트(Port) 번호에 의한 스크린, 프로토콜별 스크린 등의 기능을 제공하게 된다. 이 스크린 라우터만으로도 어느 정도 수준의 보안 접근 제어를 통해 방화벽 시스템 환경을 구현할 수 있으나 라우터에서 구현된 펌웨어의 수준으로는 제한점이 많고 복잡한 정책을 구현하기 어려우므로 보통 스크린 라우터와 다음에서 설명하는 배스쳔 호스트를 같이 운영한다.

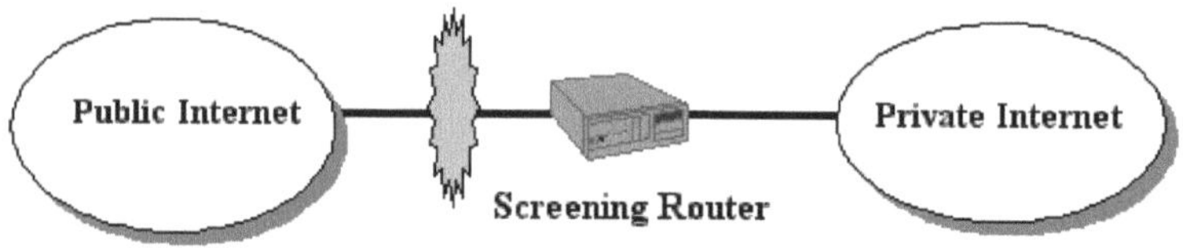

그림 9-9 • 스크린 라우터

(6) 배스쳔 호스트(Bastion Host)

배스쳔 호스트는 방화벽 시스템이 갖는 기능 중 가장 중요한 기능을 제공하게 된다. 원래 배스쳔(Bastion)은 중세 성곽의 가장 중요한 수비부분을 의미하는데 방화벽 시스템 관리자가 중점 관리하는 시스템이 된다. 그래서 방화벽 시스템의 중요 기능으로서 접근 제어 및 응용 시스템 게이트웨이로서 프록시 서버의 설치, 인증, 로그 등을 담당하게 된다. 그러므로 이 호스트에는 외부의 침입자가 주로 노리는 시스템이므로 일반 사용자의 계정을 만들지 않고 해킹의 대상이 될 어떠한 조건도 두지 않는 가장 완벽한 시스템으로서 운영되어야 한다. 현재 판매되고 있는 방화벽 시스템은 이러한 배스쳔 호스트를 제공하는 것이라고 보면 된다.

(7) 이중 네트워크 호스트(Dual-Homed Host)

이중 네트워크 호스트는 두 개 이상의 네트워크에 동시에 접속된 호스트를 말하며 보통 게이트웨이 호스트라는 시스템이다. 두 개의 네트워크는 외부 네트워크와 내부 네트워크를 의미하고, 이 두 네트워크간의 유일한 패스를 제공하도록 조정된다. 즉, 동적인 경로 배정과 경로 정보 전달을 배제하므로 모든 내・외부 트래픽은 이 호스트를 통과하도록 하여 배스쳔 호스트의 기능을 여기에 구현하는 것이다.

그림 9-10 • 이중 네트워크 호스트

(8) 스크린 호스트 게이트웨이(Screen Host Gateway)

스크린 호스트 게이트웨이 개념은 이 시스템을 내부 네트워크에 두어 스크린 라우터가 내부로 들어가는 모든 트래픽을 전부 스크린 호스트에게만 전달되도록 하겠다는 것이다. 또한 스크린 라우터는 내부에서 외부로 가는 모든 트래픽에 대해서도 스크린호스트에서 출발한 트래픽만 허용하고 나머지는 거부하게 된다. 그래서 외부와 내부 네트워크사이의 경로는 외부 네트워크 - 스크린 라우터 - 스크린 호스트 - 내부 네트워크 이외의 경로는 결코 허용하지 않게 된다. 이 스크린 호스트도 결국 배스쳔 호스트, 이중 네트워크 호스트의 개념이 집합된 시스템이다.

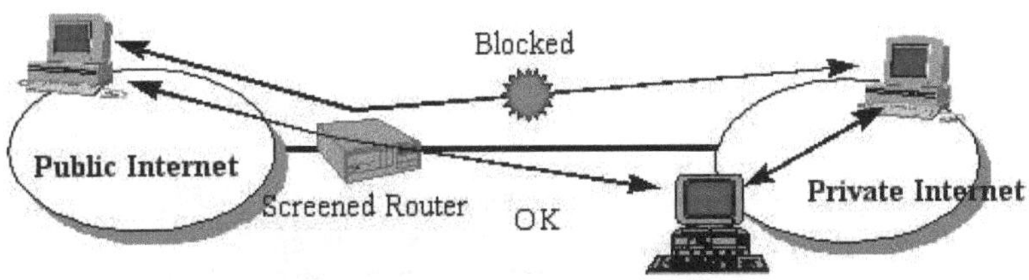

그림 9-11 • 스크린 호스트 게이트웨이

(9) 스크린 서브넷(Screen Subnet)

스크린 서브넷은 일명 DMZ(DeMilitarization Zone)의 역할을 외부 네트워크와 내부 네트워크사이에 두겠다는 것으로써 완충 지역 개념의 서브넷을 운영하는 것이다. 여기에 스크린 라우터를 이용하여 이 완충 지역을 곧장 통과 못하게 하지만 외부 네트워크에서도 내부 네트워크에서도 이 스크린 서브넷에 접근할 수는 있다. 특히 어떤 기관에서 외부로 공개할 정보 서버(Information Server), 즉 익명 FTP서버, 고퍼(Gopher) 서버, 월드와이드웹(WWW) 서버 등을 여기에서 운영하면 된다.

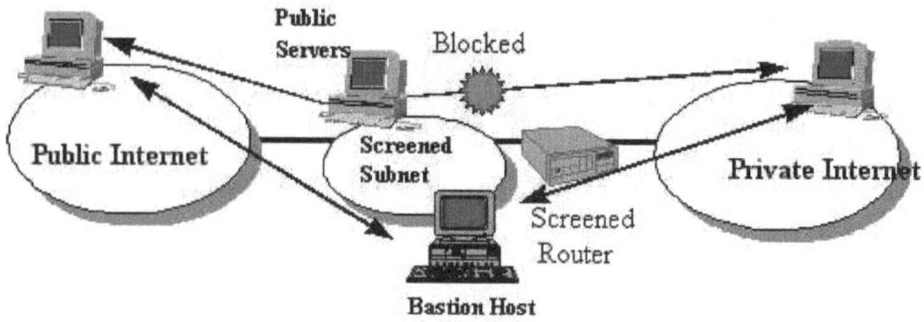

그림 9-12 • 스크린 서브넷

(10) 암호 장치(Encryption Device)

암호 장치는 어떤 기관의 네트워크가 공중 인터넷을 통해 여러 지역으로 분산되어 있을 경우에 적합하다. 즉, 어떤 본사 네트워크가 방화벽 시스템을 구축하였을 때 지역적으로 떨어진 지점 네트워크도 본사 네트워크처럼 보호되어야 하는 것이다. 이 경우 본사와 지점 네트워크가 인터넷으로 연결되었다면 안전을 보장하기 어려우므로 두 지점 사이를 암호 장비를 이용하여 가상 사설 링크(VPL : Virtual Private Link)로 만들어 운영하면 된다. 그러므로 두 개의 네트워크는 하나의 안전한 네트워크가 되는 것이다. 각 종단에 위치하는 암호 장치는 데이터나 패스워드 등이 도청 되는 것을 막기를 원하는 사설 백본(Private Backbone)에 여러 인터넷 접속점을 가진 기관에서 유용할 것이다.

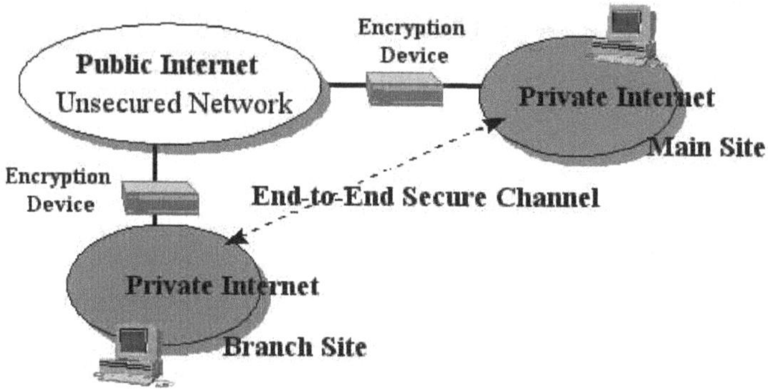

그림 9-13 • 암호 장치

3. 방화벽 시스템 구축 방안

방화벽 시스템을 구축하는 방법에는 두 가지 유형이 있다. 즉, 네트워크 레벨(Network Level) 방화벽 시스템과 응용 레벨(Application Level) 방화벽 시스템이 있다. 이러한 두 가지 유형에 대해 어떤 것이 좋고 어떤 것이 나쁘다는 식의 판단을 내리기는 어려운 점이 있지만 기관의 요구사항에 어떤 것이 부합되는지를 잘 판단해야 한다.

네트워크 레벨의 시스템은 IP 패킷의 발신지 및 목적지 주소와 포트에 의해 결정된다. 단순한 라우터는 낡은 방식의 네트워크 레벨 방화벽을 제공하는데 이것은 어떤 패킷이 동작하는지 어떠한 네트워크에서 왔는지를 식별해야 하는 복잡한 규칙에 대해 판단하기 어렵다. 하지만 현재의 네트워크 레벨 방화벽은 매우 복잡해져서 허용된 접속들의 상태와 어떤 종류의 데이터 내용 등을 관리할 수 있다.

한 가지 중요한 차이점은 네트워크 레벨 방화벽이 경로를 직접 제어할 수 있으며 할당된 IP 블럭을 정당하게 사용할 수 있도록 해준다는 점이다. 네트워크 레벨 방화벽은 매우 빠르며, 사용자에게 투명한 서비스를 보장한다.

(1) 네트워크 레벨 방화벽의 사례 1

"스크린 호스트 방화벽" 이라고 할 수 있으며, 호스트에 대한 접근 제어가 네트워크 레벨에서 동작하는 라우터에서 이루어지며 이때의 호스트가 배스쳔 호스트이다.

(2) 네트워크 레벨 방화벽의 사례 2

"스크린 서브넷 방화벽"으로 구현될 수 있으며 이것은 네트워크 레벨에서 동작하는 라우터가 하나의 전체 네트워크에 대한 접근 제어를 할 수 있음을 말한다. 스크린 호스트의 네트워크란 점만 빼면 스크린 호스트와 유사한다.

응용 레벨 방화벽은 두 개의 네트워크 간에 항상 직접적인 트래픽을 막고, 트래픽에 대해 로그, 감사(Audit) 기능 등이 지원되는 프록시를 실행하는 기계를 말한다. 프록시 응용은 방화벽의 소프트웨어 부분이므로 많은 로그와 접근 제어 기능을 제공하는 것이 좋다. 응용 레벨 방화벽은 주소 변환기로서 사용될 수 있다. 어느 한 쪽에서 들어와 다른 쪽으로 나가기 때문에 처음 시도한 접속에 대해 효과적인 마스킹(Masking)을 할 수 있다. 이렇게 중도에 응용을 가지는 것은 어떤 경우에는 성능에 문제를 가질 수 있으며 투명성이 보장되지 않는다. 초기 응용 레벨 방화벽은 일반 사용자에게 투명하지도 않으며 어떤 연습이 필요하였는데, 최근의 응용 레벨 방화벽은 투명성이 보장되고 보다 상세한 감사 보고 기능이 있으며 네트워크 레벨 방화벽보다 보다 안전한 보안 모델을 제공하고 있다.

(3) 응용 레벨 방화벽 사례

"이중 네트워크 게이트웨이"가 있을 수 있으며 프록시를 실행하는 고도의 보안 기능이 제공되는 시스템이다. 이것은 두 개의 네트워크 인터페이스를 가지고 하나의 네트워크 인터페이스에 대해서는 모든 트래픽이 그냥 통과되는 것을 막는다.

미래의 방화벽 시스템은 네트워크 레벨과 응용 레벨 방화벽의 혼합형에 해당된다. 이는 네트워크 레벨에서는 보다 상위의 기능을 가지려 하고 응용 레벨에서는 보다 하위 기능을 갖고자 하기 때문이다. 즉, 향후는 매우 빠른 패킷 스크린 기능과 모든 트래픽에 대한 로그와 감사 등이 예측되며, 특히 네트워크를 통해 전달되는 트래픽의 보호를 위해 암호 기법이 사용될 것이다.

4. 방화벽 시스템 구축시 고려 사항

앞 절에서 설명한 구성요소를 가지고 실질적으로 방화벽 시스템에서 요구하는 대부분의 기능을 구현할 수 있는데, 방화벽 시스템의 가장 중요한 목적인 내부 네트워크의 보호라는 관점에서 다음의 고려 사항을 염두에 두고 방화벽의 설계 및 사양을 작성하거나, 구현 혹은 설치를 어떻게 할 것인지를 판단해야 한다.

첫째, 가장 중요한 관심사로서 해당 조직이 어떻게 시스템을 운영할 것인지에 대한 정책을 반영하는 것으로써, 매우 중요한 네트워크에서의 작업을 제외하고는 모든 접속을 거부하는 식의 시스템을 운영할 것인가 아니면 덜 위협적인 방법으로 접속해 오는 트래픽에 대해 조사하고 점검하는 방식으로 시스템을 운영할 것인가라는 선택을 할 수 있다. 이러한 선택은 보안 결정권자에 달려있다.

둘째, 어느 정도 수준의 감시, 백업 및 제어를 원하는가라는 문제이다. 첫 번째 문제로서 기관이 받아들일 수 있는 위험 수준이 세워졌다면, 이제 어떤 것을 감시하고, 허용하고, 거부할 것인가라는 체크 리스트를 작성해야 한다. 즉, 기관의 전체적인 목적을 결정하고 위험 평가에 근거한 필요성 분석을 하며, 구현하고자 계획하여 사양을 마련했던 목록과 구별될 수 있는 문제점을 가려낸다.

셋째, 경제적인 문제이다. 방화벽 시스템을 구매하는데 드는 비용과 구현에 드는 비용을 정확하게 정량적으로 산출하는 것이 중요하다. 예를 들어 완전한 방화벽 제품의 구매 비용은 무료에서 수 억원에 이를 수 있으며, 방화벽 시스템의 설치 및 구현에 드는 비용 뿐 아니라 향후 지속적으로 드는 비용과 지원비 등을 계산해야 한다.

넷째, 기술적인 측면에서 몇 가지 결정해야 할 것이 있는데, 기관 내부의 네트워크와 네트워크 서비스 제공자 사이에서의 고정적 트래픽 라우팅 서비스 등에 대해서도 결정하여야 한다. 트래픽 라우팅은 라우터에서의 IP 수준의 스크린 규칙이나 혹은 프록시 게이트웨이나 서비스에서의 응용 수준 등에서 구현되어야 한다.

다섯째, Telnet, FTP, News 등의 프록시를 설치한 외부에 노출된 기계가 외부 네트워크에 둘 것인가 혹은 하나 이상의 내부 기계와 통신을 허용하는 필터링으로서의 스크린 라우터를 만들 것인가를 결정해야 한다. 각각의 접근 방식은 장단점이 있는데, 프록시 기계가 고급 수준의 기록성과 잠재적인 보안 기능을 많이 구현해야 하는 만큼 또한 비용이 많이 요구되기 때문이다. 프록시는 요구되는 서비스 마다 따로 설계되어야 하며, 편리성과 보안에 드는 비용은 상대적이다.

그리고 앞의 내용과 중복되기는 하지만 다음 사항도 고려해야 한다.

① 손실 제어(Damage Control) : 방화벽 시스템이 침해당할 수 있다면, 내부 네트워크로 들어오기 위해 어떤 취약점들이 이용될 수 있을까?

② 위험 지역(Zone of Risk) : 일반적인 관리 상황에서 위험이 있는 곳이 얼마나 큰가? 이것의 측정은 외부에서 손쉽게 접근 가능한 내부 네트워크의 호스트 수와 라우터 수이다.

③ 시스템 실패 환경(Failure Mode) : 만약 방화벽 시스템이 침해당한다면 얼마나 쉽게 이것을 탐지할 수 있는지, 얼마나 쉽게 미리 감지되어지는지, 침투 수법 및 경로 등을 검사하는데 필요한 정보가 얼마나 남아 있을 수 있는지를 검토한다.

④ 쉬운 이용 환경(Ease of Use) : 일반 사용자가 사용할 경우 방화벽 시스템이 얼마나 불편함을 주는지를 고려한다.

⑤ 기본 입장(Stance) : 자신의 기관에서 설치할 방화벽 시스템의 기본적인 구축 개념이 무엇인지를 정확하게 정의해야 한다. 즉, 네트워크 레벨의 방화벽을 구현할 것인가, 아니면 응용 레벨의 방화벽을 구현할 것인가 하는 것을 말한다.

5. 방화벽의 문제점과 대책

현재 어떤 기관이 인터넷에 연동할 때 가장 효과적인 보안 대책은 방화벽(Firewall)을 설치하는 것이라고 할 수 있지만, 방화벽의 상용 제품은 하드웨어 플랫폼, 컨설팅, 네트워크 재 설계 등으로 인한 비용이 많이 된다. 따라서 비용에 해당하는 완벽한 보안 해결책을 제공받을 수 있는지 의문이 있을 수 있다.

방화벽이 가장 우수한 해결책이라 하더라도, 먼저 공개 도구를 설치하거나 라우터 등에서 방화벽의 설치 및 운영 경험을 갖는 것이 중요하다. 라우터에서 제공하는 패킷 스크린 기능은 외부의 어떤 특정 네트워크, 호스트 등에 대해 또한 응용 프로토콜 등에 대한 접근 제어 기능을 제공하므로 가장 기본적인 방화벽을 만들 수 있고 그밖에 필요한 사용자 인증, 응용 계층 프록시 등은 공개 도구를 이용하여 사용자 인터페이스나 여러 관리 지원 기능 등을 해결할 수 있다.

방화벽이 완전한 보안을 제공하는 것은 아니다. 방화벽은 단지 인터넷 등의 네트워크에서의 보안 격리만을 제공할 뿐이며, 또한 이에 대한 비효율적인 운영과 완전하지 않은 정책 채택은 더 문제가 될 수 있다. 방화벽은 단순히 네트워크의 기술적인 보안 문제를 해결할 뿐이며, 그밖에 호스트에서의 보안 문제, 보안 감시, 중앙 집중적인 보안 관리, 정책, 교육 등이 총 망라되어야 할 것이다. 집중적으로 보안을 담당할 인력을 보강하고 다음과 같은 구체적인 기술 대책과 관리에 신경을 쓴다면 보다 효율적인 보안 대책을 수립할 수 있다.

- 네트워크 보안을 위해 자체적인 방화벽 환경의 구축
- 각 호스트별 접근 제어로서 TCPWRAPPER 등의 설치

• 시스템 및 각 응용 프로그램 등의 최신 버젼 패치(Patch)
• 시스템 보안 감시 및 일일 주간 체크리스트의 활용
• 주기적인 부분/전체 백업
• 보다 우수한 사용자 인증 방법

물론 이러한 대책을 지원하는 공개 소프트웨어 도구는 많이 있다. 그러나 무엇보다도 보안 담당 인력의 주의와 노력이 절대적으로 요구된다.

3 암호화(Encryption)란

정보 보호의 필요성은 수천 년 전부터 매우 중요한 개념으로 인식되어 왔으며, 상대방의 비밀정보를 가로채어 자신에게 유리한 정보를 얻고자하는 노력 또한 경주되어 왔다. 비밀 정보 보호의 필요성은 정보를 보호하는 가장 좋은 수단인 암호 시스템에 관한 연구의 동기가 되었다. 만약 제3자가 어떤 정보도 획득할 수 없는 전송 수단이 존재한다면 정보를 보호하기 위한 수단의 강구는 필요하지 않을 것이다. 그러나 그러한 전송수단은 현재 존재하지 않으며, 전송로 상의 정보는 항상 제3자가 획득할 수 있다고 가정해야 한다.

이러한 가정에서 정보를 획득하더라도 그 의미를 분석할 수 없도록 하는 것이 바로 암호 시스템을 이용하는 가장 큰 이유라고 할 수 있다. 암호(Cryptography)란 평문을 해독 불가능한 형태로 변형하거나 또는 암호화된 통신문을 해독 가능한 형태로 변환하기 위한 원리, 수단, 방법 등을 취급하는 기술 또는 과학이다. 암호에 관련된 중요한 용어 몇 가지에 대해 기술해 보겠다. 송신자가 수신자에게 보내고 싶은 보통의 통신문을 평문 또는 원문이라 하며, 평문을 그냥 보아서는 이해할 수 없는 암호문(ciphertext)으로 변환하는 조작을 암호화(encryption)라고 한다. 역으로 암호문을 본래의 평문으로 바꾸는 조작을 복호화(decryption)라 한다. 복호화는 정당한 수신가 정당한 절차를 통해 평문을 복원하는 경우를 말하며, 부당한 제3자(도청자)가 다른 수단을 통해 평문을 추정하는 것을 암호 해독(cryptanalysis)이라 한다.

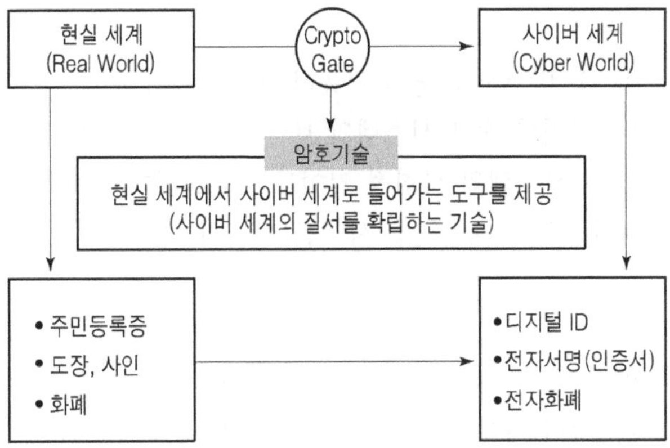

그림 9-14 • 사이버 보호(Cyber Security) 도구로서의 암호 기술

암호화와 복호화의 조작 원리를 암호 알고리즘(encryption algorithm)이라 하며, 암호 알고리즘에 의한 변환을 제어하는 요소를 키(Key)라 한다. 암호학(cryptology)은 암호와 암호해독을 연구하는 학문이다. 현대 암호학은 전자 계산학, 전자공학, 수학 및 통계학 등 여러 분야의 학문과 연관되어 있다. 현대 암호학을 이해하고 암호 시스템을 설계, 구현하기 위해서는 이러한 분야에 대한 기본적인 지식이 필수적이다.

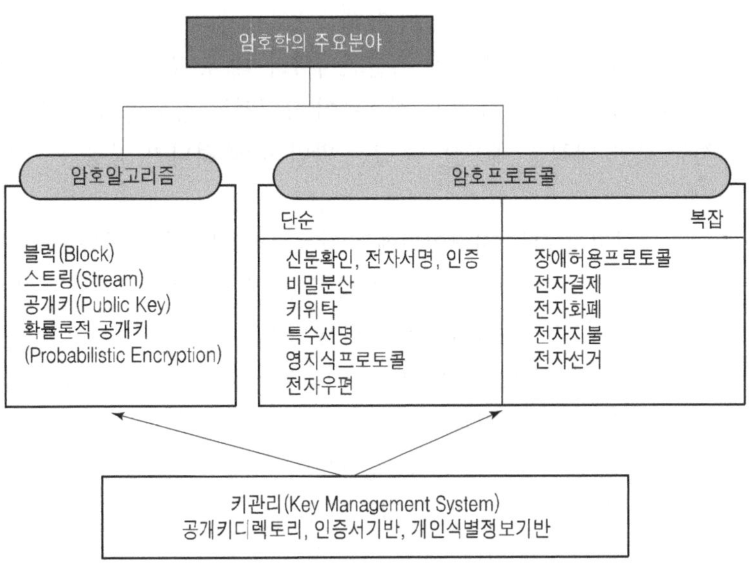

그림 9-15 • 암호학의 주요 분야

1. 암호의 개념 및 필요성

컴퓨터와 전기 통신 기술의 발달과 더불어 컴퓨터 네트워크의 보급을 통해 종합 정보 시스템이 구축 및 운용되고 있다. 이러한 정보 시스템의 보급 확대로 우리 사회는 고도 정보화 사회로 진입되고 있다. 따라서 정보 시스템의 사회적 기여도는 날로 높아지고 있으며, 정보 시스템의 정상적인 기능의 유지는 건전하고 효율적인 사회를 실현하는데 무엇보다도 중요한 요소가 되고 있다.

정보 사회란 컴퓨터와 정보 통신 기술이 결합되어 정보의 축적, 처리, 전송 능력이 획기적으로 증대되어 정보의 가치가 산업 사회에서의 물질이나 에너지 이상으로 중요해지는 사회로 변해 가면서 정보가 상품으로서의 가치를 인정받아 시장에서 유통되는 사회를 말한다. 정보 사회의 진전으로 정보 처리와 정보 통신이 다양화됨에 따라 종래와 같이 정보를 한곳에 모아 일시에 처리하는 집중 처리 방식에서 크게 문제가 되지 않았던 정보 보호가 중요하고도 필수적인 문제로 부각되었다. 즉, 정보시스템 내에서 축적, 처리, 전송되는 정보는 전기적 현상을 이용하여 디지털화, 대용량화되고 있어 정보에 대한 적절한 보호 조치가 없으면, 전송, 처리 혹은 기억장치에 보관된 상태에서 불법 유출, 삭제 및 수정 등의 위험에 노출되기 쉽다. 이렇듯 원하지 않는 불법적인 사고로 인하여 개인 프라이버시가 침해될 뿐만 아니라, 막대한 경제적 손실을 당할 염려가 생기고 있다.

최근에는 정보의 불법유출 및 수정이 사회적 문제가 되고 있어 정보 보호에 대한 관심이 고조되고 있다. 정보 시스템의 정보 보호를 위한 대책으로는 설비 면에서의 물리적 대책, 관리, 운영 면에서의 인적자원에 대한 관리대책, 기술면에서의 대책, 법제도면에서의 대책이 있을 수 있다. 그 가운데 가장 경제적이면서 정보 시스템이 요구하는 정보의 보안 수준에 따라 효율적이면서도 계층적인 보안 대책을 제공할 수 있는 방법 중에 하나가 암호화 기법을 이용하는 것이다.

암호화의 목적은 전달하고자 하는 사람이외에는 암호화된 데이터를 획득한 사람에게 조차도 해당 정보를 감춤으로써 프라이버시를 보장하는 것이다. 암호화의 목적은 [그림 9-16]과 같이 네 가지로 요약된다. 첫째, 비밀성(Confidentiality) 혹은 사적 기밀(Privacy)은 암호를 사용하는 일차적인 목적으로 허가된 사람이외에는 그 내용을 알아볼 수 없도록 하기위한 것이다. 즉, 안전한 통신에서 메시지의 발신인과 수신인만 메시지의 내용을 이해할 수 있어야 한다. 둘째, 인증(Authentication)은 통신하고 있는 상대방이 실제 맞는지를 확인하고 서로에게 전송한 메시지가 위조되지 않았음을 확인할 수 있도록 한다. 즉, 안전한 통신을 위해서는 수신인은 발신인의 신원을 확인할 필요가 있다. 셋째, 무결성(Integrity)은 외부의 요인으로 인해 메시지가 변조(변경, 삽입, 삭제 등)되었는지를 알 수 있도록 한다. 넷째, 부인 봉쇄(Nonrepudiation)는 메시지의 발신인으로부터 거부를 방지하는 것이다. 즉, 메시지의 수신인은 발신인이 실제로 메시지를 보냈다는 것을 증명할 필요가 있다.

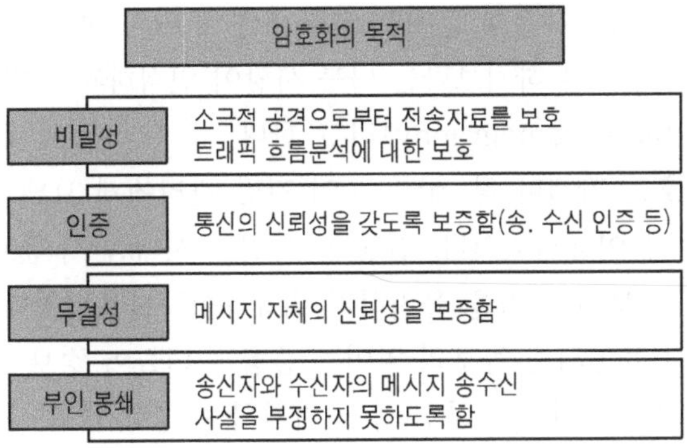

그림 9-16 • 암호화의 목적

암호 기법도 세월의 흐름과 기술의 발전에 따라 그 응용 분야가 다양하게 전개되고 있다. 과거 암호 기법은 주로 전쟁과 외교 분야에 이용되어 왔었다. 또한, 암호라는 테마는 소설 속에 등장하여 독자들의 추리력을 발동시켜 독서의 흥미를 즐기도록 하였으며, 고대 문자 해독에도 이용되었다. 현대 정보 사회에서는 암호 방식이 상업적으로 이용되면서 전자 상거래의 핵심 요소인 전자화폐, 전자송금, 전자 지갑 실현 등 광범위한 범위에서 암호 기법들이 적용 및 이용되고 있다. 그럼에도 불구하고 일반인들에게 있어 암호라고 하는 단어가 주는 신비성과 부정적인 느낌은 부인할 수 없는 사실이다. 그러나 암호 기법이 정보 시스템 내에서의 정보 처리, 축적, 전송 과정에서 발생할 수 있는 정보 보호 문제를 해결할 수 있는 방식으로 이용되면서 그러한 부정적인 느낌은 점차 불식되고 있다. 또한, 최근에는 학문의 한 분야로 정착되어 활발한 연구가 진행 중에 있다.

2. 암호의 역사와 유형

최근 암호 기법은 정보 통신 이론의 한 분야로 정착되어 활발히 연구되고 있지만, 암호라는 개념은 인류 역사가 시작되기 전부터 사용되어온 것으로 알려지고 있다. 그러나 국가가 형성되기 이전에는 비밀리에 보관해야 할 정보가 그리 많지 않아 암호 기법의 사용은 거의 존재하지 않았다. 국가가 형성되면서 국가와 국가간의 이권, 그리고 상업의 발달로 인해 개인과 개인간의 이권에 따른 비밀 보전의 필요성이 증대되면서 암호 기법의 사용이 서서히 증가하였다. 특히 중세에 이르러서는 암호기법에 대한 연구가 급속히 진행되어 졌다.

일반적으로 암호는 비밀 통신과 동의어로 사용되고 있지만 엄격하게 말해서 양자를 구별해야 한다. 비밀 통신이라고 말할 때는 암호문(ciphertext)이 아닌 보통 문장의 평문(plaintext)인 통신문 내용을 알아보지 못하도록 숨겨서 통신하는 방법도 포함된다. 이와 같은 예로는 고대 그리스에서 노예의 머리를 깎아 통신문을 머리속에 적어 머리카락이 길어질 때를 기다렸다가 제삼자의 눈에 발견되지 않게 상대방에게 노예를 보내면 다시 머리를 깎아 통신문을 전달하였다. 또 다른 방법으로는 나뭇가지에 열매가 달린 유무에 따라 통신문을 표현하는 방법도 사용하였다. 이러한 방법은 암호라 하기보다는 다른 사람이 인식하지 못하도록 통신문을 감춘다는 뜻에서 스테가노그래피(steganography)라고 한다.

고대 봉건 사회의 암호는 황제나 왕, 군주 등이 지방 관리에게 보내는 문서나 비밀 정책의 통보, 국가 기밀 문서 등에 이용되었거나, 전쟁 중 작전 지시나 군사 훈련 중 지휘관의 명령이나 보고 사항 등을 적으로부터 비밀을 유지하기 위해 주로 사용되었다. 산업 사회의 발전과 전기 통신의 발달에 따라 유통되는 정보의 양이 급증함과 더불어 정보 보호를 위한 암호 사용이 급증하였다. 20세기에 들어와서는 무선 통신 기기의 개발로 암호 사용이 더욱 가속화되었다. 특히 두 차례의 세계 대전을 통해 암호의 수요가 폭발적으로 증가하였고, 암호 기술이 크게 발전하면서 암호 장비 개발이 활발해졌다. 최근에는 컴퓨터의 보급과 정보 통신 기술의 발전으로 정보 시스템을 통한 정보의 처리, 축적, 전달이 널리 확산됨에 따라 정보 시스템 내에서의 정보 보호와 통신상에서의 정보 보호, 그리고 통신 쌍방의 합법성 확인을 위한 해결책으로서 암호가 크게 주목받고 있다. 특히, 산업 사회로부터 정보 사회로 전환되면서 개인의 프라이버시, 기업의 경영 비밀 등 제 삼자로부터 보호해야할 정보의 급증으로 정보보호를 위한 기술면에서의 암호의 사용이 보편화되고 있다. 이들 암호의 변천을 고대 암호와 세계 대전을 기점으로 근대 암호와 현대 암호로 구분해 간단히 살펴보도록 한다.

(1) 고대 암호

일반적으로 현대 암호가 연구되기 전의 고대 암호와 근대 암호는 문자의 위치를 변화시켜 사용한 전치 암호(transposition cipher)와 문자를 다른 문자로 치환하는 치환 암호(substitution cipher) 그리고, 전치암호와 치환 암호를 복합한 곱암호(product cipher)로 분류한다.

① 스키테일(Scytale) 암호

가장 오래된 암호 방식은 기원전 400년경 그리스인들이 사용한 스키테일(Scytale) 암호라고 불리는 전치 암호이다. 이 암호는 주로 전시에 쓰였는데, 전쟁터에 나가는 군인들은 스키테일(Scytale)이라는 같은 굵기의 막대기([그림 9-17] 참조)를 하나씩 가지고 나갔다. 이 방식은 전달하려는 평문을 재배열하는 방식으로 스키테일에 종이(papyrus)를 감아 평문을 횡으로 쓴 다음 종이를 풀면 평문의 각 문자는 재배치되어 평문의 내용을 인식할 수 없게 된다. 암호문 수신자는 송신자가 사용한 곤봉과 직경이 같은 곤봉에 암호문이 적혀있는 종이를 감고 횡으로 읽으면 평문을 얻을 수 있다. 오늘날 시각에서 보면 매우 간단하지만 당시에는 아무나 쉽게 풀 수 없는 암호로 아주 교묘하고 획기적인 방법이었다.

스키테일 막대기

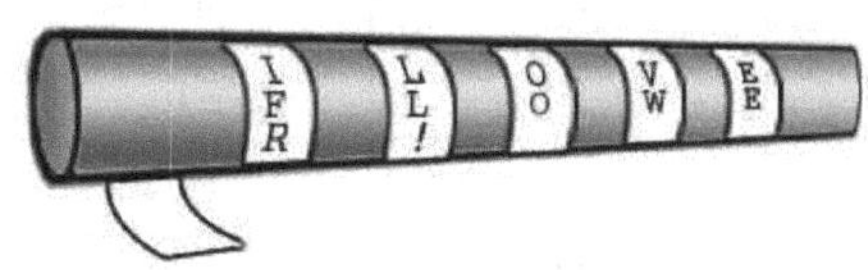

암 호 문

I	F	R	L	L	!	O	O	V	W	E	E

그림 9-17 • 스키테일 막대와 암호문

스키테일 암호는 전형적인 전치 암호다. 전치암호란 사용한 문자들의 위치를 자기들끼리 정한 일정한 규칙으로 바꿔 그 규칙을 모르는 자는 알아볼 수 없도록 만든 것이다. [그림 9-17]의 예와 같이 I LOVE FLOWER!에서 I, L, O, V, E, F, L, O, W, E, R, !의 위치를 바꾸면 I FRLL !OOVWEE와 같은 임의의 암호문이 만들어 진다.

② 시저(Caesar) 암호

최초의 치환 암호는 로마 시대의 줄리어스 시저(Julius Caesar)가 키케로나 친지들에게 비밀리에 편지를 보내고자 할 때 사용한 시저(Caesar) 암호이다. 이 암호 방식은 평문의 각 문자를 우측으로 n 문자씩 이동시켜 그 위치에 대응하는 다른 문자를 치환함으로써 평문을 암호문으로 변환하는 암호 방식이다. n이 3일 경우, A는 D로, B는 E, C는 F로 계속해서 Z는 C로 평문을 암호문으로 치환하는 방식이다. 이 방식의 암호문에서 평문으로 복호화하는 방법은 암호화의 역처리, 즉 암호문 문자를 좌측으로 3 문자씩 이동시키면 간단히 평문을 복호화 할 수 있다.
시저암호의 대응 규칙을 표로 그려 보면 다음과 같다.

표 9-1 • 시저암호의 대응규칙 표

평 문	암호문	평 문	암호문
a	D	n	Q
b	E	o	R
c	F	p	S
d	G	q	T
e	H	r	U
f	I	s	V
g	J	t	W

평 문	암호문	평 문	암호문
h	K	u	X
i	L	v	Y
j	M	w	Z
k	N	x	A
l	O	y	B
m	P	z	C

예를 들어 평문 "You can write a letter"는, 이 표를 이용해 암호문을 만든다면 "BRX FDQ ZUMWH D OHWWHU"로 바뀐다. 암호문을 본래의 메시지로 바꾸는 작업도 역시 쉽게 할 수 있다. 위의 표에서 반대로 아래에서 위로 대응시키면 되므로 암호문 「OHWWHU」를 복호화하면 원래의 메시지가 「letter」이었음을 알 수 있다. 영어알파벳은 모두 26개이므로 이런 방식의 암호는 평문을 포함하여 26가지가 있을 수 있다.

예제 평문을 "THERE IS A TIME FOR EVERYTHING"(모든 일에는 때가 있다)라 하자. 이 때 문자를 오른 쪽으로 19만큼 평행이동 시킨 시저암호문을 구하자.

이 시저암호에서 영어 알파벳을 숫자 0(A)에서 25(Z)까지 대응시켜 정의역과 공변역으로 하여 함수로 나타내면, $f : \{0, 1, 2, \cdot\cdot\cdot, 25\} \rightarrow \{0, 1, 2, \cdot\cdot\cdot, 25\}$를 $f(x)=x+19 \pmod{26}$로 정의한 함수이고, 실제 대응관계는 [표 9-2]와 같다. 이 f의 역함수인 $f^{-1}(x)=x-19 \pmod{26}$ 은 복호화할 때 이용한다.(단, 여기서 (mod 26)의 의미는 26으로 나눈 나머지이다. a−b가 26의 배수일 때 $a \equiv b \pmod{26}$ 이라 쓰고, 'a와 b는 법(modulo) 26에 관하여 합동이다' 라고 한다. 즉, $30 \equiv 4 \pmod{26}$ 이고 $-1 \equiv 25 \pmod{26}$이다.) 다음은 평문을 숫자로 변환하여 암호화하는 과정을 표로 나타낸 것이다.

표 9-2 • 시저암호의 암호키가 19인 암호문자 대응 표

평 문	A	B	C	D	E	F	G	H	I	J	K	L	M	N	O	P	Q	R	S	T	U	V	W	X	Y	Z
x	00	01	02	03	04	05	06	07	08	09	10	11	12	13	14	15	16	17	18	19	20	21	22	23	24	25
$x+19$	19	20	21	22	23	24	25	00	01	02	03	04	05	06	07	08	09	10	11	12	13	14	15	16	17	18
암호문	T	U	V	W	X	Y	Z	A	B	C	D	E	F	G	H	I	J	K	L	M	N	O	P	Q	R	S

평 문	T	H	E	R	E	I	S	A	T	I	M	E	F	O	R	E	V	E	R	Y	T	H	I	N	G
평문숫자	19	07	04	17	04	08	18	00	19	08	12	04	05	14	17	04	21	04	17	24	19	07	08	13	06
암호숫자	12	00	23	10	23	01	11	19	12	01	05	23	24	07	10	23	14	23	10	17	12	00	01	06	25
암 호 문	M	A	X	K	X	B	L	T	M	B	F	X	Y	H	K	X	O	X	K	R	M	A	B	G	Z

다음과 같은 의미를 알 수 없는 암호문을 얻을 수 있다.

MAXKX BL T MBFX YHK XOXKRMABGZ

위 암호문을 받은 사람은 반대 방향으로 같은 횟수만큼 이동하면, 즉 복호화하면 평문을 얻을 수 있다.

더하기 암호인 시저 암호는 평문과 암호문에서 사용하는 문자의 위치는 그냥 둔 채 다른 문자로 치환하는 치환 암호의 한 형태이다.

③ 곱(product) 암호

곱암호(product cipher, ADFGVX 암호)는 제1차 세계대전 당시 독일군이 1918년 3월 5일 처음 사용한 ADFGVX 암호가 있다. 알파벳 26문자와 숫자 10을 6×6 사각형에 나열한 다음과 같은 ADFGVX 표(송신자와 수신자가 합의하여 표의 배치를 바꿀 수 있음)를 사용하였다. 이름을 ABCDEF 표가 아니라 ADFGVX 표로 한 이유는 모스(Morse) 부호로 전환했을 때 A, D, F, G, V, X가 완전히 다른 도트(dot)와 대시(dash)로 이루어졌기 때문이다.

표 9-3 • ADFGVX표

	A	D	F	G	V	X
A	A	B	C	D	E	F
D	G	H	I	J	K	L
F	M	N	O	P	Q	R
G	S	T	U	V	W	X
V	Y	Z	0	1	2	3
X	4	5	6	7	8	9

평문이 LUCKY 7 DAYS 이고 암호키가 SNOWMAN일 때 암호방법을 살펴보자.

평 문	L	U	C	K	Y	7	D	A	Y	S
암호문	DX	GF	AF	DV	VA	XG	AG	AA	VA	GA

암호문이 다음과 같다.

DX GF AF DV VA XG AG AA VA GA

암호키가 SNOWMAN이므로 중복한 문자를 제외한 문자의 수(SNOWMA)는 6이므로, 암호문을 6문자씩 나열한다. 나머지는 의미 없는 문자를 채워서 6의 배수가 되게 한다. 이 단계에서는 암호문에 통계적인 특성이 나타나므로 통계적인 특성을 없애기 위해, 암호키의 순서를 알파벳순인 AMNOSW으로 다시 배열하여 아래 열로 된 암호문을 행으로 차례대로 이어놓은 것이 최종암호문이다. 아래와 같은 방법으로 암호문을 구한다.

S	N	O	W	M	A
D	X	G	F	A	F
D	V	V	A	X	G
A	G	A	A	V	A
G	A	G	F	G	F

□

A	M	N	O	S	W
F	A	X	G	D	F
G	X	V	V	D	A
A	V	G	A	A	A
F	G	A	G	G	F

위 오른쪽 표에서 암호키의 아래 열을 행으로 나열하면, 다음과 같은 최종 암호문을 얻을 수 있다.

FGAF AXVGXVGA GVAG DDAG FAAF

복호화는 암호화의 역순으로 하면 된다.

이 암호는 통계적인 특성을 없앤 암호 알고리즘이지만 프랑스의 암호 해독 전문가 팽뱅(George Painvin)에 의해 약점이 발견 되어 1918년 6월 2일에 ADFGVX 암호가 탄생한지 3개월 만에 어렵게 해독되었다.

(2) 근대 암호

17세기 근대 수학의 발전과 더불어 다양한 암호가 발전하기 시작하였으나, 본격적인 근대 수학을 도입한 과학적인 근대 암호는 20세기에 들어와서 발전하기 시작하였다. 불란서 외교관 비즈네르(Vigenere)가 고안한 암호 방식, Playfair가 만든 2문자 조합 암호, 오스트리아 육군 대령 Fleissner의 Grille 암호 이후, 두 차례의 세계대전을 거치면서 암호 방식 설계, 해독에 관한 연구가 활발히 추진되었다. 근대 암호의 기초가 된 논문은 1920년 프리드만

(Friedman)이 발표한 "일치 반복률과 암호 응용", C. E. Shannon이 발표한 "비밀 시스템의 통신이론"이다. Friedman은 제2차 세계대전 중 독일군이 사용하던 에니그마(ENIGMA) 암호와 일본군이 사용하던 무라사끼 암호(97식 암호)를 해독한 사람으로 유명하지만, 또한 유전자 구조 해석의 길을 개척한 선각자로도 잘 알려져 있다. 한편 Shannon은 확률론을 기초로 한 정보이론을 창시한 사람으로 원리적으로 해독 불가능한 암호 방식을 제안하고, 그 안전성을 평균 정보량을 이용하여 수리적으로 증명하였다. 근대 암호학의 연구를 촉진시킨 것은 두 차례의 세계 대전이 계기가 되었지만, 기술적으로는 전신 기술의 발달과 세계대전 후의 전자 계산기의 출현으로 암호화, 복호화 및 암호 해독의 속도가 향상됨으로써, 암호 실용화 연구가 활발해졌다.

① 비즈네르(Vigenre) 암호

이제까지 언급했던 암호는 문자의 통계적인 정보가 암호문에 나타난다던지 아니면 알려진 평문공격 등에 취약하였다. 그래서 이러한 통계적 정보를 없앤 Vigenre 암호는 1586년 프랑스 외교관 비즈네르(Blaise de Vigenre)에 의해 발표되었다.

Vigenre 암호는 평문에 길이가 d인 비밀키를 시저(더하기)암호와 같은 방식으로 계속 이어 더하여 암호화하는 암호법이다. 이 암호는 평문의 같은 문자가 암호문에서는 여러 가지 문자로 대응하므로 암호를 해독하기가 어렵기 때문에, 오늘날 전문가들이 많이 사용하는 암호들에 기본적인 아이디어를 제공하였다. 하지만 이 암호법도 비밀키를 사용할 때 짧은 키를 이용하거나 키가 길더라도 완성된 영어 문장을 사용하면, 아래에서 언급할 카지스키(Kasiski)와 프리드만(Friedman)에 의해 암호를 해독할 수 있는 공격법이 알려졌다.

예제 평문이 "TALK TO THE WALL" (소귀에 경 읽기)이고, 암호키를 LOVE라 할 때 Vigenre 암호 방식으로 암호화 해보자.

먼저 평문과 비밀키를 숫자로 변환해 놓고, 평문 숫자에 비밀키 숫자를 연이어 mod 26에 관해 더하여 다음 표와 같은 암호문 숫자를 생성한 다음, 숫자를 문자로 다시 변환을 하면 암호문을 얻을 수 있다.

암호화 프로그램을 사용하지 않는다면 더 쉬운 방법으로 [표 9-4]를 참조하여 표에서 평문에 대응하는 암호 문자를 선택하면 된다.

평 문	T	A	L	K	T	O	T	H	E	W	A	L	L
평문 숫자	19	00	11	10	19	14	19	07	04	22	00	11	11
비밀키	L	O	V	E	L	O	V	E	L	O	V	E	L
비밀키 숫자	11	14	21	04	11	14	21	04	11	14	21	04	11
암호문 숫자	04	14	06	14	04	02	14	11	15	10	21	15	22
암호문	E	O	G	O	E	C	O	L	P	K	V	P	W

위 표에서 보면 암호문은 다음과 같다.

EOGO EC OLP KVPW

복호화는 암호문에서 LOVE(11 14 21 04)를 차례로 빼면, 즉 PMFW(15 12 05 22)를 차례로 더하면 평문을 얻을 수 있다.

표 9-4 • 비밀키가 LOVE이고 평문이 talk인 비즈네르 암호문 EOGO 구하는 표

	a	b	c	d	e	f	g	h	i	j	k	l	m	n	o	p	q	r	s	t	u	v	w	x	y	z
0	A	B	C	D	E	F	G	H	I	J	K	L	M	N	O	P	Q	R	S	T	U	V	W	X	Y	Z
1	B	C	D	E	F	G	H	I	J	K	L	M	N	O	P	Q	R	S	T	U	V	W	X	Y	Z	A
2	C	D	E	F	G	H	I	J	K	L	M	N	O	P	Q	R	S	T	U	V	W	X	Y	Z	A	B
3	D	E	F	G	H	I	J	K	L	M	N	O	P	Q	R	S	T	U	V	W	X	Y	Z	A	B	C
4	E	F	G	H	I	J	K	L	M	N	O	P	Q	R	S	T	U	V	W	X	Y	Z	A	B	C	D
5	F	G	H	I	J	K	L	M	N	O	P	Q	R	S	T	U	V	W	X	Y	Z	A	B	C	D	E
6	G	H	I	J	K	L	M	N	O	P	Q	R	S	T	U	V	W	X	Y	Z	A	B	C	D	E	F
7	H	I	J	K	L	M	N	O	P	Q	R	S	T	U	V	W	X	Y	Z	A	B	C	D	E	F	G
8	I	J	K	L	M	N	O	P	Q	R	S	T	U	V	W	X	Y	Z	A	B	C	D	E	F	G	H
9	J	K	L	M	N	O	P	Q	R	S	T	U	V	W	X	Y	Z	A	B	C	D	E	F	G	H	I
10	K	L	M	N	O	P	Q	R	S	T	U	V	W	X	Y	Z	A	B	C	D	E	F	G	H	I	J
11	L	M	N	O	P	Q	R	S	T	U	V	W	X	Y	Z	A	B	C	D	E	F	G	H	I	J	K
12	M	N	O	P	Q	R	S	T	U	V	W	X	Y	Z	A	B	C	D	E	F	G	H	I	J	K	L
13	N	O	P	Q	R	S	T	U	V	W	X	Y	Z	A	B	C	D	E	F	G	H	I	J	K	L	M
14	O	P	Q	R	S	T	U	V	W	X	Y	Z	A	B	C	D	E	F	G	H	I	J	K	L	M	N
15	P	Q	R	S	T	U	V	W	X	Y	Z	A	B	C	D	E	F	G	H	I	J	K	L	M	N	O
16	Q	R	S	T	U	V	W	X	Y	Z	A	B	C	D	E	F	G	H	I	J	K	L	M	N	O	P
17	R	S	T	U	V	W	X	Y	Z	A	B	C	D	E	F	G	H	I	J	K	L	M	N	O	P	Q
18	S	T	U	V	W	X	Y	Z	A	B	C	D	E	F	G	H	I	J	K	L	M	N	O	P	Q	R
19	T	U	V	W	X	Y	Z	A	B	C	D	E	F	G	H	I	J	K	L	M	N	O	P	Q	R	S
20	U	V	W	X	Y	Z	A	B	C	D	E	F	G	H	I	J	K	L	M	N	O	P	Q	R	S	T
21	V	W	X	Y	Z	A	B	C	D	E	F	G	H	I	J	K	L	M	N	O	P	Q	R	S	T	U
22	W	X	Y	Z	A	B	C	D	E	F	G	H	I	J	K	L	M	N	O	P	Q	R	S	T	U	V
23	X	Y	Z	A	B	C	D	E	F	G	H	I	J	K	L	M	N	O	P	Q	R	S	T	U	V	W
24	Y	Z	A	B	C	D	E	F	G	H	I	J	K	L	M	N	O	P	Q	R	S	T	U	V	W	X
25	Z	A	B	C	D	E	F	G	H	I	J	K	L	M	N	O	P	Q	R	S	T	U	V	W	X	Y

② Playfair 암호(Playfair Cipher, 쌍자암호)

Playfair 암호는 1854년 Charles Wheatstone이 개발하여 제1차 세계대전 중 영국에서 사용하였다. Playfair 암호(쌍자암호)는 2글자 쌍에서 다른 2글자 쌍으로 가는 대응관계암호이다. 보통 5×5 또는 6×6 정사각형 안에 영어 알파벳(6×6 의 경우는 숫자를 추가함)을 배열한다. 5×5 정사각형에서는 일반적인 알파벳은 26자가 있기 때문에 I와 J를 같다고 놓거나 영어에서 잘 나타나진 않는 Q와 Z를 같다고 놓는다.

다음은 5×5 Playfair 사각형과 6×6 Playfair 사각형의 예이다.

A	B	C	D	E
F	G	H	I/J	K
L	M	N	O	P
Q	R	S	T	U
V	W	X	Y	Z

A	B	C	D	E	F
G	H	I	J	K	L
M	N	O	P	Q	R
S	T	U	V	W	X
Y	Z	0	1	2	3
4	5	6	7	8	9

암호키는 영어 문장으로 한다. 암호키가 "GENGHIS KHAN WAS A GREAT KING AND WARRIOR"라면 앞에서부터 차례대로 알파벳을 넣고 중복되는 것은 생략하고, 나머지 알파벳을 빈칸에 차례대로 채운다.

G	E	N	H	I/J
S	K	A	W	R
T	D	O	B	C
F	L	M	P	Q
U	V	X	Y	Z

암호화 방법은 다음과 같다. 먼저 평문의 띄어쓰기를 없애면서, 2문자씩 분리한 다음 연속되는 문자(예 PP)가 있으면 같은 문자 사이에 X를 삽입(예 PXP)하여 같은 알파벳이 중복되지 않도록 한다. 그리고 다시 2문자씩 분리하는 방법을 계속한다. 전체의 글자 수가 홀수이면 맨 마지막에 X를 추가하여 짝수개로 만든다. 그런 다음 아래의 방법에 따라 암호화를 한다.

KILL TWO BIRDS WITH ONE STONE(일석이조(一石二鳥), 일거양득)
KI LL TWO BIRDS WITH ONE STONE
KI LXL TWO BIRDS WITH ONE STONE
KI LX LT WO BI RD SW IT HO NE ST ON EX

Ti

■ Playfair 암호화와 복호화 하는 방법 [평문(PQ) □ 암호문(AB)]

① 먼저 평문의 띄어쓰기를 없애면서, 2문자씩 분리한 다음 연속되는 문자(예 PP)가 있으면 같은 문자 사이에 X를 삽입(예 PXP)하여 같은 알파벳이 중복되지 않도록 한다. 그리고 다시 2문자씩 분리하는 방법을 계속한다. 전체의 글자 수가 홀수이면 맨 마지막에 X를 추가하여 짝수개로 만든다. 평문의 한 쌍을 PQ라 하고 대응하는 암호문을 AB라 하자.

② 만일 P와 Q가 모두 서로 다른 행과 다른 열에 존재한다면, 사각형의 모서리에 위치한다. 암호문자는 나머지 2개의 모서리인 A와 B이다. A는 P와 같은 열에 있는 문자이다.

P			B	
A			Q	
		A	Q	
		P	B	

③ 만일 P와 Q가 같은 행에 있다면, A는 P 오른쪽에 있는 문자이고, B는 Q 오른쪽에 있는 문자이다. (필요하면 표의 오른쪽 끝과 표의 왼쪽 끝을 연결하자.)

P	A		Q	B
A	Q	B		P
P	A			Q

위 표에서 마지막 행의 경우는 PQ □AP로 암호화된다.

④ 만일 P와 Q가 같은 열에 있다면, A는 P 아래쪽에 있는 문자이고, B는 Q 아래쪽에 있는 문자이다. (필요하면 표의 아래 끝과 표의 위 끝을 연결하자.)
BPQ위 표에서 가운데 열의 경우는 PQ □QB로 암호화된다.

		Q		B
P		B		P
A				A
Q				
B		P		Q

⑤ 복호화는 위 암호화 방법의 반대(3.오른쪽□왼쪽, 4.아래쪽□위쪽)로 하면 된다.

예제 평문 WOMAN SCHOOL을 Playfair 암호로 암호화해보자. 단, 암호키는 "GENGHIS KHAN WAS A GREAT KING AND WARRIOR" 이다. 암호키는 다음 표와 같다.

G	E	N	H	I/J
S	K	A	W	R
T	D	O	B	C
F	L	M	P	Q
U	V	X	Y	Z

암호문은 다음과 같다.

평 문	WO	MA	NS	CH	OX	OL
암호문	BA	XO	AG	IB	MN	MD

③ 에니그마(ENIGMA) 암호

1920년에 독일 엔지니어 셀비우스(Arthur Scherbius)가 여러 개의 회전판(rotor)를 이용하여 만든 기계를 이용한 ROTOR(회전판) 암호기를 개발했다. 이 암호기는 이제까지 사용되지 않았던 기계식 암호로서 1919년 10월에 코흐가 특허 신청한 암호기 제작방법을 셀비우스가 특허권을 받아 실물을 제작하여 상업용으로 판매하였다. 이 기계의 이름은 '수수께끼' 라는 뜻으로 아무도 풀지 못할 것이라 해서 '에니그마(ENIGMA)' 라고 이름을 붙였고, 크기는 가로, 세로 30cm, 높이 15cm, 무게 30kg으로 겉보기에는 둔탁한 타자기로 보였다. 에니그마를 처음 만든 당시에는 평화시대여서 암호문의 수요가 없어 에니그마는 인정받지 못했으나, 2차 세계 대전시 독일군이 사용하여 위력을 발휘하였지만, 이것이 해독되어 독일이 연합군에게 패하고 만다.

그림 9-18 • 기계식 회전판 암호기인 에니그마(ENIGMA)

에니그마는 사진에서 보듯이 크게 다음과 같이 구성되어 있다.

구 성	설 명
자판(Tastatur)	알파벳 26자 **평문** 입력
배전반(Steckbrett)	선을 선결하여 임의 두 문자를 서로 교환
회전판(Rotor)	자판을 **누를 때마다 한 칸씩 자동차의 거리계기판처럼 회전**
전구판(Lampenfeld)	자판(평문)을 누를 때마다 불(**암호문**)이 들어옴

작동원리는 [그림 9-19]와 같이 자판에 평문을 누르면, 전기신호의 전달이 배전반, 3개의 회전판과 반사판을 되돌아 나와 다시 3개의 회전판, 배전반을 거쳐 전구판에 암호문을 표시하는 원리로 작동된다.

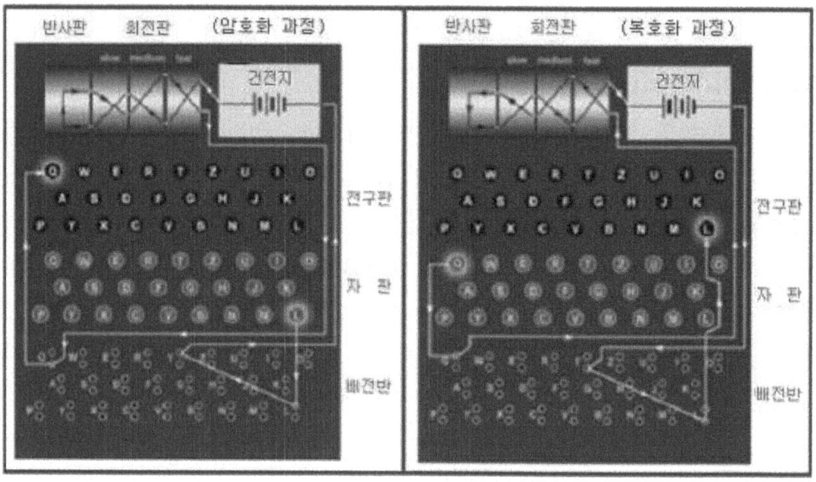

그림 9-19 • 3개의 회전판, 배전반과 반사판을 가진 에니그마의 작동원리

에니그마의 암호키의 종류는 회전판은 서로 바꿀 수 있고, 반사판과 배전반의 전선은 다시 이을 수 있는 구조로 되어있다. 따라서, ① 회전판의 위치 선정하는 방법으로 6가지(3개를 차례로 늘어놓는 순열의 수), ② 회전판의 처음 시작위치(A에서 Z중 임의로 선택)를 선택하는 방법의 26^3=17,576 의 가짓수, ③ 회전판들의 알파벳 배치 변경(Ringstellung)을 통한 경우의 수 26^3=17,576 즉, ①②③에서 총 6×26^6=1,853,494,656 가지의 암호키가 가능하게 된다.

그리고 뒤에 있는 ④ 반사판(Reflector)는 임의의 두 글자를 서로 교환하여 주는데 이는 가능한 조합의 수를 더욱 늘려 줄 뿐더러 한 글자는 절대도 똑 같은 글자로 암호화되지 않게 하여준다(예를 들어 'B'는 절대로 'B' 자신으로 암호화되지 않는다). 보통 전쟁 초기에는 7쌍(14글자)을 서로 교환하고 나머지 12자는 그대로 통과시키게 반사판가 만들어졌었는데 이는 총 1,305,093,289,500가지의 경우의 수(이 경우의 수 계산은 생략)를 가진다. 그리하여 이 경우의 수를 위의 에니그마의 상태 수와 곱하면 ①②③④에서 약 4,920,000,000,000,000,000,000이라는 22자리의 천문학적인 경우의 수가 나온다.

여기에 ⑤ 배전반의 전선 연결하는 방법의 수를 곱하면 더욱 커지는 경우의 수가 나온다. 전쟁이 진행되면서부터는 회전판의 수를 점차 늘려 나중에는 12개([그림 9-20] 참조)까지 만들었다. 사실 이 경우의 수를 당시의 계산능력으로 추측한다는 것은 사실상 불가능에 가까웠다.

그러나 전자식 에니그마 암호 해독기를 튜링(A. M. Turing)과 녹스(D. Knox)가 개발했는데 이 기계의 이름은 최초의 컴퓨터인 콜로수스(Colossus)이다. 이 기계는 1943년에 튜링의 아이디어를 바탕으로 만든 2천4백 개의 진공관을 가진 전자식 해독기이다. '거인'이라는 의미인 이 기계는 이름에 걸맞게 1초에 2만5천자를 변역해냈다. 2차 세계 대전은 에니그마의 코드를 해독할 수 있어 전쟁을 연합군의 승리로 이끌 수 있었다고 해도 과언이 아니다.

그림 9-20 • 12개의 회전판을 가진 에니그마

예제 다음의 독일어 평문을 에니그마에서 사용한 방법으로 암호화하여 보자. 암호문을 보내는 날짜는 1941년 12월 28일이고, 수신자에게 보내야 하는 문장은 "RUECKZUG(후퇴!)"이다. 코드책을 찾아보니 12월 28일에 설정되어야 하는 에니그마의 조건은 다음과 같이 나와 있다.

- 회전판 IV, II, V
- 회전판 링의 설정 STR
- 배전반 (AG) (BK) (EY) (IP) (ZN) (OS) (QC)

이 지침은 5개(위 설명에서는 3개의 회전판만을 생각했으나 전쟁 발발 이후 독일군은 회전판수를 5개로 늘렸다)의 회전판(I, II, III, IV, V) 중에서 IV, II, V의 회전판을 순서대로 골라 암호기에 넣고 회전판 IV에서 알파벳 S를 1의 위치에 맞추고, 회전판 II에서는 T를 1에, 회전판 V에서는 R을 1의 위치에 넣은 후 뒤쪽의 배전반에서는 위에 적혀있는 7쌍의 알파벳들을 서로 연결시켜 주면 되는 것이다.

그런 후 암호기의 초기설정(Grundstellung)은 책에 있는 대로 하는 것이 아니라 송신자가 직접 정해야 한다. 예를 들어 송신자가 이번 전문의 초기설정 값으로 'YUN'을 정했다면 코드 책에 나와 있는 12월 28일의 회전판 링의 설정은 'STR' 이므로 이 'STR'로 우선 초기설정을 한 후 송신자가 정한 설정 값을 두 번 반복해서('YUNYUN') 암호화하여 초기설정 암호문(예를 들어 'FYVDSD'라 하자.)을 구한다.

초기값의 암호문을 구한 후에 에니그마의 회전판을 'YUN'으로 다시 설정한 후 나머지 평문을 암호화하여 모두 보내면 되는 것이다. 'RUECKZUG'이 'YUN' 설정 후 암호화된 값이 'DTJOHEDF'이라 하면 12월 28일에 보내야 하는 암호문은 송신자초기 설정값+평문을 암호화한 'FYVDSDDTJOHEDF'인 것이다.

그러면 수신자 암호병은 우선 같은 코드 책을 가지고 있으므로 이를 보낸 송신자와 같은 조건으로 에니그마를 맞추어 놓고 수신된 암호문 'FYVDSDDTJOHEDF' 중에서 앞부분 6문자 'FYVDSD'을 12월 28일의 초기설정 'STR' 값으로 놓고 복호화하면 'YUNYUN'이 나오고, 6문자 다음 암호문의 초기설정은 'YUN'이라는 것을 알게 된다. 그리하여 나머지 암호문('DTJOHEDF')을 'YUN'을 이용하여 복호화하면 "RUECKZUG(후퇴!)"이 된다.

(3) 현대 암호

두 차례의 세계대전이 종식되고, 평화의 시기가 도래되었지만, 미국과 소련으로 대별되는 냉전 시대로 말미암아 암호 기술에 대한 연구는 한층 가속화되었다. 현대 암호는 암호키(encryption key, KE) 및 복호키(decryption key, KD)의 구성에 따라 크게 비밀키 암호방식(secret key cryptosystem)과 공개키 암호방식(public key cryptosystem)으로 구분된다. 일반적인 암호 시스템에서 KE=KD인 경우는 비밀키 암호방식 또는 대칭키(symmetric key) 암호방식이라고 하며, KE≠KD인 경우는 공개키 암호방식 또는 비대칭키(asymmetric key) 암호방식이라고 한다. 대칭키 암호 방식은 암호키와 복호키가 동일한 키(암호키)를 사용하기 때문에 송신자와 수신자가 비밀 통신을 하기 전에 키를 사전 분배하여 보관하고 있어야 한다. 반면에 공개키 암호 방식은 암호키와 복호키를 분리하여 암호화키는 공개하고 복호키는 비밀리에 보관하도록 되어 있다. 이 방식은 송신자가 수신자에게 평문을 암호화하여 전송하려고 할 때, 수신자의 공개 암호키로, 평문을 암호화하여 전송하면 수신자는 자신이 비밀리에 보관하고 있던 복호키로 암호문을 복호한다. 공개키 암호 방식은 대칭키 암호 방식과 달리 암호화를 사전에 전송할 필요가 없어 불특정 다수 비밀 통신 가입자 사이에 암호 통신망 구축이 용이하다.

공개키 암호 방식의 개념은 1970년대 후반 Stanford 대학과 MIT대학에서 시작되었다. 1976년 Stanford 대학의 Diffie와 Hellman이 자신의 논문 "New Direction in Cryptography"에서 처음 공개키 암호방식의 개념을 발표한 것이 계기가 되었다. 이 공개키 암호 방식의 구체적인 방식은 Diffie와 Hellman이 공개키 암호 방식에 관한 이론을 발표한 후 MIT의 Rivest, Shamir와 Adleman에 의해 처음 실현되었다. 그들은 이 공개키 암호 방식을 자신들의 이름 첫 자를 따서 RSA 암호 방식이라고 명명하였다. 그 후 Merkle, Helman의 MH 공개키 암호 방식, Rabin의 R 공개키 암호 방식 등 수많은 공개키 암호 방식이 발표되었다.

한편 1977년 미국 상무성 표준국 (NBS 현 NIST)은 전자계산기 데이터 보호를 위한 암호 알고리듬을 공개 모집하여 IBM사가 제안한 비밀키 암호 방식을 데이터 암호 표준(DES : Data Encryption Standard)으로 채택하여 상업용으로 사용해 왔었으나, 2000년 8월을 기점으로 AES(Advanced Encryption Standard)가 그 자리를 대치하고 있는 실정이다. DES의 출현으로 상업용 암호 방식의 이용이 급격하게 증가하게 되었다. 아울러 컴퓨터 통신망을 이용한 문서 전송, 상거래 등이 활성화되면서 안전성 확보를 위한 방안으로 암호 이용이 불가피하게 되었다. 즉, 전자우편, 전자문서 교환, 전자 현금 등을 실현하기 위한 암호 알고리듬, 디지털 서명 알고리듬 등이 발표되었다. 이전의 암호 방식은 키뿐만 아니라 암호 알고리듬을 비밀로 하였으나 현대 암호 방식은 암호화키와 암호 알고리듬을 공개하고 있다. 암호 알고리듬을 공개하여 공개적으로 암호 방식의 안전성을 검토하게 하여 그 안전성을 확인하도록 한다.

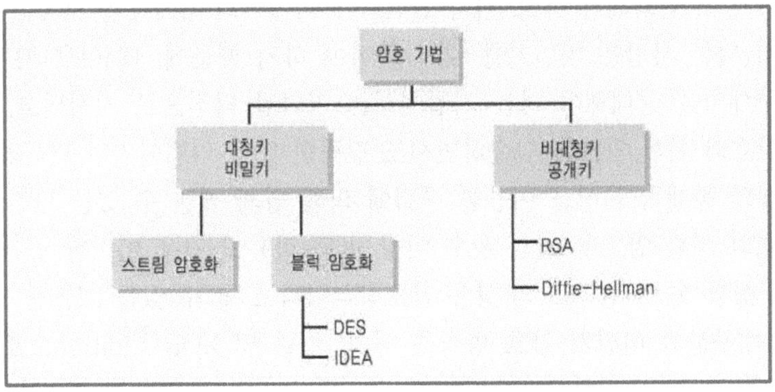

그림 9-21 • 현대 암호 기법의 분류 체계

① 대칭키 암호 방식(비밀키 암호방식)

오랜 동안 사용된 방식으로 관용(Conventional) 암호 알고리즘이라고도 한다. 송신자의 메시지 암호화와 수신자의 메시지 해독에 사용되는 공통된 키를 사용하는 방식으로 대칭형 암호화 알고리즘이라고 불린다. 대칭키 암호 방식은 데이터를 취급하는 단위의 크기에 따라 데이터를 큰 블록으로 나누어 암호화하는 블록 암호(Block Cipher)와 비트 단위로 암호화하는 스트림 암호(Stream Cipher)로 나뉜다.

대칭키 암호 알고리즘의 동작은 다음의 [그림 9-22]와 같다. 먼저 상품 주문서를 구매자 B만이 읽을 수 있는 형태로 전달하기 원하는 판매자 A는 주문서를 비밀키로 암호화하고, 암호화된 주문서를 구매자 B에게 전송한다. 여기서 암호화는 메시지를 변조시켜 원하는 수신자를 제외한 어떤 사람도 메시지를 읽을 수 없게 한다. 다음으로 암호화된 주문서를 받은 구매자 B는 비밀키를 사용하여 암호화된 주문서를 해독하고, 원래 판매자가 보내고자 의도했던 주문서를 읽는다.

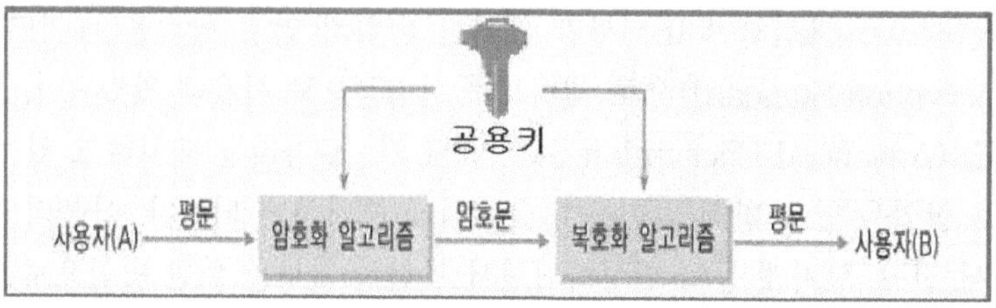

그림 9-22 • 대칭키 암호 방식

비밀키 암호 알고리즘 중에서 가장 유명한 것이 DES이다. 비교적 오랜 기간 검증을 받아왔기 때문에 안정성을 지니고 있지만 한계가 있다. 정보의 송수신 상대방이 서로의 신원을 확실히 알고 신뢰해야 하며, 각각 안전하게 비밀키의 복사본을 가지고 있어야 한다. 당사자 이외 다른 사람은 비밀키를 갖지 않아야 하기 때문에, 대규모 네트워크나 수 천명 이상의 구매자를 상대해야 하는 기업에서는 커다란 약점으로 지적되고 있다.

전치 암호와 치환 암호는 단순하면서도 강력한 암호 기법이지만 단독적으로 사용될 경우 알파벳의 통계적 특성을 이용한 공격에 의해 쉽게 깨질 수 있는 단점이 있다. 하지만 전치 암호와 치환 암호를 일정 횟수 이상 반복 적용할 경우 이러한 공격에 안전한 암호 방식을 구성할 수 있다. 최초의 상용 암호방식이라고 할 수 있는 DES는 물론이고 SEED, AES 등 대부분의 비밀키 암호 방식은 전치, 치환 및 XOR/addition으로 구성된 암호화 과정을 모두 8~16번 반복함으로써 암호 강도를 유지하고 있다. 대부분의 대칭키 암호방식은 IBM의 Horst Feistel이 고안한 암호 시스템을 이용하고 있는데, 이 암호시스템은 암호화 함수의 역함수를 복호화 함수로 사용하지 않고 암호화 함수와 복호화 함수가 동일한 특징이 있다.

[그림 9-23]은 DES 블록 암호의 구조를 나타내는데 56비트 키를 사용하여 64비트 평문을 암호화한다. 문장은 64비트 암호문을 생성하기 위해 19개의 서로 다른 복잡한 처

리 과정에 입력된다. DES는 두 개의 전치 블록, 즉 하나는 교환 블록이고 또 하나는 반복 블록이라는 16개의 복잡한 블록을 갖는다.

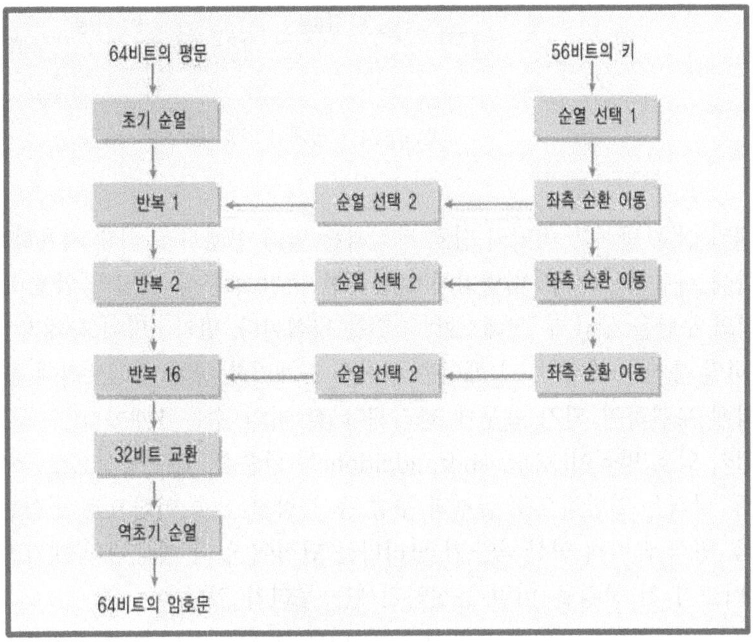

그림 9-23 • DES 블록 암호의 구조

비밀키 암호방식은 대개 전치, 치환 및 XOR/addition 등 간단한 연산을 이용하기 때문에 고속으로 구현할 수 있는 장점이 있는 반면 암호화 및 복호화를 위한 키가 서로 같아야 하기 때문에 비밀 통신 양자는 사전에 키를 공유해야 하는 단점이 있다. 만약 n명이 비밀 통신을 한다고 하면 사용되는 비밀키는 n(n−1)/2개가 되며 각 개인은 (n−1)개의 서로 다른 키를 비밀리에 공유하고 관리해야 하는 부담이 있다.

② 비대칭키 암호방식(공개키 암호 방식)

[그림 9-24]와 같이 공개키 암호 방식은 공개키(Public Key)와 비밀키(Private Key)로 구성되기 때문에 비대칭형 암호화 알고리즘이라고 한다. 두 개의 키는 서로 대응되는 용도로 사용되는데, 공개키 암호 알고리즘에 의해 암호화된 정보는 반드시 개인키에 의해서만 해독되고 반대로 개인키로 암호화된 정보는 공개키에 의해서만 해독된다. 이 방식이 비밀키 암호 알고리즘보다 뛰어난 점은 키를 공유하는데 어려움이 없다는 것이다. 두 개의 키 가운데 하나는 누구에게나 배포되고, 남은 하나는 자신만이 가지고 있으면 되기 때문이다.

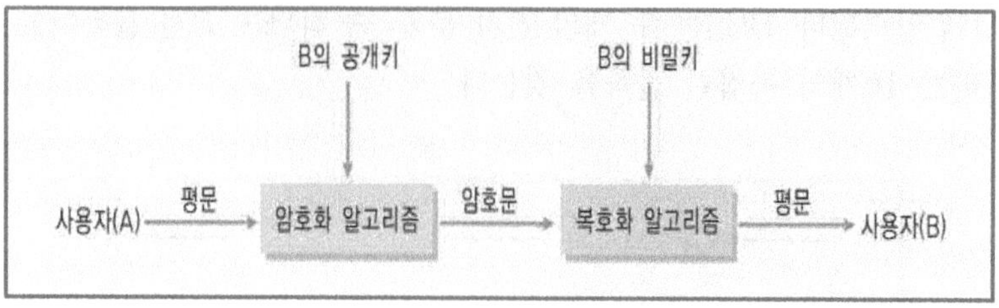

그림 9-24 • 공개키 암호 방식

공개키 암호 방식은 비밀키 암호 방식과는 달리 암호화를 위해 사용하는 키를 공개하고 복호화에 사용하는 키만 비밀리에 보관하면 되기 때문에 비밀키 암호 방식이 갖고 있는 키관리의 부담을 상당 부분 해소할 수 있는 방식이다. 만약 n명이 공개키 암호 방식을 이용하여 비밀 통신을 한다면, 각 개인은 자신의 공개키를 공개 디렉토리에 공개하고 개인키만 비밀리에 보관하면 되기 때문에 관리해야 할 키의 수는 1개이다.

비밀키 암호 방식이 XOR, shift, addition 등 단순한 비트 연산으로 구성된데 반해 공개키 암호 방식은 일반적으로 곱셈과 누승 등 복잡한 산술 연산으로 구성된다. 따라서 비밀키 암호 방식에 비해 연산 속도가 느리다는 단점이 있기 때문에 공개키 암호 방식을 이용하여 비교적 긴 문장을 비밀 통신하기에는 무리가 있다.

공개키 암호 방식이 처음 발표된 1970년대 후반을 현대 암호의 시작이라고 보는 것이 일반적이다. 공개키 암호 알고리즘 가운데 가장 대표적인 것이 RSA 알고리즘이다. 1977년에 개발된 암호화 및 인증 시스템인 RSA 알고리즘은 가장 보편적으로 사용되는 암호화 및 인증 알고리즘으로서, 넷스케이프(Netscape)와 마이

크로소프트 웹브라우저인 인터넷 익스플로러(Internet Explorer) 기능의 일부로 포함된다. 이것은 또한 로터스 노츠, 인튜잇의 Quicken 등 많은 제품에 채용되어 있기도 하다. 이 암호화 시스템의 소유권은 RSA Security라는 회사가 가지고 있다. 이 회사는 알고리즘 기술들을 라이선스 해주고, 또 개발도구 등을 판매하기도 한다. 이 기술들은 기존에 이미 나와 있거나 제안되어 있는 웹, 인터넷 및 컴퓨팅 표준들의 일부를 이루고 있다.

[그림 9-25]에서 보는 바와 같이 RSA 암호 방식은 공개키와 개인키로써 두 개의 키 e, d를 각각 사용한다.

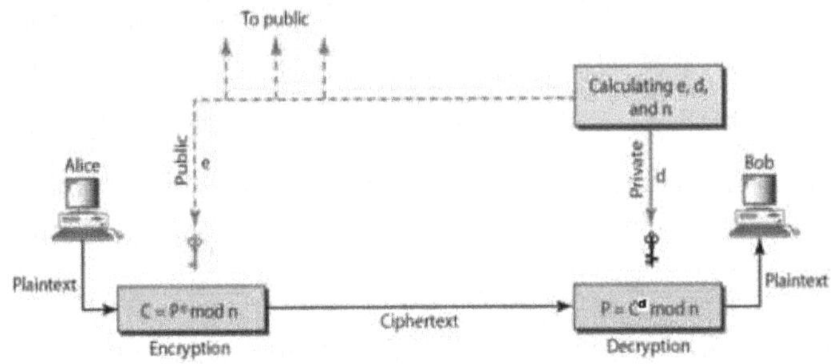

그림 9-25 • RSA 암호 방식

암호키의 안전한 분배 및 관리문제를 해결하기 위해 널리 이용되고 있는 RSA 알고리즘은 아주 큰 자리(140자리 이상)의 자리수가 비슷하지만, 두 수의 차가 큰 서로 다른 두 소수 p, q(n=p×q)를 이용한 암호 방법이다. 이 암호 알고리즘은 어떤 두 정수의 곱은 빠른 시간에 구할 수 있지만, 임의의 양의 정수의 소인수 분해는 시간이 상당히 많이 걸린다는 인수 분해 문제를 기반으로 하고 있다. 사용자는 mod ϕ(n) = (p−1)×(q−1)에 관해 서로소인 e 를 개인 공개키로 선택하고 e와 n을 공개한다. 사용자가 p, q를 알고 있다면, 정수론의 유클리트 알고리즘을 이용하여 e×d=1(mod(p−1)×(q−1)) 인 정수 d를 개인 비밀키로 택할 수 있고, 이들을 이용하여 암호화와 복호화를 하는 방법이다.

암호화 방법은 문자를 숫자로 바꿔 이어 놓고 나서, 적당한 숫자 블럭으로 나누어서 각 블럭을 mod n에 관해 공개키 e로 거듭제곱하여 누구나 암호화한다. 복호화는 개인만이 아는 비밀키 d를 사용하여 mod n에 관해 거듭제곱하면 원래의 숫자가 나오는 방법이다. 이처럼 간단하게 암호화와 복호화가 되는 것이 왜 암호를 깨기가 지극히 어려울까? 이는 p, q와 d 중 하나만 알면 간단히 암호가 깨지는데, n과 공개키 e 알려져 있으므로, d를 구하기 위해서는 (p−1)×(q−1)을 알아야 하고, p와 q를 알기 위해서는 n을 소인수 분해해야 한다. 즉, n을 소인수 분해 하면 모두를 알 수 있는데, 만약 n이 200자리가 넘으면 아주 좋은 수퍼 컴퓨터로 계산하여도 1만년 이상이 걸린다. 마찬가지로 p를 mod n에 관하여 e 번 거듭 곱하는 값 p^emod n은 계산하기 쉽지만, p^emod n을 알 때 p 또는 e를 구하는 것은 매우 어렵다(컴퓨터로 계산해도 올바른 값을 구하는데 시간이 많이 걸린다)고 알려져 있다. 이 성질들을 이산대수문제라고 하며 인수분해 문제와 이산대수 문제를 암호에 이용한 것이 RSA 암호이다.

3. 암호 기술의 현재와 미래

1980년대와 1990년대에는 공개키 기반구조(PKI : Public Key Infrastructure)의 암호 방식의 등장과 안전성 증명 이론 등 암호학의 학문적 기초가 완성된 중요한 시기다. 최근에는 암호

이론의 응용 서비스가 암호화, 인증, 전자 서명이나 부인 봉쇄 등에서 폭넓게 확대되고 있다. 소프트웨어나 하드웨어의 구현 안전성, 전자 화폐, 데이터베이스 보안 등은 물론이고 디지털 콘텐츠 보안을 위한 DRM(Digital Rights Management : 디지털 콘텐츠 권리 관리)나 디지털 워터마킹(Digital Watermarking)/디지털 핑거프린팅(Digital Fingerprinting), 유비쿼터스 환경에서의 프라이버시 보호, 기존의 종이 투표를 대체할 전자 투표 등이 이에 해당된다. 실제로 디지털 시대의 모든 서비스는 암호 기술을 필요로 하고 있다고 해도 과언이 아닐 정도로 그 응용 분야는 무한하다고 할 수 있다. 앞으로는 양자암호화(quantum cryptography) 기술과 같은 새로운 암호 기술의 연구, 개발과 함께 암호 기술을 이용한 응용 기술 개발도 중요한 관심사가 될 것으로 전망된다.

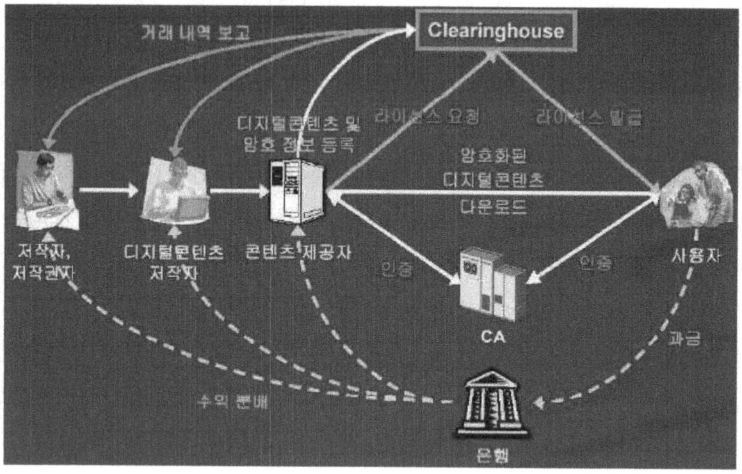

그림 9-26 • DRM 서비스 흐름도

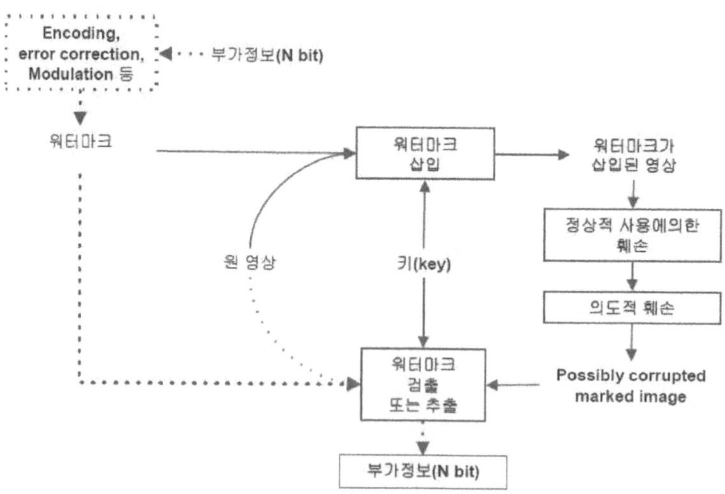

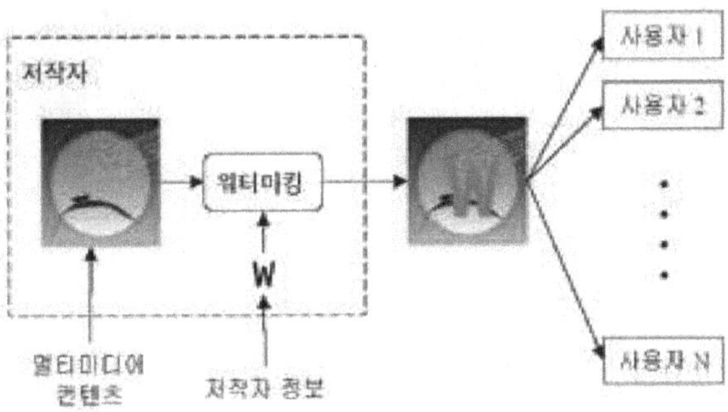

그림 9-27 • 디지털 워터마킹

그림 9-28 • 디지털 핑거프린팅

4 전자 서명

전자서명(Digital Signature)은 전자적인 형태로 발급되는 자신만의 인감이며 서명이다. 전자서명은 거래를 증명하거나 상대방이 누구인지 신원을 확인하는데 사용할 수 있다. 옛날 사람들은 서로를 알아보는 징표로, 둘로 쪼개어진 거울이나 동전을 다시 맞추어 보았다고 하는데 이와 마찬가지로 상대방의 신원을 확인하기 어려운 사이버 공간(Cyber Space)에서 서로를 알아볼 수 있도록 한 쌍의 정보를 사용하여 신원을 증명하는 것이 전자서명의 원리이다.

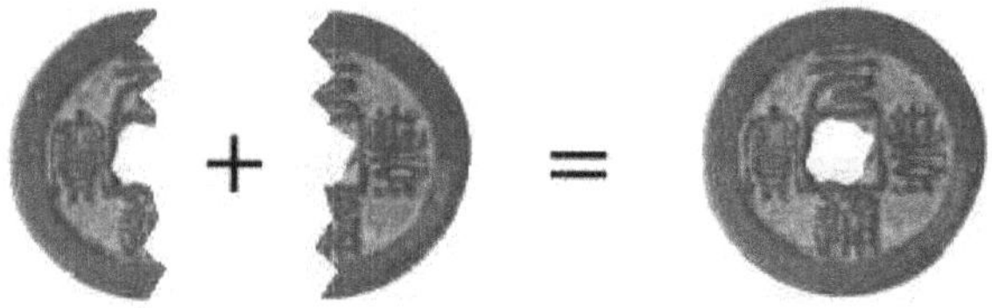

전자서명에서 신원 확인과 전자문서의 변경여부를 확인하기 위한 공인인증서는 일상생활의 인감증명서에 비유할 수 있다. 인감증명서는 읍 · 면 · 동사무소에서 발급하듯이, 공인인증서는 정부가 지정한 공인인증기관에서 발행한다. 이 공인인증서로 확인할 수 있는 전자서명을 공인 전자서명이라고 합니다.

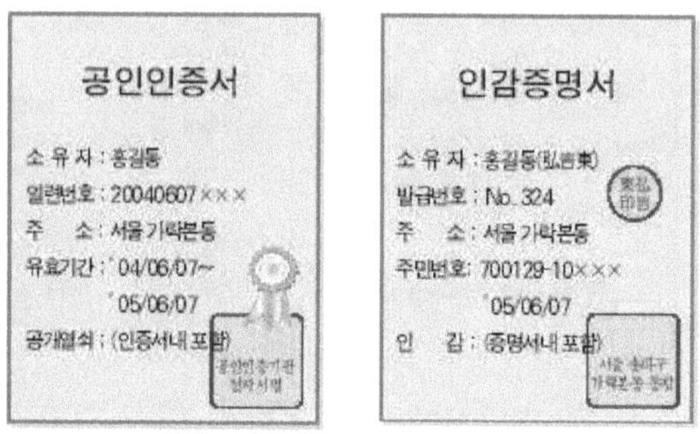

전자서명은 문서나 메시지를 보낸 사람의 신원이 진짜임을 증명하기 위해 사용되는 서명이다. 이것은 또한 전달된 메시지나 문서의 원래 내용이 변조되지 않았다는 것을 보증하기 위해 사용될 수도 있다. 전자서명을 사용함으로써 얻어질 수 있는 부가적인 이득은, 전자서명이 쉽게 전송될 수 있고, 쉽게 부인할 수 없으며, 다른 사람이 흉내 낼 수 없고, 타임스탬프(time-stamp)가 자동으로 유지될 수 있다는 점 등이다. 전자서명은 그것이 암호화 되었든 아니든 상관없이, 어떠한 종류의 메시지에도 사용될 수 있으므로, 메시지가 변조되지 않고 온전히 도착했다는 사실과 송신자의 신원에 대해 수신 측에서 확신을 가질 수 있다. 디지털 인증서는 인증서 발급기관의 전자서명을 담고 있어서, 누구라도 그 인증서가 진짜임을 확인할 수 있다.

(1) 동작 원리

만약 A 송신자가 중요한 문서를 다른 도시에 있는 B 수신자에게 보내려 한다고 가정하자. A 송신자는 자신이 보낸 내용이 변경되지 않았고, 그것이 분명 자신이 보낸 것이라는 확신을 B 수신자에게 주기 원한다.

① A 송신자의 문서를 전자우편 내용에 복사해서 붙여 넣는다.
② 특수한 소프트웨어를 사용해서, 해쉬(hash)된 문서 메시지를 만든다.
③ 그 다음에 A 송신자는 해쉬를 암호화하기 위해 공개-개인키 발급 기관으로부터 이전에 받았던 개인키를 사용한다.
④ 암호화된 해쉬는 그 메시지에 대한 A 송신자의 전자서명이 된다.(이것은 메시지를 보낼 때마다 달라진다.)

B 수신자는 수신측에서 그 메시지를 받는다.
① 그것이 A 송신자로부터 온전히 도착한 메시지인지를 확인하기 위해, B 수신자는 수신된 메시지의 해쉬를 만든다.
② B 수신자는 해쉬된 메시지를 복호화 하기 위해 A 송신자의 공개키를 사용한다.
③ 만약 해쉬가 맞으면, 수신된 메시지는 유효한 것이다.

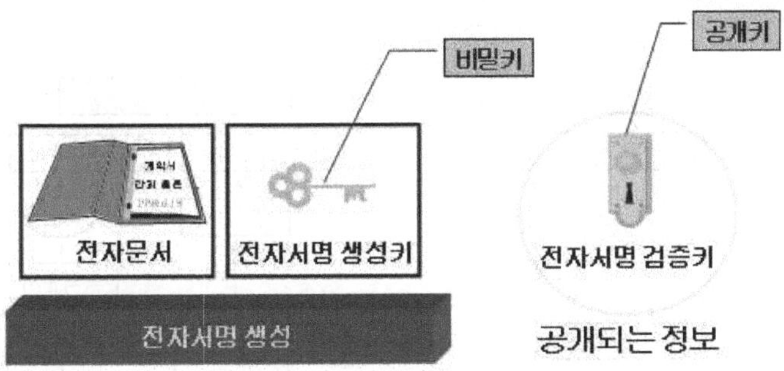

그림 9-29 • 전자 서명의 구성

[그림 9-29]는 전자 서명의 일반적인 구성을 나타낸다. 이 서명기법은 다음과 같은 특징을 가지고 있다. 은행 거래나 계약서 작성을 할 때 과거에는 인감도장을 찍었으나 요즈음은 서류에 작성자 또는 관련자가 직접 손으로 싸인(signature, 서명)하는 경우도 점차 늘어나고 한다. 서류가 종이가 아닌 디지털 파일일 경우에도 서명은 필요하며 펜을 이용하지 않고 키보드입력을 통해 필기서명과 같은 효력을 갖는 전자서명기법(Digital Signature Scheme)이 있어야 한다. 필기서명과 전자서명은 몇 가지 차이가 있다.

첫째, 필기서명은 서류의 본문과 별개인 일부분이다. 즉, 서명을 위조하는 것과 문서에 씌여진 중요한 내용을 변조하는 것은 서로 다른 일이다. 그러므로 변조하는 부분이 많아질수록 들통이 날 확률이 점점 커진다. 반면에 전자서명은 서명되는 서류에 통합되어 하나의 전자문서(코드 파일)가 된다. 따라서 메시지의 내용과 서명을 동시에 변조하면 발각될 가능성이 오히려 줄어든다.

둘째, 서명을 확인하는 인증문제로 필기서명은 미리 기록되어 있던 실제의 서명과 비교함으로써 간단하지만 약간은 부정확하게 확인한다. 전자서명은 적절한 인증 알고리즘을 이용하여 복잡한 반면 정확하게 판단한다. 이 차이는 소위 객관화의 문제로서, 필기서명은 보는 사람에 따라 주관적이므로 위조여부의 식별에 차이가 있지만 전자서명은 컴퓨터가 확인 인증 알고리즘을 수행하여 결과를 보여주므로 위조여부의 식별이 아주 객관적이다.

셋째, 필기서명은 개인마다 독특한 필체를 가지고 있어서 다른 사람이 복사나 위조하기가 힘들지만 전자서명에서 비트코드는 언제나 똑같이 간단하게 복사될 수 있다. 따라서 적절한 위조방지 기법이나 재사용방지 기술이 요구된다.

전자서명은 직접 만나서 거래를 해야 하는 불편한 점을 해소한다는 점에서 편리하지만, 전송과정에서의 에러발생이나 위조를 막고 서명의 부정한 복사, 재사용, 서명부인(발뺌)등의 문제점이 발생한다.

[그림 9-30]은 전자서명을 하는 방법(생성부)과 전자서명을 인증하는 방법(검증부)에 관한 흐름을 나타내고, [그림 9-31]은 전자 서명 및 인증서의 전체 흐름도를 나타낸다.

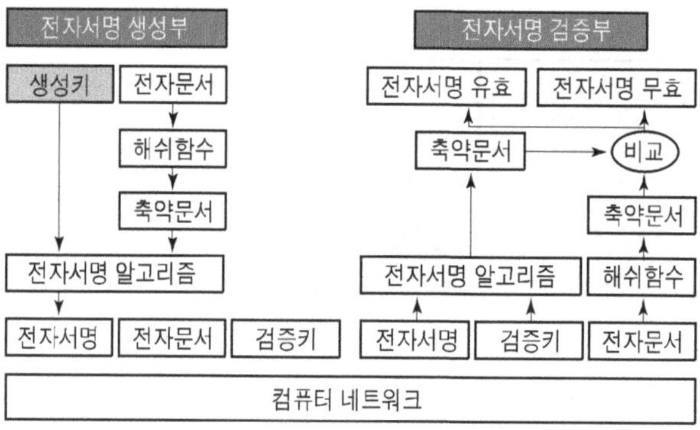

그림 9-30 • 전자 서명 흐름도

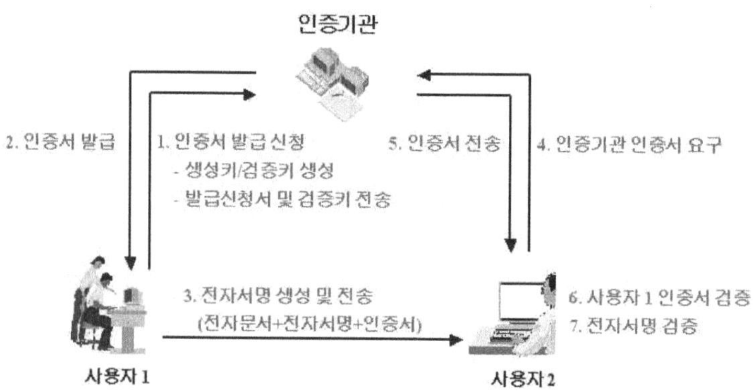

그림 9-31 • 전자 서명 및 인증서 전체 흐름도

5 인터넷 보안

인터넷 보안(Internet Security)은 시스템 및 자료 보안과 더불어 함께 고려되어야 할 보안의 중요한 한 영역이다. 자료가 암호화되었다고 무조건 다 안전한 것은 아니다. 즉, 자료의 암호화 뿐만 아니라 더불어 인터넷 망을 사용하는 전자상거래 등에서는 보안 프로토콜 또한 중요한 요소이다. 예를 들면 WWW 보안에는 SSL(Secure Socket Layer), S-HTTP(Secure HTTP), SET(Secure Electronic Transaction) 등, 전자우편에는 PEM(Privacy Enhanced Mail), PGP(Pretty Good Privacy), S/MIME(Secure MIME) 등과 같은 보안 프로토콜이 있다.

(1) SSL(Secure Socket Layer)

SSL은 웹브라우저와 웹서버간에 데이터를 안전하게 주고 받기위한 업계 표준 프로토콜이다. 인터넷 프로토콜(Internst Protocol)이 보안면에서 기밀성을 유지하지 못한다는 문제를 극복하기 위하여 미국 넷스케이프 커뮤니케이션즈사(Netscape Communications)가 전자상거래 등의 보안을 위해 개발하였다. 이후 TLS(Transport Layer Security)라는 이름으로 표준화되었다. SSL은 특히 네트워크 계층의 암호화 방식이기 때문에 메시지 보호는 HTTP 뿐만 아니라 파일 전송 규약(FTP)이나 텔넷(Telnet) 등 전송 제어 프로토콜(TCP)을 이용하는 애플리케이션 프로토콜 등에 대해서도 사용할 수 있는 장점이 있다. 또 SSL은 기본적으로 신분 확인(Authentication), 암호화, 그리고 메시지의 무결성을 보장해 주며, 이는 인터넷 간의 채널을 통해 비밀 보장 서비스 제공을 목표로 한다. 그리고 SSL은 커넥션을 만드는 과정에서 다양한 종류의 암호화 기법들 중에서 하나를 선택할 수 있고 암호화의 정도를 선택할 수 있다.

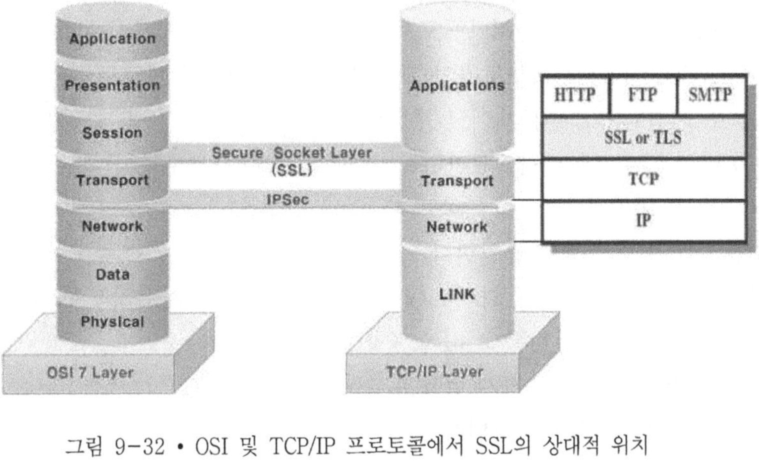

그림 9-32 • OSI 및 TCP/IP 프로토콜에서 SSL의 상대적 위치

[그림 9-32]의 TCP/IP 프로토콜에서 SSL은 TCP 계층과 애플리케이션 계층 사이에서 구동된다고 볼 수 있다. SSL 서버는 SSL 클라이언트에게 자신을 증명하거나 SSL 클라이언트는 SSL 서버에게 자신을 증명할 수 있도록 해준다. 그러면 양측에서 암호화 통신을 수립할 수 있게 된다.

① SSL 서버 승인

사용자가 서버의 실체성을 파악할 수 있도록 해준다. SSL 클라이언트 소프트웨어는 공개키 기반구조의 표준 기술을 통해 서버의 인증서와 공개 ID가 유효한지, 그리고 클라이언트가 신뢰하는 루트 인증기관 목록에 있는 CA(Certificate Authority)가 발급한 인증서인지 확인할 수 있다. 만약 사용자가 네트워크 상에서 신용카드 번호를 전송할 때 정보를 받게 될 서버의 존재를 확인하고자 한다면 이 절차는 매우 중요하다.

② SSL 클라이언트 승인

서버가 사용자의 실체성을 확인할 수 있도록 해준다. 서버 승인에 사용된 것과 동일한 기술이 사용되며 SSL 서버 소프트웨어는 클라이언트의 인증서와 공개 ID가 유효한지, 그리고 서버의 신뢰된 루트 인증기관 리스트에 포함돼 있는 CA(Certificate Authority)에서 발급된 인증서인지 확인할 수 있다. 예를 들면 고객에게 중요한 금융정보를 송신하게 되는 은행의 경우에는 수신자, 즉 고객의 실체를 파악할 수 있어야 한다.

③ SSL 암호화 통신

클라이언트와 서버간에 교환되는 모든 정보는 전송 소프트웨어로 암호화, 수취 소프트웨어로 복호화되는 과정을 거치므로 안전도와 신뢰성이 보장될 수 있다. 개인적인 거래를 수행하는 모든 단체에서 신뢰성은 매우 중요한 요소이다. 암호화 SSL을 통해 전송되는 모든 데이터는 정보도용 행위를 감시하는 매커니즘에 의해 보호받게 되며 데이터가 전송 중 파손, 변경되었는지의 여부를 자동으로 알려준다.

SSL 프로토콜에는 2개의 서브프로토콜이 있다. SSL 레코드(Record) 프로토콜과 SSL 핸드세이크(Handshake) 프로토콜이 그것인데, SSL 레코드 프로토콜은 데이터를 전송할 때 이용되는 포맷이며 SSL 핸드세이크 프로토콜은 SSL 서버와 SSL 클라이언트가 최초로 SSL 연결을 수립했을 때 메시지를 교환하는 것과 관련된 프로토콜이다. 메시지 교환에 관련된 사항은 다음과 같다.

- 서버를 클라이언트에게 승인한다.
- 클라이언트와 서버가 암호화 알고리즘 또는 암호문을 사용하도록 해준다.
- 선택에 따라 클라이언트를 서버에 승인한다.
- 공유암호 생성과정에 공개키 암호화 기술을 이용한다.
- 암호화된 SSL 연결이 구축된다.

(2) S-HTTP(Secure HTTP)

S-HTTP는 EIT(Enterprise Integration Technology)에서 개발한 프로토콜로서 기존의 HTTP 프로토콜에 보안기능을 갖게 하기 위하여 몇 가지의 헤더를 추가한 것이다. 즉, S-HTTP는 웹상의 파일들이 안전하게 교환될 수 있게 해주는 HTTP의 확장판이다. 각 S-HTTP 파일은 암호화되며, 전자서명을 포함한다. S-HTTP는 잘 알려진 또다른 보안 프로토콜인 SSL의 대안이다. S-HTTP도 SSL과 마찬가지로 암호화 기법 및 암호화의 정도를 선택할 수 있다. 두 가지의 주요 차이점은, S-HTTP는 틀림없는 사용자라는 것을 입증하기 위한 인증서를 클라이언트에서 보낼 수 있는 반면에, SSL에서는 오직 서버만이 인증할 수 있다는 점이다. 또 S-HTTP에서는 서버와 클라이언트 양방의 인증을 위해 각각의 증명서가 반드시 필요하지만 SSL에서는 클라이언트의 인증이 선택적이다. S-HTTP는 HTTP 응용의 상위 계층에서 동작한다. Terisa Systems은 인터넷 보안도구 내에 SSL과 S-HTTP 모두를 포함한다. AOL, 컴퓨서브, IBM, 넷스케이프, Prodigy, 그리고 Spyglass 등이 S-HTTP를 지원한다. 최근의 웹브라우저들은 SSL과 S-HTTP를 모두 지원한다. S-HTTP는 IETF에 표준안으로 상정되었다. [그림 9-33]은 S-HTTP의 메시지 생성과 복구를 보여주고 있다.

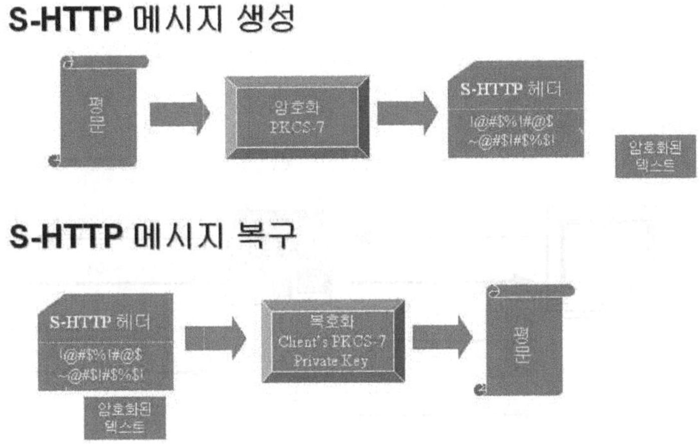

그림 9-33 • S-HTTP의 메시지 생성과 복구

(3) SET(Secure Electronic Transaction)

SET은 인터넷을 이용한 전자상거래에서의 안전한 지급결제 및 전자상거래 활성화를 위하여 개발된 신용카드를 위한 보안 프로토콜이다. SET 기능은 지불 정보와 주문 정보의 기밀성을 보장하고, 모든 거래 정보의 무결성을 보장 하며, 특정 신용카드를 이용하는 소비자가 해당 신용카드사에서 보장해주는 거래자라는 것을 인증한다. 또한, 전자쇼핑을 제공하는 상점이 서비스를 제공하는 신용카드사를 통해 SET거래를 할 수 있다는 것을 인증하고, 소프트웨어와 하드웨어를 포함한 시스템 공급자와 다수의 망 제공자 간 상호 호환성을 확보해 준다. 이로써 인터넷 쇼핑몰에서 일어나는 거래 정보에 대한 안전한 보안이 가능하게 된다. [그림 9-34]은 SET의 구성 요소를 나타내고, [그림 9-35]은 SET의 쇼핑 시나리오를 보여주고 있다.

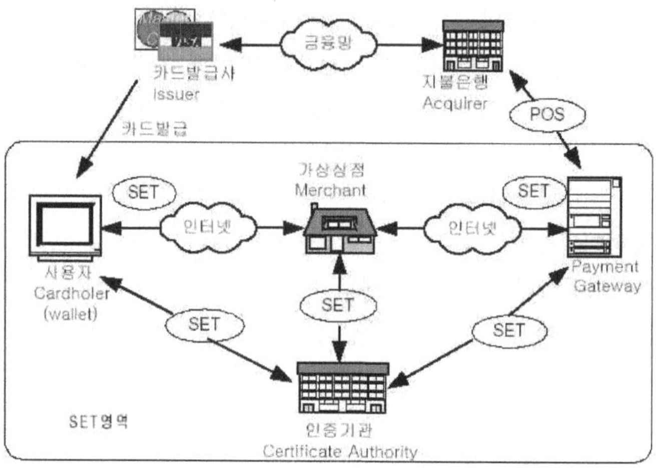

그림 9-34 • SET의 구성 요소

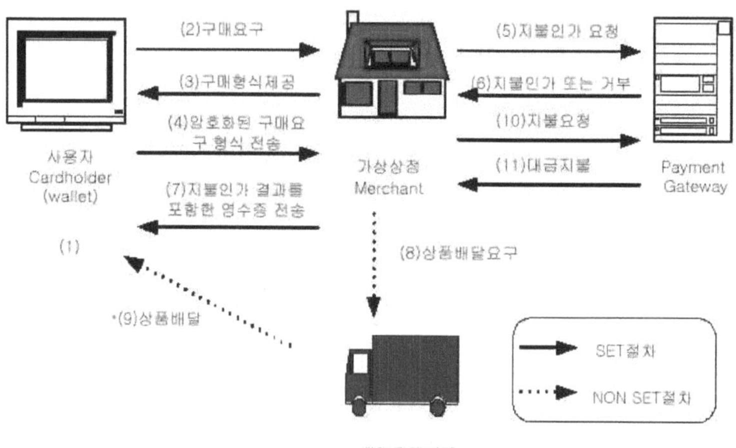

그림 9-35 • SET의 쇼핑 시나리오

(4) PEM(Privacy Enhanced Mail)과 PGP(Pretty Good Privacy)

PEM과 PGP는 보내고자 하는 내용을 암호화 알고리즘을 이용하여 암호화함으로서 전자우편을 엽서가 아닌 밀봉된 봉투에 넣어서 보낸다는 개념이다. 일반우편은 배달도중에 누군가가 몰래 봉투를 뜯어 내용을 바꾼 다음에 다시 봉투를 붙여 놓을 수 있지만, PEM이나 PGP에서는 특정한 키가 있어야 만이 내용을 볼 수 있도록 되어 있기 때문에 기밀성(Confidentiality), 인증(Authentication), 무결성(Integrity), 부인방지(Nonrepudiation) 등의 기능을 지원한다. PEM은 IETF(Internet Engineering Task Force)에서 인터넷 초안(Draft)으로 채택되었고 높은 보안성을 가지고 있지만, 구현의 복잡성 등의 이유로 널리 쓰이지는 않고 있다. 반면에 PGP는 Phil Zimmermann 이라는 사람이 독자적으로 개발하였고, PEM에 비해 보안성에서는 조금 취약한 면을 보이고 있지만 구현이 쉽고, 키인증 등의 권한을 한 곳에 집중시키지 않고 사용자 스스로가 가진다는 사실 등에 힘입어 현재 가장 많이 쓰이고 있다. [표 9-5]는 PEM과 PGP를 비교한 표이고, [표 9-6]은 PGP에서 제공하는 보안 서비스(기능 및 암호 알고리즘)를 나타낸다.

표 9-5 • PEM과 PGP의 비교표

구 분	PEM	PGP
개발자	IETF	Philip R. Zimmermann
키 인증 방식	중앙집중화된 키 인증	분산화된 키 인증
특징	•인터넷 표준(안) •악명의 메시지 불허용 •구현의 어려움 •높음 보안성(군사용, 금융계 등) •많이 사용되지 않음	•응용 프로그램 •익명의 메시지 허용 •구형의 용이성 •PEM에 비해 낮은 보안성 •현재 많이 사용

표 9-6 • PGP에서 제공하는 보안 서비스(기능 및 암호 알고리즘)

기 능	사용 암호 알고리즘
메시지 기밀성	IDEA, CAST, Triple-DES
전자서명 (무결성, 사용자 인증, 송신자 부인 봉쇄)	RSA, DSS/Diffie-Hellmen, SHA-1, MD5, RIPEMD-160
압축	ZIP
전자우편 호환성	Radix-64 conversion

(5) S/MIME(Secure MIME)

S/MIME(Multipurpose Internet Mail Extensions)은 RSA 암호화 시스템을 사용하여 전자우편을 안전하게 보내는 방법이다. X.509 Certificate를 기반으로 한 S/MIME은 RSA 사에서 IETF에 표준으로 제안한 전자우편 보안 프로토콜로서 마이크로소프트의 Exchange, Eudora, 넷스케이프 등의 전자우편시스템에서 현재 구현되어 있다. 또한 S/MIME은 마이크로소프트와 넷스케이프의 웹브라우저에도 포함되어 있습니다. S/MIME 관련 표준들은 점차 그 활용도가 높아지고 있으며 점차 인터넷의 대표적인 보안 프로토콜로서 자리를 잡아가고 있다. S/MIME의 대안인 PGP/MIME 역시 표준으로 제안되었다. 그리고 멀티미디어를 지원하는 MIME에 보안기능을 추가한 MOSS(MIME Object Security Service)는 이미 인터넷 표준으로 제정되어 발표되었으나, 문제점들이 지적되어 널리 사용되고 있지는 않다. [표 9-7]는 S/MIME에서 암호 및 서명시 사용되는 알고리즘을 나타낸다.

표 9-7 • S/MIME에서 암호 및 서명시 사용되는 알고리즘

기 능	사용 암호 알고리즘
서명용 메시지 다이제스트 방식(해쉬 알고리즘)	SHA-1, MD5
암호화된 서명 방식	DSS, RSA
세션키 분배 방식	Diffie-Hellman, RSA
콘텐츠 암호(화) 방식	Triple-DES, RC2/40 비트

S/MIME에서는 용도에 따라 서명된 메시지 형식과 암호화된 메시지 형식이 사용된다. [그림 9-36]은 서명된 메시지 형식의 S/MIME을 나타낸다.

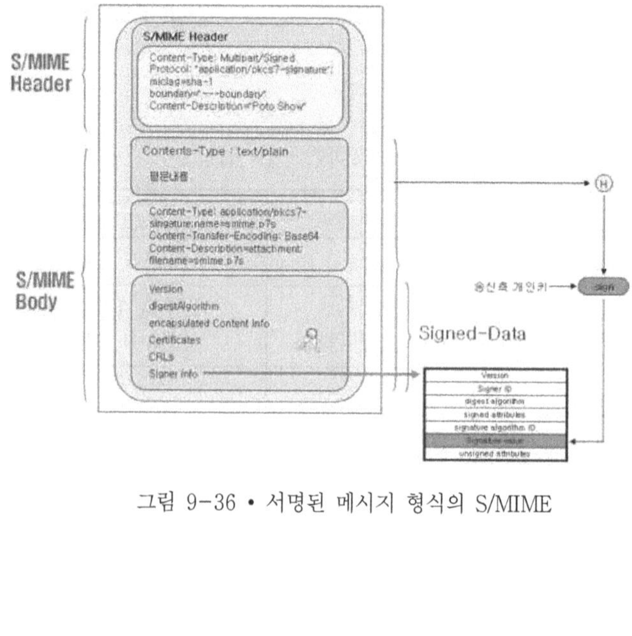

그림 9-36 • 서명된 메시지 형식의 S/MIME

Computer Science 컴퓨터 사이언스

09 연습문제

01 다음은 스키테일 암호문이다. 아래의 [참고]와 [사용법]을 이용하여 암호를 해독하라.

(1)

글	해	씨	도	를	글	잘	씨	쓰	가	는	이	사	루	람	어	은	진	붓	다	을	즉	던	잘	지	써	기	진	만	다

(2)

하	사	다	먹	루	를	매	으	한	필	일	면	개	요	사	건	의	없	과	강	사	게	하	에	과	만	나	좋	는	든	씩	다	의

(3)

어	인	아	며	의	것	느	이	있	시	얼	이	추	자	으	들	굴	보	운	기	려	리	이	였	밤	텐	니
며	들	습	에	트	휘	자	여	니	한	안	장	기	다	다	아	에	이	낙	보	이	랍	았	살	타	는	상

[참고] 평문을 암호화할 때 문자를 숫자로 대응하여 계산하는 경우, 다음 표를 참고하기 바란다.

문 자	A	B	C	D	E	F	G	H	I	J	K	L	M	N	O	P	Q	R	S	T	U	V	W	X	Y	Z
아스키	65	66	67	68	69	70	71	72	73	74	75	76	77	78	79	80	81	82	83	84	85	86	87	88	89	90
숫 자	00	01	02	03	04	05	06	07	08	09	10	11	12	13	14	15	16	17	18	19	20	21	22	23	24	25

ㄱ	ㄴ	ㄷ	ㄹ	ㅁ	ㅂ	ㅅ	ㅇ	ㅈ	ㅊ	ㅋ	ㅌ	ㅍ	ㅎ	ㅏ	ㅑ	ㅓ	ㅕ	ㅗ	ㅛ	ㅜ	ㅠ	ㅡ	ㅣ
00	01	02	03	04	05	06	07	08	09	10	11	12	13	14	15	16	17	18	19	20	21	22	23

[사용법] 영어 알파벳이 있는 중간 원을 잘라 안쪽 원과 바깥쪽 원을 분리하여 안쪽 원을 돌리면서 암호화와 복호화를 한다.

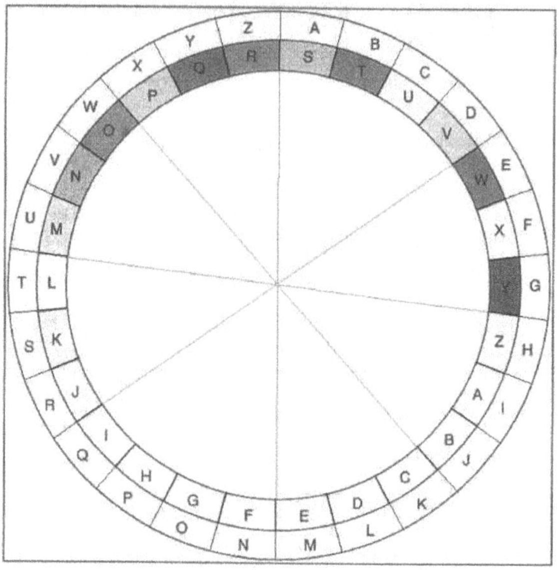

02 다음은 시저암호문이다. 본문중의 [표 9-1] 시저암호의 대응규칙 표를 이용하여 암호를 해독 하라.

(1) LZWJW AK S LAEW XGJ WNWJQLZAFY

(2) KBKXE SOTAZK YKKSY ROQK G ZNUAYGTJ

(3) AOL KHF OHK ILLU DHYT HUK AOL RPUN DHZ CLYF AOPYZAF

(4) LED DRO RYD NKIC YP CEWWOB RKN NBSON EZ KVV DRO WYEXDKSX LBYYUC

(5) 시저암호를 암호화와 복호화를 할 수 있는 프로그램을 만들어라.

03 다음은 곱암호인 ADFGVX 암호문이다.

[표] ADFGVX표

	A	D	F	G	V	X
A	A	B	C	D	E	F
D	G	H	I	J	K	L
F	M	N	O	P	Q	R
G	S	T	U	V	W	X
V	Y	Z	0	1	2	3
X	4	5	6	7	8	9

(1) TRY A 7TH TIME를 암호화하라. 암호키는 SCHOOL이다.

평 문	T	R	Y	A	7	T	H	T	I	M	E
암호문											

□

암호문 :

(2) XAAG VAGA AAAD FVDG VGGV를 복호화해라. 암호키는 SCHOOL이다.

□

암호문										
평 문										

평문 :

04 다음은 비즈네르 암호이다. 위 본문의 [표 9-4]를 이용하여 암호화하고 복호화하라.

(1) 평문 "KEEP SOMETHING FOR A RAINY DAY" (비오는 날을 위해 저축하라)을 암호키 MONEY로 암호화하라.

(2) 비즈네르 암호문 "CGIZJWWAHGKIIZCJ" (암호키 STUDY)을 복호화하라.

05 다음은 Playfair 암호문이다. 암호키는 다음과 같다.

G	E	N	H	I/J
S	K	A	W	R
T	D	O	B	C
F	L	M	P	Q
U	V	X	Y	Z

(1) 평문 PAY YOU INDEED을 암호화하라.

평 문								
암호문								

(2) BX SY QE MQ XW NL를 복호화하시오.

암호문	BX	SY	QE	MQ	XW	NL
평 문						

평문 ==>

06 에니그마(ENIGMA) 암호가 무엇인지 설명하여 보아라.

07 현대암호의 두 가지 큰 부류가 무엇인지 논하고, 차이점을 설명하여 보아라.

08 평문과 암호문은 어떠한 관계가 있는지 설명하여 보아라.

09 DES 암호가 무엇인지 논하고, 장단점을 설명하여 보아라.

10 비밀키, 공개키, 개인키에 대하여 논하고, 각 키의 소유자는 누구인지 설명하라.

11 RSA 암호가 무엇인지 설명하여 보아라.

12 전자서명이 무엇인지 논하고, 사적 기밀과 어떤 관계가 있는지 설명하여 보아라.

13 다음의 인터넷 보안 기술 및 프로토콜에 대하여 설명하여 보아라.

(1) SSL (2) S-HTTP
(3) SET (4) PEM
(5) PGP (6) S/MIME

14 컴퓨터 보안이 무엇인지 논하고, 어떤 종류가 있는지 설명하여 보아라.

15 방화벽이 무엇인지 논하고, 방화벽 시스템의 구성요소에는 어떤 것이 있는지 설명하여 보아라.

CHAPTER.10

데이터 통신

Computer
Science

CHAPTER

10 데이터 통신

현대사회는 사회활동이 점점 복잡해지고 다양화됨에 따라 정보의 필요성이 증대되고 이러한 정보처리의 주역인 컴퓨터의 중요성이 점점 커지고 있다. 또한, 끊임없이 발생하는 정보의 재가공과 이동이 필요하게 되고 이러한 정보처리는 데이터 통신을 필요로 하였다. 따라서 여기서는 데이터 통신의 배경과 전송기술, 네트워크 구성에 대하여 살펴보기로 한다.

1 데이터 통신 시스템

오늘날 우리는 국제사회속에서 살고 있으면서 우편, 전화, 라디오, TV, 팩시밀리 등을 이용하여 전 세계 각지와 정보를 교환하지 않고는 하루도 생활할 수 없는 실정에 있다. 또한 최근에 컴퓨터시스템의 발달로 컴퓨터의 이용도가 높아짐에 따라 전세계적으로 컴퓨터들을 연결하는 컴퓨터 네트워크(computer network)기술이 급속도로 발전하고 있다. 은행 본점과 지점 사이에 컴퓨터와 터미널의 연결, 한국과 미구간의 주식정보를 알기 위해서 컴퓨터들간의 연결 등, 컴퓨터 통신이 한정된 지역에서 전 세계의 방대한 통신망으로 점점 확산되어 그 기술이 첨단화되고 있다.

이런 시점에서 컴퓨터에서 다루어지는 데이터 통신은 짧은 구간에서는 유선으로 또는 멀리 떨어진 지역에서는 그 환경과 조건에 따라 유무선 혼합으로 통신망이 구축되어 두 지점간에 교신이 이루어진다. 통신망회선으로는 전화선, TV나 라디오 방송망, 통신위성망 마이크로웨이브 등과 같은 기존의 통신 채널과 동축케이블, 광케이블로 서로 떨어진 컴퓨터간에 연결하는 전용회선이 있다. 이런 컴퓨터 통신기술로 정보를 신속하고 정확하게 교환하는 방법이 발전하게 되었다. 데이터 통신시스템이란 통신회선을 통하여 서로 떨어진 컴퓨터나 단말기 사이에 데이터를 교환하는 컴퓨터시스템을 말한다.

1. 데이터 통신 시스템

데이터 통신 시스템에서 데이터를 전송하고 처리결과를 받기 위하여 통신 시스템은 컴퓨터의 중앙처리장치와 터미널과 선로로 연결이 되어 있다. 여기서 중앙처리장치와 터미널간에 동작원리의 차이로 보완이 필요할 경우 인터페이스(interface)장치가 필요하게 된다. 한 장소에서 다른 장소로 데이터를 전송하는 선로를 채널(channel)이라고 한다. 한 은행의 지점과 본점 간의 데이터 통신을 위해 연결된 데이터 채널에 의해 데이터가 전달되는 과정을 살펴보자.

단말기에서 사용자는 입력 데이터에 해당되는 디지털신호를(digital signal)을 발생한다. 이 디지털 신호는 선로의 전기적 특성의 여러 가지 원인 때문에 인터페이스 장치인 모뎀(modem) 등을 이용하여 전화선 등의 데이터 채널을 통해 전송될 수 있는 아날로그신호(analog signal)로 변환되어야 한다. 이런 과정을 변조(modulation)라고 한다. 변환된 아날로그신호는 데이터 채널을 통해 중앙컴퓨터로 보내지는데, 여기서 수신된 아날로그신호를 다시 디지털신호로 바꾸어주는 과정이 필요하다. 이 과정을 복조(demodulation)라고 하며, 변조 때와 마찬가지로 모뎀에서 그 역할을 담당한다. 이 때 전위처리기(front-end processor : FEP)와 같은 통신 제어장치가 데이터 채널과 전송되는 데이터를 제어 또는 조정하는 역할을 한다. 이 과정은 [그림 10-2]와 같다. 터미널에서 모뎀을 통하여 전화회선인 데이터 채널과 연결된다. 수신측에서 전화회선과 모뎀, 전위처리기를 거쳐 중앙처리기와 연결되어 데이터 통신이 이루어진다. 여기서 사용되는 데이터 통신시스템의 구성에 대해서 알아본다.

2. 데이터 통신 시스템의 구성

정보의 처리, 가공, 이동을 위하여 데이터 통신 시스템은 데이터 전송 부분(정보이동)과 데이터 처리 부분(정보의 가공, 처리, 보관)으로 구분된다. 데이터 전송 부분은 단말기, 데이터 전송 회선, 통신 제어 장치로 나누어지며 데이터 처리 부분은 컴퓨터와 주변 장치로 설명될 수 있다.

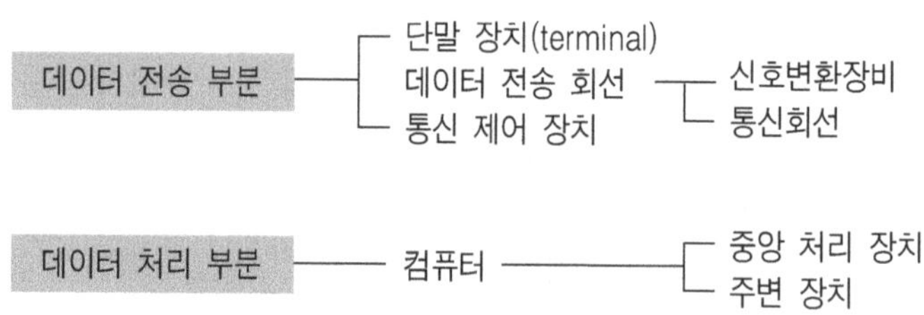

그림 10-1 • 데이터 통신 시스템

(1) 단말기

컴퓨터가 다른 컴퓨터와 통신을 하려 한다면 어떤 형태로든 연결이 필요하다. 데이터를 모으고, 사용하고 또는 전달하는 컴퓨터를 데이터 단말장비(DTE : data terminal equipment)라 한다. 대표적인 예로 단말기를 들 수 있으며, 최말단에 있는 장치로 정보발생원(source)이나 정보처리원(destination)으로서의 기능을 수행한다. 컴퓨터(host computer)가 처리할 데이터의 입력과 출력을 담당한다. 단말기를 사용하여 사용자는 컴퓨터와 상호 대화할 수 있으며, 가장 많이 활용되고 있다. 그 외의 예로 POS(point-of-sale)단말기, 라인프린터, 은행업무 단말기(Banking Terminal) 등이 있다.

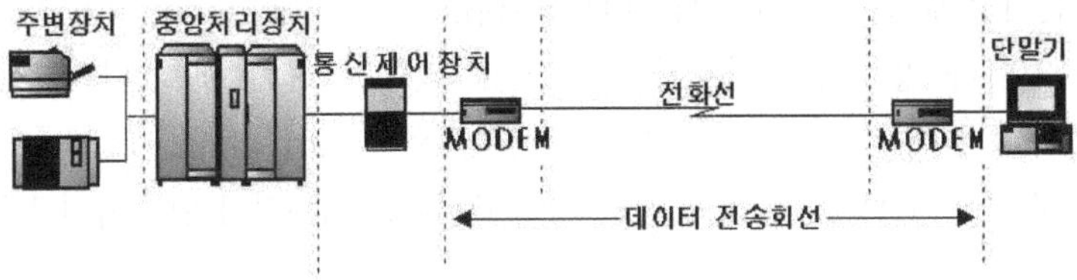

그림 10-2 • 전화회선을 이용한 데이터 전송

(2) 모 뎀

컴퓨터에서 출력된 디지털 데이터는 아날로그 형태의 전기적 신호형태로 바꾸어 원격지에 있는 단말기로 각종 통신매체를 통하여 전송된다. 컴퓨터에서 발생된 디지털신호를 멀리 보내기 위해서 높은 주파수(high frequency)로 바꾸는 과정은 변조(modulation)라 하고 수신측에서 전송된 신호를 디지털 신호로 바꾸기 위하여 복조(demodulation)의 과정이 필요하다. 모뎀(MODEM)은 MOdulation(변조)과 DEModulation(복조)을 합성하여 만든 단어이다.

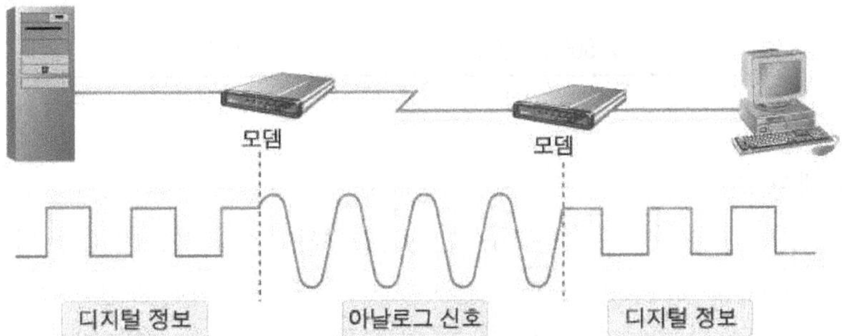

그림 10-3 • 모뎀(MODEM)

모뎀의 신호변환 방법은 다양하고 데이터 전송속도는 모뎀의 설계와 데이터 채널에 달려있다. 직접연결 모뎀(direct-connected modem)은 데이터 전송선에 직접 연결시킬 수 있는 장치로 신호 변조 특성에 따라 AM(amplitude modulation), FM(frequency modulation), PM(phase modulation) 등으로 나뉘어진다.

최근에는 PC(personal computer) 내의 슬롯(slot)에 들어갈 수 있도록 지능 모뎀이 개발되어 자동적으로 상대편과 연결시켜주고 전송이 끝나면 단절이 되도록 프로그램 되어진 것도 있다. PC와 모뎀과의 연결은 RS-232C 인터페이스 장치가 사용채널상태나 하드웨어 장치들의 조건에 따라 여러 가지 종류 중에서 선택하여 사용할 수 있다. 전송속도는 110~600 bps, 1,200~9,600 bps, 19.2~64 Kbps, 1.544~622 Mbps, 2.5~10 Gbps 등이다. 여기서 말하는 bps는 1초에 전송할 수 있는 비트수(bps : bits per second)를 말한다. baud rate 이란 1초간 얼마나 많은 변조신호가 전송될 수 있는가 하는 것을 나타낸다. 즉 실제 문자 하나를 전송하기 위해서는 문자를 나타내는 8비트와 "start" 비트, "stop" 비트가 각각 1비트 필요하므로 모두 10비트가 필요하다. 따라서 baud rate가 1,200이면 1초에 120자를 전송할 수 있음을 의미한다.

표 10-1 • 데이터 전송율 비교

데이터 전송율(bps)	20페이지 전송시간(분)
300	40
1,200	10
2,400	5
4,800	2.5
9,600	1.25
19,200	0.625
·	·
·	·
2,500,000,000	0.000005

(3) 통신 제어 장치

컴퓨터 통신망을 통하여 송수신되는 자료를 감독하고 관리하는 역할을 담당한다. 통신제어장치(communication control unit : CCU)는 컴퓨터에 부착된 모뎀과 연결되어 컴퓨터와 데이터 통신망 사이에 데이터를 전송할 수 있는 통로를 만들어 준다. 데이터가 통신 회선을 통하여 보내질 때에는 비트(bit) 형태로 전송되며, 이들 비트는 여러 개가 모여 하나의 문자가 된다. 그리고 컴퓨터 기억장치로 들어갈 때는 통신제어장치가 이 비트들을 문자로 만들어 보낸다.

통신제어장치는 이러한 기능 외에도 데이터 오류(error)를 복구하는 등 다양한 기능을 갖는다. 전위처리기는 중앙컴퓨터와 연결된 장치로 통신 네트워크와 상호 작용하여 전체 시스템을 제어함으로써 컴퓨터의 부담을 덜어준다.

대표적인 장비로는 다중화장비(Multiplexer)와 집중화장비(Concentrator)가 있다.

(4) 통신채널

떨어져 있는 터미널과 컴퓨터간에 데이터를 전송하기 위해서는 통신채널(communication channel)이 필요하다. 통신채널을 연결하기 위해서는 전화선, 동축 케이블, 광섬유, 마이크로웨이브, 위성 통신 등이 사용되고 있다. 또한 통신채널은 정상채널과 역채널로 구성된다.

정상채널(forward channel)은 정보의 전달방향과 전송방향이 일치하는 채널을 말하며, 역채널(reverse channel)은 감시신호나 에러신호의 통로로서 사용되는 채널로 전송방향은 정보의 전달방향과 반대이다.

① 전화선

전화선(telephone wire)은 일반적으로 통신회선으로 많이 사용되고 있으며, 두 가닥이 꼬인 선(twisted pair wire : 이중나선)을 사용한다. 이런 선은 나선이므로 외부의 전기적 잡음 등으로 신호가 찌그러지는 경우가 발생한다. 그러나 세계 어느 곳이든 데이터 전송을 할 수 있는 거대한 회선통신망을 구축하고 있어 자주 사용된다.

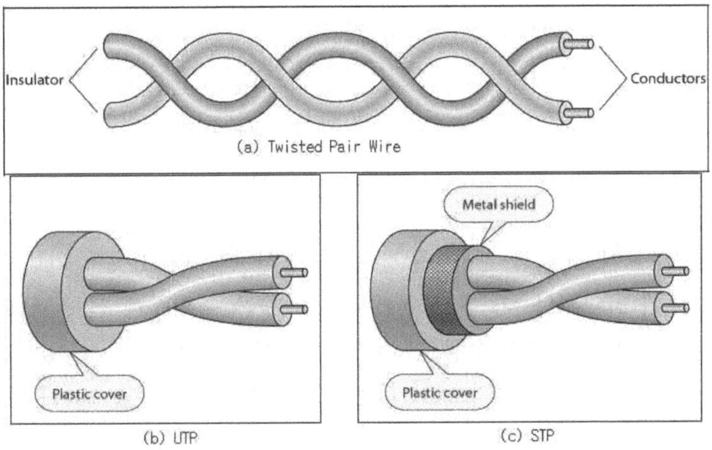

그림 10-4 • 이중나선(twisted-pair wire)

② 동축케이블

동축케이블(coaxial cable)은 나선을 원형의 철사망과 같은 구리선 등으로 차폐(shield)하여 사용하므로 외부의 전기적 잡음 등을 차단할 수 있어 고품질의 데이터를 전송할 수 있는 구조로 구성된다. 선로의 전송 특성이 좋기 때문에 전화선보다 빠른 속도로 데이터를 전송할 수 있어 데이터 전용 회선으로 사용되고 있다.

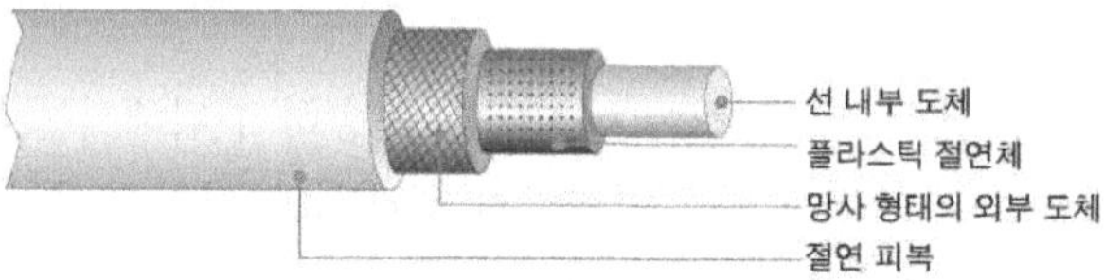

그림 10-5 • 동축케이블(coaxial cable)

③ 광섬유

광섬유(optical fiber 혹은 fiber optics)는 기존의 전화선이나 동축케이블 대신 한 개의 광섬유를 사용하는 신기술이다. 이 광섬유는 레이저를 이용하여 데이터를 전송하는 방식으로 고속을 데이터를 전송할 수 있음은 물론 많은 정보를 가는 선 하나에 보낼 수 있다. 예를 들면 동축 케이블은 5,400개의 음성채널을 전송할 수 있으나, 단 한 개의 광섬유로 50,000개 채널까지 전송이 가능하다.

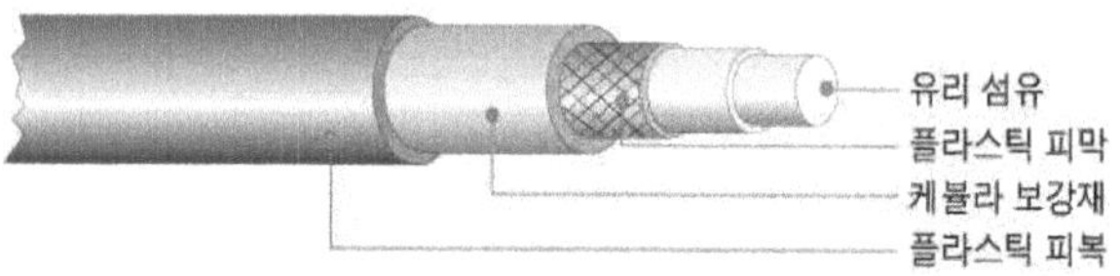

그림 10-6 • 광섬유(optical fiber)

④ 마이크로웨이브

마이크로웨이브(M/W : microwave)을 통한 데이터 전송은 라디오나 TV처럼 공간을 통해 신호가 전달된다. 이 때 신호의 전송을 높은 주파수에 실어 보내는 반송장비가 필요하게 된다. 일반적으로 반송장치는 여러 신호를 동시에 보낼 수 있도록 주파수 대역에 다중채널을 만들게 된다. 따라서 이 시스템은 전화선이나 동축 케이블보다 고속으로 데이터를 전송할 수 있다. 중계소와 중계소 사이는 M/W의 특성상 장애물이 없어야 하며, 약 20Km마다 중계소가 필요하다. 특히, 유선으로 하기 어려운 지역이나 교량이 많은 경우에 사용되며 800MHz~30GHz 사이의 주파수를 사용한다.

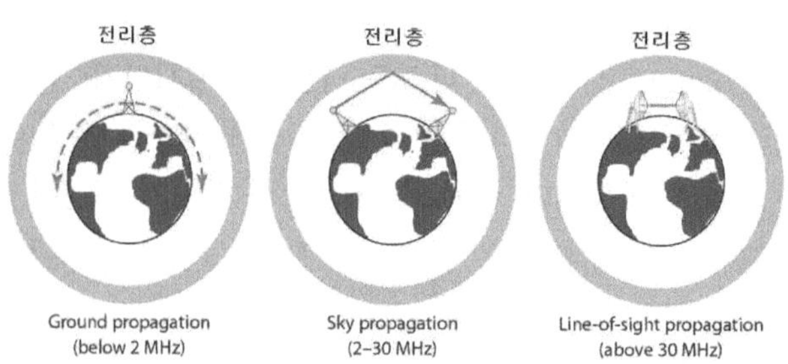

그림 10-7 • 무선통신 전파 방법

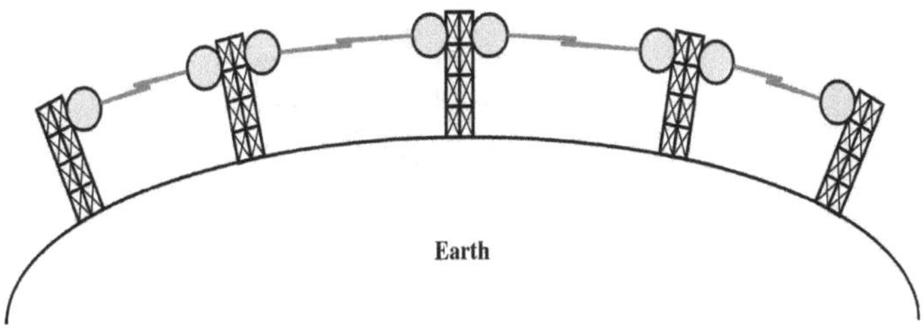

그림 10-8 • 마이크로웨이브 통신

표 10-2 • 무선통신 주파수대역 특성

Band	Range	Propagation	Application
VLF (very low frequency)	3~30kHz	Ground	Long-range radio navigation
LF (low frequency)	30~300kHz	Ground	Radio beacons and navigational locators
MF (middle frequency)	300kHz~3MHz	Sky	AM radio
HF (high frequency)	3~30MHz	Sky	Citizens band(CB), ship/aircraft communication
VHF(very high frequency)	30~300MHz	Sky and line-of-sight	VHF TV, FM radio
UHF (ultrahigh frequency)	300MHz~3GHz	line-of-sight	UHF TV, celluler phones, paging, satellite
SHF (superhigh frequency)	3~30GHz	line-of-sight	Satcllite communication
EHF (extremely high frequency)	30~300GHz	line-of-sight	Radar, satellite

⑤ 통신위성

최근에 우주시대를 맞이하여 통신위성(stellite)의 이용도 늘고 있다. 지상 35,000Km 정도에 상공에서 지상에서 전송한 신호를 중계하므로 먼거리까지 통신이 가능하다. 지상 중계소에서는 안테나의 빔(antenna beam)을 사용하여 위성으로 보내고 위성에서는 수신된 신호를 증폭하여 지상으로 재전송한다. 이런 통신위성을 사용하면 많은 양의 데이터를 빠른 속도로 전송할 수 있어서 데이터 통신시대를 맞아 사용량이 급격히 증가하고 있다.

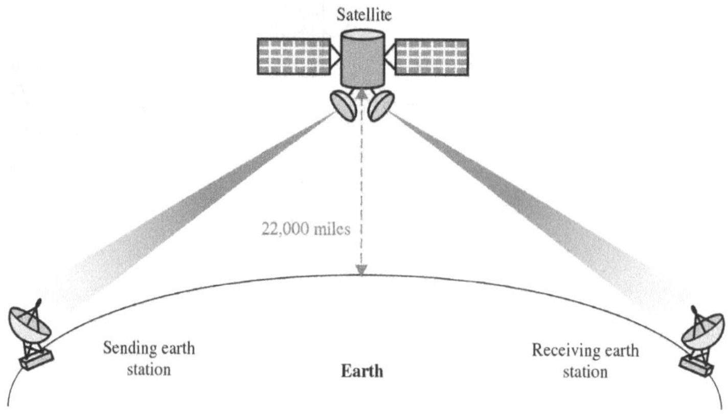

그림 10-9 • 위성 통신

그림 10-10 • 통신위성의 예

2 전송 기술

컴퓨터 통신망을 통하여 데이터를 원격지에 전송하기 위하여 전송할 데이터의 형태, 전송속도, 회선의 형태, 회선의 이용방식 등을 고려하여야 한다.

1. 데이터 전송 회선의 속도

컴퓨터 통신망을 설계하는데 있어서 고려해야 할 중요한 요소는 데이터 전송의 속도와 통신의 양이다. 회선의 속도는 1초 동안 1회선으로 전송할 수 있는 비트의 수, 즉 bps(bit per second)로 나타낸다. 보오(baud)는 매초당 몇 개의 신호변화가 있었는가 또는 매초당 몇 개의 다른 상태의 변화가 있었는가를 나타내는 신호 속도(signaling speed) 단위이다. 따라서 1bit

가 1신호 단위로 쓰이면 bps와 baud는 동일하다. 그러나 기술 개발로 두 개의 비트가 한 개의 신호단위로 사용되면 디비트(double bit), 세 개의 비트가 한 신호단위를 이루면 트리비트(tribit)라고 하며 보오 속도는 각각 1/2, 1/3이 될 것이다. 따라서 보오 속도가 1,600 baud이고 트리비트를 사용하면 bps는 4,800 bps가 된다. 그러므로 통신 채널의 입장에서 보면 보오 속도가 중요하고 데이터 통신 이용자의 입장에서는 bps 속도가 더 밀접한 관계를 갖는다. 전송하는 속도는 채널의 등급에 따라 달라지며 채널의 등급은 다음과 같다.

(1) 저속 채널

저속채널(low speed channel) 또는 협역주파수대역(narrow frequency band)－40, 300bps로 전송하며, 전신이 이에 속한다. 이 채널은 느린 속도를 원하는 장치나 텔리타이프라이터(TTY : teletypewriter) 등에 사용된다.

(2) 중속 채널

중속채널(medium speed channel) 또는 음속주파수대역(voice frequency band)－300~9,600bps의 전송속도를 갖는데 이 범위의 속도는 음성통신에 알맞아 광범위하게 설치되어 있는 전화선을 이용한다.

(3) 고속 채널

고속채널(high speed channel) 또는 광역주파수대역(broad frequency band)－9,600bps 이상의 전송속도인 19.2~64 Kbps, 1.544~622 Mbps, 2.5~10 Gbps 등으로 전송하며, 마이크로웨이브, 광섬유, 위성통신 등을 이용하여 컴퓨터와 컴퓨터간에 자료를 주고 받는 컴퓨터 통신에 이용된다.

표 10-3 • 통신채널의 속도 비교

회 선	전송속도(bps)	특 성
전화선	300~9,600 1Mbps~수백 Mbps	•전화선은 음성(300Hz~3KHz)전송용으로 신뢰도는 낮으나 전 세계적으로 각처에 설치되어 있음 •이중나선은 1km에 대해 수 Mbps로 전송 가능
동축케이블	1Mbps~1Gbps	전화선에 비해 성능이 우수하나 장거리 설치시 비용이 많이 듬
광섬유	수십 Mbps~수 Gbps	전송채널이나 전송속도 등이 우수하며, 외부의 잡음의 영향을 받지 않아 미래의 데이터 통신회선으로 바람직함
마이크로 웨이브	1Mbps~10Gbps	전송속도나 신뢰도 측면에서 동축케이블과 성능이 같으나 송수신탑이 25~30Km마다 필요함
통신위성	1Mbps~10Gbps	마이크로웨이브 회선과 같은 특성을 지니며, 장치의 값이 매우 고가임

2. 데이터 전송의 형태

통신회선을 통하여 데이터를 전송하는 형태는 동기방법에 따라 동기전송과 비동기전송의 두 가지로 나누어진다.

(1) 동기식

동기식 전송(synchronous transmission)은 빠른 속도의 전송이 요구되는 경우에 사용하게 되는 형식으로 이는 시작비트와 정지비트가 없이 그룹으로 문자를 전송하며 문자의 시작과 끝은 모뎀 내의 시간측정기능(timing mechanism)에 의해 인식한다. 전송이 시작되면 시간 측정 메커니즘은 일정한 간격으로 한 비트씩 통신채널에서 읽어들이며 요구되는 만큼의 비트가 저장되면 그 문자는 통신제어장치로 보내진다. 보통 동기전송은 2,000bps 이상의 속도로 전송할 때 사용하며, 음성통신회선과 광역주파수대역 회선을 모두 사용할 수 있다.

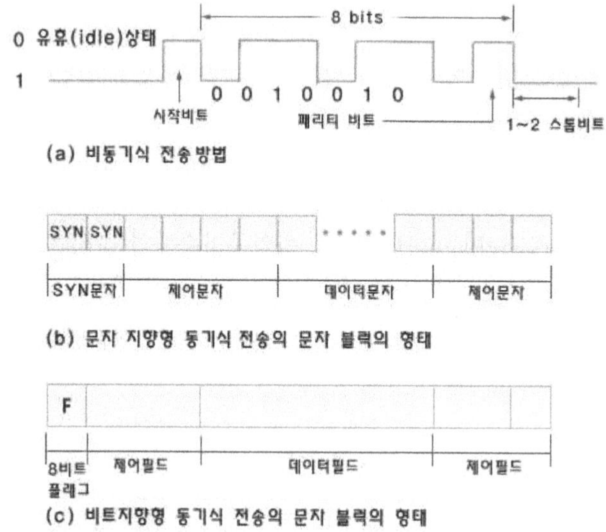

그림 10-11 • 비동기식 전송과 동기식 전송

(2) 비동기식

비동기식 전송(asynchronous transmission)은 한 번에 문자 한 개씩 송·수신하는 것으로 이러한 문자는 7비트 또는 8비트로 구성되어 있으며 문자의 앞에는 시작 비트(start bit), 끝에는 정지비트(stop bit)가 있어 이를 구분하여 준다. 비동기 전송은 대개 2,000bps 이하의 속도로 전송할 때 사용하며 8비트로 구성된 문자 하나를 전송할 경우 시작비트와 정지비트를 포함하여 10비트가 전송된다. 비동기 전송은 데이터 통신시스템의 터미널에서 한 번에 한 자(character)씩 쳐 넣을 때 많이 사용되며, CRT 터미널은 전혀 기억장치가 없어도 된다. 보통 초당 전송속도는 5~7자로 이 속도는 600~2,000bps를 보낼 수 있는 회선의 전송 속도에 비해 너무 느리므로 비동기 전송 형태의 음성통신회선에 많이 사용한다.

이런 방식은 원거리 통신 방법으로 데이터를 구성하는 비트를 직렬로 배열하여 보낸다. 이와 같은 방법을 직렬전송(serial transmission)이라고 하며, PC의 RS-232C 통신방식이 여기에 속한다. 또한 PC에서 프린터에 연결하여 사용하는 병렬포트가 있는데, 이 포트는 데이터를 병렬로 보낼 수 있는 구조로 구성되어 있다. 대개 컴퓨터와 가까운 거리에 있는 입출력장치에 고속으로 데이터를 보내기 위해서 병렬포트가 사용된다. 예를 들면, 디스크드라이브와 라인 프린트와의 접속시 많이 사용된다. 이런 접속방법을 병렬전송(parallel transmission)이라고 한다.

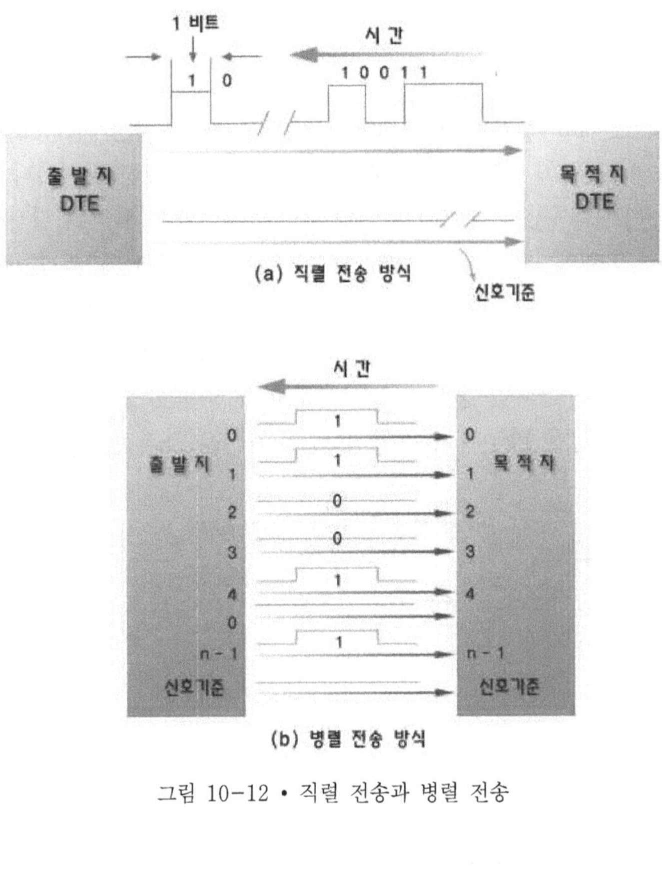

그림 10-12 • 직렬 전송과 병렬 전송

3. 전송 회선의 통신 방식

전송회선의 통신방식은 다음과 같은 세 부류로 나눌 수 있다.

(1) 단방향 통신

단방향 통신(simplex communication)방식은 단지 한쪽 방향으로만 데이터를 전송하는 형태로 컴퓨터로 데이터를 출력할 때나, 카드 리이더로 데이터를 읽어 컴퓨터로 보낼 때 등에 사용한다.

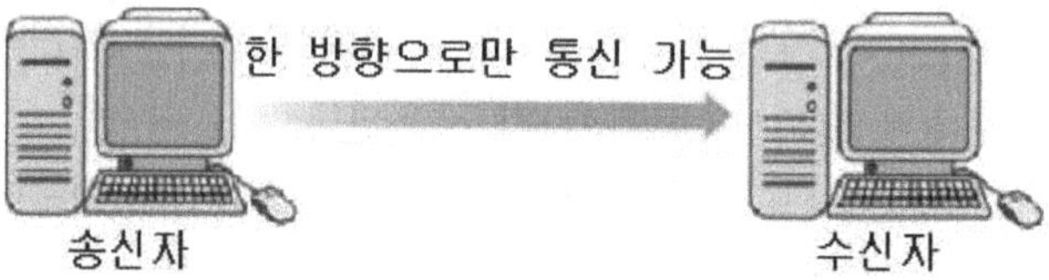

그림 10-13 • 단방향 통신

(2) 반이중 통신

반이중 통신(half duplex communication)방식은 동시에 양쪽 방향으로 송수신할 수 없으며, 한 순간에 어느 한쪽 방향으로만 데이터를 전송할 수 있는 형태이다. 이러한 전송방식은 터미널을 사용하는 사람이 데이터를 입력하고 컴퓨터에서 처리된 결과가 다시 터미널로 나오는 과정을 보기 위해 회선 절환을 하여야 한다. 터미널에서 데이터를 입력시키는 동안에는 컴퓨터에서 터미널로 데이터를 보낼 수 없으며, 반대로 컴퓨터가 터미널로 데이터를 보내는 동안에는 터미널에서 동시에 데이터를 입력시킬 수 없다. 예로 장난감 트랜시버를 들 수 있다. 송신자가 송신이 끝나면 송신종료를 알리고 수신자는 종료를 알리는 통신 메시지와 함께 송신자로 그 역할을 바꾸기 위하여 송신 스위치를 조작하게 된다.

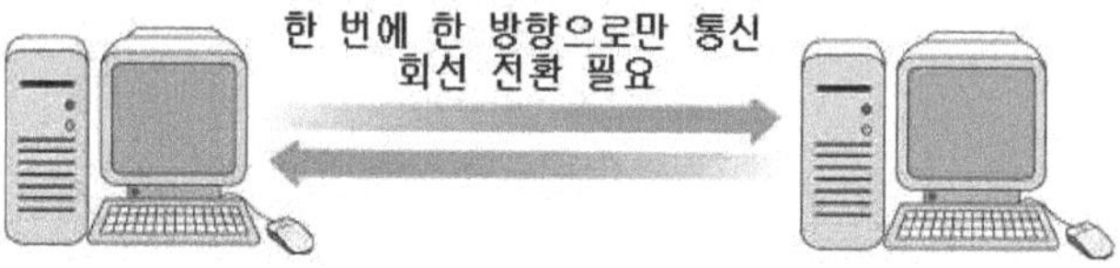

그림 10-14 • 반이중 통신

(3) 전이중 통신

전이중 통신(full duplex communication) 방식은 데이터를 동시에 양쪽 방향으로 전송이 가능한 방법이다. 이 방식은 컴퓨터와 컴퓨터간에 매우 빠른 속도로 데이터를 주고 받을 수 있으며 데이터의 회수를 기다릴 필요가 없다.

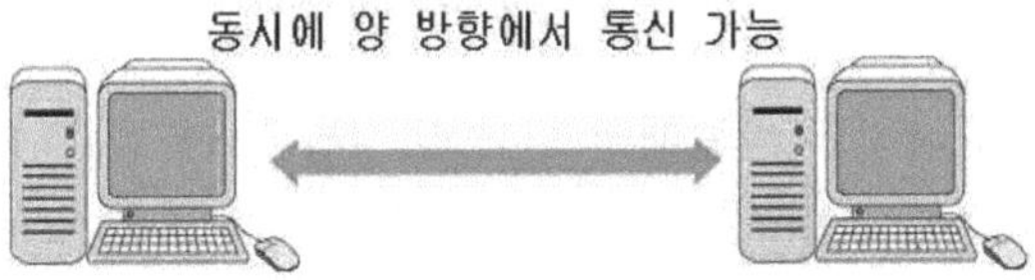

그림 10-15 • 전이중 통신

따라서 이러한 채널을 구성하려면 비용이 많이 들지만 높은 성취도를 얻을 수 있다. 이런 회선은 전용선을 사용하여 고속통신이 가능하다. 이런 예로 상대방과 대화하는 형태로 서로 이야기를 동시에 주고받는 형태이다.

3 데이터 교환 방식

데이터 통신용 회선에는 이용자가 특정한 구간을 독점하여 사용하는 전용 회선과 교환기를 이용하는 교환망회선이 있다. 과거 데이터 통신 수요가 많지 않을 때는 전용회선을 주로 이용하였으나, 현재는 고도화, 다양화를 추구하는 데이터 통신의 수요에 대처하기 위해 교환망회선을 주로 사용하고 있다. 교환망회선을 사용할 때 데이터를 그 발생지에서 목적지까지 중계하는 방식이 필요한데 이에는 회선교환(circuit switching)방식과 저장전달교환(store and forward switching)방식 등이 있다.

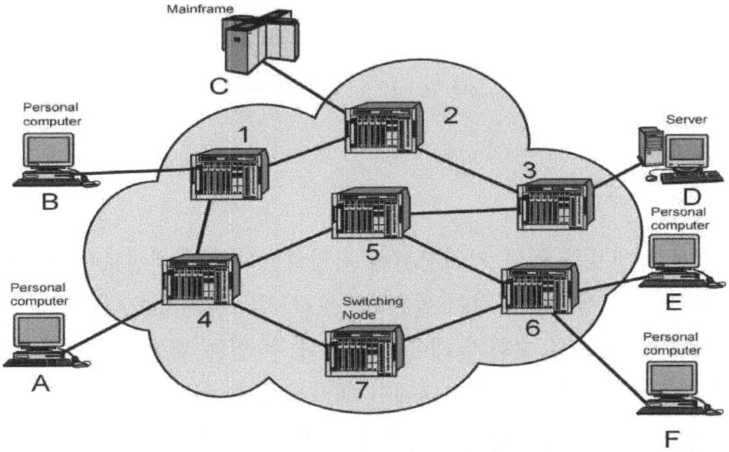

그림 10-16 • 교환망의 일반적 형태

1. 회선 교환

회선교환방식은 교환센터의 터미널에서 다른 터미널 또는 컴퓨터로 회로를 직접 연결하여 정보를 교환하는 방식으로서 한번 통신 회선이 설정되면 그 회선은 전용회선에 의한 정보 전달과 같은 내용을 갖게 된다. 그러므로 이 방식은 교환기 내에서의 접속을 위한 전달 지연을 가지게 되며 즉시성이 결여될 수 있다. 그러나 일단 통신로가 설정되면 회선 구성을 위한 정보의 형태, 부호, 전송 제어 순서 등에 의하여 제약을 받지 않으므로 비교적 데이터가 길고 통신밀도가 높은 데이터 통신에 유리하다. 통신이 끝나면 다시 교환 센터가 개입하여 접속을 차단하고 대기하게 된다. 일반공중교환 회선이나 TELEX 등이 이 방식을 채택하고 있다. 이 방식은 다시 공간분할방식과 시분할 방식으로 나뉘어진다.

공간분할방식은 기존의 음성전화를 위한 기계식 또는 전자식 교환기를 이용하는 방식으로, 저속의 간단한 응용에 매우 효과적이지만, 융통성이 없고 오류율이 높으며 접속시간이 길고 고속통신이 어렵다. 이에 반해 시분할 방식은 교환시스템을 디지털화하여 고속, 고품질의 데이터 전용의 교환기를 이용하는 방식으로 전자 부품이 갖는 고속성을 활용하여 다수의 통신에 의하여 스위치를 시분할적으로 동작시켜 공동으로 사용하는 방식이다.

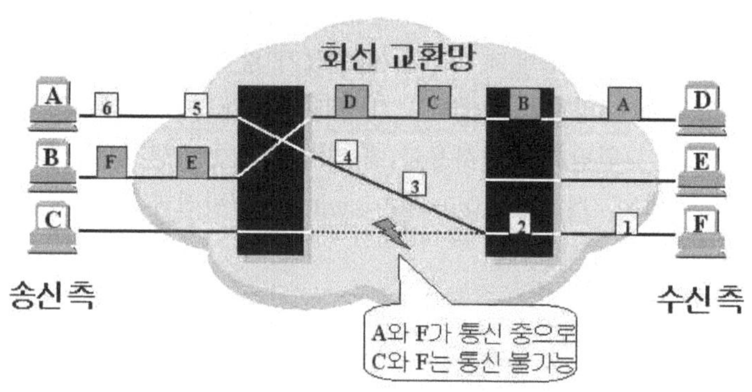

그림 10-17 • 회선 교환망

2. 저장전달 교환

교환기에서 수신한 정보를 일단 기억장치에 저장하였다가 중계경로를 선택한 후 교환하는 방식으로서, 교환기 내의 정보의 저장이 필요하므로 실시간성은 없으나, 필요에 따라 통신속도의 변환 등 각종의 통신처리를 교환기 내에서 처리할 수 있는 장점을 갖는다. 또, 수신측 회선이 사용중인 경우는 교환기의 기억장치 내에서 대기시킬 수 있으므로 중계회선의 효율이 향상되고 경제적인 방법이다. 이 방식에서는 전송하는 데이터에 수신측 주소 및 제어 정보를 부여해야 하므로 정보 전송시 정해진 통신규약에 따라야 한다. 저장전달교환방식은 정보의 전송단위에 따라 메시지 교환방식(message switching)과 패킷교환방식(packet switching)으로 나누어진다.

(1) 메시지 교환방식

메시지 교환방식은 전송하고자 하는 데이터의 길이를 그대로 송신하는 방식이다. 이 방식은 일반적인 메시지 전달이 주목적이기 때문에 빠른 응답시간을 요구하는 응용에는 적합하지 않다. 정보의 길이가 일정하지 않으므로 교환기 내의 기억장치의 사용 효율, 회선의 이용율, 전송 지연 등을 고려해 볼 때 그다지 좋은 방식은 아니다.

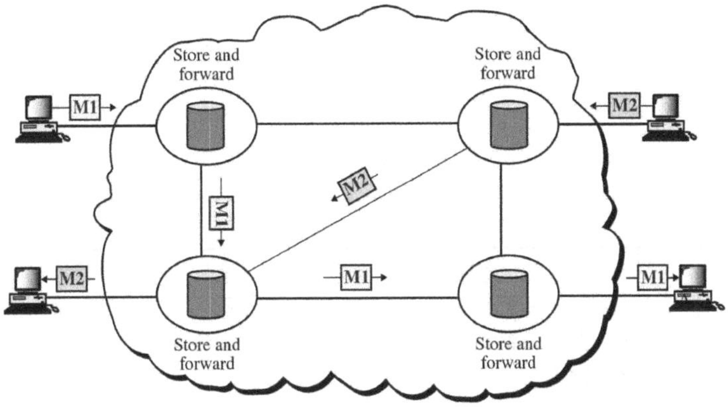

그림 10-18 • 메시지 교환망

(2) 패킷 교환방식

패킷 교환방식은 메시지교환과 동일한 방식이나 차이점은 긴 메시지가 패킷이라 불리워지는 고정된 길이를 갖는 단위로 분할되어 각 단위별로 목적지에 독립적으로 보내어지고, 다시 목적지에서 원래의 메시지 형태로 재결합되는 방식이다. 각 패킷은 각 스테이션을 통과할 때마다 에러가 점검된다. 이 방식은 비교적 값이 비싼 광대역 회선을 효과적으로 이용하기 위한 하나의 수단으로 많이 사용되고 있다.

패킷 교환방식에서 정보를 전송하는 방법은 두 가지가 있다. 즉, 가상회선과 데이터그램 방식이다. 데이터그램(datagram) 방식은 호출과정 없이 패킷이 데이터 전송에 필요한 제어 및 주소 정보를 가지고 서로 다른 경로를 통해 제각기 전송되는 방식이다. 따라서 각각의 패킷이 효율적인 전송로로 독립적으로 전송되나 모든 패킷이 송수신 주소를 가져야 하므로 오버헤드가 많이 발생하며, 수신후에는 데이터를 재조립해야 하는 불편이 있다. 가상회선(virtual circuit) 방식은 데이터그램 방식과는 달리 호출시 선택된 경로를 타고 모든 데이터가 전송되는 방식이다. 따라서 패킷은 단지 논리채널정보라는 간단한 주소정보만 가지면 된다. 가상회선 방식은 마치 물리적인 회선이 두 이용자 사이에 연결된 것과 같다.

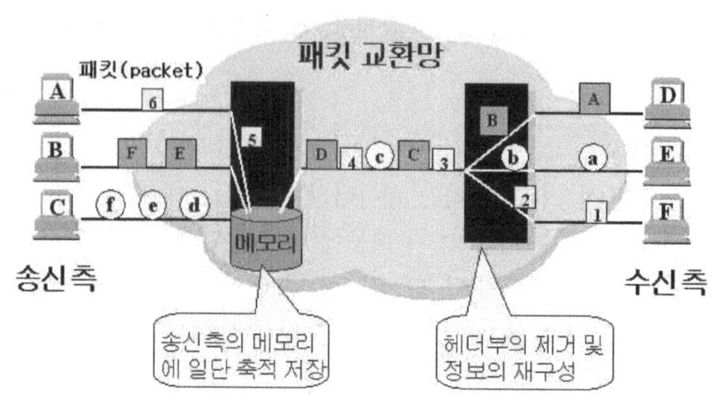

그림 10-19 • 패킷 교환망

표 10-4 • 교환방식의 비교

교환방식	장 점	단 점
회신 교환	•통신 밀도 높을 때 유리함 •실시간 트래픽 •통신경로 설정이 매우 빠름 •전송제어 절차 정보형식에 제약이 없음	•속도차가 큰 경우나 전송 밀도차가 큰 경우 비효율성 •접속 기간 동안 통신회선을 트래픽에 무관하게 독점 사용하게 됨
메시지 교환	•Bulk Data의 경우 회선의 전송 효율 증대함 •비동기 전송이 가능하여 연결설정이 불필요함 •다중 전달 및 우선 순위에 따른 처리	•실시간 데이터 전송에 부적합 •응답 시간이 느림 •네트워크 지연 발생
데이터그램 방식	•연결 설정 생략 •패킷 전송시 충돌에 대한 융통성 •한 노드 실패에 대한 다른 경로 구성 •소수 패킷 전송에 유리	•모드 패킷마다 수신측 주소 필요 •통신망에서 흐름제어 기능 없음 •각 교환기(라우터)에서 착신주소 분석하여 통신결오 설정함 •전송 지연 큼
가상회선 방식	•경로 설정(호처리) 기능 •다수 패킷 전송에 유리함 •고장시에 우회경로 재접속 시도함	•미리 설정된 경로 사용하므로 전송도중 패킷 충돌시 융통성 떨어짐

4 프로토콜

컴퓨터 통신 장치들, 통신 채널 등이 준비되면, 장치가 설치된 두 지점간 통신이 이루어지게 되는데 이때 두 장치간의 통신규범(protocol)이 필요하다. 즉, 상대방과 대화과정에서 두 사람이 동시에 이야기를 하면, 못 듣는다거나 정보를 잘못 인식할 수가 있다. 따라서 한 사람의 이야기가 끝나면 상대방이 이야기를 해야 정확하게 정보를 인지할 수 있을 것이다. 이런 대화과정에서 서로간의 규칙이 필요하다. 컴퓨터간의 통신이나 컴퓨터와 DTE(data terminal equipment : 데이터 단말 장치)간에도 이와 마찬가지로 통신을 원활히 진행시키기 위하여 서로간의 규범이 있어야 할 것이다. 이것을 데이터 통신 프로토콜(communication protocol)이라고 한다. 대표적인 프로토콜에는 인터넷에서 널리 사용되고 있는 TCP/IP가 있다.(11장 참조) 프로토콜은 통신의 특성을 정의할 뿐 아니라 서로의 통신을 제어하기도 한다. 일반적으로 모든 프로토콜에서 다음과 같은 사항이 언급된다.

(1) 정보 코드

컴퓨터에서 많이 사용되는 코드는 EBCDIC과 ASCII 그리고 Unicode가 문자코드로 정보를 표현하는 대표적인 예이다.(부록 참조) 두 지점에 설치된 장치들이 이런 약속된 코드를 사용하여야 두 지점간의 통신이 가능하게 될 것이다. 즉, 한국 사람과 미국 사람이 대화시 한국어로 통일시켜 대화를 하든지 아니면 영어로 해야 이야기가 가능한 것과 유사하다.

(2) 통신 제어

통신제어는 두 지점간 통신이 제대로 이루어지는가를 확인하기 위하여 필요하다. 정보를 받을 수신자를 확인하기 위한 정보를 통신중에 넣는다든지 또는 일정한 간격으로 수신측의 회신을 요구하는 프로토콜도 있다. 또는 데이터 전송과정의 시작과 끝을 나타내는 제어정보가 포함될 수도 있다. 이런 통신제어는 메시지에 포함되어 부담을 줄 수도 있지만, 꼭 필요한 정보들이다.

(3) 오류 검사 및 회복

통신중에 수신자가 정보를 제대로 받지 못할 수 있다. 이때 수신자는 송신자에게 정보를 제대로 받지 못했음을 알릴 필요가 있다. 이런 잘못된 메시지들을 찾기 위하여 모든 통신되는 데이터들에 대해 오류(error)를 검사해야 할 것이다. 또한 오류가 발견되었을 때, 손상되거나 잃어버린 메시지가 회복될 수 있도록 정해진 동작이 행하여져야 한다. 오류는 발생원인을 보면, 신호의 약화, 잡음, 간섭 등을 들 수 있다.

(4) 채널 활용

앞에서 전화선, 동축케이블, 광섬유, 마이크로웨이브, 위성통신 등 통신채널에 대해서 언급하였다. 이런 통신채널은 정보전달을 위해서 활용되고 있다. 이 채널을 통하여 송신자와 수신자간에 유용한 정보의 양을 처리율(throughput)이라고 한다.

처리율을 높이는 방법으로 제어정보메시지가 유효정보메시지보다 적어야 할 것이다. 그렇지 않으면 채널이 유용한 정보보다 제어 정보 전송이 더 많이 이용될 것이다. 처리율은 채널의 속도를 증가시킴으로써 개선될 수 있다. 두 컴퓨터간의 채널에 한 번에 한 비트씩만 보내는 직렬방식과 8비트씩 데이터를 동시에 보내는 병렬방식으로 나눌 수 있다. 병렬방식은 직렬보다 8배 빠르지만, 직렬전송시보다 8개의 통로가 있어야 하므로 설치비가 많이 소요된다. 따라서 컴퓨터 내부의 전송은 병렬방식을 많이 사용하게 되며, 외부 연결되는 통신채널은 대부분 직렬전송을 한다. 이때 송신측에서 병렬신호를 직렬로 바꾸어주는 병렬-직렬 변환기(parallel-to-serial converter)가 필요하며, 수신측에는 직렬 데이터를 병렬로 조립하여야 하기 때문에 직렬-병렬변환기(serial-to-parallel converter)가 있어야 한다. 대부분의 컴퓨터 시스템에는 전이중 통신(full duplex communication)방식인 병렬-직렬 또는 직렬-병렬변환이 동시에 가능하도록 되어 있다. 대표적인 방식에는 PC에서 많이 사용되고 있는 RS-232C 직렬포트를 들 수 있다.

(5) 동기화와 시간 제약

컴퓨터간의 데이터를 주고 받을 때는 정보를 잃지 않도록 동기화가 필요하다. 송신측에서 보내는 데이터를 수신측에서 잃지 않고 전부 접수하여야 하므로 수신측은 언제 신호가 오는지를 알아야 한다. 이것은 각 컴퓨터가 동기화됨으로써 이루어진다.

동기식통신(synchronous communication)은 주기적 시간 정보에 따라서 비트열을 전송할 수 있는 통신시스템이다.

비동기식통신(asynchronous communication)은 전송하는 각 바이트에 시간 정보를 붙여야하는 경우다.

시간제한을 설정하여 상대방의 컴퓨터 또는 DTE가 주어진 시간 내에 메시지를 응답하지 않으면 무응답으로 간주하여 요구측에서 무응답의 원인을 찾아 조치를 취할 수 있다. 이런 과정에서 통신이 아직 계속되고 있음을 확인하기 위하여 시간제약을 사용하며 주기적으로 특수한 데이터 프레임을 전송하여 상대장치가 활동중임을 확인한다.

(6) 투명성

정보전송에 있어 투명한 프레임(transparent frame)이란 제어문자든 비제어문자든 모든 가능한 문자들을 포함하는 것을 말하며, 불투명한 프레임이란 비제어문자(즉, 인쇄가능한 코드)만을 의미하는 것이다.

5 컴퓨터 네트워크

컴퓨터 네트워크(computer network : 전산망)은 여러 개의 컴퓨터시스템들이 데이터 채널을 통해 서로 연결되어 프로세서, 기억장치, 프로그램, 데이터 등의 자원을 공유하면서도 각 컴퓨터시스템은 독립적인 기능을 갖는다. 이 네트워크의 주요 기능과 필요성에 대해서 살펴보면, 우선 컴퓨터 네트워크에 연결된 컴퓨터시스템들은 프로세서, 기억장치, 프린터 등의 하드웨어를 공동으로 사용할 수 있고 프로그램, 데이터 등의 소프트웨어 자원을 서로 교환하고 공유할 수 있다. 그리고 이 네트워크는 대개 우편시스템이라 불리는 소프트웨어를 제공하고 있어 네트워크 이용자 사이의 메시지 교환이 효율적으로 이루어질 수 있도록 한다.

1. 네트워크 구성 형태

컴퓨터 네트워크는 그 형태에 따라 몇 가지 유형으로 분류하여 볼 수 있다.

(1) 스타형

스타(star)형은 일반적으로 중앙에 위치하는 허브(hub)라 불리우는 중앙제어장치(central controller)가 모든 데이터 터미널 장치의 통신을 제어하게 된다. 이때 각 터미널 장치간에 직접적인 통신을 할 수 없으며 데이터 교환은 허브 장치를 통해서만 이루어지게 된다. 만약 어떤 장치가 다른 장치에 자료를 보내려면 그 자료를 먼저 중앙제어장치인 허브에 보내고, 허브는 그 자료를 연결되어 있는 다른 장치로 중계해준다. 이 구성 형태는 PABX(Private Automatic Branch Exchange : 사설교환기) 등이 스타형의 중앙제어장치로 사용되기도 한다. 스타형은 제어가 가장 간편하며 성(star)형이라고도 한다.

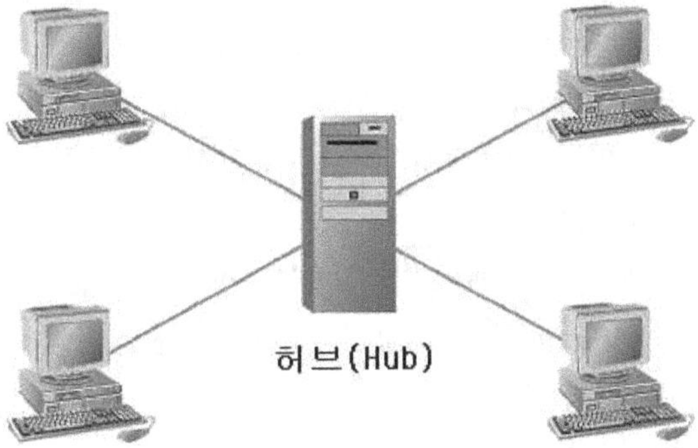

그림 10-20 • 스타형(성형)

(2) 메시형

매시(mesh)형은 여러 개의 스타형 통신망을 모아 놓은 형태와 같다. 즉, 자신의 터미널 장치를 거느리는 감독기능을 가진 여러 개의 중앙제어장치와 연결되어 있고, 지역별로 터미널 장치가 집중되므로 통신의 효율이 커지고 네트워크를 효과적으로 구성하게 되면 어느 한 구간이 마비되더라도 전체 시스템에는 영향을 미치지 않아 신뢰도가 높은 시스템을 이룰 수 있다. 메시형은 그물형이라고도 한다.

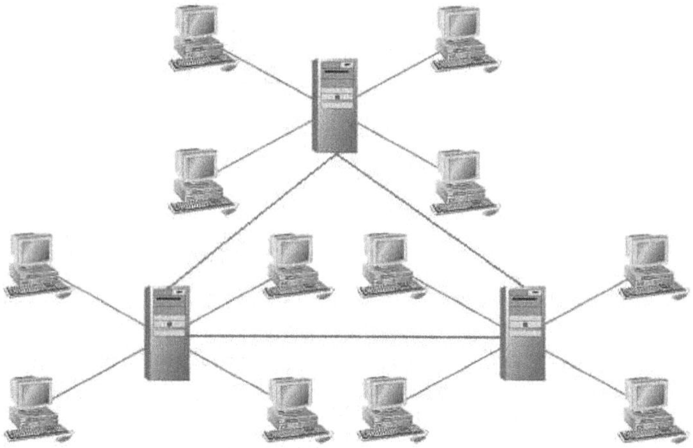

그림 10-21 • 메시형(그물형)

(3) 링형

링(ring)형 통신망은 루프형 통신망(loop net-work)이라고도 부르며 중앙제어장치를 사용하지 않는다. 컴퓨터 및 터미널 장치들이 횡적으로 연결되어 터미널 장치와 컴퓨터간의 거리가 멀 때에는 회선 경비가 많이 소요되므로 많이 사용되지 않으나, 단일 건물이나 공장내에서의 국부적인(local) 통신에는 많이 사용되고 있다. 링형의 종류에는 한 방향으로만 정보가 전송되는 단 방향 링(single ring)과 양 방향으로 정보가 전송하는 이중 링(dual ring) 등이 있다. 이 구성 형태의 대표적인 예는 IBM의 토큰 링 랜(Token Ring LAN)이다.

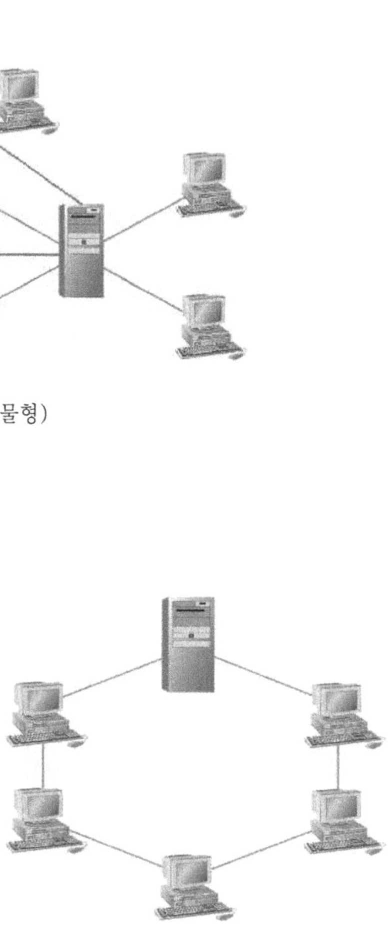

그림 10-22 • 링형(루프형)

(4) 버스형

버스(bus)형 통신망은 버스를 케이블로 근거리에 연장시킨 것으로 미니컴퓨터, 워크스테이션, 터미널 장치 등의 연결에 많이 사용된다. 케이블 양단에는 무반사 종단이 있게 된다. 이때 제어버스와 데이터 버스를 별개로 구성하거나 공통으로 구성한다. 이 구성 형태의 대표적인 예는 이더넷 랜(Ethernet LAN)이다.

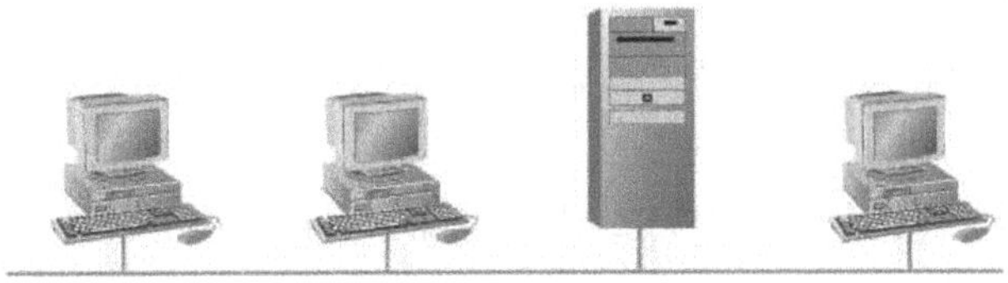

그림 10-23 • 버스형

2. 컴퓨터 네트워크의 유형

컴퓨터 네트워크는 그 형태에 따라 몇 가지 유형으로 분류하여 볼 수 있다.

(1) 종합 정보 통신망(ISDN)

현재 운용되고 있는 기존 통신망의 특징을 살펴보면 음성통신을 위한 전화망이 규모면에서 주종을 이루고 있고, 그 외 텔렉스용 텔렉스 통신망, 데이터통신을 위한 패킷 통신망이 구성되어 있는 등 통신 형태에 따라 별개의 통신망을 구성하고 있다. 물론 전화에 모뎀을 이용, 데이터 통신에 일부 이용하기도 하지만 전화는 어디까지나 전화 서비스에 알맞게 신호 방식이나 신호접속 절차 등이 규정되어 있으므로 범용 컴퓨터 통신망으로 이용하기에는 어려운 점이 많다. 이러한 기존 통신망의 한계점을 나열하면 다음과 같다.

① 통신 종류로 각기 특성에 맞게 구축된 통신망은 범용 서비스 추세에 부응하기 어렵다.

② 한 가입자가 여러 가지 통신 서비스를 제공받는 경우 통신 형태에 따라 별도의 가입자 신호를 가져야 하며, 또한 사용방법이 서로 다르므로 통신 서비스가 다양해질 때 신호 체계가 너무 복잡해지고 그 사용방법이 어렵다.

③ 한 가지 통신망을 위해 구축된 기존 통신망은 음성과 문서, 음성과 화상 등 복합적인 통신 서비스 제공 및 음성통신에서 데이터 통신으로의 교체 등 통신 형태의 전환이 어렵다.

④ 통신망 운용자 입장에서 보면 통신형태별로 통신망이 구분되어 있어 통신망의 유지 보수가 너무 복잡할 뿐 아니라 비용이 가중된다.

이상과 같은 기존 통신망이 안고 있는 주요 문제점을 해결하기 위하여 세계 통신자문기구인 CCITT(현 ITU-T)가 중심이 되어 기존의 통신 서비스는 물론 향후 도입될 모든 통신 서비스를 단일 통신망으로 통합시키려는 착상으로 종합 정보통신망, 즉 ISDN(integrated services digital network)에 대한 최초의 권고안을 G.705로 발표하게 된 것이다. 이와 같이 ISDN은 모든 통신 서비스를 하나의 통신망으로 통합, 처리하는 것이 기본 개념이며, 이렇게 종합 정보 통신망(ISDN)을 구축함으로써 이용자에게 얻어지는 장점으로는 앞서 지적한 기존 통신망의 한계점을 개선할 수 있다. 즉, 사용자는 단일 또는 복수로 제공받을 또는 번갈아가며 음성, 데이터, 문서통신 서비스를 단일 또는 복수로 제공받을 수 있다. 그리고 사용료 표시, 발신 가입자 번호 표시 등 부가 서비스를 제공받을 수 있으며 표준화된 접속 기구에 의해 손쉽게 단말기를 설치할 수 있고 단일 가입자 번호로 다양한 종류의 통신 서비스를 값싸게 제공받을 수 있다.

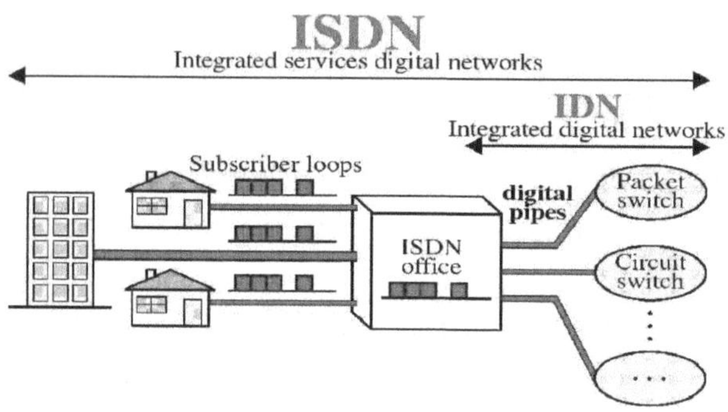

그림 10-24 • ISDN의 망 구성도

ISDN 통신망에서 지원되는 최고속도인 프라이머리 속도(primary rate, PRI)는 1.544Mbps(T1급) 혹은 2.048Mbps(E1급)이고, 기본 서비스 속도(basic rate, BRI)는 144Kbps 혹은 192Kbps이다.

현재는 이 ISDN 서비스가 비동기 전송모드(ATM : Asynchronous Transfer Mode) 교환 기술에 기반을 둔 광대역 종합 통신망(B-ISDN : broadband integrated services digital network) 서비스로 점차 전환되어 가고 있다. ISDN은 B-ISDN과 구별하기 위하여 N-ISDN이라고도 한다.

(2) 광대역 종합정보 통신망(B-ISDN)

광대역 종합정보 통신망(B-ISDN : Broadband ISDN)은 우선, 협대역 종합정보 통신망(N-ISDN : Narrowband ISDN)에서 지원되는 최고속도 이상의 전송 능력을 요구하는 서비스를 지원하기 위한 종합정보망으로 정의할 수 있다. 사실 통신의 요구가 종전의 음성이라든지 메시지의 전송뿐이라면 협대역만으로도 충분했을 것이다. 2.048Mbps의 속도는 사람의 목소리라면 30명이 동시에 통신이 가능한 속도다. 그러나 앞에서 이야기한대로 이제는 통신의 주 사용자가 사람이 아니라 컴퓨터로 변하고 있고, 컴퓨터의 정보처리 능력은 기하급수적으로 향상되고 있다. 정보처리 능력이 빨라져서 좋기는 하지만, 이렇게 빠른 속도로 처리된 정보가 필요한 사람에게 빠른 속도로 갈 수 없다면 의미는 반감될 것이다.

또한 사람의 눈과 귀가 고급이 되어서 좀 더 높은 표현 품질의 시각정보와 청각정보를 원하고, 이들이 결합된 멀티미디어의 요구가 급속도로 커져가고 있다. LAN의 속도가 1Mbps, 10Mbps, 100Mbps에 이른지도 이미 오래이고, 전국에 흩어져 있는 이들 LAN간을 종전의 통신속도로 연결해서는 별 의미가 없다. 따라서 1.544Mbps 혹은 2.048Mbps이상의 속도를 지원하는 광대역 종합정보 통신망의 출현은 당연한 귀결이라 할 수 있다. 참고로 몇가지 정보원을 디지털로 전송할 경우의 요구되는 속도를 따져보면, 15KHz정도의 대역폭을 갖는 스테레오 음악을 전송하려면 1.4Mbps, 우리가 지금 보는 NTSC방식의 TV라면 압축기술을 사용하지 않았을 때 100Mbps, 압축기술을 사용했을 때 1.5Mbps, 차후에 등장할 HDTV라면 400Mbps, 압축했을 때 44Mbps등이 된다.

광대역 종합정보 통신망은 협대역에서는 제외되었던 비디오가 수용되며, LAN, MAN 등의 상호연결, 고품질 화상전송 등도 수용되므로 고속이 아니면 안된다. 좀 더 구체적인 광대역 종합정보통신망의 서비스를 살펴보면 다음과 같다. 우선 서비스는 양방향 전송이 필요한 인터액티브(Interactive) 서비스와, 일방향 전송만으로 가능한 분배(Distribution) 서비스로 나눌 수 있다. 인터액티브 서비스에는 광대역 비디오 전화, 광대역 비디오 회의, 빌딩안전이나 교통의 모니터링을 위한 비디오 감시(Surveillance), LAN, MAN, 컴퓨터간의 연결을 위한 고속 데이터, 고속팩스, 고품질 화상 등을 포함하는 문서전송, 동화상이나 문서 등을 위한 전자우편 서비스, 텍스트, 데이터, 그래픽, 음성 등의 검색(Retrieval) 서비스 등을 들 수 있으며, 분배 서비스에는 지금의 TV, 곧 이용될 HDTV, 유료 TV등의 방송과 텍스트, 그래픽, 정지화상, 데이터, 영화 등의 분배가 있다.

광대역 종합정보 통신망의 실현방안으로 비동기식 시분할 다중화를 사용하는 특수한 형태의 패킷형 전달방식인 ATM(Asynchronous Transfer Mode : 비동기 전송 모드) 통신방식이 강구됐다. 광대역 종합정보 통신망에서는 일정한 크기를 갖는 패킷의 연속적인 흐름으로 서비스 정보가 전달되는데 이 고정된 크기의 패킷을 ATM 셀이라고 한다. 따라서 입력되는 정보들은 일정한 크기(53바이트)로 절단된 후 ATM 셀에 매핑되고, 이어서 다른 ATM 셀들과 비동기식 시분할 다중화함으로써 B-ISDN 내부 전송신호가 만들어진다.

[그림 10-25]는 B-ISDN의 구조를 보여주고 있고, [표 10-5]는 N-ISDN과 B-ISDN의 차이점을 비교하고 있다.

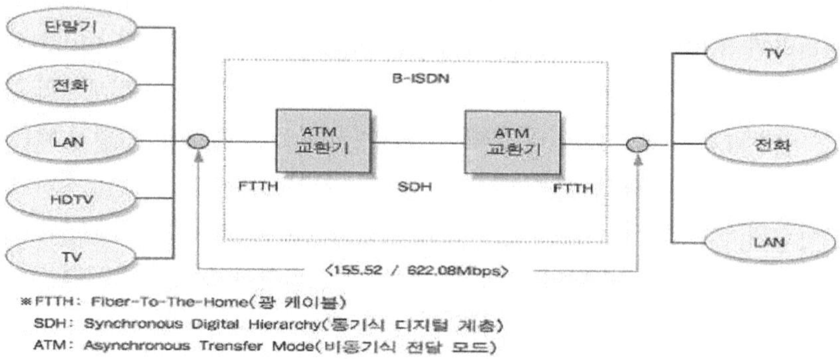

그림 10-25 • B-ISDN의 구조

표 10-5 • N-ISDN과 B-ISDN의 비교

항 목	N-ISDN	B-ISDN
사용자-망 인터페이스(UNI)	개념적으로 동일	(기능모형, 참조점)
신호형태, 속도	디지털, T1(1.5Mbps)/E1(2.0Mbps)	디지털, 155Mbps 기본
서비스	음성, 데이터, 정지화상	+동화상 (영상 전화회의, VOD 서비스)
교환망(교환단위)	회선교환+패킷교환(패킷프레임)	ATM 교환방식(셀 단위)
전송모드	회선모드+패킷모드	ATM
프로토콜	기존 프로토콜의 조합	ATM 프로토콜
핵심기술	가입자망의 디지털화	ATM 기술
통합방법	기존망에 통합접속	ATM 통합망 구축

(3) 근거리 통신망(LAN : 랜)

고기능의 마이크로프로세서가 개발되기 이전에는 사용자가 요구하는 대부분의 처리는 하나의 호스트컴퓨터에서 처리되는 중앙집중방식이었다. 따라서 각 사용자는 각종 주변장치와 정보를 가지고 있는 호스트컴퓨터와 통신을 하여야 한다. 이런 장치의 장점은 주변장치나 운영 체제 관리하에서 매우 간단하게 공유할 수 있다는 것이다. 그러나 호스트컴퓨터가 작동이 안 될 때에는 그 컴퓨터에 장착되어 있는 모든 장치를 이용할 수 없다는 것이 단점이다.

이런 중앙집중방식은 급속도로 발전하는 마이크로프로세서 기술과 더불어 컴퓨터의 이용방식이 바뀌었다. 모든 자원을 하나의 컴퓨터에 장착하는 대신 여러 개의 컴퓨터에 분산하여 업무의 필요에 따라 이용하는 방식이다. 즉, 호스트 컴퓨터가 고장이 발생항도 다른 컴퓨터에서 업무를 처리할 수 있는 장점이 있다. 이런 국부적으로 분산되어 있는 컴퓨터간의 상호 연결을 위하여 근거리 컴퓨터 통신망(local computer network 또는 LAN : local area network)은 메시지가 패킷 형태로 전송되고 통신망상의 스테이션 주소가 부여되어 운용되게 된다.

이런 LAN은 한 기관, 조직체, 즉 한 건물 또는 같은 연구소, 학교 등 한 구역내에 여기저기 산재되어 있는 각종 정보처리 기기(호스트컴퓨터, 단말기, 워크스테이션, 개인용 컴퓨터, 데이터베이스, 프린터 등)들을 상호 접속하여 분산 시스템들이 서로 통신을 하도록 다음과 같은 일반적인 요구사항을 만족하여야 할 것이다.

① 한 기관 또는 한 건물내에 설치되며, 빠른 전송속도를 가져야 한다.
② 독립적인 주변장치를 수백 개 지원하며, 기능과 성능면에서 간단하여야 한다.
③ 통신망 자체를 포함하여 공유되는 자원을 효율적으로 사용할 수 있어야 하며, 높은 부하 상태에서도 안정성을 유지하여야 한다.
④ 낮은 오차율, 높은 신뢰도를 가지며, 중앙집중식 요소나 제어에 대한 의존도가 아주 낮아야 한다.
⑤ 시스템의 재구성과 유지보수가 쉬워야 한다.
⑥ 가격이 낮아야 한다.

이런 기능을 갖도록 구성된 LAN 시스템의 자원을 공유하고 정보를 교환하는 업무는 다음과 같다.

① 사무실내의 전자우편, 문서처리, 문서분배
② 학교나 연구소의 각종 연구자료 열람 및 교환 또는 응용소프트웨어 공유
③ 공장자동화에 있어 CAD/CAM 등 각종 정보와 자원을 공유

LAN의 역할은 최근 기술의 발전으로 거리의 개념이 점점 넓혀져 근거리라는 단어만으로는 LAN을 정의하기 어렵게 되고 있다. 현재 LAN은 지역적 특성 외에, 장거리 통신망에 비해 빠른 전송속도(10Mbps~100Mbps 혹은 1Gbps~10Gbps)를 갖는다. 또한 전송매체는 장거리 통신망에 비해 낮은 오류율(error rate)을 가지며 가격도 장거리 통신망에 비해 낮은 편이다.

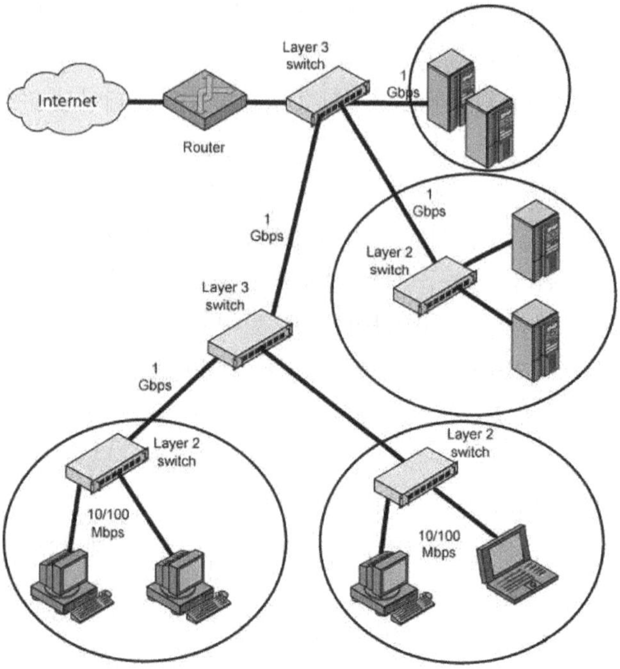

그림 10-26 • LAN의 망 구성 예

(4) 무선 근거리 통신망(Wireless LAN : 무선 랜)

무선 통신으로 데이터의 송·수신을 하는 LAN으로써 특히 IEEE 802.11 규격에 준거한 기기로 구성된 네트워크를 지칭한다. 각 단말에는 무선 LAN 카드가 필요하며 AP(Access Point : 액세스 포인터)라 불리는 중계기기를 경유하여 통신이 이루어진다. AP를 경유하지 않고도 무선 LAN 카드끼리 직접 통신이 이루어지는 형태도 있다.

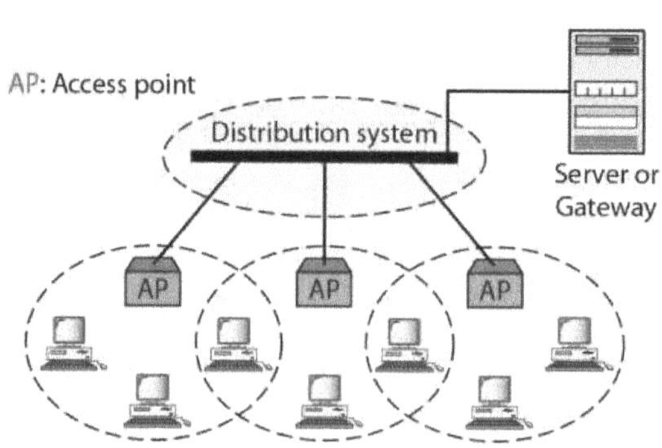

그림 10-27 • 무선 LAN의 구성형태

구조 배치의 변경이 잦은 사무실에서는 LAN 케이블을 다시 깔 때마다 많은 시간과 비용이 드는데 무선 LAN은 이러한 문제를 해결할 수 있다. 유지비용의 측면을 생각하면 장기적으로는 유선 LAN을 쓰는 것보다 비용을 억제할 수가 있다. 또한 배선의 제약이 심한 일반 가정에서도 무선 LAN은 매우 효과적이며, 요즘에는 유무선 공유기와 노트북 사이를 무선 LAN으로 연결하는 추세이다. 무선 LAN에 높은 대역폭의 주파수를 새로이 할당함으로써 비교적 저렴한 가격에 학교 교실 등에서도 네트워크 구축이 가능하다. 또 병원 등에서도 아직 근거리 통신망이 구축되지 않은 곳에는 무선 LAN 시스템을 설치하게 될 것으로 기대된다.

무선 LAN을 이용하면 이동 전화 사용자도 무선 접속을 통해 근거리 통신망에 접속할 수 있다. 무선 LAN의 표준인 IEEE 802.11은 이러한 기술들 간의 상호운용성을 증진시킬 것으로 기대된다. 802.11은 IEEE 작업그룹이 개발한 무선 LAN을 위한 규격 모음으로써 현재 802.11, 802.11a, 802.11b, 802.11g 등 네 가지 규격이 이에 속한다. 이 네 가지 규격은 경로 공유를 위해 모두 이더넷 프로토콜인 CSMA/CA(Carrier Sense Multiple Access/Collision Detection)를 사용한다. 802.11b 표준이 11Mbps의 속도를 제공하는데 비해, 가장 최근에 승인된 표준인 802.11g는 비교적 짧은 거리에서지만 최고 54Mbps까지의 빠른 전송속도를 제공한다. 802.11g도 802.11b와 같이 2.4 GHz 대역에서 동작하므로 둘 간에는 서로 호환성이 있다. 종종 Wi-Fi(Wireless-Fidelity : 와이파이)라고도 불리는 802.11b 표준은 802.11에 대해 후위 호환성을 제공한다. 802.11a 규격은 무선 ATM 시스템에 적용되며 액세스 허브에서 주로 사용된다. 802.11a는 5GHz~6GHz의 무선 주파수 대역폭에서 동작한다. 802.11a는 최고 54Mbps까지의 데이터 전송속도를 낼 수 있도록 설계되었지만 대부분의 경우 실제 통신은 6, 12 또는 24Mbps의 속도를 낸다.

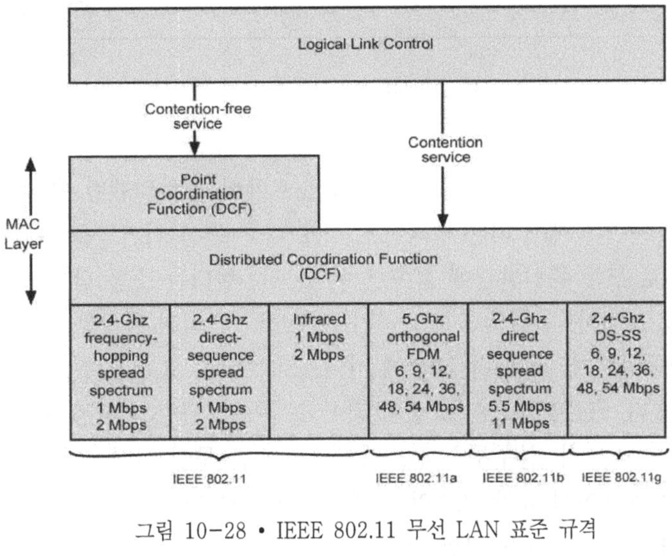

그림 10-28 • IEEE 802.11 무선 LAN 표준 규격

100Mbps의 전송 속도를 가진 100BASE-TX 규격이 퍼져 있는 유선 LAN에 비해 무선 LAN은 전송 속도가 11Mbps(IEEE 802.11b)~54Mbps(IEEE 802.11b)로 그다지 빠르지 않고 다른 전자 기기와의 전파 간섭에 의해 통신 에러가 발생 할 수 있다는 점에서 필요에 따라 유선을 병용할 필요성도 제기된다.

(5) 블루투스(Bluetooth)

블루투스(Bluetooth)는 가정이나 사무실 등과 같이 우리 주변에 있는 다양한 정보통신기기(휴대폰, PDA, 노트북, PC, 프린터, 디지털 카메라, 휴대용 게임기, 휴대용 MP3 플레이어 등)뿐만 아니라 디지털 가전제품 및 산업전자 제품 모두를 물리적인 케이블의 연결 없이 무선으로 연결해 주는 근거리 무선네트워킹 기술이다. 즉, 근거리에서 디지털기기들 간의 무선 연결에 관한 전송속도, 전송거리, 모듈크기 등의 표준을 제공하는 명세이며 이를 지원하는 규격이다. 이들 디지털기기들이 아직까지 대부분 독립적으로 사용되고 있지만, 만약 기기들을 상호 무선으로 연결하다면 PAN(personal area network : 무선 근거리 개인통신망 혹은 개인 영역 통신망)을 형성해 서로 정보를 주고받을 수 있게 된다.

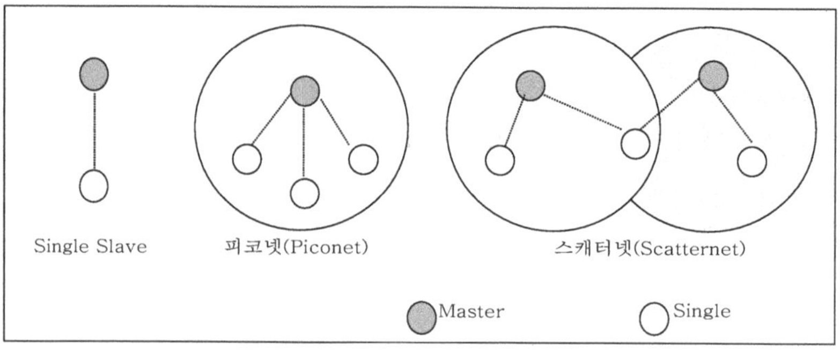

그림 10-29 • 블루투스 망의 구성형태

블루투스 기술은 10세기 무렵 덴마크와 노르웨이를 통일했던 해럴드 블루투스(Harald Bluetooth)라는 인물에서 따온 명칭으로 서로 다른 통신 기기들을 통일하여 전세계 어디서나 단일 장비로 모든 통신환경에 접속할 수 있도록 한다는 뜻을 담고 있다. 1998년 에릭슨, 노키아, IBM, 도시바, 인텔의 5개 회사가 프로모터가 되어 블루투스 SIG(special interest group)를 만들었으며, 1999년 12월에 마이크로소프트, 3Com, 루슨트, 모토로라가 주요 멤버로 참여하였다. 프로모터들이 중심이 되어 블루투스 사양의 제정, 보완 및 상호 접속성 인증을 주도해 오고 있다. 블루투스 컨소시엄의 목적은 무선 인터페이스와 무선 인터페이스를 제어하는 소프트웨어에 대한 표준안을 제정하여 서로 다른 제조업자들이 생산한 장치간 상호 동작이 가능하도록 하기 위함이다.

블루투스는 1999년 6월에 버전1.0, 1999년 12월에 버전1.0b, 2000년 10월에 버전1.1이 나왔다. 2007년 7월에는 블루투스 2.1+EDR(Enhanced Data Rate) 규격이 가장 최근에 발표되었는데 3Mbps 이상의 데이터 전송 속도를 지원한다. 또한 기타 블루투스 기기들과의 연결과정이 용이하며 접속이 간편하고, 보다 안전하며 전력 효율적인 성능을 제공하여 최종 제품의 사용자들에게 한층 향상된 사용자 경험을 제공한다.

한편, 블루투스를 이용해 무선으로 기기들간의 통신망을 구성할 수 있다는 개념에서 기존의 WLAN(wireless local area network : 무선 랜)이나 유선 LAN에 대응하는 WPAN(wireless personal area network : 무선 근거리 개인통신망)의 표준화 제정 작업도 IEEE 802.15 워킹그룹(working group)에서 활발히 진행되고 있다.

[그림 10-30]은 블루투스의 프로토콜 계층 구조를 나타내고, [그림 10-31]은 무선통신사업자의 블루투스 서비스 제공 모델을 보여 주고 있다.

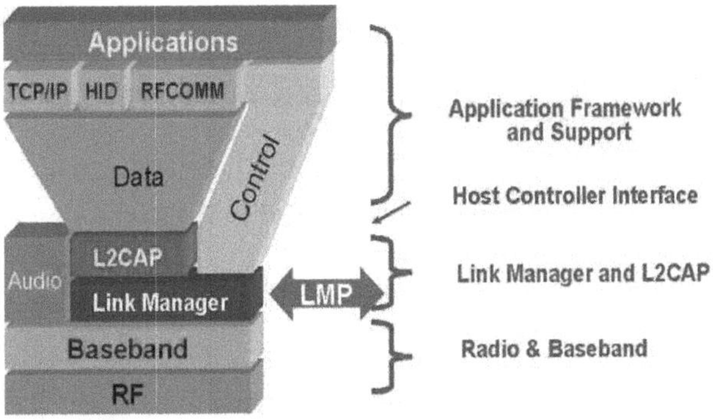

그림 10-30 • 블루투스의 프로토콜 계층 구조

그림 10-31 • 무선통신사업자의 블루투스 서비스 제공 모델

3. 네트워크 연결 장비

네트워크를 상호 연결하기 위한 망 연동(internetworking) 장비는 그 기능에 따라 몇 가지 유형으로 분류하여 볼 수 있다.

(1) 리피터(Repeater)

리피터는 송신측 데이터 신호의 감쇄현상과 잡음으로 인한 손상 등을 방지하기 위해 원래의 비트 형태로 신호를 재생하여 수신측으로 전송하는 장비로써 물리계층의 기능을 수행한다.

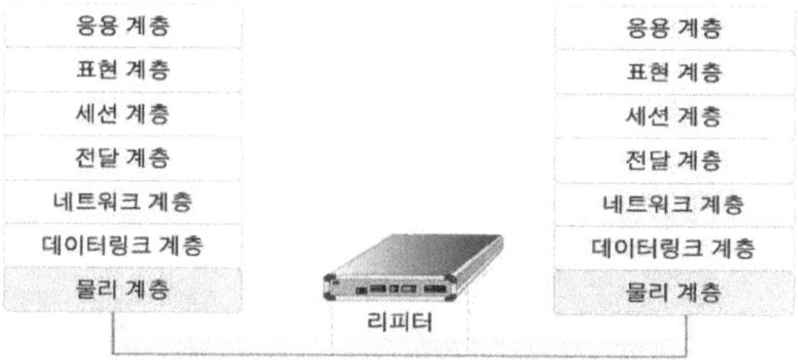

그림 10-32 • 리피터의 계층적 위치

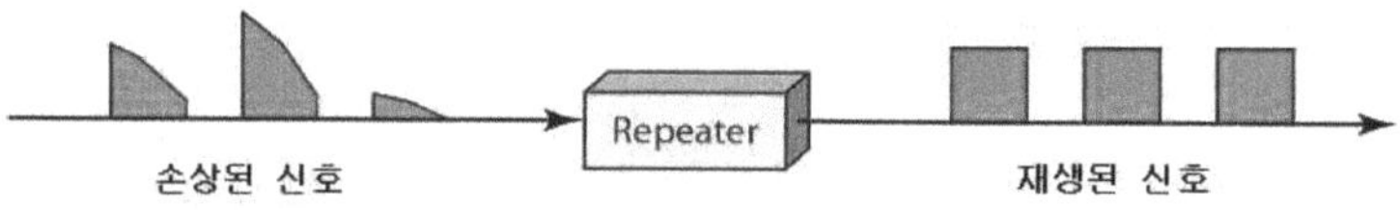

그림 10-33 • 리피터의 기능

(2) 허브(Hub)

스타형 구조에 쓰여지는 집선 장비로써 각 기기에 접속 된 케이블은 일단 허브에 접속되어 허브를 통해 상호 통신한다. 이더넷은 허브끼리 접속하여 네트워크 전체에 접속 할 수 있는 기기의 대수를 늘릴 수가 있다. 또 허브는 이더넷의 논리적 구조에서 물리적 구조를 분리할 수 있는 기회를 제공한다. 즉, 허브를 사용하여 여러 네트워크 가입자를 스타 구조에 물리적으로 결합할 수 있지만 버스 구조는 논리적 구조로 유지되도록 한다. 그래서 허브를 스타 커플러(star coupler)라고도 한다. 허브의 특정 포트에서 수신된 데이터 패킷은 허브의 모든 포트에 전송된다.

허브는 컴퓨터들을 스타 구조로 연결시킬 뿐 아니라 또 다른 허브와도 연결할 수 있고, 근거리의 다른 네트워크와도 연결이 가능하다. 일반적인 허브는 리피터와 같이 신호재생 기능을 수행하나 최근에는 허브에 스위칭 기능이나 라우터 기능이 포함된 장비도 보급되고 있다.

(a) 허브 (b) 스위칭 허브

그림 10-34 • 허브의 종류

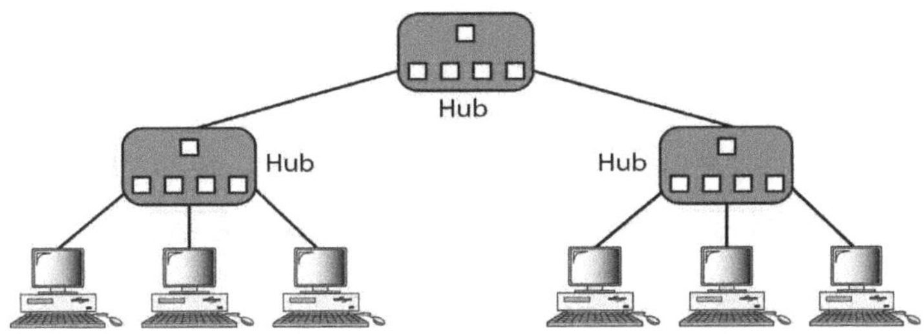

그림 10-35 • 허브의 구성 예

(3) 브리지(Bridge)

브리지는 신호재생 및 수신측 주소의 검사를 통해 목적지 세그먼트(segment)로 신호의 전송이 가능한 장치로써 물리계층과 데이터링크계층의 기능을 수행한다. 브리지는 데이터링크계층에서 이더넷 LAN과 무선 LAN을 연결하는 것처럼 서로 다른 프로토콜을 사용하는 LAN들을 연결할 수도 있다. 브리지에는 투명성 브리지(transparent bridge)와 발신지 라우팅 브리지(source routing bridge)가 있다.

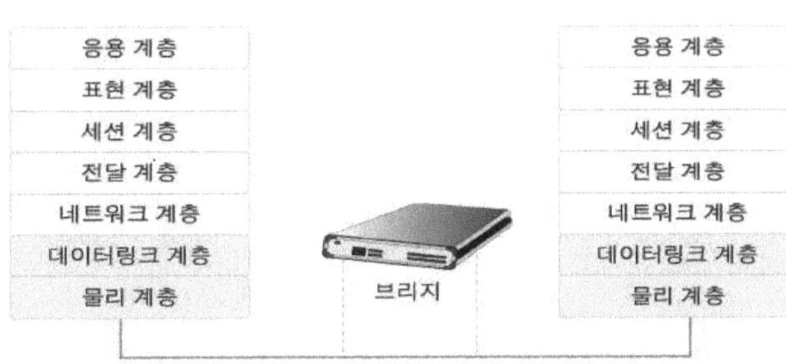

그림 10-36 • 브리지의 계층적 위치

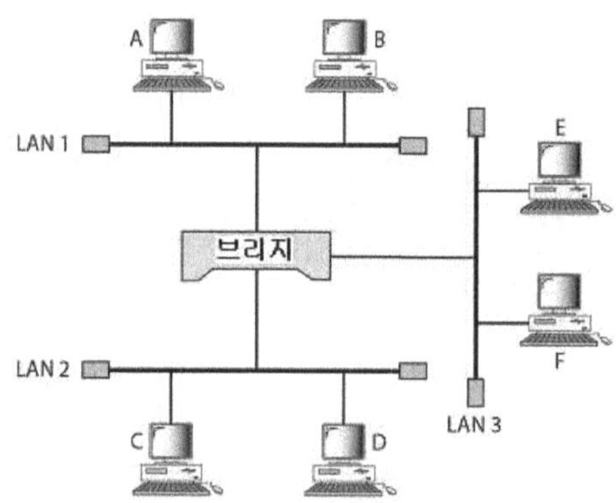

그림 10-37 • 브리지를 이용한 LAN 연결 예

(4) 라우터(Router)

라우터는 LAN을 연결해주는 장비로써 정보를 주고받을 때 송신패킷에 담긴 수신지의 주소를 읽고 가장 적절한 통신채널을 이용해 다른 통신망으로 전송하는 역할을 한다. 인터넷 접속에 반드시 필요한 장비로 서로 다른 프로토콜로 운영하는 통신망에서 정보를 전송하기 위해 경로를 설정하는 역할을 한다. 라우터는 통신망간의 주소를 변환하거나 프로토콜을 맞게 변환하는 기능도 가지고 있으며 [그림 10-38]과 같이 네트워크계층의 기능을 수행한다. 라우터는 단순히 통신망을 연결해주는 브리지 기능에 추가하여 경로 배정표에 따라 다른 통신망을 인식하여 경로를 배정하며, 수신된 패킷에 의해 다른 통신망 또는 자신이 연결되어 있는 통신망 내의 수신지를 결정하고 여러 경로 중 가장 효율적인 경로를 선택하여 패킷을 보낸다. 또한 라우터는 통신 흐름을 제어하며 통신망 내부에 여러 보조 통신망을 구성하는 등의 다양한 통신망 관리기능도 수행한다.

그림 10-38 • 라우터의 계층적 위치

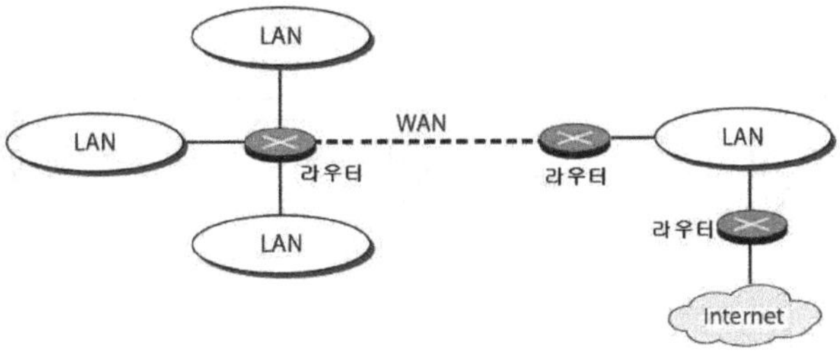

그림 10-39 • 라우터를 이용한 WAN/LAN 연결 예

(5) 게이트웨이(Gateway)

게이트웨이란 통신 네트워크의 출입구를 의미하는데 LAN 내부의 통신은 게이트웨이를 통하여 외부의 네트워크로 나가고 또 외부로부터의 통신 역시 그 게이트웨이를 통해서 내부의 네트워크로 전달되는 것을 말한다. 게이트웨이의 구성은 프로토콜을 이용하여 다른 통신망과의 상호 접속을 위한 하드웨어와 소프트웨어, 그리고 다른 시스템에 접속을 제공하는 장비와 사용자가 네트워크상에서 다른 유형의 네트워크 자원에 접속할 수 있게 하는 하드웨어와 소프트웨어의 결합을 말한다. 일반적으로 네트워크 내에서 통신을 제어하는 컴퓨터와 인터넷 서비스 제공자(ISP : Internet Service Provider)의 컴퓨터는 게이트웨이 노드(node)라고 할 수 있다. 또한 게이트웨이는 패킷을 보낼 곳을 결정하는 라우터이며 게이트웨이에서 패킷이 들어오고 나가도록 실제적인 통로를 제공하는 스위치가 포함된다.

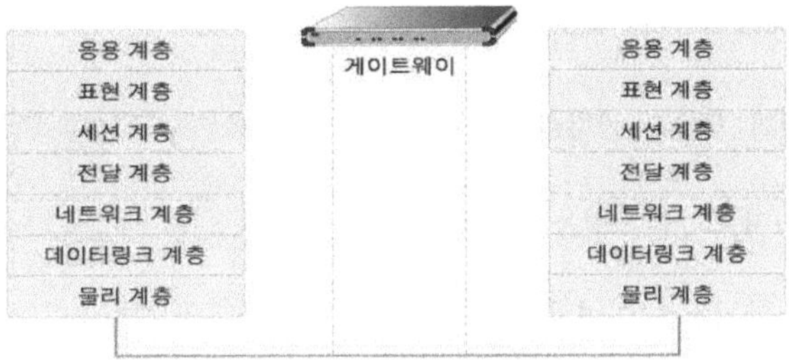

그림 10-40 • 게이트웨이의 계층적 위치

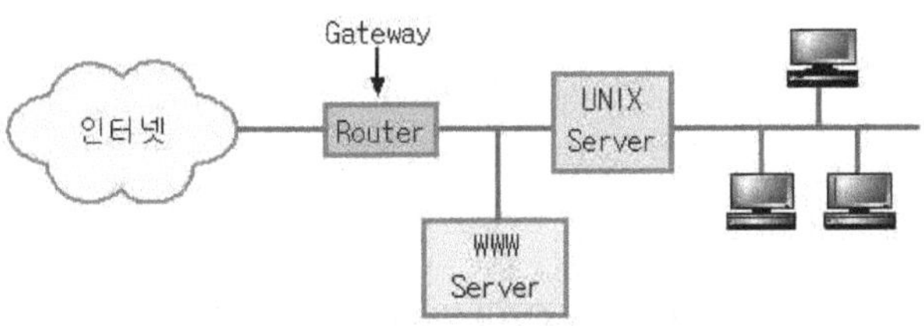

그림 10-41 • 게이트웨이 장비 설치 구성도

10 연습문제

01 데이터 통신에 있어서 프로토콜이란 무엇이며, 또 그 중요성은 무엇인가?

02 데이터 통신의 통신 방식과 특징들을 설명하라.

03 통신속도를 지칭하는 단위로 보오(baud)와 bps의 차이점을 설명하여라.

04 컴퓨터 네트워크란 무엇이며, 그 필요성을 기술하라.

05 데이터 통신시스템의 구성요소를 설명하라.

06 데이터 통신에 있어서 모뎀의 역할을 설명하라.

07 회선 교환 방식과 패킷교환방식의 주요 차이점을 설명하라.

08 데이터 통신에 있어서 동기식과 비동기식을 비교 설명하라.

09 ISDN의 개념과 특징을 기술하라.

10 B-ISDN의 개념과 특징을 기술하라.

11 LAN이란 무엇이며, 그 필요성을 기술하라.

12 LAN과 WAN의 차이점을 설명하고 WAN의 주요 특성들을 설명하라.

13 다음의 용어들을 설명하라.

(1) 리피터(Repeater) (2) 허브(Hub) (3) 브리지(Bridge)
(4) 라우터(Router) (5) 게이트웨이(Gateway) (6) NIC
(7) ATM (8) CDMA

14 무선 LAN이 무엇인지 설명하고, 그 표준 규격에 대하여 기술하라.

15 블루투스가 무엇인지 설명하고, 그 망의 구성 형태에 대하여 기술하라.

CHAPTER.11

인 터 넷

Computer
Science

CHAPTER

11 인터넷

1 인터넷 개요

1. 인터넷이란 무엇인가?

인터넷(Internet)은 전세계의 컴퓨터를 연결한 컴퓨터 네트워크(Computer Network)로 전세계의 수많은 컴퓨터 망들이 연결되어 있다. 흔히 인터넷을 가리켜 정보의 바다라든가 또는 정보 고속도로, 네트워크의 네트워크 등의 표현으로 나타나는데 이것은 인터넷에는 방대한 양의 정보가 들어 있다는 의미이다. 미국의 ILC(Internet Literacy Consultants)의 용어 사전에 의하면 인터넷은 1960년대 후반에서 1970년대 초반에 이룩된 ARPANET으로부터 발전되었고 TCP/IP 프로토콜을 사용하는 상호 연결된 거대한 네트워크의 모임이라고 정의하고 있다.

2. 인터넷의 탄생과 성장과정

인터넷은 1969년 미국 국방성의 프로젝트로부터 시작되었다. 군사용 정보를 공유하기 위한 네트워크, 즉 ARPANET를 구성하여 군납업체 연구기관들의 정보공유를 통하여 정보보호 및 정보피해의 최소화에 목적을 두었다.

당시의 냉전체제 환경에서 만약 전쟁이 일어나면 전쟁수행에 매우 중요한 컴퓨터와 그 속에 담겨있는 정보를 보호하기 위하여 컴퓨터 네트워크를 만들고 자원을 분산시킴으로써 피해를 최소화할 목적으로 계획한 것이다. 다시 말하면 한 부분이 파괴되어도 다른 부분이 큰 무리 없이 동작되도록 컴퓨터 통신기술을 발전시킨 것이다.

처음에는 국방관련 연구지원을 받는 기관들을 연결하였으나 비군사적 목적으로 사용이 증대되어 1983년 군사목적의 MILNET와 비군사 목적으로 ARPANET로 분리하여 운영하게 되었다. 이러한 과정에서 MILNET와 ARPANET의 정보교환을 위한 통신프로토콜을 TCP/IP로 채택하였으며 결국 현재의 인터넷 통신프로토콜로 정해지게 되었다.

특히 1986년 미과학재단의 지원 속에서 NSFNET가 구축되어 ARPANET기능이 점점 흡수되면서 비약적인 발전과 보급에 크게 기여하였다.

다음은 이러한 인터넷의 발전과정을 요약한 표이다.

년 도	인터넷 발전내용
1969	9. 2 ARPANET 개통 (UCLA, SRI, UCSB, Utah 대학)
1971	15개 기관이 연결됨 (UCLA, SRI, UCSB, Utah 대학, BBN, MIT, RAND, SDC, Harvard, Lincoln Lab, Stanford, UIUC, CWRU, CMU, NASA/Ames)
1972	Email 프로그램 개발
1973	ARPANET에 영국과 노르웨이가 연결되어 국제적인 네트워크로 성장함
1979	Usenet(User's Network)이 시작됨
1981	BITNET(Because It's Time to Network)이 시작됨 CSNET(Computer Science Network)이 시작됨
1982	TCP/IP 도입('internet' 이라는 개념이 정립됨)
1983	ARPANET이 ARPANET과 MILNET으로 분리되면서 MILNET은 미국 국방성의 DDN(Defence Data Network)에 통합됨 UNIX 4.2BSD에 TCP/IP 내장함
1984	DNS(Domain Name System)소개되고 호스트 수 1,000 돌파
1986	NSFNET(National Science Foundation Network)이 시작됨 (Backbone-56Kbps의 속도, 5개의 수퍼컴퓨터 센터를 연결-Princeton, Pittsburgh, UCSD, NCSA, Cornell)
1988	NSFNET의 Backbon, T1(1.544Mbps)으로 업그레이드 됨
1991	NSFNET의 Backbone, T3(44.736Mbps)로 업그레이드됨
1992	WWW(World Wide Web)와 Veronica 소개
1993	InterNIC 창설되고 Mosaic 개발되어 인터넷의 폭발적인 증가를 가져옴
1995	NSFNET이 폐지됨 컴퓨터통신망(Compuserve, America Online, Prodigy)이 인터넷에 연결됨 초고속 통신망 구축 사업이 본격적으로 시작됨
2000	국내 및 전세계 인터넷 사용자 수는 각각 1천6백만명과 2억7천만명
2004	국내 인터넷 사용자 수가 3천만명을 돌파함
2015	국내 및 전세계 인터넷 사용자 수는 각각 4천2백만명과 30억명이 넘음

표 11-1 • 국내 및 전세계 인터넷 사용 현황

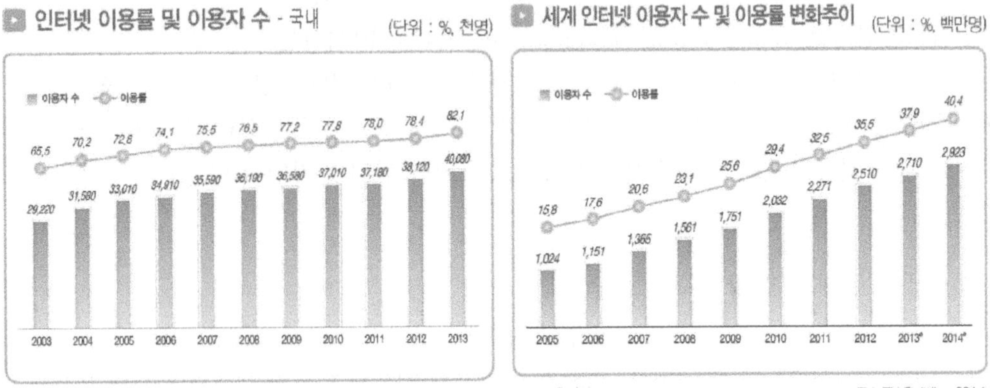

미래창조과학부 · 한국인터넷진흥원, 2013년 인터넷이용실태조사, 2013 ※ e : 추정치 ITU, ITU Statistics, 2014

3. 월드와이드 웹(WWW)

WWW(Word Wide Web)은 세계적으로 광범위한 Web(=거미줄)이라는 뜻이다.

거미줄이라는 표현을 붙인 이유는 인터넷이 네트워크로 이루어졌기 때문에 거미줄에 비유한 것이다. 월드와이드웹(World Wide Web)은 줄여서 WWW, W3, 웹(Web) 등으로 부르기도 한다.

웹은 1989년 스위스에 소재한 입자물리연구소(CERN)의 연구원인 Tim Berners Lee가 제안한 프로젝트로부터 시작되었다. 기존의 Plain Text를 Hypertext 방식으로 바꾸어 정보를 제공하자는 아이디어에서 출발하여 웹의 내용을 볼 수 있는 다양한 프로그램(Web Browser)들이 등장함으로써 인터넷의 대명사가 된 것이다.

웹은 하이퍼텍스트 방식의 정보제공과 TELNET(원격접속), FTP(파일전송), E-mail(전자우편), USENET news(뉴스), GOPHER(고퍼) 등의 인터넷의 대표적인 기능을 포함하고 있으며 특히 멀티미디어 기능을 제공한다는 점이다. 1970년대와 1980년대에 UNIX환경에서 텍스트 위주로 이용되던 인터넷이 1990년대부터는 윈도우 환경으로 바뀌고 멀티미디어 위주로 변화되었다. 웹도 처음에는 문자정보로 시작되었다. 초기에는 'www', 'lynx'와 같은 프로그램이 개발되어 문자만을 알고 찾을 수 있는 방식이 운영되었다. 그러나 1990년대에 들어와서는 모자이크(Mosaic), 넷스케이프(Netscape)같은 프로그램이 개발되어 웹은 문자뿐 아니라 그림과 음성, 동화상 등을 지원하는 멀티미디어 정보로 제공됨으로써 많은 사람들로부터 사랑을 받고 있다. 최근에는 마이크로소프트의 익스플로어(Explorer)와 모질라의 파이어폭스(Firefox) 등과 같은 웹 프로그램들이 개발되어 널리 보급되고 있다.

따라서 이제는 웹 한가지만 배워도 인터넷의 여러 가지 기능을 동시에 사용할 수 있게 되었다.

4. 국내 인터넷 동향

한국에서 인터넷이 이용되기 시작한 것은 1982년부터이다. 서울대와 한국전자기술연구소(KIET)를 연결한 SDN(System Development Network)이라는 네트워크를 만들고, 이것을 인터넷에 연결한 것이 최초이다. 그 후 10여년 동안 우리나라의 인터넷은 대학(학술망)과 연구소(연구망)를 중심으로 발전되어 왔다. 2015년 6월 현재 한국통신(KT), LG U+, SK브로드밴드 등과 같은 상용망의 폭발적인 보급으로 초고속 인터넷 가입자 수가 4,200만을 돌파하고 있다.

(1) 국내 인터넷 현황

1994부터는 (주)아이네트기술과 같은 인터넷 서비스 제공업체(ISP ; Internet Service Provider)가 설립되고 한국통신, 데이콤에서도 인터넷 서비스 사업을 시작하여 일반인들도 쉽게 인터넷에 접속할 수 있게 되었다.

2015년 6말 현재 통계에 의하면, 인터넷에 연결된 국내의 IP 주소 수는 1억1천만여개이고 ISP 수는 100여개이다.

표 11-2 • 국내의 연도별 KR 도메인 수(단위: 천)

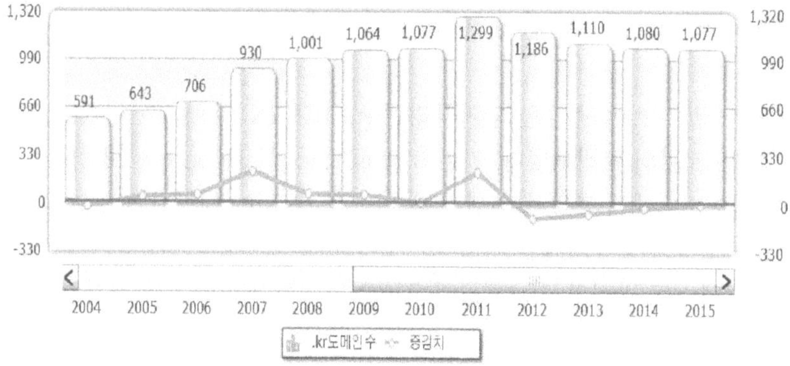

① KR 호스트 수

인터넷의 양적 팽창을 나타내는 대표적인 지수로, 인터넷에 연결되어 IP 주소를 가지고 있으면서 이름이 네임서버에 등록되어 있는 컴퓨터 수를 의미한다.

② KR 도메인 수

도메인이란 컴퓨터의 숫자로 표시된 인터넷주소(IP 주소)를 이용자가 사용하기 쉽도록 문자로 변환하여 표시한 것으로 IP 주소는 주민등록번호로, 도메인 이름은 사람으로 비유할 수 있다.

③ ISP/WSP

ISP(Internet Service Provider)란 KRNIC으로부터 IP주소 및 도메인 등록서비스를 받으며, 인터넷 사용기관 및 개인에게 전용선, PPP/SHELL 접속 등의 서비스를 제공하는 업체를 의미한다.

WSP(Web-hosting Service Provider)란 KRNIC으로부터 도메인등록서비스를 받으며, 가입기관의 웹서버 운영을 대행하는 업체를 의미한다.

2007년 통계로 ISP 업체는 112개 이고, WSP 업체는 약 3,000개 이다.

(2) 국내 인터넷 연결 현황

국내의 인터넷 서비스 제공자(ISP)는 크게 비영리망과 영리망 2가지가 있다. 비영리망은 교육, 연구 목적으로 사용되는 망을 말하며, 영리망은 사용목적에 제한을 두지 않고 요금을 지불하여 사용하는 망을 말한다. 현재 국내 ISP망들을 상호 연결하기 위한 인터넷 교환 노드(IX : Internet eXchange)는 한국인터넷진흥원(<구>한국전산원)의 6NGIX, LG U+의 DIX, SK브로드밴드의 SKBIX, KT의 KTIX, ㈜케이아이엔엑스의 KINX 등이 있는데 이들 IX들을 통해서 ISP들간에는 1Gbps~820Gbps의 고속회선으로 각 ISP 망들을 연동한다.

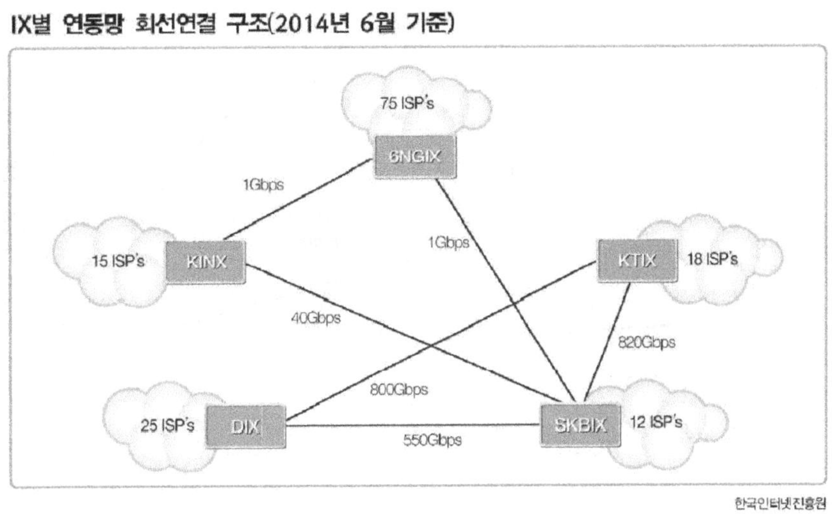

그림 11-1 • 국내 IX간 연결 현황

① 비영리망

교육전산망(KREN)

연구전산망(KREONet)

한국전산원공공망(6KANet)

KT공공망(PUBNET)
데이콤공공망(PUBNETPLUS)
한국교육학술정보원전산망(EDUNET)
정부공공기관인터넷(KOSINet) 등

② 영리망

한국통신(KORnet), (주)아이네트(Inet), 데이콤(BORANET), 한솔텔레콤(HANQ), 한국통신하이텔(KOLNET), (주)나우콤(Nowcom), 현대정보기술(주) (AmiNet), 두루넷(THRUNET), 온세통신(SHINBIRO), 제이씨현시스템(주)(ELIMnet), 삼성데이타시스템(UNITEL), (주)한국무역정보통신(Ktnet), 한국무역협회(KOTIS-NET), SK텔레콤(SKSpeedNet), 하나로텔레콤(HANANET) 등

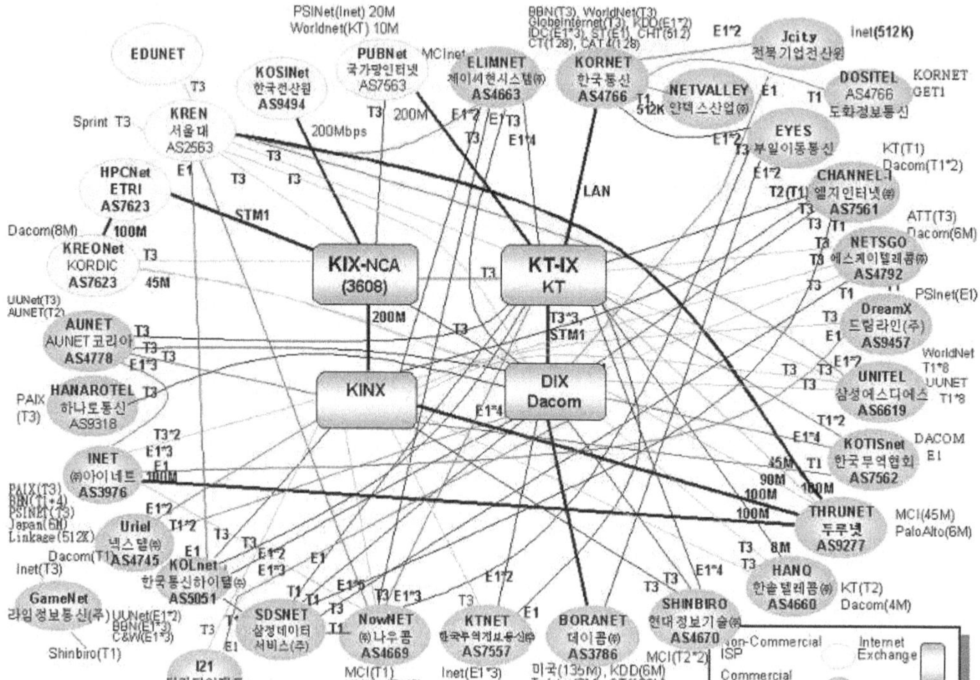

그림 11-2 • 국내 인터넷 연결 현황

표 11-3 • 국내 상용망 현황

회사	서비스명	네트워크 현황	연동 현황	
			우리나라	국외
KT	KORNET	전국 총 100개 노드 대도시간 : 5~10Gbps 중소도시간 : 155~622Mbps	(우리나라 총 IX연동 : 27.7Gbps DIX : 27.5Gbps KIX : 200Mbps) (우리나라 총 ISP연동 : 41,792Mbps)	(총 8,707Mbps) 미국(UUNET외6개) : 6,210M 일본, 중국, 홍콩, 호주 및 뉴질랜드, 동남아시아 : 2,297.5M 유럽(LINX) : 200M
(주)데이콤	BORANET	전국 총 69개 노드 대도시간 : 5Gbps 2회선 중소도시간 : 45~155Mbps	(우리나라 총 IX연동 : 27.7Gbps KTIX : 27.5Gbps KIX : 200Mbps) (우리나라 총 ISP연동 : 26.1Gbps)	(총 4.2Gbps) 미국(Qwest, PAIX 등) : 2.2Gbps 아시아(일본(555M), 중국(555M) 등 9개국) : 2.0Gbps
(주)하나로통신	HANANET	전국 총 85개 노드 대도시간 : 2.5G ~ 40Gbps 중소도시간 : 155~2.5Gbps	(우리나라 총 IX연동 : 28.5Gbps DIX : 5Gbps KINX : 5Gbps KIX : 1Gbps KTIX : 17.5Gbps) (우리나라 총 ISP연동 : 24.1Gbps)	(총 4.3Gbps) 미국 : 3,565M 일본 : 180M 중국 : 45M 싱가포르 : 45M 기타 : 465M
(주)온세통신	SHINBIRO	전국 총 21개 노드 대도시간 : 465M ~ 2.5Gbps 중소도시간 : 45M ~ 310Mbps	(우리나라 총 IX연동 : 8.5Gbps DIX : 2Gbps KINX : 3Gbps KTIX : 2.5Gbps HANARO : 1Gbps) (우리나라 총 ISP연동 : 620Mbps)	(총 1,123Mbps) 미국 (온세 US POP) : 1,079Mbps 일본(Japan Telecom) : 45Mbps 홍콩(NWT) : 128Kbps
(주)온세통신	SHINBIRO	전국 총 21개 노드 대도시간 : 465M ~ 2.5Gbps 중소도시간 : 45M ~ 310Mbps	(우리나라 총 IX연동 : 8.5Gbps DIX : 2Gbps KINX : 3Gbps KTIX : 2.5Gbps HANARO : 1Gbps) (우리나라 총 ISP연동 : 620Mbps)	(총 1,123Mbps) 미국 (온세 US POP) : 1,079Mbps 일본(Japan Telecom) : 45Mbps 홍콩(NWT) : 128Kbps
(주)두루넷	Thrunet	전국 총 120개 노드 대도시간 : 5G~10Gbps	(우리나라 총 IX연동 : 13.5Gbps DIX : 2Gbps KINX : 3Gbps KTIX : 5Gbps KIDC : 3.5Gbps) (우리나라 총 ISP연동 : 16Gbps)	미국(PAIX, MCI 등) : 1,395M 아시아(Transit노드) : 155M
(주)엔터프라이즈 네트웍스	Enterprize Networks	전국 총 63개 노드 대도시간 : 2.5Gbps	(우리나라 총 IX연동 : 9Gbps DIX : 1Gbps KINX : 3Gbps KTIX : 5Gbps) (우리나라 총 ISP연동 : 7.15Gbps)	(총 355Mbps) 미국(Abovenet, AGC) : 310Mbps 일본(NTT) : 45Mbps
(주)SK텔레콤	SKspeedNet	대도시간 : 622Mbps 중소도시간 : 155Mbps	(우리나라 총 IX연동 : 3Gbps DIX : 1Gbps KTIX : 1Gbps KINX : 1Gbps) (우리나라 총 ISP연동 : 1,045Mbps)	(총 45Mbps) 하나로통신 : 45Mbps
드림라인	DreamLine	주요 노드간 : 45Mbps~2Gbps	(우리나라 총 IX연동 : 3.5Gbps KTIX : 2.5Gbps KINX : 1Gbps) (우리나라 총 ISP연동 : 6,855Mbps)	(총 310Mbps) 하나로통신 : 155Mbps AGC : 155Mbps
파워콤	POWERCOMM	전국 75개 지역 시내망 : 2.5Gbps 가입자망 : 155Mbps	-	-

2 인터넷 관련 용어

인터넷에서 자주 사용되는 용어에 대하여 살펴보자.

1. 전자우편 주소(Email Address)

전자우편(E-mail)이란 인터넷의 기본서비스로 서로 주고 받는 편지 형태이다.

인터넷을 이용하기 위해서는 우선 인터넷에 연결되어 있는 컴퓨터에 로긴(login : 사용개시) 해야 하는데 이때 필요한 것이 컴퓨터 계정(Account)이다.

계정이란 다른 사람과 구별하는 유일한 신분증이며 ID(자신을 증명하는 이름)와 비밀번호를 묶어서 부르는 말이다. 예를 들면 다음과 같다.

ID : gildong
Password : ******

자신의 ID에 호스트의 이름을 붙이면 전자우편 주소(Email Address)가 된다. 즉 ID가 gildong이고 기관(호스트)이 eve.yongin.ac.kr인 사람이라면 전자우편 주소는 gildong@eve.yongin.ac.kr를 사용할 수 있다.

2. TCP/IP(Transmission Control Protocol / Internet Protocol)

인터넷은 수백만개의 컴퓨터와 서로 연결된 전화선, 인공 위성, 지상 마이크로파 등의 통신 경로를 포함한다. 이 연결은 공중의 것으로서 다른 많은 컴퓨터들과 같은 라인으로 데이터를 포장하여 패킷(packet)으로 전송하게 된다. 이러한 현상은 고속도로의 자동차 행렬과 비슷하다. 즉, 같은 도로 위에서 달리지만 목적지가 다르다. 따라서 인터넷상의 컴퓨터는 다른 모든 컴퓨터에 연결이 가능하다.

네트워크를 통해 자료를 전송할 때 패킷(packet)이란 조각 단위로 전송이 되는데 IP는 이 조각을 다른 장소로 옮겨주는 역할을 하고 TCP는 데이터 흐름을 관리하고 확인하는 역할을 한다.

TCP/IP를 정의하면

- 이러한 연결과 이동에 필요한 기본적인 데이터 패킷의 형식
- 주소를 다른 컴퓨터에 지정하는 방법
- 패킷의 주소를 부여하는 방법
- 패킷이 인터넷을 통하여 정확히 전달되는 과정을 정의하는 통신 프로토콜이라고 말할 수 있다.

TCP/IP는 처음에 DoD(Department of Defense : 미 국방성)의 ARPANET (Advanced Research Project Agency Network)에서 제안된 프로토콜의 집합 중 인터넷에 관한 핵심적 기능을 제공하는 TCP와 IP만을 지칭하였으나 현재의 의미는 TCP/IP 네트워크를 구성하기 위해 필요한 기능을 제공하는 관련 프로토의 집합을 총체적으로 일컫는다.

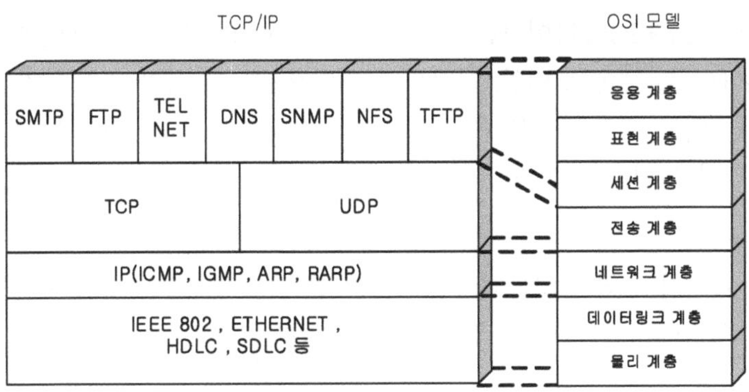

그림 11-3 • TCP/IP 프로토콜 구조

3. 도메인(Domain)

우리가 다른 사람에게 전화를 걸기 위해서는 전화가 전화망에 연결되어 있어야 하고 그 사람의 전화번호를 알고 있어야 가능한 것처럼 인터넷에 연결된 다른 컴퓨터와 통신을 하려면 컴퓨터가 인터넷에 연결되어있고 컴퓨터의 주소를 알고 있어야 가능하다. 도메인이란 인터넷 주소(컴퓨터 주소)를 가리키는 말로서 숫자로 표현된 주소(IP Address)와 영문이름으로 표현된 주소(Domain Name)로 구분된다.

(1) IP 주소 구성

인터넷 호스트 컴퓨터가 할당받은 주소는 본래는 숫자로 만들었고 이를 가리켜 IP 주소(Address)라고 한다. 여기서 IP 주소란 TCP/IP 네트워크 상에 접속되는 모든 노드로 개별적으로 갖는 유일한 주소로서 경로 및 목적지를 지정하기 위해 쓰이는 주소 즉, 인터넷에 연결된 컴퓨터의 주소라고 정의 할 수 있다. 여기서 노드란 네트워크 상에 컴퓨터나 통신장비가 연결된 지점을 의미한다.

IP 주소에는 IPv4와 IPv6가 있다. IPv4 주소 크기는 32비트이고, IPv6 주소 크기는 128비트이다. 즉, IPv6 주소는 IPv4 주소보다 네 배나 크다.

IPv4 주소의 구성을 살펴보면 4바이트(32비트)로 구성되며 1바이트마다 점으로 구분한다. 1바이트는 0~255까지의 숫자를 갖는다. 예를 들면 210.119.136.1와 같이 점(도트)으로 구분되어 4단계로 네트워크 주소와 호스트 주소(로컬 주소)로 구성된다.

(2) 도메인 이름

도메인 이름은 사람들이 숫자로 된 주소를 기억하기 어렵고 사용하기도 불편하기 때문에 그에 대응하는 문자로 된 Domain Name을 만들어 사용하고 있다. 따라서 도메인(domain)이란 컴퓨터 네트워크에서 비슷한 목적을 가지고 관련된 범위내에서 이용되는 컴퓨터 그룹의 이름을 지칭하는 말로 정의할 수 있다.

예를 들면 210.119.136.41이라는 주소는 yongin.ac.kr 이라는 도메인 이름을 가지며, 컴퓨터 이름, 단체이름, 부속 도메인, 최상위 도메인으로 이루어져 있다. 최상위 도메인이란 국가코드를 나타내고, 부속 도메인은 해당 주소의 성격을 가리킨다. 단체와 컴퓨터 이름은 해당 기관이 임의로 만든 것이다.

① 도메인 구성

도메인은 단계별로 되어 있는데, 최상위도메인에는 미국에서 직접 관리하는 일반도메인과 해당 각 나라에서 관리하는 국가도메인이 있다.

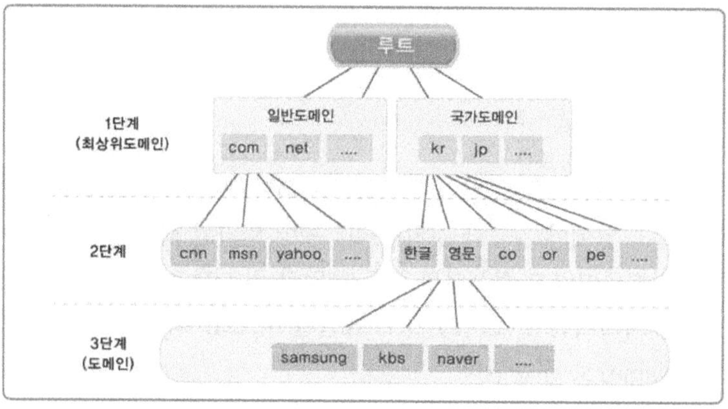

그림 11-4 • 단계별 도메인의 구성

영문으로 표현된 주소는 다음과 같이 점(도트)으로 구분되어 여러 단계로 구성된다. 각 단계는 오른쪽 맨 마지막에서부터 1단계, 2단계, 3단계 등의 형식으로 불리워지며 전세계적으로 중복되지 않는 유한주소로 사용된다.

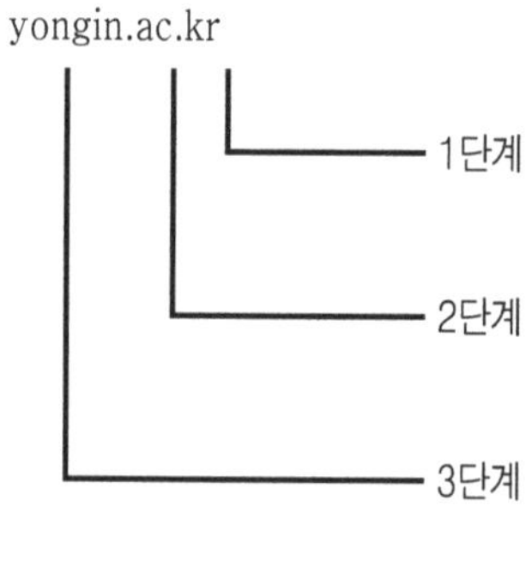

그림 11-5 • 도메인 구성 예

1단계 도메인을 최상위 도메인(TLD, Top-Level Domain)라고 부르며, 차상위 단계를 2단계 도메인(SLD, Second-Level Domain)이라 부른다.

② 최상위 도메인

㉠ 일반도메인(generic top level domain : gTLD)

com, net, org, edu, gov, mil, int 등의 7개로 미국에서 관리한다. 최근에는 biz, firm, shop, info, kids, nom, arts, zoo 등의 새로운 타입들이 추가되었다.

표 11-4 • 최상위 일반도메인 현황

최상위 도메인	기관분류	등록처
COM	영리를 목적으로 하는 기업/기관	InterNIC(미국)
NET	네트워크를 관리하는 기관	InterNIC(미국)
ORG	일반적으로 비영리(non-profit) 또는 다른 4개(COM, NET, EDU, NET)의 영역에 포함되지 않는 기관	InterNIC(미국)
EDU	4년제 단과대학/종합대학 (colleges/universities)	InterNIC(미국)
GOV	미국 연방정부기관 (US federal government agencies)	InterNIC(미국)
MIL	미국 연방군사기관 (US federal government military entities)	DoD NIC (미국)
INT	국제적인 특성을 가진 기관(유엔 등)	ISI(미국)

㉡ 국가도메인(national top level domain)

인터넷이 국제화 되면서 ISO3166 에 의거하여 세계의 각 국가들을 두 자리 영문약자로 표현한 약 190여개의 도메인이 있다.

표 11-5 • 최상위 국가도메인 현황

최상위 도메인(Top Domain)	
kr	한 국
jp	일 본
au	호 주
uk	영 국
fr	프랑스
de	독 일
us	미 국

③ 도메인 이름의 등록 및 관리

일반적으로 도메인이름의 등록 및 관리는 NIC(Network Information Center)이라 불리는 곳에서 수행한다. 한국은 KRNIC(Korea Network Information Center)에서 kr 도메인을 관리하며, jp 도메인은 일본의 JPNIC에서, com, org, net, edu, gov 등은 미국 InterNIC에서 관리한다. 그러나 국가 도메인 중에서 국가 NIC가 없는 경우에는 미국 InterNIC에서 도메인을 대신 관리해 준다. 국가코드별 도메인 등록처는 http://www.alldomains.com을 참조한다.

4. KR도메인 이름체계

KR 도메인은 3단계로 구성된다. 1단계 도메인인 KR이하에 기관의 성격 또는 지역에 따른 2단계 도메인을 적용하며, 3단계에서 신청기관의 도메인이름을 사용할 수 있다. 예를 들면 한국인터넷정보센터(KRNIC)의 도메인 이름은 nic.or.kr 로서 Network Information Center를 의미하는 nic, 비영리 기관/단체 성격의 or, 한국을 나타내는 kr로 구성되어 있다.

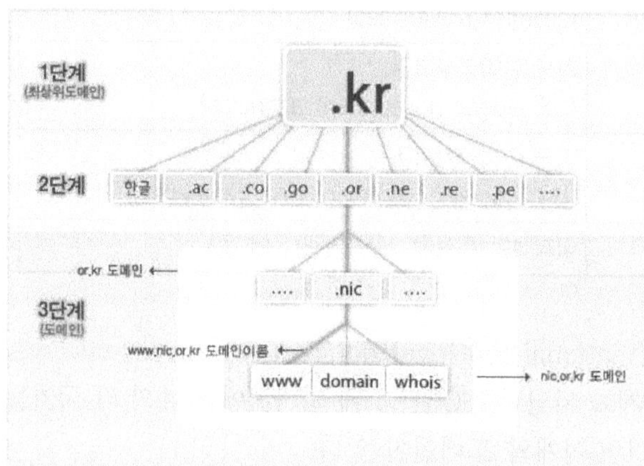

그림 11-6 • KR 도메인 체계

(1) 1단계 도메인(국가)

1단계 도메인인 KR은 국가코드 ISO3166에서 정의된 인터넷 도메인 체계에서의 한국을 대표하는 도메인 이름을 의미한다.

(2) 2단계 도메인(분류)

2단계 도메인은 기관의 성격을 분류한 6개의 도메인과 지역명을 기초로 한 16개의 지역 도메인이 있다. 도메인 신청자는 기관분류에 의한 2단계 도메인 또는 지역명에 의한 2단계 도메인을 선택한다.

① 2단계 도메인이름 기관 분류

표 11-6 • 2단계 도메인 이름 기관 현황

구 분	해당 영역	등록자격
co	영리	법인 또는 개인
ne	네트워크	
or	비영리	
re	연구	
pe	개인	개인
go	정부기관	행정기관 또는 입법기관/사법기관
mil	국방조직	정부조직법, 국군조직법, 국방조직 및 정원에 관한 통칙에 의한 국방조직
ac	대학/대학원	교육기본법, 고등교육법, 기타 특별법에 의한 교육기관
hs	고등학교	교육기본법 및 초/중등교육법에 의한 고등학교/고등기술학교
ms	중학교	교육기본법 및 초/중등교육법에 의한 중학교/고등공민학교
es	초등학교	교육기본법 및 초/중등교육법에 의한 초등학교/공민학교
sc	기타학교	교육기본법 또는 기타법령에 의하여 주무관청에 설립허가, 등록, 신고 등의 절차를 거친 교육/훈련기관
kg	유치원	교육기본법 및 유아교육법에 의한 유치원

② 지역 도메인 이름

seoul	서울특별시	kyonggi	경기도
pusan	부산광역시	kangwon	강원도
taegu	대구광역시	chungbuk	충청북도
inchon	인천광역시	chungnam	충청남도
kwangju	광주광역시	chonbuk	전라북도
taejon	대전광역시	chonnam	전라남도
ulsan	울산광역시	kyongbuk	경상북도
cheju	제주도	kyongnam	경상남도

(3) 도메인 작성

개인의 이름을 만들 때에 이름의 영문 첫 글자들과 성 전체를 사용하는 것이 보통이다. 또 다른 방법은 성의 첫 7자 전체를 사용하는 것이다. 전자우편을 다른 사람에게 보낼 때 다음과 같은 전자우편 이름을 호스트의 인터넷 이름에 다음과 같이 붙인다.

사용자 이름@호스트

사용자 이름은 전자우편에 사용되는 자신의 이름이고, 호스트 이름은 컴퓨터 및 도메인 이름이다. 예를 들어

gildong@eve.yongin.ac.kr

에서 사용자이름, 호스트, 네트워크, 기관의 종류가 기술되어 있다.

5. 하이퍼텍스트(Hypertext)

웹에서 하이퍼텍스트 문서라 하면, 어떤 자료를 가지고 있으면서, 다른 문서로의 링크를 가지고 있는 문서를 말한다. 이러한 하이퍼텍스트의 특징은 문서 내의 어떤 위치에서 같은 문서 혹은 다른 문서의 특정 부분을 지정하면 링크를 통하여 연관된 자료를 비순차적으로 접근할 수 있게 해주는 비선형 구조의 문서이다. 그리고 비순차적이므로 새로운 자료를 쉽게 추가하거나 연결할 수 있고, 연관된 자료를 즉시 확인할 수 있는 장점이 있다.

6. 하이퍼링크(Hyperlink)와 하이퍼미디어(Hypermedia)

하이퍼링크란 문서간의 이동이나 한 문서 내에서의 이동을 위해 사용되는 링크를 의미한다. 하이퍼미디어란 텍스트, 오디오, 그림 또는 동영상 등의 다양한 멀티미디어정보를 갖는 하이퍼텍스트 문서를 말하며 하이퍼링크라는 다른 문서로의 연결 고리를 가진다는 특징이 있다.

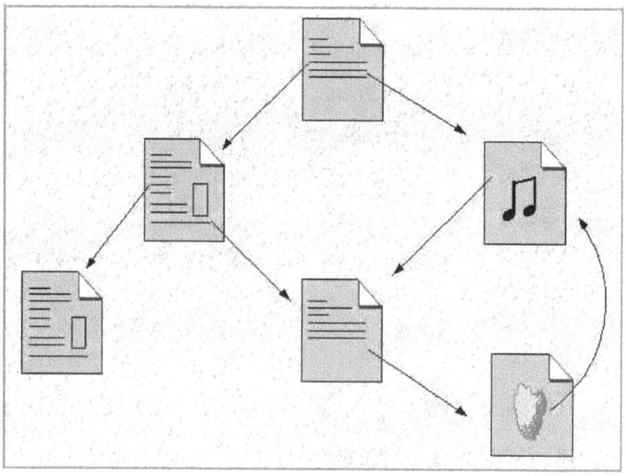

그림 11-7 • 하이퍼링크와 하이퍼텍스트의 상관관계

7. HTML(Hyper Text Mark-up Language)

HTML은 웹에서 사용하는 표준 문서 양식이다. 즉, 하이퍼텍스트를 만드는 수단 및 언어이며, 사용자에게 보여줄 문서의 표현 형식을 문서 내부에 지정할 수 있게 한다. 훈글이나 마이크로소프트 워드 등 일반 워드 프로세서의 문서 양식과 비슷하다고 생각하여도 그리 틀린 것은 아니다. 대부분의 워드 프로세서와 마찬가지로 HTML 문서는 다양한 멀티미디어 지원 방법을 가지고 있다.

그러나 HTML에는 다른 문서와는 달리 한 가지 중요한 기능이 있다. 그 기능이 바로 하이퍼텍스트 기능이다. 특히 HTML은 몇 개의 태그(tag)로 이루어진 간단한 형태의 문서로 사용이 쉽고 간편하다는 장점으로 인하여 널리 호평 받고 있다.

8. URL(주소 지정 표준)

URL(Uniform Resource Locator)은 인터넷에서 사용할 수 있는 주소 즉 인터넷 상에 있는 정보의 위치를 알려주는 표준으로서 URL을 알아야 접속할 수 있다. URL은 WWW이 보편화되면서 그 중요성이 인식되기 시작했는데, WWW에서 URL은 HTTP(HyperText Transport Protocol) 서버에 있는 WWW 문서들을 가리키는데 사용된다. 즉, 어떤 WWW 문서의 URL을 알고 있으면 브라우저로 하여금 그 문서를 직접 가리키게 할 수 있다. 예를 들면 중앙일보 전자신문[JOINS]의 URL 주소는 http : //www.joongang.co.kr 이다.

URL은 인터넷 사용자 프로토콜 표준화 모임인 IETF(Internet Engineering Task Force)에서 정의한 URI(Uniform Resource Identifier)의 부분 집합인데 웹 상에서 자료의 위치를 표시하는 데 이용이 된다. URL의 형식은 다음과 같다. 여기서 사용되는 접근 프로토콜은 http, ftp, mms, telnet, gopher, news, mailto 그리고 file 등이 있다.

Ti

- URL 형식
  접근 프로토콜 : //IP 주소 또는 도메인 이름/문서의 경로/문서이름
  [예] http : //eve.yongin.ac.kr/gdhong/index.htm

3 인터넷 서버의 종류

인터넷에서 사용되는 서버는 제공하는 정보와 서비스의 종류에 따라 여러 가지 종류로 나뉜다. 서버의 종류는 다음과 같다.

1. POP(Post Office Protocol) 서버

전자 메일을 송수신하는 역할을 한다. 따라서 메일 서버라고 한다. POP 방식은 윈도즈 환경의 PC 기반이거나 매킨토시 기반의 컴퓨터에서 사용되며 전송된 메일이 실제자신의 시스템에 저장되도록 한다. 따라서 메일에 대한 조작이 용이하지만 사용자 시스템에 부담을 주게 된다.

2. SMTP(Simple Mail Transfer Protocol) 서버

POP과 같이 메일 서버라고 하며 전자 메일을 송수신하는 역할을 한다. 대부분의 UNIX 시스템에서는 SMTP 방식을 사용한다. 이 방식은 실제 메일을 자신의 시스템에 저장하지 않고 전자우편 저장소라는 곳에 저장하여 사용자의 요구시 메일을 가져온다. 따라서 POP 방식과는 달리 메일 조작은 제한되지만 사용자 시스템의 부담을 덜 수 있다.

3. DNS(Domain Name System) 서버

DNS는 각 네트워크 혹은 지역별로 도메인 이름을 IP 주소로 변환시켜 주는데 이 중 네임서버(name server)는 각 컴퓨터의 IP 주소와 도메인 이름과의 변환 서비스를 한다. 즉, 현재의 컴퓨터가 접속하고자 하는 호스트의 이름을 주면 네임 서버는 현재의 컴퓨터에게 이에 해당하는 IP 주소를 준다. DNS의 네임 서버는 각 호스트의 이름과 이에 해당하는 IP주소를 가지고 있어 도메인 이름을 관리·유지한다.

실제 컴퓨터와의 통신은 2가지 종류의 주소 중에서 숫자로 표현된 주소를 사용하여 통신을 하게 된다. 따라서 영문으로 표현된 도메인 이름을 실제 컴퓨터가 통신할 때 사용하는 숫자로 표현된 주소로 변환시켜 주어야 한다.

아래 그림은 일반사용자가 자신의 컴퓨터에서 www.nic.or.kr 웹페이지를 검색하는 경우, 도메인 이름으로 상대방 컴퓨터와 어떻게 통신을 하는지 보여준다.

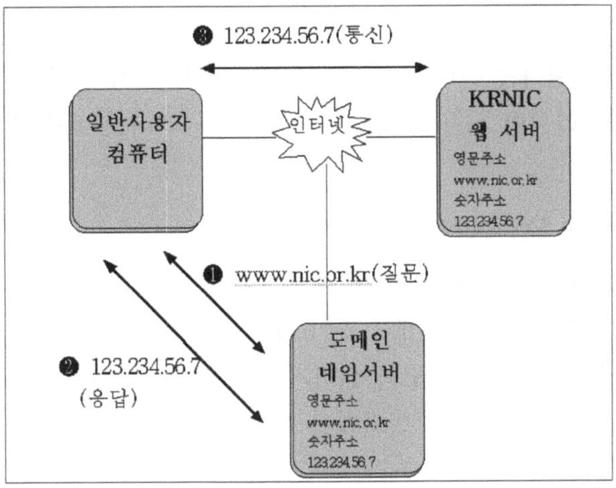

그림 11-8 • 도메인 네임 서버의 구동 체계

이와 같이 영문으로 표현된 주소를 숫자로 표현된 주소로 변환시켜 주는 역할을 하는 것을 도메인 네임 서버(Domain Name Server)라고 하며 인터넷상에서 자신의 도메인 이름을 다른 사람이 사용할 수 있도록 하기 위해서는 반드시 도메인 네임서버에 도메인 이름을 등록해야 한다.

4. 웹(World Wide Web) 서버

홈페이지를 보관하고 브라우저에서 요구에 따라 보여준다. 즉, 웹 서버란 클라이언트들에 해당하는 브라우저의 요구사항을 받아들이고, 그와 관계된 파일들을 검색하여 그 내용들을 되돌려 주는 역할을 수행한다. 예를 들어, 사용자가 넷스케이프 상에서 마우스를 클릭 하였을 때 그러한 요청을 받아들여 해당 주소로 이동한 후 그 곳의 문서를 전송 받아 화면으로 보여주는 역할을 하는 것이 웹 서버의 역할이다.

5. 프록시(Proxy) 서버

Proxy는 대리인이라는 뜻으로 웹브라우저와 웹 서버 사이에 존재하면서 캐시(Cache), 방화벽(Firewall), 코드변환(Code Conversion), 멀티 프로토콜(Multi-Protocol) 기능을 제공한다. 캐시는 통신 회선의 혼잡을 완화시키며 응답 시간의 향상 기능을 제공한다. 클라이언트로부터의 정보 취득 요구는 Proxy 서버를 통해 해당 서버에 전달되고 서버로부터의 응답은 다시 Proxy 서버를 통해 클라이언트에 전달되며 이 과정에서 Proxy 서버가 데이터를 캐시한다. Proxy 서버의 방화벽 기능은 네트워크 외부로부터의 악의적인 침입을 방어하는 것을 목적으로 삼고 있다.

6. 텔넷(Telnet) 서버

원격시스템 접속을 지원하는 서버이다. 여기서 Telnet은 원격지 컴퓨터 시스템을 현재 자신이 이용하고 있는 컴퓨터처럼 사용할 수 있도록 해주는 인터넷 표준 서비스 중의 하나이다.

7. FTP(File Transfer Protocol) 서버

인터넷을 통하여 파일을 전달하는 일반적인 방법은 FTP(File Transfer Protocol)를 사용하는 것이다. 이것은 TCP/IP 통신 중에서 많이 사용되는 서비스 중의 하나이고 사용자가 실제 이용하는 로컬 시스템(Local System)과 원격지 시스템(Remote System)간의 파일 전송 기능을 제공한다. 따라서 FTP 서버란 인터넷을 통하여 파일의 송수신을 지원하는 서버이다.

4 인터넷 서비스

1. 전자우편(E-mail)

전자우편은 인터넷의 가장 기본이 되는 서비스로서 전 세계에 인터넷 주소를 가지고 있는 인터넷 사용자 사이에 편지를 주고받는 기능으로 전자우편은 무엇보다도 신속하고 쉽게 저렴한 비용으로 정보를 교환하는 중요한 수단이 되고 있다. 일반 편지와는 다르게 여러 사람에게 동시에 같은 내용의 메일을 보낼 수 있는 이점이 있다.

2. 원격지 시스템 접속(Telnet)

Telnet은 현재 사용하고 있는 컴퓨터를 통하여 멀리 떨어진 다른 통신망에 연결된 호스트 컴퓨터에 접속하여 사용할 수 있도록 하거나 직접 제어해야 하거나 자체의 메뉴프로그램이 갖는 서버에 접속하기 위해 사용하는 프로토콜이다. 따라서 자신이 컴퓨터와 원격지 컴퓨터 사이의 중개자 기능을 수행한다.

3. FTP(File Transfer Protocol)

원격 호스트에 있는 파일을 자신의 컴퓨터로 가져오거나 자신의 파일을 원격 호스트에 올려놓는 등 서로 다른 컴퓨터간에 통신망을 통하여 파일을 주고받는 서비스로서 인터넷 상에서 프로그램 자료를 구하는데 매우 중요한 역할을 하는 서비스이다.

4. IRC

IRC는 Internet Relay Chatting의 줄임말로 인터넷 대화 서비스를 말한다. 이 서비스를 통해 전 세계의 네티즌과 실시간으로 대화를 할 수 있다. 기계가 아닌 사람과 대화를 나누면서 지구촌이 한 가족이라는 사실과 외국인의 사고방식을 간접 체험할 수 있다.

5. 인터넷 전자 게시판 BBS(Internet Bulletin Board System)

인터넷 상에서 운영되는 전자 게시판 서비스로서 요즘에는 그 범위가 확대되어 전자 게시판 서비스와 더불어 내부에 전자 메일, 동호회, 자료실, 대화방 등의 기능도 함께 가지고 있다.

6. 유즈넷(USENET)

유즈넷은 대학, 정부, 업무, 개인 사용자를 포함하는 뉴스를 교환하기 위한 시스템으로 국제적인 토론장이다. 중앙의 관리자가 없다. 유즈넷은 누구나 주제에 관해 누구나 보고 이야기할 수 있다는 점에서 전자 게시판이나 컨퍼런싱 시스템과 유사하다. 따라서 많은 토론그룹을 내부에 가지고 있으며 관심 있는 주제에 참여하며 대표적인 주제에는 컴퓨터, 뉴스, 과학, 레크리에이션 등이 있다.

7. 메일링 리스트(Mailing List)

특징 주제에 관심 있는 사람들이 해당 메일 서버에 등록하여 주재에 관련된 정보를 받거나 또는 제공하는데 서버에 등록된 사람들끼리만 어떠한 주체에 대한 계속적인 의견교환이나 자료가 요구될 때 가입하면 편리하다. 전자 메일로써 주고받는 서비스이다. 그러므로 유즈넷(USENET)과는 다르다. 따라서 어떠한 주제에 대한 계속적인 의견 교환이나 자료가 요구될 때 가입하면 편리하다.

8. WWW(World Wide Web)

하이퍼 링크(Hyper Link)를 기반으로 한 멀티미디어 정보를 접근하는 도구로서 많은 종류의 인터넷 서비스를 포함하면서 쉽고 간단하게 정보를 찾아 볼 수 있는 인터넷의 핵심이라고 할 수 있다. WWW는 문자, 음성, 정치 화상뿐만 아니라 그래픽으로 정보를 제공하는 멀티미디어 서비스이기 때문에 전 세계적으로 널리 이용되고 있으며 앞으로 가장 전망이 밝은 서비스이다.

9. MUD(Multi-User Dimension 또는 Multi-User Dungeon)

인터넷 상에서 네트워크를 통하여 텍스트 모드로 운영된다. 특정한 시나리오에 의해 만들어진 가상의 세계에 여러 사람이 참여하여, 때로는 서로 협력하여 모험을 하며 줄거리를 풀어나가는 가상 어드벤처 게임을 말한다.

10. 기타 서비스

기타 로그인한 사람들을 검색하는 Finger 서비스, 두 명이 대화하는 Talk 서비스, 데이터 검색을 위한 Veronica, Jughead, WAIS(Wide Area Information Servers), White Page Directory 서비스, 전자 잡지 영상회의 서비스, 인터넷 전화 등 많은 서비스가 있다.

5 인터넷 비즈니스

1. 인터넷 비즈니스란?

인터넷 비즈니스(Internet Business)란 기존의 비즈니스가 이용하던 방법과 기반들을 총동원한 뒤, 인터넷이라는 최신 기술을 활용한 비즈니스라 정의할 수 있다. 인터넷을 활용하여 오프라인(off-line)의 비즈니스에 필요한 정보교환을 하거나, 온라인(on-line)으로 광고를 하거나, 인터넷에 사이트를 개설하여 온라인으로만 비즈니스를 하는 경우도 있을 수 있다. 또한, 선진국의 연구 단체에서는 전자상거래를 인터넷 비즈니스로 정의하고 있으며, 그 범주를 기업과 소비자간, 기업과 기업간의 거래를 포괄하는 것으로 규정하고 있다.

인터넷에서 비즈니스의 가능성은 무한대라 표현을 해도 과언이 아니다. 이러한 가능성은 무역뿐만 아니라 국내외 업종에 관계없이 적용될 수 있으며 새로운 시장, 새로운 제품의 개발이 얼마든지 가능하다. 다른 말로 표현한다면, 인터넷에서 상상이 가능한 정보는 모두 찾을 수 있다는 표현과 같이 고객과 상품과 정보가 동시에 존재하면 더욱이 비즈니스를 하기 위한 도구까지 있다는 말처럼 하고자 한다면 상상이 가능한 비즈니스는 모두 가능하다.

황금알을 낳는 거위로 종종 비유되는 인터넷 비즈니스에 개인 사업자로부터 재벌 그룹까지 앞다투어 뛰어들고 있다. 인터넷은 향후에 분명히 인류의 생활을 바꾸는 커다란 흐름일 뿐만 아니라, 사업가들에게도 무한한 기회를 줄 수 있는 신천지인 것이다. 국내 인터넷 상거래의 시장규모는 2006년도에 약 413조원을 넘어섰는데 현재의 추세가 계속된다면 향후 인터넷 사용자 수가 급격히 확대되면서 빠른 속도로 늘어날 전망이다.([표 11-7] 참조-통계청 전자상거래 동향 : 거래주체별 전자상거래, 2007)

표 11-7 • 인터넷 비즈니스 거래 규모 현황

(단위 : 십억원)

구 분	전자상거래 총규모	기업간거래 (B2B)	기업·정부간 거래(B2G)	기업·소비자간 거래(B2C)	기 타
2001년	118,976	108,941	7,037	2,580	418
2002년	177,810	155,707	16,632	5,043	427
2003년	235,025	206,854	21,634	6,095	442
2004년	314,079	279,399	27,349	6,443	888
2005년	358,450	319,202	39,036	7,921	2,292
2006년	413,584	366,191	34,436	9,132	3,826
2007년 (1/4 분기)	115,997	105,700	6,602	2,559	1,136

(1) 인터넷 비즈니스의 활용

인터넷을 비즈니스에 왜 사용하는지 이유를 살펴보면 다음과 같다.

① 전세계를 향하여 다양한 고객에게 기업에 관한 각종 정보를 신속 정확하게 제공함으로써 기업홍보의 매체로 활용할 수 있다.

② 상품이나 서비스에 대한 정보나 볼거리 등의 부가서비스를 제공함으로써 판매를 유도하는 광고 도구로써 활용할 수 있다.

③ 단순한 제품광고뿐만 아니라 마케팅 전략에 따라서 각종 캠페인 정보제공이나 시장조사도 가능하다.

④ 고객만족 경영을 위한 도구로써의 활용이 가능하다. 고객의 불만이나 의견을 24시간 접수하여 이를 처리함으로써 소비자의 필요성(needs)을 분석, 파악하여 다음 제품이나 서비스 개발에 적극 활용할 수 있다.

(2) 인터넷 비즈니스의 응용 분야

① 인터넷 컨텐츠(Internet Contents)

어떠한 인터넷상의 비즈니스라도 정보(contents)가 없는 사이트는 존재할 수가 없다. 그러므로 인터넷에서 살아남기 위해서는 끊임없이 새로운 정보(contents)를 제공해야 한다. 컨텐츠(contents)는 교육, 생활, 연예, 오락, 방송, 증권, 금융, 부동산, 사업 등의 모든 정보들이 포함되며, 컨텐츠 비즈니스는 신문, 잡지, 방송 등 기존의 대중매체와 인터넷 매체만을 위한 정보를 제작·공급하는 전문 비즈니스로 나눌 수 있다.

인터넷이 발전하게 된 주요요인 가운데 하나는 유용한 정보를 무료 공급에 대한 분위기의 확산이다. 그러나 이러한 컨텐츠 개발은 고급 인력과 비용을 필요로 하므로 점차 단계적으로 유료화 될 전망이고 유료화 되어야만 비즈니스로 발전할 수 있다. 따라서 컨텐츠를 유료화 시키기 위한 제반기술이 발전과 더불어 점차적으로 유료 화되어 갈 것이다.

② 인터넷 광고/마케팅

인터넷은 신문, 잡지, 방송, 라디오에 이어 새로운 광고 매체로 급부상하고 있다. 인터넷 광고의 가장 큰 장점은 24시간 광고를 전달할 수 있고, 불특정 다수에게 광고를 일방적으로 전달하는 기존의 대중매체와 달리 기업의 잠재 고객에게 집중적으로 광고를 전달할 수 있다는 것이다. 또한 광고를 내보낸 후 소비자의 반응을 빠르고 정확하게 파악할 수 있고, 인터넷을 통해 제품에 대한 소비자의 창의적인 아이디어도 함께 얻음으로써, 상품 브랜드 이미지 향상에 큰 도움을 줄 수 있다. 인터넷 광고의 효과로는 첫째로, 상품의 브랜드 이미지를 향상시키고 둘째로, POS(Point Of Sale)의 수준까지 끌어올릴 수 있다는 것이다.

인터넷은 광고매체의 특성을 넘어 소비자에게 혜택을 제공하고 소비자 관련 시장 조사를 실시할 수 있는 기업 마케팅의 용도로까지 이용되고 있다. 인터넷마케팅은 인터넷을 효율적이고 원활한 상거래의 장으로 만들고 있고 또한 인터넷이라는 새로운 환경이 제공하는 시장 구조에 빠르게 적응할 수 있도록 끊임없이 새로운 마케팅 기법을 만들어내고 있다. 인터넷마케팅 관련 비즈니스는 할인 쿠폰 비즈니스, 경품 행사 정보 비즈니스, 인터넷 시장 조사 비즈니스 등이 있다.

③ 인터넷 쇼핑 서비스

인터넷 상거래의 꽃으로 불리는 인터넷 쇼핑 서비스는 인터넷의 대중화와 더불어, 기업과 인터넷 이용자의 필요성을 충족시켜 주는 비즈니스이다. 인터넷 쇼핑 서비스는 최소의 인원과 최저의 비용으로 운영할 수 있는 비즈니스 형태로, 기업의 측면에서 유통단계의 축소로 가격 경쟁력을 확보할 수 있고, 이용자 측면에서 원하는 상품을 쉽고 간편하게 구할 수 있다.

인터넷 쇼핑은 전자우편 및 TV 홈쇼핑이 가진 단점을 해결해 주고 있다.

④ 인터넷 예약 서비스

인터넷 예약 서비스 비즈니스는 인터넷을 통해 항공, 호텔, 렌트카, 투어 등의 여행 상품을 예약하거나 스포츠 경기, 음악회, 연극 영화 등의 문화 상품을 예약할 수 있는 서비스를 제공한다.

여행 상품 예약 서비스는 초기 항공사, 여행사, 호텔에서 비행 일정, 여행지 정보, 숙박시설, 여행 일정 등에 대한 정보를 인터넷을 통해 제공하던 것을 예약 서비스로 발전시킨 것이다. 문화 상품 중 콘서트, 음악회, 오페라, 발레 등의 각 문화 상품 예약 서비스가 더욱 활발하게 보급되고 있다. 왜냐하면 티켓이 고가이고, 예약처가 한정되어 있기 때문이다. 최근에는 영화 관람과 같은 문화 상품 예약 서비스도 점차 활성화되고 있다.

⑤ 인터넷 거래 서비스

인터넷뱅킹 서비스는 인터넷을 통해 은행업무를 처리하는 서비스로 은행의 기본적인 업무(계좌 개설, 예금 조회, 이체 거래 등) 외에 급여 이체, 보험료 징수와 같은 대량의 금융거래 송수신 서비스와 같은 업무를 인터넷을 통하여 수행할 수 있다. 인터넷뱅킹은 21세기 은행의 대세이다. 현재 국내 금융기관의 국제화와 함께 정보 통신 기술의 발전으로 인해 인터넷뱅킹은 훨씬 더 가까운 현실로 다가오고 있다.

인터넷 증권 거래 서비스는 인터넷을 통해 주식 거래 계좌를 개설, 매매주문, 위탁계좌 관리, 투자 자문을 받을 수 있는 서비스이다. 인터넷 증권 거래 서비스의 장점을 주식 투자 관련정보를 인터넷을 통해 실시간으로 확인할 수 있고 거래 수수료가 저렴하고 객장에 나가지 않고 언제 어디서나 증권 거래가 가능하다는 것이다. 미국에서는 이미 전체 주식 거래의 20% 이상이 인터넷을 통해 거래되고 있다.

인터넷 경매 서비스는 인터넷으로 경매 의뢰인이 경매물의 정보를 제공하고, 구매 희망자도 역시 인터넷을 통해 경매에 참가가 가능하다는 장점이 있다. 인터넷 경매는 다양한 상품을 싼 가격으로 편리하게 구입할 수 있기 때문에 새롭게 각광받는 유통경로로 부상하고 있다. 사실 비즈니스 모델의 관점에서 볼 때 경매만큼 인터넷에 적합한 것도 드물다. 왜냐하면, 인터넷은 전세계에 있는 네티즌들 누구나 참여할 수 있는 기회가 있어 시장의 규모 자체가 크고, 각종 상품이나 물건을 거래하기 위한 우수한 기반이 제공될 수 있기 때문이다.

인터넷 부동산 거래 서비스는 부동산 중개 사무실을 찾아가지 않고 집에서도 자신이 원하는 부동산을 인터넷을 통해 찾을 수 있게 제공하는 서비스이다. 부동산 거래 사이트에서는 부동산 거래 및 재테크에 대한 정보를 제공받을 수 있고 매물이나 임대에 대한 정보 검색과 함께 투자 상담도 가능하다.

2. 전자상거래

전자상거래는 컴퓨터를 통해 전자적인 방식으로 상품, 정보 등의 구매, 조달, 지불행위를 수행하는 것으로 학자들이 주관적인 입장에 따라 그 개념을 달리하고 있으며, 통상 인터넷을 통해 문자뿐만 아니라 화상, 도형, 정보 등을 쉽게 교환하는 흐름을 전자상거래라고 부른다. 일반적으로 기업, 정부기관과 같은 독립된 조직간 또는 조직과 개인간에 종이 문서를 사용하지 않고 다양한 전자적 매체를 이용하여 상품이나 용역을 교환하는 것으로 정의할 수 있다. 돈의 흐름이 수반되는 일상적인 상거래뿐만 아니라 고객에 대한 마케팅, 광고, 조달, 서비스 등까지를 포함하는 광범위한 개념이다.

여기서 전자상거래를 의미하는 e-Commerce와 e-Business는 무엇이 다른지 살펴보자. e-Commerce는 일반적으로 웹 환경을 통한 거래를 의미한다. 전자거래라는 단어로 포괄적으로 표현되기도 하며 B2B(Business to Business)나 B2C(Business to Consumer) 등 전자거래를 총괄적으로 지칭한다. e-Commerce 라고 총괄 지칭하는 경우, B2B 나 B2C의 제조환경이나 상거래 환경을 구별하지 않는 웹을 통한 영업활동을 의미한다. 현실적으로 e-Commerce라고 하는 경우, 대부분 구현상의 어려움과 제조환경의 차이를 고려하여 B2C 환경을 의미하며, B2B의 영역 e-Business에 포함시키기도 한다. 반면에 e-Business는 기업간의 영역 및 마케팅활동을 중심으로 기업간의 정보공유와 의사결정모형을 통한 확장된 e-Commerce의 연결이라고 할 수 있다. 공급자의기간업무 시스템을 인트라넷(Intranet), 엑스트라넷(Extranet), 혹은 웹환경을 통해 중요 거래선, 직원, 자원공급 거래선에 연결한 기종의 전통적 정보시스템 자원과 웹의 무한한 영역의 결합이다. 이러한 경우, e-Business는 B2B 영업 및 제조환경에서 엑스트라넷 역할을 하는 경우가 대부분인 경우이다.

(1) 전자상거래의 범위

① EDI(Electronic Data Interchange)

정보 사회의 도래와 함께 기업체 또는 국가 기관에서는 전자문서를 서로 교환할 수 있는 EDI라는 정보 교환 시스템을 구축하였다. EDI는 인터넷과 무관하게 추진되어 온 것으로 표준서식을 이용하여 주로 기업간 상거래에 활용되는 전자문서 시스템으로, 표준화된 기업간 거래서식(Business Form)을 컴퓨터간 통신을 통해서 교환하는 것으로 정의할 수 있다. 웹을 이용한 EDI는 전세계에 걸친 단일 데이터망으로 구성된 인터넷상에서 구현된 기업간 전자문서를 교환할 수 있는 B2B모델의 대표적인 인터넷 비즈니스 서비스이다.

② CALS(Commerce At Light Speed)

제품의 설계, 개발, 생산에서 유통, 폐기에 이르기까지 수명주기 전반에 관련된 데이터를 관련 기업간 전자적으로 통합, 공유, 교환하여 생산성 향상을 추구하는 조직간 시스템이다. 즉, 수주, 조달, 납품 등 기업간 거래활동과 기업내부의 설계, 생산 등 경영활동을 연계한 정보화 시스템이라 할 수 있다. 따라서 CALS란 정보 통신 기술을 활용하여 기업간 협력과 통합을 통해 생산, 판매, 조달 등 모든 경영활동을 효율화하는 경영혁신전략 시스템이라 정의 할 수 있다.

③ Cyber Business

인터넷에 홈페이지, 가상상점(virtual shopping mall)등을 개설하여 일반 소비자를 대상으로 마케팅, 판매활동 등을 수행하는 비즈니스이다. 일반적으로 Cyber Business를 협의의 전자상거래라고도 한다.

(2) 전자상거래의 요소기술

전자상거래를 구현하기 위해서는 제공하고자 하는 서비스에 따라 다양한 기술을 적용할 수 있다. 넓게는 모든 정보 기술이 포함될 수 있으며, 좁게는 구매자와 판매자간의 구매·지불을 위한 홍보, 보안, 지불 등이 요소 기술이 해당될 수 있다. 전자상거래에 필요한 요소기술들을 살펴보면 다음과 같다.

① 기술표준 : 전체 네트워크 내에서 정보의 생산, 교환, 이전 및 호환성을 보장하는 기술적 표준
② 서비스 기술
③ 보안·서명확인 방안, 대금결제제도 등 기반 기술
④ 화상, 음성, 텍스트 등 정보를 생산하고 이용하는 H/W 및 S/W
⑤ 정보를 가공 및 전송하는 기술

전자상거래의 거래 절차별 필요한 주요 기술은 다음의 [표 11-8]과 같다.

표 11-8 • 전자상거래의 거래 절차별 주요 기술

구분/거래 단계	정보수집, 배포	계약, 주문, 판매	대금 지불, 정산
응용 기술	푸쉬 기술 지능형 검색 에이전트 광고 에이전트 전자카달로그	전자계약 전자쇼핑몰 전자판권 전자우편	전자화폐/전자수표 금융 EDI 신용카드 거래 스마트카드/전자지갑
	디지털 서명, 인증, 인터넷 EDI		
기반 기술	웹, Multimedia DB, 암호화, IC CARD, 미들웨어, 공개키 기반, 통합 메시징		

(3) 전자상거래의 구현 요건

전자상거래 환경에서는 컴퓨터와 통신망으로 구성된 사이버공간을 기반으로 고객, 판매점, 은행이 암호화된 전자상거래 체계와 프로토콜을 통해 온라인으로 연결되며, 제조 및 유통과정도 전자적으로 실현된다. 이와 같은 전자상거래가 실현되기 위해서는 다음과 같은 기본 요건이 만족되어야 한다.

첫째, 전달 정보의 보안 대책이 마련되어야 한다. 인터넷과 웹 프로토콜은 안전성에 있어서 취약하므로 거래 내용의 노출을 방지하기 위한 기밀성이 보장되어야 한다.

둘째, 전자적인 지불수단 및 체계가 정립되어야 한다. 전자상거래는 인터넷을 통하여 전세계적으로 국경이 없이 행해지므로 전세계적으로 통용될 수 있는 전자적인 지불수단이 확립되어야 한다.

셋째, 거래의 확인 및 인증체계가 정립되어 거래에 따른 위조, 복제 등을 방지하기 위한 상대방 확인체계가 정립되어야 한다.

넷째, 전자적인 거래에 따른 세계 각 국의 정책과 제도가 정립되어야 한다.

(4) 전자상거래 시스템

전자상거래 시스템이란 통신망을 이용하여 물건을 매매할 때 상호간의 안전선을 보장해 줄 수 있는 환경을 일컫는 용어이다. 전자상거래 시스템은 단순히 웹 기반의 환경에서 상품의 전시 및 지불수단 제공 등의 눈에 보이는 구성뿐만 아니라, 사용자 정보의 보호, 거래부인 방지, 거래의 확인 및 인증체계가 정립되어 거래에 따른 위조, 복제 등을 방지, 기존 금융체계와의 호환성 등의 문제를 해결할 수 있는 기술이 결합되어 구성된 시스템을 의미한다.

현재 인터넷을 기반으로 한 전자상거래 시스템에서 전자거래를 위한 다양한 지불방식들이 제시되고 있으며, 이중 잠금의 흐름에 기반한 분류로는 현금지불방식과 신용지불방식이 있다.

① 현금지불방식

자금의 흐름에 따른 지불방식으로는 현금과 같이 화폐의 발행자로부터 구매자가 화폐를 취득하여, 이를 상인에게 직접 지불하는 현금지불방식과, 구매자가 화폐를 직접 취득하지 않고 정해진 증서나 문서를 통해 거래를 성립하는 신용 방식의 지불로 분류할 수 있다.

현금지불방식의 대표적인 예로는 스마트카드를 이용한 전자지갑(<예> Mondex) 및 전자 화폐(E-cash)가 있다. 스마트카드형 현금지불방식은 실제 통화의 가치를 스마트카드 내에 기록한 후에 스마트카드를 판독할 수 있는 단말기를 통하여 원하는 금액을 지불할 수 있는 방식을 의미한다. 그러나 실제 현금과 같이 지불하는 사람의 익명성 보장이나 위조 및 복사 방지와 같은 해결해야만 될 많은 사회·경제적인 문제가 남아 있다.

② 신용지불방식

신용지불방식은 구매자가 대금을 직접 지불하지 않고, 지불을 대신할 수 있는 지불명령서를 제시함으로써 지불행위를 하게 된다. 대표적인 예로 직불카드와 신용카드를 들 수 있다. 신용카드 전자지불방식을 사용하기 위해서는 신용카드번호와 같은 지불정보를 보호하기 위한 암호화 기술과 함께, 신용카드사 및 은행망과 같은 기존 금융시스템과 연동하기 위한 구체적인 체계가 구성되어야 한다. 이러한 방식은 실제의 현금을 사용하지 않고 지불에 필요한 정보를 전송함으로써 금융거래가 이루어지기 때문에, 실생활의 신용카드를 이용한 지불시스템과 함께 연동된다는 점에서 현실성이 높다. 현재 웹을 이용하여 제공되는 상품구매방식은 대부분 신용카드를 이용하고 있으며, 신용카드번호와 같은 민감한 정보의 안전성 보장은 웹 브라우저가 제공하는 기본적인 암호와 기능을 이용하고 있다. 현재 인터넷을 통한 신용카드지불 시스템에는 SET(Secure Electronic Transaction) 방식이 개발되어 널리 사용되고 있다.

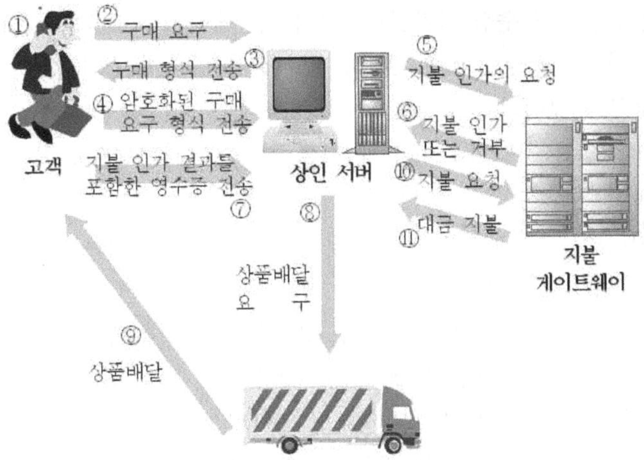

그림 11-9 • 신용지불방식인 SET 쇼핑 시나리오(거래절차)

6 미래의 인터넷

현대사회가 정보화사회로 전환되는 주도적 역할을 하고 있는 인터넷은 그 역할과 파급효과가 매우 크다고 할 수 있다. 인터넷은 이미 우리 주위에 가까이 다가와 있고 발전 가능성 또한 그 한계를 찾아보기 힘들만큼 엄청난 속도로 발전에 발전을 거듭하고 있다. 이러한 인터넷의 발전은 불과 최근에 일임을 우리는 알고 있다. 이와 같은 가장 빠른 발전을 보이는 인터넷과 함께 우리는 현대를 살아가고 있다. 그렇다면 이러한 인터넷의 발전이 우리의 미래에 어떠한 영향을 줄 것이며, 그 활용방향은 어떠할 것인지를 살펴보는 것은 우리에게 특별한 의미를 줄 것이다.

미국 정부가 현재의 인터넷에 대한 문제점을 해결하고 미래의 인터넷을 위한 계획으로서 시작한 차세대 인터넷은 우리나라를 비롯하여 일본, 유럽 등 주요 국가들이 경제·사회·교육 등 각 분야의 국가 경쟁력을 제고하기 위해 참여하고 있다. 이 장에서는 차세대 인터넷의 일반적인 특징과 인터넷의 미래에 대하여 살펴본다.

1. 현재 인터넷의 문제점

현재의 인터넷이 가지는 문제점은 인터넷의 장점에 기인하는 역설적인 면이 있다. 즉, 망의 유연성과 확장성이라는 인터넷의 장점이 이용자의 증가에 따라 오히려 단점으로 작용하고 있다. 인터넷이 가지고 있는 문제점을 살펴보면 다음과 같다.

첫째, 현재의 전송능력(수십 기가급)을 가지고는 폭증하는 트래픽(traffic)을 수용하는데 한계가 있다. 인터넷 백본(backone) 트래픽 전망에 따르면 2010년경에는 수십 테라(tera)급으로 급격히 증가할 전망이다.

둘째, 인터넷을 위한 전달망은 수요에 따른 회선 대여 방식으로 망이 구성되어 있어 높은 비용에 비해 전송 효율은 떨어진다.

셋째, 현재 인터넷 주소 체계의 경우 사용자의 폭발적인 증가로 인하여 2000년대 후반부터는 주소 자원의 고갈이 우려되고 있다.

넷째, 현재 인터넷의 보안체계는 상당히 취약하며, 이런 취약한 보안 기능으로 인하여 전자상거래 서비스의 활성화에 상당한 걸림돌로 작용하고 있다.

다섯째, 인터넷 이용을 위한 라우팅 경로의 불안정성은 네트워크 전체의 신뢰성을 떨어뜨리고 다수의 ISP망을 경유하는 인터넷 서비스의 특성상, 망의 소유 및 관리주체가 불명확하여 망의 운용 및 관리가 효율적으로 이루어지지 못하고 있다.

따라서, 새로운 기술과 프로토콜을 개발해 인터넷의 신뢰성, 경제성, 보안성을 높이고 데이터 전송속도를 현재의 100~1000배로 증가시킨다는 것이 차세대 인터넷의 목표이다. 미국 정부가 직접 나서서 챙길 정도로 차세대 인터넷이 주목받는 것은 현재의 인터넷이 새로운 산업기반으로 자리잡으면서 포화상태를 보임에 따라 의료, 교육, 국방, 환경 등 국가 주요업무를 위한 별도의 인터넷이 필요하게 됐기 때문이다.

2. 차세대 인터넷의 정의와 특징

차세대 인터넷이 실용화될 경우 인류의 삶은 또 한번 엄청난 변화를 겪게 될 것으로 미국 언론가 전문가들이 분석하고 있다. 새로운 인터넷이 가져올 변화는 문자의 발명이나 산업혁명에 비견될 정도라는 것이 전문가들의 지적이다.

차세대 인터넷은 정보전달 속도가 현재보다 100~1,000배나 빠른 전송 속도와 사용자의 요구에 따라 제공되는 서비스 품질 보장 및 컴퓨팅 범위를 지구촌으로 확대할 수 있는 확장성 등의 특징을 가진 초고속 인터넷을 말한다. 1초에 2~4기가 바이트(GB)의 정보를 실어낼 수 있고, 전송속도가 최대 1천배가 빠르기 때문에 그 만큼 체증이 없고 많은 정보를 한꺼번에 보낼 수 있게 된다. 이것은 인터넷의 큰 문제 중 하나를 완전히 해결하는 것이다. 현재의 인터넷은 한번에 보낼 수 있는 정보의 양이 극히 제한적이라는 점을 감안할 때 인터넷 자체가 근본적으로 달라진다는 얘기다.

이 같은 변화는 무한한 응용분야를 창출할 것으로 예상할 수 있다. 그 중에서도 대용량의 전송이 필요한 멀티미디어 서비스의 발달은 두드러질 것이다. 확장된 대역폭을 이용하여 실시간으로 음악이나 비디오를 서비스 받거나 화상회의를 할 수 있을 것으로 기대할 수 있을 뿐만 아니라 현재는 속도문제로 제약받았던 현실적인 3차원 화면을 통하여 사용자 인터페이스를 실현할 수 있을 것으로 기대된다. 이와 더불어 후각, 촉각 그리고 미각까지도 지원하는 인터페이스도 제공되어질 것으로 보아 공상(SF) 영화 속의 가상현실이 더 이상 미래의 상상에 머물러 있지 않을 것이다. 이러한 변화들은 다른 분야에 대한 인터넷의 파급을 촉진하게 될 것이고, 사회 전 분야에 걸쳐 인터넷화를 더욱더 가속화시킬 것으로 추측된다.

Ti

■ 차세대 인터넷의 정의

다양한 애플리케이션이 요구하는 트래픽 특성을 수용할 수 있도록 망의 확장성과 유연성을 지원하고, 망 자원을 효율적으로 활용하여 사용자의 품질 요구를 만족시키며, 신뢰성과 이동성을 지원하여 고속의 안전한 통신을 가능하게 하는 새로운 차원의 인터넷 기술과 그것을 지원하는 네트워크를 말한다.

미국에서 차세대 인터넷을 조기에 구현하기 위한 프로젝트로서 미국 140여개 대학의 컨소시엄인 UCAID(University Corporation for Advanced Internet Development)가 시도하는 인터넷 2와 미국의 USTC 주관 하에 NSF, NASA, 국방성, 보건성 등과 연방정부 산하 연구기관들이 참여하는 정부 주도의 NGI(Next Generation Internet) 프로젝트가 진행중이다.

앞에서 열거한 현재 인터넷의 문제점을 해결하는 것이 차세대 인터넷의 목표이며 차세대 인터넷의 특징이라 할 수 있다. 이러한 특징을 살펴보면 다음과 같다.

첫째, 이용자 접속의 용이함을 꼽을 수 있다. 차세대 인터넷 기술은 휴대폰, PDA, 노트북 등에 의한 인터넷 접속을 지원하게 되어 누구나 어디서든지 접속할 수 있는 망이 될 것이다.

둘째, 응용서비스의 품질특성이나 이용자의 요금 지불의사에 따라 차등화된 품질의 멀티미디어 서비스를 제공한다.

셋째, 초고속/대용량의 정보 전달 기능을 실현하고 이동 IP(Mobile IP)에 의한 무선 인터넷 접속 기능을 구현하게 된다.

넷째, 차세대 인터넷에서는 네트워크의 활용성이 극대화되고 다양한 응용서비스의 제공이 가능해 진다.

다섯째, 인터넷 주소 체계를 현재의 32비트 기반의 IPv4에서 128비트 기반의 IPv6를 사용함으로써 인터넷 주소부족 및 보안문제를 해결할 것이다.

Tip

■ IPv6(Internet Protocol version 6)란?

현재 인터넷의 주소 체계인 32비트 IPv4를 이용함으로써 야기되는 인터넷 주소 부족 및 보안문제를 해결하기 위한 128비트 차세대 주소 체계이다.

IPv6는 128비트의 주소체계를 채택함으로써 매 초마다 10억대의 컴퓨터를 인터넷에 연결할 수 있는 속도를 가진다. 또한 IPv6는 네트워크내의 지연시간이나 데이터 손실률 등을 자동점검 해주는 전송 품질서비스(QoS : Quality of Service)를 도입하여, 고속회선을 사용하는 가입자와 저속 모뎀을 사용하는 가입자 사이에도 두 주소간에 전송되는 패킷을 특수처리 함으로써 화상회의와 같은 서비스를 화면의 손상 없이 자연스럽게 처리할 수 있다.

여섯째, 인터넷상의 정보보안 능력이 보완되어 인터넷상에서 안전한 거래가 필요한 모든 응용 분야(특히, 전자상거래)가 크게 활성화될 것이며, 이러한 특징은 여러 가지 면에서 현재의 인터넷과 구별될 것이다.

앞에서 열거한 차세대 인터넷의 특징을 기술개발의 방향성과 함께 제시하면 다음의 [그림 11-10]과 같이 정리할 수 있다.

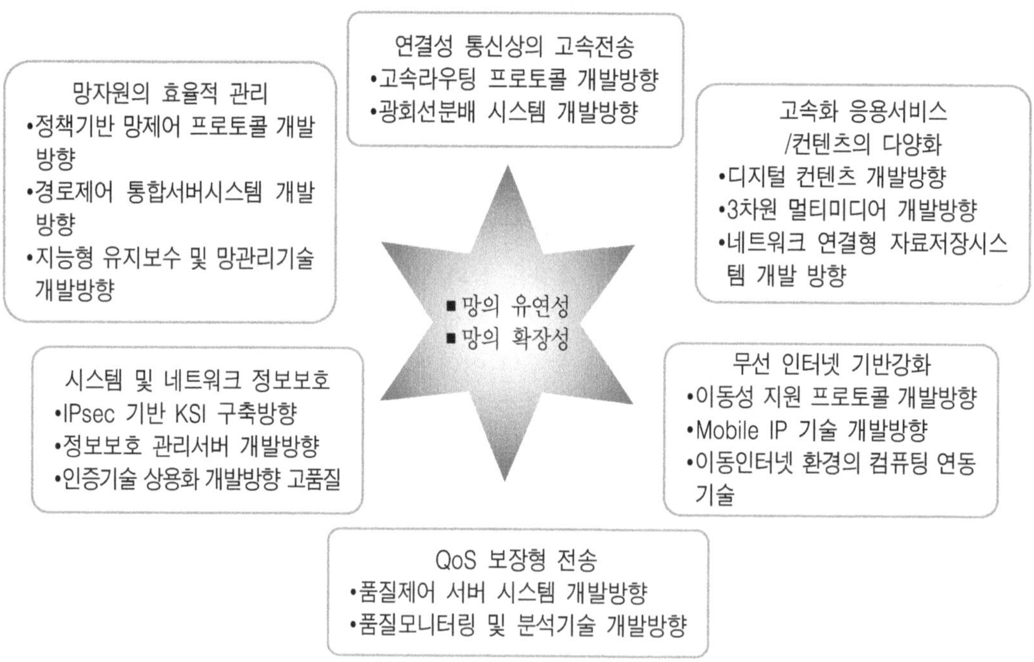

그림 11-10 • 차세대 인터넷의 특징

3. 인터넷2

미국은 인터넷의 상업화로 현재의 인터넷이 원래 인터넷의 주요 목적의 하나인 연구·학술망으로서의 그 역할을 다하기에는 많은 문제점들로 인하여 힘들다는 관점과, 미래를 대비하기 위한 가장 중요한 교육시설 투자라는 측면에서 차세대 인터넷을 구축을 꾀하고 있는데 그러한 프로젝트 중의 하나가 인터넷2이다. 이러한 인터넷2는 앨 고어에 의해 제안됐으며 민간 투자와 대학에서의 대규모(약 5억 5천만 달러) 투자 도움을 받아 UCAID(University Corpor-ation for Advanced Internet Development)가 개발을 주도하고 있다. 향후 이 백본망에 인터넷2 프로그램에 참여하고 있는 대학, 기존의 고등연구소 및 교육망뿐만 아니라 공공기관도 함께 연동될 계획이다. 인터넷2 프로젝트는 미국의 140여개의 연구중심의 대학들에 의해서 추진되고 있고 여기에 비영리단체, 정부 단체, 산업단체들도 이 프로젝트에 참가하고 있는데, 최근에는 CISCO와 IBM 등 14개의 회사가 협력업체로 참여하여 사업추진을 위한 장비 및 기술지원을 하고 있고, 현재는 NGI 사업과 동시에 추진되고 있다.

인터넷2의 궁극적인 목표는 효율적인 연구개발과 대학교육의 발전을 위해 통신망을 이용한 새로운 응용과 서비스를 개발하여 빠른 시일 내에 이들 서비스들이 인터넷을 통해 활용될 수 있도록 하자는 것이다. 즉, 연구를 목적으로 인터넷을 사용하는 사람들이 충분한 네트워크 용량을 확보하도록 하는 것이다. 이와 같이 인터넷2에서는 새로운 응용의 활용을 연구하고 테스트하여 더 낳은 연구 환경과 교육환경을 마련하고, 이를 나중에 현재의 인터넷에 적용시킴으로써 자연스럽게 하나의 인터넷으로 통합하는 것을 목표로 하고 있다.

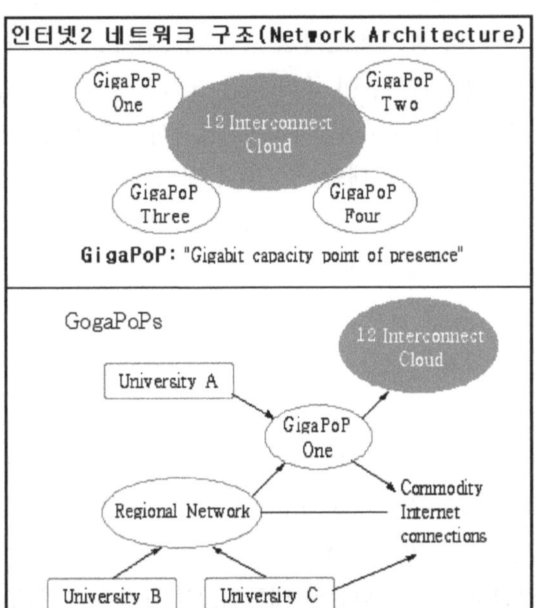

그림 11-11 • 인터넷2의 네트워크 구조

4. NGI(Next Generation Internet) 프로젝트

NGI 프로젝트는 미국 정부에서 추진하고 있는 초고속정보 통신망의 일환으로 기존의 인터넷 백본망을 업그레이드해 정부기관간의 접속속도를 현재의 100~1000배까지 증속하여 초고속 네트워크로 연결하는 계획이다. 기존 네트워크를 초고속정보 통신망으로 개선한다는 취지로 클린턴 행정부는 NGI 계획을 위해 미국립과학재단(NSF)의 기술지원을 받아 약 3억 달러를 이 사업에 투자하였다. NGI와 인터넷2의 관계자들은 이들 계획을 대학 및 정부기관에 한정해 연구자 중심의 폐쇄형 구조로 이용한다는 방침에 따라 DARPA, NASA, NIST, NSF 등을 중심으로 NGI 추진을 위한 관련 기구를 조직하였다.

NGI 프로젝트에서 추구하고 있는 목표는 다음과 같다. 첫째, 신뢰성, 안정성, 보안성, QoS, 네트워크 관리, 시스템 관리 및 운영을 추진하며, 높은 질의 화상회의와 같은 실시간 서비스를 다룰 수 있는 인터넷의 성능을 동적으로 증가시킴으로써, 차세대 네트워킹 기술의 실험과 저변 확대를 목표로 한다. 둘째, 차세대 망구조 개발 및 대학, 연방 연구기관을 현재의 인터넷보다 100~1000배 빠른 속도로 연결을 추진하는 것이다. 대학과 연방연구기관과 기타의 관련 기관들의 100개의 사이트들을 지금의 인터넷보다 100배 빠른 end-to-end로 연결을 추진하고, 10개 이상의 사이트를 현재의 인터넷보다 1000배(1Gps 이상의 속도) 빠른 속도로 end-to-end 연결을 추진하는 것이다. 셋째, 중요한 국가의 목표들과 과학 연구, 국가 보안, 환경 감시, 의료, 교육 등의 임무에 적합한 새로운 응용 서비스를 구현한다.

NGI와 인터넷2는 상호의존적 관계를 가지고 있다. NGI는 미연방정부의 주도로 진보된 네트워킹 기술을 개발하고 이런 진보된 네트워킹으로 인해 응용 서비스의 변화가 필요하고, 현재의 인터넷보다 100~1000정도 더 빠른 속도의 초고속 네트워크를 연결한다는 정책인 반면에, 인터넷2는 미국 내의 140여 개의 대학들이 좀더 나은 교육을 위한 연구와 교육을 지원하는 진보된 응용 서비스와 기술을 개발하고자 자체적으로 시작되었다. 하지만 현재 인터넷2는 GigPoPs를 개발중인데 이를 통해서 대학들은 NGI 네트워크와 다른 진보된 연방 네트워크들을 연결할 예정이다. 또 인터넷2의 대학 연구기관들은 진보된 네트워크에서 쓰일 응용서비스를 개발할 것이며, 이에 드는 비용은 NGI에 관련되어 있는 기관들로부터 지원을 받게 된다.

5. 기타 주요 국가들의 차세대 인터넷

미국이 인터넷2와 NGI 계획을 수립하며 진행해 가는 동안 다른 나라들의 반응도 재빠르다. 인터넷이 상용화되기 이전 80년대 말부터 캐나다는 CANRIE 라는 비영리 컨소시엄을 구성하여, 학술과 연구 목적의 CA*net을 구축하였고 이것이 진화·발전하여 CA*NET3가 탄생하였다. 이 망은 곧 인터넷2와 연동될 계획이다.

유럽도 유럽전역을 연결하는 고속 컴퓨터 네트워크를 구축하는 TEN-34 및 TEN-155 프로젝트를 추진하고 있으며, 일본도 마찬가지로 차세대 정보통신 기술 개발의 일환으로 동영상을 원활히 송신할 수 있고 복잡한 조작이 불필요한 차세대 인터넷의 실용화를 추진하고 있다.

우리나라도 1995년부터 15년 계획으로 단계별로 BcN(Broadband Convergence Network : 광대역통합망) 등과 같은 초고속통신망 건설을 추진하고 이 계획의 일환으로 정부는 APII(Asia Pacific Information Infrastructure) 백본망을 통한 아시아 지역 국가간의 정보통신 인프라 구축에 노력을 기울이고 있다.

11 연 습 문 제

01 인터넷의 주요 활용 분야들을 나열하고 설명하라.

02 인터넷에서 사용하는 통신 규약인 TCP/IP에 대하여 아는 데로 기술하라.

03 인터넷에서 메일을 꺼내기 위해 PC의 전자우편 환경을 설정해야 하는데 이의 환경설정 프로토콜에는 무엇이 있는지 설명하라.

04 다음의 검색엔진들을 간략히 비교 설명하여라.

(1) 야후 (2) 구글
(3) 네이버 (4) 엠파스

05 웹브라우저의 역할과 종류를 말하여 보아라.

06 다음의 WWW에 관한 용어들을 간략히 설명하라.

(1) Web 서버 (2) Web 클라이언트
(3) Web 비즈니스 (4) Web 마스터

07 어떤 사람의 계정이름이 gildong이고, 서버이름이 eve.yongin.ac.kr이라고 할 때 그 사람에게 메일을 보내기 위한 명령은 무엇인가?

08 자기가 속한 학교의 홈페이지를 방문하여 URL을 적어 보라.

09 주제별 서치 엔진에는 어떤 것이 있는지 나열하고 간략히 비교 설명하라.

10 검색 연산자 중 두 개의 키워드 사이의 단어 수를 계산하여 관련 정보를 거리의 개념을 이용하여 검색해 주는 연산자에는 어떤 것이 있는가?

11 Telnet와 FTP의 주요 역할들을 기술하여라.

12 다음은 인터넷에 관한 설명이다. 틀린 것은?

(1) 인터넷의 모체가 되는 네트워크는 미국방성의 ARPANET이다.
(2) 국내의 IP 주소 제공 및 관리는 한국전산원의 KRNIC에서 수행한다.
(3) Usenet에 등록된 한국의 뉴스 그룹의 이름은 han으로 시작한다.
(4) 북한에서 사용하고 있는 최상위 도메인은 nk이다.

13 인터넷의 Killer Application 이라고도 불리우며, 하이퍼 미디어형식으로 인터넷상의 각종 정보를 검색하는 서비스로 90년대 들어 폭발적인 인터넷의 성장을 주도한 인터넷 서비스는 무엇인지 설명하라.

14 인터넷에서 사용하는 IP 주소의 네트워크 부분을 할당하는 인터넷 기관의 이름은 무엇인가?

15 다음의 용어들의 개념을 간략히 설명하라.

(1) IP　　(2) URL
(3) Domain Name　　(4) USENET
(5) Proxy Server　　(6) DNS Server
(7) IRC　　(8) SET
(9) Hypertext　　(10) Hypermedia
(11) HTML　　(12) HTTP
(13) EDI　　(14) CALS

16 가장 최근의 국내 및 전세계 인터넷 사용자 수가 얼마인지 조사하여 보아라. 그리고 인터넷에 연결되어 있는 호스트 컴퓨터 수는 얼마인가?

17 가장 최근에 추가로 확장된 최상위 일반도메인에는 어떤 것이 있는지 조사하여 보아라.

18 인터넷 비즈니스의 응용 분야에는 어떤 것이 있는지 조사하여 나열해 보고, 또 각각 설명하여 보아라.

19 전자상거래가 무엇인지 정의하고, 그 요소 기술에는 어떤 것이 있는지 설명하여 보아라.

20 전자상거래 시스템에는 어떤 방식이 있는지 각각 설명하여 보아라.

21 독자 여러분들이 생각하는 미래의 차세대 인터넷은 어떤 특징들을 가질지 기술적인 측면에서 기술하여 보아라.

CHAPTER.12

미래의 컴퓨터

Computer
Science

CHAPTER

12 미래의 컴퓨터

미래에 출현 가능한 컴퓨터를 한 마디로 단언하기는 힘들지만 하드웨어와 소프트웨어 관련 기술의 발전 추이를 볼 때 다음과 같이 예측할 수 있다.

하드웨어 측면에서 볼 때 차세대 컴퓨터는 빠른 계산 속도를 얻기 위한 병렬 처리(Parallel Processing) 기술이 더욱 두드러질 것이고 또한 대용량의 주변기기들과의 접목을 통해 컴퓨터의 멀티미디어화가 더욱 확산될 것이다. 그리고 착용식 컴퓨터(Wearable Computer), 광 컴퓨터(Optical Computer), 양자 컴퓨터(Quantum Computer), 바이오 컴퓨터(Bio Computer) 등과 같은 새로운 형태의 기술들이 적용된 제품들이 출현할 것으로 기대된다.

소프트웨어 측면에서 보면 미래에는 사람처럼 말하고 생각하며 스스로 판단할 수 있는 인공지능 컴퓨터(AI Computer)와 인간의 뇌신경망을 모방하여 음성 인식 및 합성, 문자 인식 등이 가능한 신경망 컴퓨터(Neuro Computer)가 등장할 것으로 예상된다. 인공 지능(AI : Artificial Intelligence) 기법을 이용할 경우에는 사람의 언어인 자연어를 이해하고, 스스로 주어진 사실을 가지고 문제를 밝혀내고 학습할 수 있는 기능으로 이와 같은 일들을 하는 컴퓨터를 미래의 새 세대 컴퓨터라고 부를 수 있게 될 것이다.

미래에는 또한 유비쿼터스 컴퓨팅(Ubiquitous Computing)이 보편화 되어 사용자가 네트워크나 컴퓨터를 의식하지 않고 장소에 상관없이 자유롭게 네트워크에 접속할 수 있는 정보통신 환경이 형성됨으로써 컴퓨팅의 사용성을 극대화한 사용자 중심의 중단없는 컴퓨팅 환경이 제공될 것으로 예상된다. 즉, 미래의 유비쿼터스 컴퓨팅은 장소나 시간에 구애 받지 않고 생활 속에서 자연스럽고 편리하게 컴퓨터를 사용하는 것을 말한다. Computing, Communication, Connectivity, Contents, Calm (5C)을 기초로 하여 Anytime, Anywhere, Anydevice, Anynetwork, Anyservice (5A)를 지향하는 특징이 있다. 기본적으로 쾌적하고(fresh), 보이지 않아야 하고(invisible), 조용하여야 하며(calm & silent), 가상현실이 아닌 실제이어야 하고(real), 사물들이 대화를 할 수 있어야 하고(connected), 그 보안이 유지되어야(secure)한다는 조건을 만족하여야 진정한 유비쿼터스 컴퓨팅이라고 할 수 있다.

출현 가능하고 또 향후를 예측할 수 있는 미래의 컴퓨터 기술 및 새로운 유비쿼터스 컴퓨팅 환경에 대해 먼저 알아보고, 미래의 컴퓨터들을 다음의 각 절에서 보다 자세하게 분야별로 살펴보게 될 것이다.

1 새로운 컴퓨터 기술의 등장

미래에는 컴퓨터가 어떤 형태로 변할까 하는 생각을 한번 쯤 해본 적이 있을 것이다. 컴퓨터의 기술력은 우리의 예상 보다 더 빨리 발전하고 있다. 그리고 갈수록 더 편리함을 추구하는 우리의 생활 패턴에 맞춰 컴퓨터도 보다 더 작고 간편하게 변해가고 있다.

IBM에서는 인체의 전도성을 이용해서 데이터를 이동시킬 수 있는 방법을 찾아내 옷 처럼 입을 수 있는 새로운 컴퓨터를 만들어냈다. 이는 손목시계, 안경신발, 모자 등으로 된 컴퓨터로 우리가 일상 쓰고 차고 다니는 안경이나 시계 등이 모니터, 컴퓨터, 입출력 장치 등을 대체하게 되는 것이다. 그리고 데이터는 우리의 몸속을 흘러 입출력 된다.

Hands-Free / Heads-Up 컴퓨터의 크기는 해마다 계속 작아지고 있다. 현재 MIT 미디어 연구소나, IBM, Philips, HP 등이 중심이 되어 인간이 착용할 수 있는 헤드 셋 형 컴퓨터, 즉 손을 쓰지 않고 머리에 쓸 수 있는 장비를 개발하고 있다. 초기 시제품으로 전자 책(e-Book)이나 비디오, 손목시계, 비디오 셀룰러 폰, 비디오 팜탑 등이 나왔다. 그리고 현실화 돼 있는 것으로 헤드 셋을 통해 사람이 하는 말을 받아쓰는 컴퓨터가 현재 나와 있다. 마이크로소프트의 오피스 XP 는 영문 윈도우즈에서 사용할 경우 음성인식 기능이 있다. 컴퓨터가 음성을 인식하여 대신 글을 쓸 수 있는 것이다.

사이보그(Cyborg)스타일 장비는 사람이 어떤 물체를 보면 그 물체의 특성 등이 컴퓨터의 모니터 화면을 통해 표시되는 것이다. 마치 사이보그의 눈에 비춰진 물체의 정보가 저절로 인식되듯이 모니터에 비춰진 물체에 대한 정보를 우리가 쉽게 얻을 수 있다. 예를 들면 모니터가 장착돼 있는 장치를 머리에 쓰고 미술관에 들어가면 모니터와 미술관의 근거리 통신망(LAN : Local Area Network)이 연결돼 그림에 대한 설명이 자동으로 표시된다. 물론 이는 아직 상용화 단계는 아니지만 곧 이용 가능한 서비스로 예상되고 있다.

미래에는 사용자들이 휴대용 컴퓨터와 의견을 서로 주고받기 위해 누르거나 비틀거나 고개를 흔들거나 아니면 손가락으로 모양을 그려 넣게 될 것으로 보인다. Sony에서는 신용카드 크기의 컴퓨터와 의사소통하기 위해 컴퓨터를 구부리는 방법을 연구하고 있다. 이 연구 보고서에 의하면 "WIMP(윈도우, 아이콘, 마우스, 포인터의 약자) 사용자 인터페이스를 사용하면 데스크톱 환경에서는 컴퓨터와 상당히 효율적으로 대화를 주고받을 수 있지만 소형 핸드헬드(hand-held) 기기에서는 쉬운 일이 아니다. 기기와 화면이 점점 작아지면서 소형 인터페이스 표면에 있는 것들을 정확하게 누르거나 클릭하는 것이 더욱 어려워지고 있다"고 지적했다. Sony는 '거미(Gummi)'라고 부르는 구부리는 컴퓨터 시제품을 선보였다.([그림 12-1] 참조) 거미란 독일어로 '고무'라는 뜻이다. 거미는 단단한 TFT-LCD 컬러 화면이 구부러질 정도로 유연한 베이스 위에 놓여져 있는 모습이고 USB 터치패드가 밑에 있다. 베이스를 구부러뜨릴 때 시제품 양 끝에 부착된 2개의 센서에서 데이터를 입력한다. 베이스는 구부렸다 그냥 두면 다시 편평한 본래 모습으로 돌아간다. 양쪽 끝을 구부리는 행위와 패드를 건드리는 것으로 스크롤이나 하이라이트, 그리고 선택하기 등을 수행할 수 있다.

그림 12-1 • Sony의 구부리는 컴퓨터'거미(Gummi)'시제품

베를린의 '프라우엔호퍼 인스티튜트'에서는 머리로 작동하는 인터페이스를 개발했다. 'BBCI(베를린 브레인 컴퓨터 인터페이스)'라는 이름의 이 장치는 머리 속의 생각만으로 컴퓨터를 작동시키는 제품이다.([그림 12-2] 참조) 뇌의 활동을 감지하는 전극이 흐르는 모자를 머리에 쓴 후 가만히 않아서 모니터의 커서를 움직이는 상상만 하면 된다. 그러면 잠시 후 머리 속에서 생각하는 대로 커서(Cursor)가 움직인다. 'BBCI'는 신경마비 장애인이나 양팔을 사용할 수 없는 사람에게 더욱 유용하며, 키보드나 조이스틱이 필요 없기 때문에 비디오 게이머들에게도 각광을 받을 것이다.

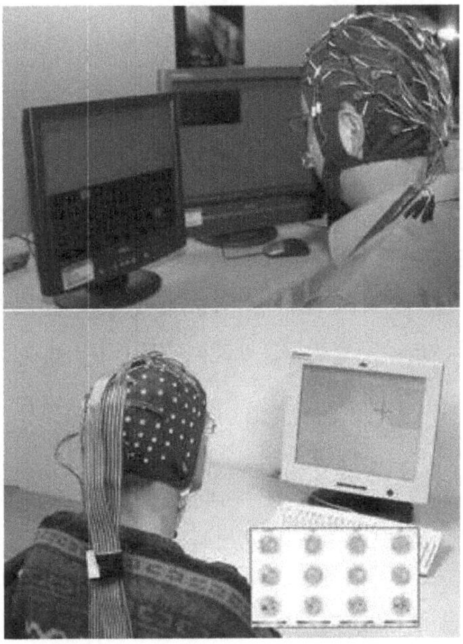

그림 12-2 • BBCI(베를린 브레인 컴퓨터 인터페이스)

분류도 간편하고 저작권 침해도 예방 할 수 있는 컴퓨터마이크로소프트사의 PC(개인용 컴퓨터) 디자인 공모전 수상 작품인 'Bookshelf'는 이름의 '책꽂이형 PC' ([그림 12-3] 참조)는 DVD 영화, 음악, 게임 등이 담길 하드 드라이브를 서가의 책과 같은 모양으로 바꾼 것으로 책을 정리하고 골라 읽듯이 디지털 콘텐츠를 장르별로 분류 저장한 뒤 쉽게 찾아 이용할 수 있게 했다. 또한 책 형태로 보관된 디지털 콘텐츠는 TV, 오디오 등 다른 전자제품을 통해서도 함께 즐길 수 있다. 한편 영화, 음악 등의 디지털 콘텐츠를 일반 책과 같은 모양으로 바꿔줬기 때문에 돈을 내고 다운로드 받은 디지털 콘텐츠에 대한 '소유 의식'을 가질 수 있어 무분별한 불법 콘텐츠 유포의 방지에 큰 효과가 있을 것이다. 즉, 돈을 주고 산책을 남에게 빌려주긴 해도 그냥 주지는 않는 것처럼 디지털 콘텐츠의 저작권에 대한 인식을 '책꽂이형 PC'가 심을 수 있을 것이다.

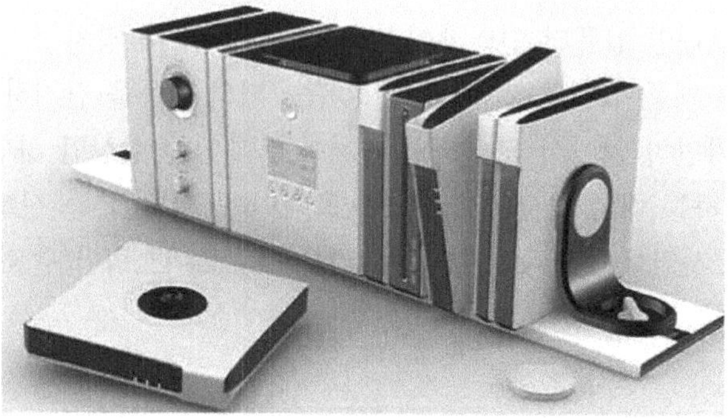

그림 12-3 •'Bookshelf'라는 이름의'책꽂이형 PC'

'아이무브(Eye Move) PC' ([그림 12-4] 참조)라고 불리는 이 컴퓨터는 '리카르도 바이아오'가 디자인한 것으로 본체 하나로 모니터, 키보드, 마우스 그리고 게임 컨트롤러 역할까지 담당하는 미래형 개념의 컴퓨터이다. '아이무브 PC'는 작은 타원형의 모양으로 되어있으며 고정된 투상 렌즈를 가지고 있다. 이 렌즈는 벽이나 수평한곳에 빛을 발사해 각종 영화, 게임을 볼 수 있는 컴퓨터 모니터 역할을 수행한다. 아울러 멀티미디어 기능을 위한 내부 DVD 플레이어가 내장되어 있고 휴대도 간편하다.

이외에 다양한 기능도 내장하고 있어 사용 용도에 따라 다른 기능이 본체에 보이도록 되어 있다. 가령 키보드 기능을 선택했으면 본체에 고정된 투상 렌즈를 통해 스크린을 보게 되어 있으며, 본체에 터치스크린 타입으로 된 키보드를 사용하는 획기적인 미래형 컴퓨터라고 할 수 있다.

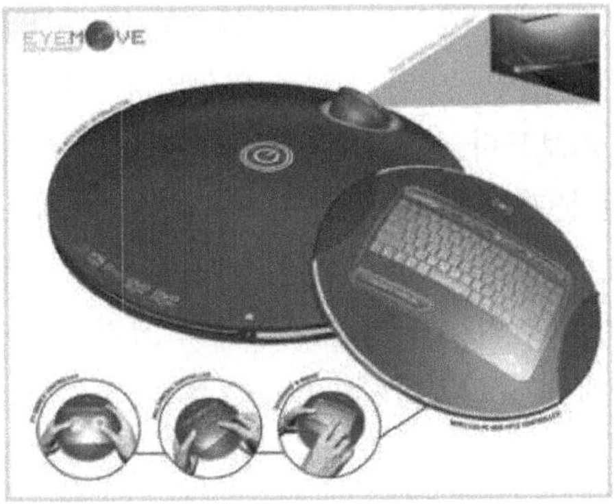

그림 12-4 • 미래형 개념의'아이무브(Eye Move) PC'

스피커가 없어도 컴퓨터의 모니터 자체에서 소리가 들리는 컴퓨터([그림 12-5] 참조)에서 음악을 즐길 수 있다. 소리가 나는 화면만으로 음악을 들을 수 있기 때문이다. 최근 일본의 오덴틱과 NEC는 액정 디스플레이 장치로 알려져 있는 TFT 화면을 이용해 소리를 재생할 수 있는 스피커 일체형 패널을 개발, 실용화에 성공했다. 새로 개발된 스피커 일체형 TFT 패널은 그야말로 상식을 깨는 장치이다. 이것은 TFT 화면 옆에 스피커를 달아 놓은 제품들과는 근본적으로 다르다. 스피커 일체형 TFT는 화면 그 자체가 스피커의 기능을 갖고 있다. TFT 패널은 액정의 화면을 보호하기 위해 보호용 아크릴 패널이 덮여 있는데, 이 보호용 아크릴 패널을 스피커의 진동판으로 사용하는 것이 이 기술의 배경이다. 이로써 TFT의 화면 자체 영역에서 소리를 재생시키는 데 성공한 것이다. 오덴틱과 NEC가 개발한 스피커 일체형 TFT 화면은 플랫 패널을 스피커로 이용하는 영국 회사인 NXT의 '사운드뷰(SoundVu) 기술'을 응용·발전시킨 것이다. 플랫 패널을 이용해 소리를 만드는 기술은 소리의 발생에 따른 시간 차이를 두고 진동판의 진동이 감퇴해 나가는 특성을 살린 것이다. 이렇게 하면 하나의 진동판으로도 스테레오 출력을 재생할 수 있다. 이 기술은 앞으로 다양한 크기와 제품에 적용될 것이다.

그림 12-5 • NEC의 소리나는 TFT화면

Hitachi의 빛과 공기로 만들어진 가상의 키보드([그림 12-6] 참조)는 허공에서 타이핑이 가능한 미래형 입력 장치이다. 일명 '빛과 공기로 완성된 풀 사이즈 키보드' 라고 불리는, 실제 키보드가 없는 가상현실의 키보드다. 빛으로 투영된 키보드의 이미지 위에 손을 갖다 대고 타이핑하면 영상 센서가 어떤 문자를 타이핑했는지 판단하고 실제로 그 입력을 실행하게 된다. 뿐만 아니라 가상의 마우스 기능도 이미 구현된 상태이다. 이 새로운 기술은 다양한 형태로 응용이 가능한데, 이러한 가상의 키보드 기술은 본체의 크기가 작은 PDA나 노트북 PC 등에 가장 먼저 적용될 것으로 예측되고 있다.

그림 12-6 • 빛과 공기로 만들어진 가상의 키보드

MIT 미디어 연구소의 마르첼로 코엘호(Coelho) 박사 연구팀은 '종이 기반 컴퓨터(Pulp-based Computing)' 기술을 개발했다.([그림 12-7] 참조) 이 기술이 적용된 종이 상자는 내용물의 무게를 감지할 수 있으며, 책장을 넘기면 그에 맞는 음성과 음악을 들려준다. 연구팀은 전통적인 종이 제조 공정에 전자회로를 이루는 부품을 결합시켰다. 일단 종이를 이룰 펄프(pulp)층을 만들고 그 위에 전기가 흐르는 전도성 잉크로 전자회로를 그려냈다. 전도성 잉크에는 은(銀) 입자가 들어 있어 전기가 흐를 수 있다. 회로는 다시 음성이나 음악 정보를 만들어낼 컴퓨터 칩에 연결됐다. 그 위에 다시 펄프 층을 입히면 종이 컴퓨터가 완성된다. 종이 컴퓨터는 다양하게 활용될 수 있다.

예를 들어 전도성 잉크를 나선 모양으로 그려놓으면 스피커나 촉각센서가 될 수 있다. 전도성 잉크에 전류가 흐르면 펄프에 들어있는 섬유질인 셀룰로오스가 떨리게 된다. 전기를 진동으로 바꿔주는 이른바 압전 효과가 나타나는 것이다. 셀룰로오스의 떨림은 스피커 역할을 하게 된다. 이 원리를 이용해서 책장을 넘기면 장면에 맞는 음성과 음악이 책에서 흘러나온다. 또 거리의 종이 광고판에 손을 대면 안내 방송이 흘러나온다. 이와 같이 최근 종이와 컴퓨터가 결합한 새로운 기술들이 등장하고 있다.

그림 12-7 • 종이 컴퓨터(Pulp-based Computing)로 만든 광고판

2 유비쿼터스 컴퓨팅(Ubiquitous Computing)의 도래

"The most profound technologies are those that disappear.
They weave themselves into the fabric of everyday life until they are indistinguishable from it."
- Mark Weiser -

'Ubiquitous Computing'이란 어휘는 'ubiquitous'와 'computing'의 합성어로 마크 와이저(Mark Weiser) (1952~1999)에 의하여 1991년 논문에서 처음 사용 되었다.(ubiquitous는 라틴어에서 유래하여 '도처에 널려있다', '언제 어디서나 동시에 존재한다'는 의미를 가진다.) 마크 와이저는 세 편의 논문을 통해 유비쿼터스 컴퓨팅(Ubiquitous Comput-ing), 보이지 않는 컴퓨팅(Invisible Computing), 사라지는 컴퓨팅(Disappear Computing)이라는 유비쿼터스 컴퓨팅의 기본적인 철학 개념을 제안했다. 마크 와이저는 컴퓨터 사용자가 실제 일 보다는 컴퓨터 조작에 더 몰두해야 하는(Computer-Centric) 문제점을 비판하며, 인간 중심의(Human-Centric) 새로운 컴퓨팅 패러다임으로서 유비쿼터스 컴퓨팅의 비전을 제창하였다. 그가 주장하는 유비쿼터스 컴퓨팅의 기본 개념은 다양한 형태의 컴퓨터가 현실 세계의 물리 공간에 편재하여 상호 네트워크로 연결되어 있는 컴퓨팅 환경으로서, 컴퓨터의 존재가 사용자에게 잘 드러나지 않아 조용하고 자연스럽게 언제 어디서나 이용할 수 있는 최적의 컴퓨팅 환경을 나타낸다. 컴퓨터와 인간과의 관계 변화에 초점을 두고 컴퓨팅 환경의 진화 과정을 살펴볼 때, 유비쿼터스 컴퓨팅은 제 3의 물결에 대한 모색이라고 할 수 있다. 제1의 물결은 초기 메인프레임 시대로서 고가의 단일 컴퓨터를 다수의 사용자가 공유하는 형태였고, 제 2의 물결은 퍼스널 컴퓨터 시대로서 1인당 1대의 컴퓨터를 소유하고 사용하는 형태였다. 그리고 지금은 인터넷을 통하여 모든 컴퓨팅 디바이스와 정보들이 연결 되는 인터넷 컴퓨팅의 시대이다. 마크 와이저는 지금의 인터넷 컴퓨팅 시대를 유비쿼터스 컴퓨팅 시대로의 전이 과정으로 보았다. 제 3의 물결 유비쿼터스 시대에는 컴퓨터와 컴퓨팅 환경이 우리 생활의 배경으로 곳곳에 편재하여, 우리는 언제나(anytime), 어디에서나(anywhere), 임의의 장치(any device)와 임의의 네트워크(any network)를 사용하여, 원하는 서비스를(any service) 제공 받을 수 있게 될 것이다. 비슷한 개념을 지칭하는 용어로 IBM에서 주로 얘기되고 있는 퍼베이시브 컴퓨팅(Pervasive Computing)의 표현이 있는데, 이는 데이터의 복잡성을 해결해 주는 심층 컴퓨팅(deep computing), 스스로 알아서 인간을 대신해 주는 자동 컴퓨팅(autonomic compu-ting) 등에 초점을 두고 있다.

[그림 12-8]은 모바일 컴퓨팅, 퍼베이시브 컴퓨팅, 유비쿼터스 컴퓨팅 간의 차이점을 비교하여 보여주고 있다. 그림에서 보는 바와 같이 3가지 개념들을 나누는 기준으로 이동성(Mobility)과 이식성(Embeddedness)이 사용되었다. 우선 모바일 컴퓨팅의 경우 물리적으로 이동하면서 컴퓨팅 서비스를 받을 수 있는 능력을 증강시켜 주었다. 소위 언제나 존재하는 컴퓨터(ever-present device)를 통해 위치에 상관없이 우리의 기억 또는 의사소통 능력을 확장시켜주고 있다. 하지만 이러한 컴퓨팅 모델은 우리가 움직이는 동안에 발생하는 변화를 반영하지 못한다. 즉, 컴퓨팅 서비스를 제공하는 당시의 상황(Context 바뀔 때마다 조정할 필요가 있음)에 대한 정보를 유연하고 매끄럽게 확보하고 반영할 수 없다.(NATE Drive와 같은 Telematics의 예를 들어보자. 모바일 컴퓨팅으로는 교통정보와 같이 이동 중에 원하는 지역의 정적인 정보를 받아 볼 수는 있으나, 길안내 서비스와 같이 현재 위치 파악 및 중간 중간의 교통상황의 변화에 따라 동적으로 변화하는 상황에 대한 정보는 받을 수 없다.) 이에 반해 퍼베이시브 컴퓨팅에서는 도처에 컴퓨터가 심어져 있는 환경으로부터 정보를 확보하고 이를 적절히 활용할 수 있는 능력을 보유하고 있다. 그러기 위해서는 환경이 지능화(intelligent)되어야 하고 그리고 이러한 지능화된 환경 속에서 다른 컴퓨팅 장치가 들어오는 것을 감지하는 능력 또한 있어야 한다. 이와 같은 상호 종속성(mutual dependency) 및 상호 작용성(interaction)이 우리가 움직이는 환경 속에서 지능적으로 행동하는 새로운 컴퓨팅 능력이 발휘된다. 이러한 환경에서는 센서, 패드, 배지 외에도 물리적, 사회적, 인지적 환경에 대한 가상 또는 실제 모델 등이 이식되어 있어야 한다. 하지만 퍼베이시브 컴퓨팅은 제한된 공간에 대한 컴퓨팅이라는 단점이 존재한다. 모바일과 퍼베이시브 컴퓨팅의 장점을 결합한 유비쿼터스 컴퓨팅에서는 퍼베이시브 컴퓨팅의 기능성에다 대규모의 이동성을 통합하는 노력이 필요하다. 즉, 이동하는 공간에서 접하는 다양한 환경의 역동적인 모델을 구축하여 그에 따른 서비스를 맞춤 제공할 수 있는 능력이 있어야 한다.(이러한 의미에서 NATE Drive는 초기적인 형태의 유비쿼터스 컴퓨팅이라 할 수 있을 것이다.)

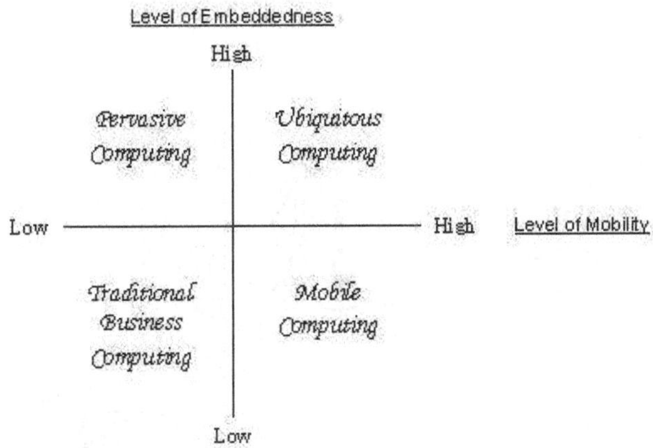

그림 12-8 • 모바일 컴퓨팅, 퍼베이시브 컴퓨팅, 유비쿼터스 컴퓨팅 간의 차이점

유비쿼터스 컴퓨팅과 관련된 개념들을 소개하면 다음과 같다.

① 웨어러블(Wearable) 컴퓨팅은 유비쿼터스 컴퓨팅 기술의 출발점으로 컴퓨터를 옷이나 안경처럼 착용할 수 있게 해 줌으로써 컴퓨터를 들고 다니기 거추장스러운 것에서 인간의 몸의 일부로 만드는데 기여하는 기술이다. 이러한 몸에 입는 웨어러블 컴퓨팅 기술은 앞으로 체내 이식형(implant) 컴퓨팅 기술로 발전해 나갈 것이다. ⇨ 일체성

② 노매딕(Nomadic) 컴퓨팅은 네트워크의 이동성을 극대화하여 특정 장소가 아닌 어디에서든지 컴퓨터를 사용할 수 있게 만드는 기술이다. 이른바 '어디에서든 연결되어 있다(always connected)'는 것을 실현하는 기술이다. ⇨ 이동성

③ 사일런트(Silent) 컴퓨팅은 인간의 주위에 심어져 있는 컴퓨터들이 주인이 의식하지 않아도 마치 하인처럼 있는 둥 없는 둥 알아서 정해진 일만 묵묵히 수행하는 것을 실현하는 컴퓨팅 기술이다. ⇨ 자발성

④ 감지(Sentient) 컴퓨팅은 센서 등을 통해 신선한 정보를 컴퓨터가 미리 감지하여 사용자가 필요로 하는 정보를 제공해 주는 기술이다. ⇨ 지각성

⑤ 일회용(Disposable) 컴퓨팅은 컴퓨터가 일회용 종이처럼 매우 저렴해지는 것을 실현하는 기술이다. 일회용 컴퓨팅의 실현은 아무리 하찮은 물건일지라도 컴퓨터를 심을 수 있음을 말해 준다. ⇨ 경제성

⑥ 임베디드(Embedded) 컴퓨팅은 해야 할 일을 미리 프로그램화하여 심어놓은 컴퓨터로, 빌딩 기둥 속에 심어져 있는 컴퓨터에는 건물의 안정성을 진단하고 조치를 취할 수 있는 기능이 미리 프로그램화 되어 심어져 있게 된다. ⇨ 기능성

⑦ 엑조틱(Exotic) 컴퓨팅은 스스로 생각하여 물리공간과 전자공간을 연계해 주는 기술로, 집에서 일어나는 모든 일과 해야 할 일을 지능적으로 수행하게 된다. ⇨ 인간성

[그림 12-9]는 컴퓨터가 "도구"에서 "환경"이 되는 유비쿼터스 컴퓨팅 환경을 보여 준다.

그림 12-9 • 컴퓨터가"도구"에서"환경"이 되는 유비쿼터스 컴퓨팅 환경

368 마크 와이저의 제안 이후, 유비쿼터스 컴퓨팅은 점차적으로 연구자들의 관심의 대상이 되어 왔다. 특히 최근의 무선통신(wireless communication)과 모바일 컴퓨팅(mobile compu-ting) 분야의 발전으로 큰 반향을 일으키고 있다. 하지만, 최근에 유비쿼터스 컴퓨팅에 대한 관심이 높아지는 과정에서, 마크 와이저가 제안한 최초의 유비쿼터스 컴퓨팅 비전은 구체화 되기도 하고 확대 되기도 하면서 아주 포괄적인 개념으로 발전되어 가고 있다. 게다가 실제로 유비쿼터스 컴퓨팅의 실현을 위해서는 전산학의 여러 연구 분야에서 (HCI, 네트워킹, 하드웨어 기술, 센서 및 센싱 기술, 임베디드 시스템, 인공지능, 소프트웨어 공학, 보안, 저장 기술 등) 통합적인 노력이 필요하다. 따라서 유비쿼터스 컴퓨팅을 하나의 연구 혹은 기술 분야로 규정 짓는 것은 무리가 있다. 물론 유비쿼터스 컴퓨팅을 하나의 연구 분야로 보거나 또는 그렇게 만들고자 하는 노력이 있지만('Annual Conference on Ubiquitous Computing'이 1999년부터, 'IEEE International Conference on Pervasive Computing and Communica-tions'가 2003년부터 시작했음), 아직은 컴퓨팅 및 컴퓨팅 환경에 대한 새로운 패러다임으로 보는 것이 옳다. 따라서 유비쿼터스 컴퓨팅에 대한 다양한 연구를 몇 개의 연구 분야로 규정하고 분류하기 보다는, 지금까지 관련 연구가 어떻게 진행되어 왔는지에 대하여 살펴보고 미래의 모습을 예측하는 노력이 필요하다. 여기서 한가지 주목할 것은, 유비쿼터스 컴퓨팅 비전을 구현하기 위해서는 마크 와이저가 지적한 대로 실험적 연구 방법이 절대적으로 중요하다는 사실에 대하여 많은 사람들이 공감을 하고 있다는 것이다. 마크 와이저는 유비쿼터스 컴퓨팅의 연구 방법이 전형적인 "실험적 전산학(experimental computer science)"이라고 말하였다. 즉, 이 분야의 연구는 실행 시제품(working prototype)을 충분히 구축해 보고 실제 생활에서 실험적으로 활용 해 보는 과정을 거침으로써 연구의 정당성을 확보해 나가야 한다는 것이다.

그리고, 그 과정에 있어서 심리학, 인류학, 예술, 광고 등 제반 분야로부터의 피드백, 그리고 사용자의 경험을 중요하게 받아들여야 할 것이라고 지적하였다.

마크 와이저와 그의 팀이 1988년부터 1994년까지 Xerox사의 PARC(Palo Alto Research Center)에서 수행한 유비쿼터스 컴퓨팅 프로젝트가 유비쿼터스의 기초를 구성하고자 한 첫번째 시도였다. 이 프로젝트에서는 LiveBoard, ParcPad, ParcTab의 세가지 시제품 장치가 만들어졌는데, 집에서는 비디오 스크린이나 낙서판, 사무실에서는 칠판이나 게시판 등으로 이용될 수 있는 지능형 전자 칠판인 LiveBoard가 상품화 된 바 있다.([그림 12-10] 참조) 그 이후 미국, 유럽, 일본 등을 중심으로 많은 연구 기관들이 활발한 연구를 진행하고 있다.

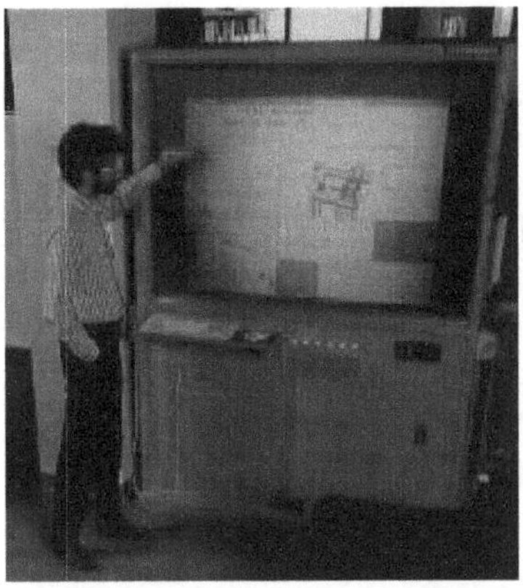

그림 12-10 • Xerox사의 마크 와이저가 만든 지능형 전자 칠판인 LiveBoard

미국의 경우, 국방부 산하 고등연구계획국(DARPA)은 정보처리기술국(IPTO)을 중심으로 유비쿼터스 컴퓨팅 관련 프로젝트에 막대한 자금을 지원하여 현재 이 분야의 기술을 선도하고 있다. 산업계에서는 IBM과 HP가 상품화 수준의 유비쿼터스 기술을 보유하고 있으며, 대표적인 대학 프로젝트로는 버클리 대학의 Endeavour 프로젝트와 Smart Dust 프로젝트, MIT의 Oxygen 프로젝트, Smart Tag 프로젝트, Carnegie Mellon 대학의 Aura 프로젝트 등이 있다.

IBM에서 개발한 SmartWatch는 손목시계에 리눅스가 탑재 되고 Bluetooth 기능이 갖추어져 있다. 따라서 무선통신 및 데이터 처리 기능이 가능하고 또한 스테레오 시스템과 같은 정보가전기기를 제어하는 기능을 갖추고 있다. 또한 IBM의 WebSphere Everyplace는 사용자들이 어느 기기로던지(휴대폰 혹은 PDA등) 언제어디서나 자료와 전자상거래와 같은 웹 애플리케이션에 접근할 수 있도록 한다.

버클리 대학의 Smart Dust 프로젝트는 1mm³ 크기의 실리콘 모트(silicon mote)라는 입방체 안에 완전한 '자율적인 센싱(autonomous sensing)'과 '통신 플랫폼(communication platforms)' 능력을 갖춘 보이지 않는 컴퓨팅 시스템 개발을 연구하고 있다. Smart Dust는 이름처럼 매우 가벼워서 공기 중에 떠다닐 수 있는 컴퓨터를 상징한다. 응용 분야로는 에너지 관리, 제품의 품질 관리 및 유통 경로 관리, 그리고 군사 목적으로 이용 (기상 상태, 생화학적 오염, 병력과 장비의 이동을 감지) 하는 것이 기대된다.

MIT Computer Science Lab.의 Oxygen 프로젝트는 컴퓨터가 산소와 같이 흔한 것이 되어 언제 어디서나 쉽게 이용할 수 있는 인간중심(Human-Centered)의 컴퓨팅 환경을 목표로 한다. 사용자는 특별한 지식 없이도 언어나 시각과 같은 자연 인터페이스를 매개로 언제 어디서나 목적에 맞는 서비스를 이용할 수 있도록 한다. 응용 분야로는 자연어에 의한 그룹 작업 지원, 가전 등의 제어, 정보 엑세스 등이 기대된다. [그림 12-11]은 Oxygen 프로젝트의 장치 기술을 보여 주고 있는데, Enviro21s(E21)은 가정, 사무실, 자동차에서 우리의 삶에 영향을 미치며, 손바닥 절반 정도의 크기로서, RF 통신, 저 전력의 특성을 가진다. Handy21s(H21s)은 우리가 어디에 있든지 통신하며, 컴퓨팅하게 해주며, PDA의 음성인식/합성 기능을 말한다. 동적이며, 자율 설정 네트워크 (N21s)은 우리가 도달하기 원하는 사람, 서비스, 자원들에 도달하도록 도와주며, 분산처리 기반 컴퓨팅 시스템이라 할 수 있다.

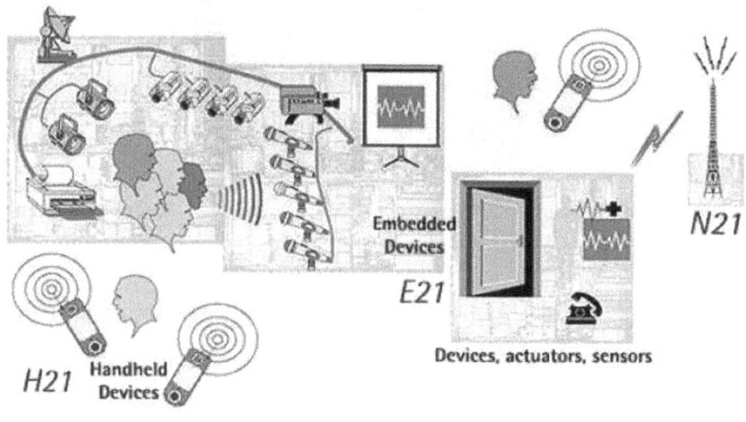

그림 12-11 • Oxygen 프로젝트의 장치 기술

MIT Auto-ID Center는 21세기형 바코드 연구 개발을 목적으로 MIT와 UCC, 국방성 등의 46개 협력사가 공동으로 설립(1999), 현재 협력사가 94개로 늘어 Auto ID 기술을 적용한 Smart Tag 프로젝트를 진행하고 있다. Auto ID 기술은 '스마트 태그(Smart Tag)'를 각종 상품에 부착해 사물을 지능화하여 사물간, 또는 기업 및 소비자와 커뮤니케이션을 통해 자동화된 공급망 관리 시스템 개발에 기여하는 것을 목표로 하고 있다. 기술적으로는 해당 상품의 세부 정보(ID)를 담고 있으며, 고주파(RF) 신호를 받으면 내장된 정보를 전송하는 RFID 태그 기술을 사용하고 있다.

유럽은 2001년에 시작된 EU의 정보화사회기술계획(IST)의 일환으로 '사라지는 컴퓨팅(Disappearing Computing) 이니셔티브'를 중심으로 유비쿼터스 컴퓨팅에 대한 대응 전략을 모색하고 있다. 현재 '사라지는 컴퓨팅' 실현을 위한 16개의 프로젝트를 유럽 각국의 대학 및 연구소, 기업 등이 공동으로 수행하고 있다.

일본은 1984년 동경대학 사카무라 켄 교수가 중심이 되어 '모든 사물에 컴퓨터'를 실현하는 TRON(The Real time Operating System Nucleus) 프로젝트 제안하여 지금까지 많은 성과를 거두고 있다. TRON 프로젝트는 네트워크 교신 능력을 가진 초소형 칩을 모든 사물 속에 넣어 '언제, 어디서나 컴퓨팅' 환경 실현하고 있으며, 그 일환으로 JBlend(Java + TRON)라는 TRON 칩이 내장된 정보 가전 등이 급속히 보급되고 있다. 2002년에는 'T-Engine 포럼'을 결성하여 유비쿼터스 컴퓨팅 환경용 T-Engine 플랫폼 개발 및 운용에 집중하고 있다.

우리나라는 그동안 정통부와 KT, SKT, 삼성전자, ETRI가 참가하는 'u-KOREA' 포럼을 개최해 오고 있다. 우리나라는 높은 수준의 인터넷과 무선 통신 보급률, 반도체 기술, 홈 어플라이언스 기술, 다양한 컨텐츠 기술 등을 보유하고 있으므로 유비쿼터스 컴퓨팅 시대에 높은 발전 가능성을 가지고 있다. 우리나라의 유비쿼터스 컴퓨팅의 분야별 추진 동향은 다음과 같다.

(1) 의료

의료와 관련하여서는 관점에 따라 U-헬스케어와 U-병원으로 나눌 수 있다. U-헬스케어([그림 12-12] 참조)는 개인 사용자들이 병원 이외의 곳에서 쉽게 의료서비스를 받을 수 있는 원격진료 개념에 기반 하는 것이며, U-병원은 병원내에서의 의료진 및 환자정보 관리에 대한 시스템을 다룬다. U-헬스케어는 당뇨, 고혈압, 비만, 치매 등 만성질환자가 일상생활을 하면서 휴대폰이나 홈 네트워크를 이용하여 언제, 어디서나 자연스럽게 자신의 건강상태를 체크할 수 있도록 도와준다. 또한, 의사, 의료기관 등과 연계되어 원격진료 및 생활습관/식단/운동지침과 같은 필요한 서비스를 실시간으로 제공받을 수 있다. U-병원에서는 무선통신을 통해 24시간 내내 어디서나 의료서비스를 받을 수 있다. 의사와 간호사는 종이서류와 필름대신에 디지털진료차트를 사용하게 되며, PDA폰과 노트북PC를 통해 환자상태를 언제든 체크할 수 있고, 회진때는 환자손목에 차고 있는 바코드로 환자정보를 보다 쉽게 확인할 수 있다. 환자는 개인 스마트카드를 발급받아 병원내에서는 물론 외래 진료시에도 무인 안내시스템을 통해 예약, 접수, 수납까지 자동으로 처리할 수 있다. 현재 연세대 세브란스병원, 건국대병원, 인천길병원, 단국대병원, 삼성병원, 서울대병원 등이 U-병원을 구현하고자 노력하고 있다.

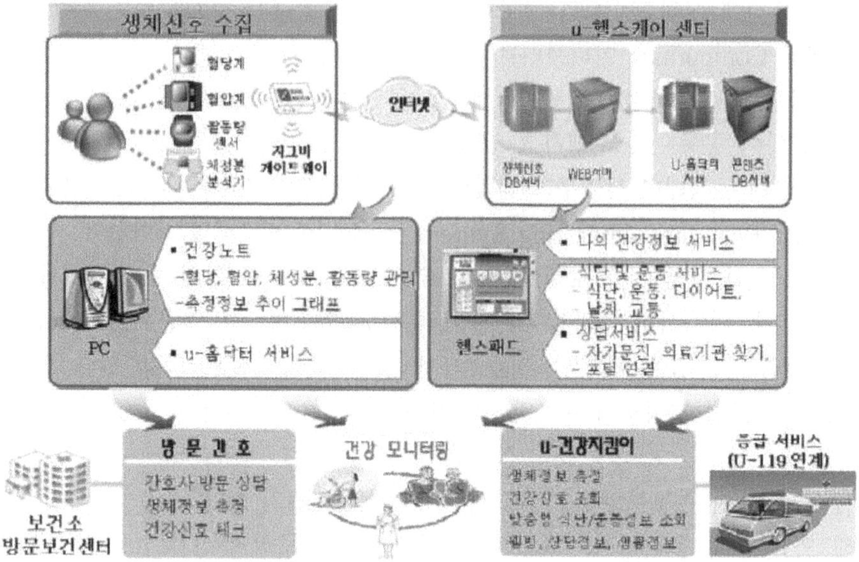

그림 12-12 • U-헬스케어의 서비스체계

(2) 교육

U-러닝은 학생들에게 언제 어디에서나 내용에 상관없이 어떤 단말기로도 학습할 수 있는 교육환경을 조성함으로써 보다 창의적인 학습을 가능하게 한다. 교사, 학부모, 학습자 상호간 적극적인 커뮤니케이션이 이루어지며 센서나 칩 형태의 컴퓨터를 내장한 모든 현실세계가 학습공간이 될 수 있다. U-러닝은 모바일 단말기나 네트워크 인프라 외에도 전자태그(RFID)와 센서 리더가 핵심적 역할을 담당한다. 교육인적자원부에서는 U-러닝 시범 연구학교를 선정해 실제 U-러닝사례를 만들어 내는 등 U-러닝구축에 노력을 하고 있으며 중장기 계획도 수립 중에 있다. 현재는 PDA와 태블릿 PC를 활용해 학습활동과 학교 경영개선연구를 시범 실시하고 있다. 대학교에서는 U-캠퍼스라는 내용으로 캠퍼스의 유비쿼터스화를 꾀하고 있다. 2차원 바코드, RFID, 모바일 디바이스 등을 중심으로 구축하고 있으며, 학생증, 출입증, 현금카드를 통합하고 수강정보, 학사행정 등을 교내 어디에서나 편리하게 제공하는 형태로 만들고 있다. 연세대학교를 시작으로 하여 서울대, ICU, 숙명여대 등 수많은 대학교들이 U-캠퍼스 구축에 나서고 있다.

(3) 물류/유통

물류, 유통분야에서는 RFID기술을 이용하여 시스템을 구축하고 있다. 1~2년전부터 관심이 높아진 RFID는 정부차원의 시범사업을 기반으로 확대되고 있으며, 유비쿼터스 사회를 구현하는 핵심기술로 떠오르고 있다. RFID의 대표적인 활용 기술로는 일상생활에서 사용하고 있는 교통카드를 들 수 있다. 교통카드의 경우 13.56MHz 대역의 저주파수 대역이지만, 도서관리나 생산라인관리 등 다른 분야로 확대되고 있다. 특히 900MHz 대역에서 제공되는 RFID는 차세대 물류, 유통시스템의 핵심으로 부각되고 있으며, 우리나라에서는 모바일 RFID 포럼을 창립하여 표준화 작업에 노력을 하고 있다. 이런 흐름은 이미 월마트를 중심으로 글로벌 대형유통사들이 각국 납품업체에 RFID 부착을 의무화하면서 빠르게 현실화되고 있으며, 국내에서도 대기업 중심으로 자산관리 및 물류/유통의 효율을 위해 시스템을 도입하는 추세이다.

(4) 도시

U-도시는 유비쿼터스 IT를 기반으로 물리적인 도시공간과 전자적 도시공간을 연계함으로써 새로운 서비스가 구현되는 공간이다. U-도시에서는 지금까지 구축해온 도시관리, IT 시스템 및 서비스가 통합되고, 시민 및 기업에게 맞춤형 서비스를 제공한다. 또한 기술적으로는 전자정부, 지리정보시스템(GIS), 지능형교통시스템(ITS), 시설물관리시스템, 스마트카드, RFID, IPv6, 유비쿼터스 센서 네트워크(USN), 광대역통합망(BCN) 등의 IT기술이 융합돼 구현된다. 부산, 대전, 광주, 수원, 경북, 제주 등의 수 많은 지자체에서 각기 특성에 맞는 U-City를 구현 중이다. 아직 기획 및 조사단계인 곳도 있고 연구용역을 끝내고 본격적으로 사업의 추진을 준비하는 곳도 있다. 서울시가 건설 중인 디지털 미디어 시티(DMC) 중심가에는 첨단 디지털기술과 미디어제품들로 구성된 '디지털 미디어 스트리트(DMS)'가 조성된다. 그리고 U-행정정보화에 가장 앞서 있는 자치단체로는 서울 강남구가 꼽힌다. [그림 12-13]은 U-City의 시설물관리 서비스체계를 나타낸다.

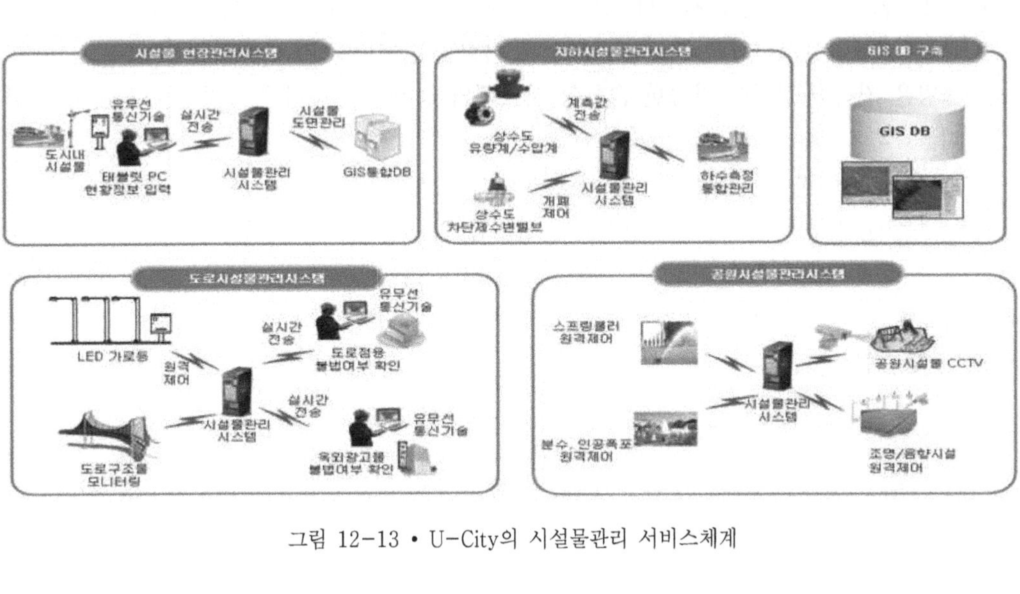

그림 12-13 • U-City의 시설물관리 서비스체계

(5) 홈

유비쿼터스 홈은 홈네트워크 시스템을 기반으로 하여 구성되고 있으며, 가전과 가구가 융합이 된 미래의 사물들이 집안을 채울 것으로 보인다. 휴대폰으로 가스밸브를 잠그거나, 전기밥솥에 조리를 지시를 할 수 있다. 또한, 집안 곳곳에 센서가 내장이 되어 집안의 상황이나 사용자의 움직임을 감지하여 편리한 서비스를 제공할 수 있다. 삼성 래미안 아파트는 U플랜을 통하여 기술(U-Tech), 최적(U-Quality), 디자인(U-Design), 서비스(U-Service)를 통합한 유비쿼터스 아파트 개념을 제시하고 있다.

(6) 기타

종교계에서도 유비쿼터스 개념을 논의하고 있다. 이는 어디에나 존재한다라는 의미가 신과 관련된 개념이기 때문이다. 에너지 분야에서는 유비쿼터스 에너지, 전력 IT 관점으로 접목하고 있다. 예술분야에서는 백남준의 비디오아트가 사물과 컴퓨터가 접목이 되는 유비쿼터스 조형예술의 원조라고 평가하기도 한다.

결론적으로 유비쿼터스 컴퓨팅은 단순한 컴퓨팅 환경의 변화를 넘어 인류에게 새로운 공간에서 새로운 삶의 방식을 가능하게 할 것이다. 유비쿼터스에 대한 개념의 출발은 IT에서 시작하였지만 이제 그 논의의 영역은 사회 전분야로 확대되어 가고 있기 때문이다. IT 패러다임을 떠나 사회, 문화 전반적인 패러다임으로 발전되어 가고 있는 것이다. 인류는 이미 컴퓨터와 인터넷의 발달로 형성된 '사이버 공간'이 사람의 생활 양식에 혁명적 변화와 확대를 가져왔음을 경험하였다. 유비쿼터스 컴퓨팅은 사람의 입장에서 사이버 공간과 물리적 공간의 융합을 통하여 또 다른 삶의 공간을 제공할 것이다. 동경대학 사카무라 켄 교수는 그의 저서 '유비쿼터스 컴퓨팅 혁명'에서 "선진국의 경우 저성장 사회로의 이행이 가속화 되고 있는데, 유비쿼터스 컴퓨팅은 지속적 성장이 가능한 순환형 시스템의 정착을 가능하게 해줄 것"이라고 전망하고 있다.

이제 IT 혁명을 지나 유비쿼터스 컴퓨팅 시대가 도래하리라는 것은 확실해 보인다. 그리고 앞으로 모든 분야들이 유기적으로 연결되고 함께 논의 되었을 때 진정한 인간중심의 유비쿼터스 환경을 설계하고 구축해 나갈 수 있을 것이며 생활의 유비쿼터스, 자연스러운 유비쿼터스 세상이 실현 될 것이다. 이런 변화의 시대에 유비쿼터스 컴퓨팅 혁명을 준비하는 진지한 자세가 또한 필요한 때이다.

3 인공 지능(Artificial Intelligence) 기술

컴퓨터 기술이 앞으로 지속적으로 추구하는 중요한 발전 방향의 하나는 컴퓨터를 보다 지능적으로 만드는 기술 즉, 인공지능 기술의 발달이라고 할 수 있다. 인공 지능(Artificial Intelligence)은 다음과 같이 정의한다. 즉, 인간의 지능으로 할 수 있는 사고, 학습, 자기계발 등을 컴퓨터가 할 수 있도록 하는 방법을 연구하는 컴퓨터과학의 한 분야로서, 컴퓨터가 인간의 지능적인 행동을 모방할 수 있도록 하는 것을 말하고 있다. 인공지능은 인간의 학습능력과 추론능력을 인공적으로 모델링하여 외부 대상을 지각하는 능력, 나아가 자연언어와 같은 구문적 패턴까지 이해하는 능력 등을 컴퓨터 프로그램으로 구현하는 기술이다.

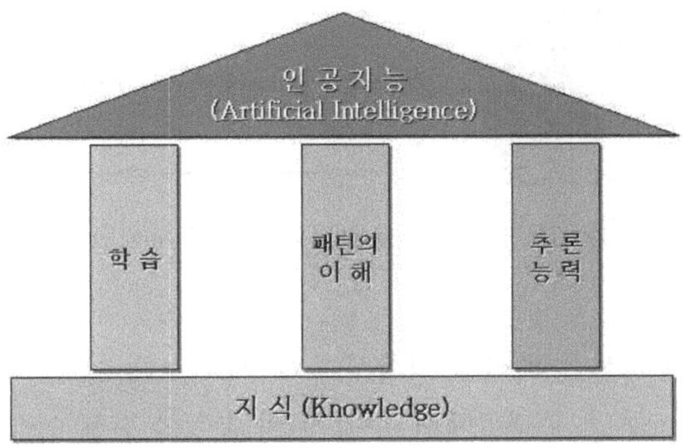

그림 12-14 • 인공지능의 세 가지 능력

역사적으로 볼 때 컴퓨터는 초기에 인간을 대신하여 숫자 계산을 신속, 정확하게 하기 위한 도구로서 발명되었다. 그런 컴퓨터가 이제는 인간의 지능을 실현하는 데 도전하고 있다. 이와 같은 인공지능의 출현은 실제로 현대의 전자식 컴퓨터가 등장할 무렵인 1950년대로 거슬러 올라간다. 1950년에 발표한 '컴퓨터와 지능(Computing Machinery and Intelligence)'이란 논문에서 알란 튜링(Alan Turing)은 "기계가 생각할 수 있는가?"라는 질문에 대한 해답으로 어떤 시스템의 지능의 유무를 판단하는 방법인 흉내내기(Imitation) 게임을 제안한 이래 인공지능 기술은 눈부신 발전을 거듭하여 현재 많은 분야에 응용되고 있다. 예를 들면, 애완용로봇이나, 청소로봇 등과 같은 각종 로봇, 사람이 손으로 쓴 글자나 얼굴 등과 같은 영상을 인식하는 패턴/영상인식, 사람의 말을 알아듣는 음성인식, 영어로 된 문장을 한글로 번역하는 자동번역, 질병이나 기계의 고장진단, 복잡한 데이터 분석 등과 같은 전문가 시스템, 대량의 데이터를 처리하여 그 속에 숨어있는 규칙이나 패턴을 찾아내는 데이터 마이닝(Data Mining), 사용자에게 다양한 서비스를 자동으로 제공하는 에이전트(Agent) 기술, 인터넷쇼핑몰 등에서 고객의 취향이나 선호를 판단하여 상품을 추천해주는 추천 시스템 등이 그것이다. 또 최근 새롭게 등장한 시멘틱 웹(Semantic Web) 기술은 인공지능의 추론기술을 웹에 응용한 것이라고 볼 수 있다. 기존의 웹이 단순히 문서를 표준 형태로 기술하고 화면에 보여 주는 형식에 중점을 둔 것이라면 시멘틱 웹은 문서의 내용을 보다 상세히 표현하고 그 정보를 이용하여 필요한 추론을 수행함으로써 사용자에게 원하는 서비스를 자동으로 제공할 수 있는 미래의 웹 기술이다.

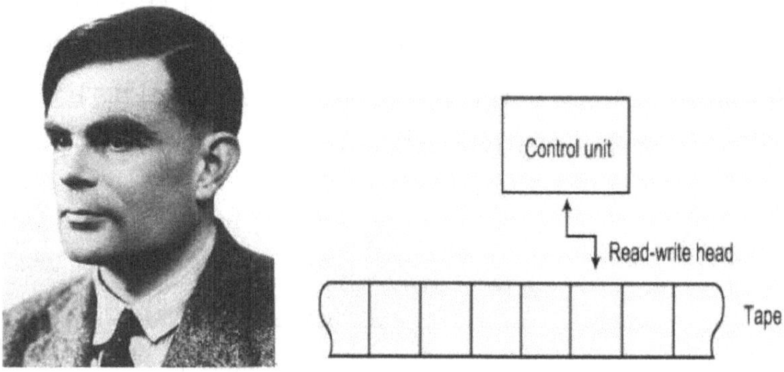

그림 12-15 • 알란 튜링과 튜링 머신(Turing Machine)

기존의 컴퓨터는 숫자 계산을 빠르고 정확하게 수행하는 데 그 본래적 목적이 있었다. 현재 고도로 발달한 컴퓨터는 초당 수백만에서 수억 회의 부동소수점 연산을 거의 완벽할 정도로 정확하게 계산할 수 있다. 그리고 대량의 데이터를 기억하고 필요한 데이터를 순간적으로 검색해낼 수 있는 기능은 더 이상 인간이 컴퓨터의상대가 될 수 없게 되었다. 그러나 연속적으로 하는 말을 인식/이해한다든지 사람의 얼굴 사진이나 영상을 보고 순간적으로 누구인지를 알아보는 등의 지능적인 일을 인간은 별다른 어려움 없이 수행할 수 있는 데 비하여 현대의 고도로 발달된 컴퓨터는 아직 이와 같은 문제를 해결하는데 기술적 어려움이 많이 있다. 최근, 인공지능을 보다 효율적으로 구현하기 위한 방법으로 고등동물의 두뇌구조와 같은 컴퓨터 그리고 두뇌에서 일어나는 정보처리 메커니즘을 모방한 계산 방식의 신경망 컴퓨터(Neuro Computer)가 등장하여 많은 가능성을 제시하고 있다. 기존의 컴퓨터 구조나 계산 방식은 지능을 구현하는데 적합하지 않으며 따라서 매우 비효율적일 수밖에 없다. 그 이유는 기존의 컴퓨터는 일반적으로 알고리즘을 바탕으로 한다는 데 있다.

즉, 어떤 문제를 해결하는 데 있어서 프로그래머가 문제의 해법(알고리즘)을 찾아서 그것을 프로그램으로 기술하면 컴퓨터는 그 프로그램의 내용에 따라 계산을 수행할 따름이다. 그러나 대부분의 인공지능 문제는 이와 같은 해법을 발견하기 어렵다. 신경망 컴퓨터는 인공지능문제의 해법을 학습을 통하여 스스로 습득할 수 있다. 이는 인간이 어떤 구체적인 방법에 대한 이해나 사전지식이 없이도 말을 알아듣고 사물이나 주위 환경을 보고 인식할 수 있는 기능을 학습에 의하여 터득하게 되는 것과 같다. 또 기존의 컴퓨터는 순차적으로 정보를 처리한다. 그래서 패턴인식 등과 같은 많은 계산량을 필요로 하는 인공지능 문제를 효율적으로 처리하기가 곤란하다. 신경망 컴퓨터는 기본적으로 병렬처리가 가능하다. 기본적인 정보처리 단위인 뇌세포들이 대량으로 그리고 병렬적으로 정보를 전달, 처리함으로써 정보처리를 매우 효율적으로 수행할 수 있다. 신경망 컴퓨터는 컴퓨터가 인간의 두뇌 구조와 같이 구성되고 또 계산 방식도 두뇌에서 일어나는 계산 방식을 채택함으로써 인공지능의 실현에 진일보한 기술을 제공할 것으로 기대된다. 현재 두뇌에 대하여 아직 제대로 이해하지 못하고 있는 부분이 많이 있으며 따라서 두뇌의 신비스런 정보처리 메커니즘에 대하여 더 많은 것을 연구할 필요가 있다. 특히 뇌세포의 시공간적 정보의 코딩, 연결된 뇌세포들 사이의 동기화 진동(Synchronized Oscillation) 현상이나 단일 뇌세포나 신경망(Neural Network)에 나타나는 카오스(Chaos) 현상을 정보처리에 응용하는 것에 대한 연구가 수행되고 있다. 또 두뇌의 신경망 구조를 모방한 컴퓨터를 구현하기 위하여 신경 칩을 바탕으로 한 대규모 병렬처리가 가능한 고성능 신경망 컴퓨터가 개발되고 있다. 특히, 프로세서와 같은 하드웨어의 구조가 스스로 진화함과 동시에 내부적 결함을 보정하거나 원하는 기능을 수행할 수 있게 성장시키는 기술이 개발됨으로써 보다 인간의 두뇌와 유사한 구조의 인공두뇌의 실현에 한발 다가서게 되었다.

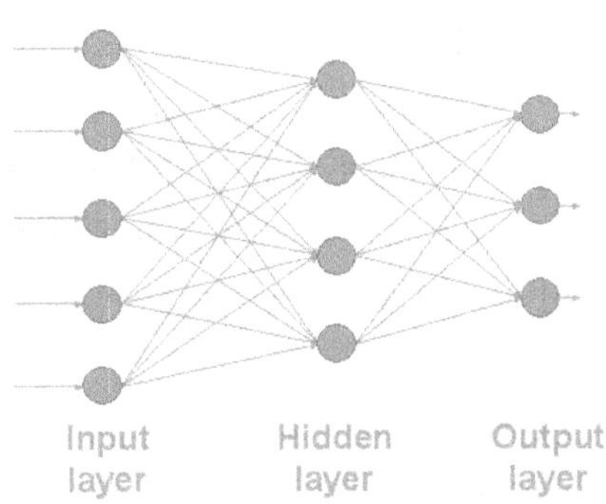

그림 12-16 • 신경망(Neural Network) 구조도

컴퓨터를 보다 인간과 유사하게 하기 위하여 소재 자체를 유기물, 단백질 분자를 사용하고자 하는 시도도 진행되고 있다. 일반적으로 생물체는 강력하고 정교한 정보처리 체계를 갖고 있는 것으로 알려져 있다. 신경계, 내분비계 및 면역계는 생체 분자에 의하여 정보가 수용, 전달, 처리되는 체계이다. 생체에서 일어나는 정보처리 메커니즘을 모형으로 하는 컴퓨터가 생체분자 컴퓨터(Bio-molecular Computer)이다. 생체분자 컴퓨터는 전자 컴퓨터가 주요 프로세서나 기억장치가 실리콘칩으로 구성된 것에 비하여 생체칩으로 구성된다. 생체칩(Bio-chip)이란 효소단백질, 생체막, 항체와 같은 생체 분자를 소자로 하여 기본적 정보처리 기능을 수행할

수 있도록 조직화한 것이다. 유전자 재조합 등과 같은 유전자 조작기술을 사용하여 특정기능을 수행할 수 있는 단백질을 합성하고, 생체막의 정보처리기능을 모방한 인공 세포막이 유기물 박막기술에 의하여 개발되고 있다. 또 단세포군 항체생산기술은 생체컴퓨터에 필요한 단백질을 대량으로 생산할 수 있다. 이와 같은 생체칩을 사용하여 정보처리기능을 수행할 수 있다는 가능성은 80년대 초, 맥캘리어(James McAlear)와 웨렁(John Wehrung)에 의하여 제안되었다. 생체분자 컴퓨터 내에서 일어나는 정보처리는 현재의 전자식 컴퓨터의 정보처리와는 근본적으로 다르다.

즉, 생체분자 컴퓨터의 스위치(Switch) 역할을 하는 것은 효소 단백질로서 효소는 특정 분자의 형상을 인식하여 반응한다. 단백질은 일반적으로 여러 개의 아미노산이 띠의 형태로 연결된 것인데 이들이 상호 작용하여 띠가 꼬인 3차원의 구조를 형성하게 되고 그 구조의 특정 부위가 활성화되어 다른 단백질과 상호 보완적으로 결합하게 된다. 효소는 기질(Substrate) 단백질과 열쇠와 자물쇠의 방식으로 결합되므로 효소의 이와 같은 작용을 촉각 패턴인식이라 한다. 효소는 기질과 선택적으로 결합하거나 분리되기 때문에 그 때마다 스스로 다른 모양의 상태로 바뀐다.

이와 같이 생체분자 컴퓨터의 정보처리는 단백질 분자의 선택적 결합작용 그 자체이다. 또 생체분자 컴퓨터는 단백질의 구조를 변화시키고 요구되는 성능에 따라 단백질의 구조를 선택하는 과정의 반복을 통하여 스스로의 조직화 즉, 학습이 가능하다. 현재 생체분자 컴퓨터의 기술적 가능성을 보여 주는 좋은 예로는 바이오센서(Bio-sensor)가 있다. 바이오센서는 생체의 반응을 응용하거나 생체 물질을 이용하여 특정 물질의 양이나 존재 유무를 측정하는 것이다. 생체분자 컴퓨터는 현재로서는 설계 개념, 제품의 최종 개발 목표, 용도 등이 아직 구체적으로 정해지지 않은 미래의 기술이지만 생체분자 컴퓨터의 기술적 가능성을 의심하는 전문가는 없다.

신경망 컴퓨터가 컴퓨터의 구조나 계산 방식을 인간의 두뇌를 모방한 것이라고 한다면 생체분자 컴퓨터는 컴퓨터의 소재를 생물체의 것과 유사한 단백질 분자를 사용한다는 점에서 앞으로의 컴퓨터 기술은 점차 인간과 유사하거나 동일한 형태로 발전하고 있음을 알 수 있다. 신경망 컴퓨터와 생체분자 컴퓨터가 결합할 때 인간의 두뇌와 같은 고도의 발달된 인공두뇌를 실현할 수 있게 될지 모른다. 이쯤 되면 이제 컴퓨터는 그야말로 살아있는 컴퓨터가 될 것이다. 이와 같은 신경망 컴퓨터, 생체분자 컴퓨터가 20~30년 내에 상당한 수준으로 실현되어 인간 신체나 두뇌의 일부를 대체할 수 있는 수준으로까지 발전할 수 있을 것으로 예측된다.

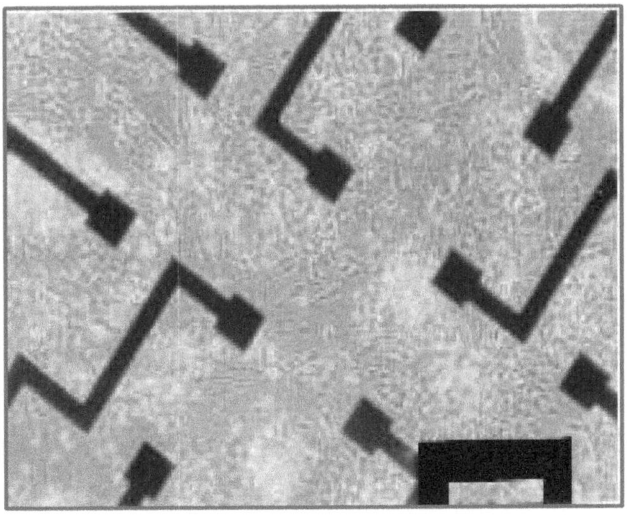

그림 12-17 • 생체칩(Bio-chip)의 내부

컴퓨터는 어디까지 발전할 것인가? 컴퓨터가 인간의 지능을 능가할 수 있는가? 앞으로 컴퓨터가 우리 인간을 지배하는 시대가 올 것인가? 이와 같은 질문은 컴퓨터에 대하여 우리가 갖는 매우 흥미로운 질문들이다. 그러나 이들에 대한 대답은 여러 가지 의견이 분분하며 따라서 아직까지는 명쾌하게 답할 수 없다. 그러나 중요한 것은 최소한 인공지능이 우리 인간의 삶에 도움이 될 수 있는 방향으로 응용될 수 있도록 하는 것이다. 그렇게 하기 위해서는 인간과 꼭 같은 지능과 구조를 가질 필요는 없다. 인간 지능의 일부만을 구현함으로써도 우리 인간에게 얼마든지 유익하고 도움이 될 수 있는 기술이 많이 있다.

인공지능이 근본적으로 가능한가? 컴퓨터가 인간과 같거나 인간보다 더 높은 수준의 지능을 가질 수 있을 것인가? 컴퓨터와 인공지능 기술이 발달해 감에 따라 우리들이 갖게 되는 의문이지만 이 문제는 지금도 많은 논쟁의 대상이 되고 있다. 인공지능의 불가능성을 주장하는 많은 학자들은 컴퓨터가 인간과 꼭 같은 본질적 형태의 지능을 가지는 것에 대한 불가능성을 공통적으로 지적하고 있다. 그들의 주장대로 그것은 불가능하거나 최소한 가능하다 하더라도 매우 어려울지 모른다. 그러나 인공지능이 인간의 지능과 완벽하게 꼭 같은 지능을 구현할 필요는 없다. 100%가 아니라도 최소한 실제 문제에 응용할 가능성은 매우 크며 다른 과학, 기술 분야에 미치는 파급효과 또한 지대하기 때문이다. 인공지능의 가능성에 대한 논쟁에도 불구하고 인공지능과 인공두뇌 기술은 지속적으로 발달하고 있으며 많은 분야에 응용되고 있다. 앞으로 30~50년 이내에 현재의 인공지능의 기술적인 문제들이 상당 수준 해결될 수 있으며 신경망 컴퓨터, 생체분자 컴퓨터가 구현될 수 있을 것으로 전망된다. 이와 같은 인공지능 기술은 광범위한 분야에 결쳐 인간을 대신하거나 보조하는 데 효과적으로 응용될 것이다. 컴퓨터와 인공지능은 어떻게 보면 인간의 신체의 일부이며 생활의 일부로서 우리 인간과 같이 공존하게 될 것이다. 미래의 인류사회는 컴퓨터 없이는 존재하기 어려운 그야말로 컴퓨터와 인간의 결합체인 새로운 종의 출현이 예측된다. 이들은 그들의 조상에 비하여 월등한 지능과 능력을 소유하고 전적으로 다른 가치관을 가지고 다른 환경속에서 생활하게 될 것이다. 이들을 우리는 신인류(Neo−human)라 말할 수 있을 것이다.

인공지능의 주요 응용 및 활용분야로는 [그림 12−18]과 같이 신경망(Neural Network), 패턴인식(Pattern Recognition), 자연 언어 처리(Natural Language Processing), 전문가 시스템(Expert System), 로봇 공학(Robotics), 컴퓨터 비젼(Computer Vision), 가상현실(Virtual Reality), 퍼지 이론(Fuzzy Theory) 등이 있다.

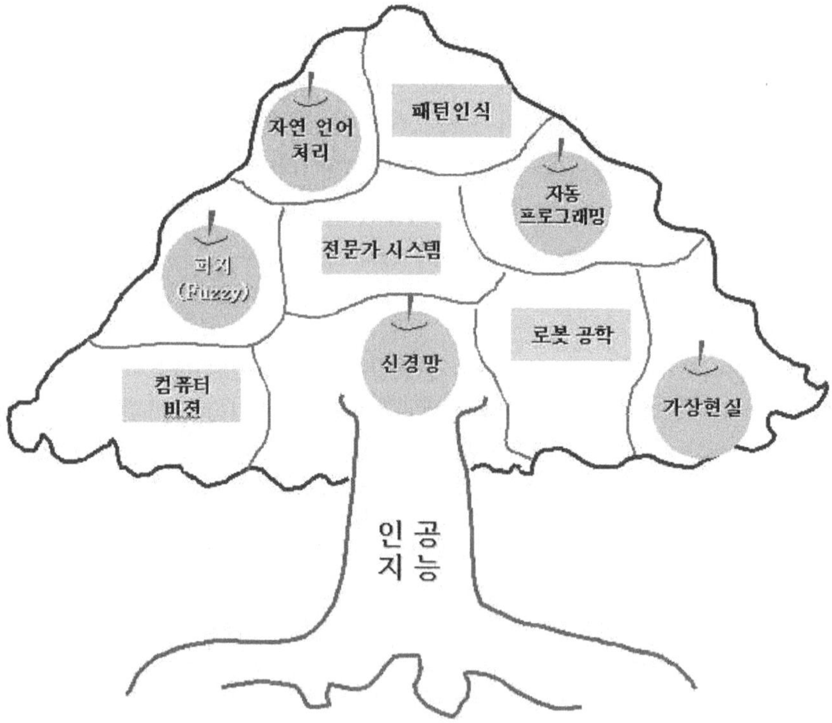

그림 12−18 • 인공지능의 주요 응용 및 활용분야

(1) 신경망(Neural Network)

컴퓨터 기술에서 신경망은 거의 사람 뇌의 동작에 가깝게 만든 프로그램이나 데이터구조 시스템을 말한다. 신경망은 보통 병렬로 작동하는 많은 수의 프로세서들이 관여하는데, 각 프로세서는 자신만의 작은 학문적 영역을 가지고 있고, 자신의 메모리 내에 있는 데이터를 액세스한다. 신경망은 일반적으로 데이터의 관계에 관한 많은 양의 데이터나 규칙이 공급됨으로써 초기에 학습된다. 프로그램은 신경망이 외부의 자극에 어떻게 반응해야 하는지를 가르치거나 또는 그 자신이 행동을 시작할 수 있다.

신경망은 판단을 내리기 위하여 종종 퍼지(Fuzzy) 이론을 사용한다. 신경망은 가끔 지식층의 형태로 묘사되며, 더 복잡한 네트워크는 일반적으로 더 깊은 계층을 가지고 있다.([그림 12-16] 참조) 피드포워드(feedforward) 시스템에서 데이터의 관계에 관해 학습된 내용들은 지식의 상위 계층으로 피드포워드 될 수 있다.

현재 신경망이 활용되는 분야들에는 오일 탐사를 위한 데이터 분석, 일기예보, 생태학 연구실에서의 핵산 배열순서 해석, 사고 또는 의식 모델의 탐구 등이 포함된다.

(2) 패턴인식(Pattern Recognition)

패턴인식을 여러 방식으로 정의할 수 있겠지만 "계산이 가능한 기계적인 장치(컴퓨터)가 어떠한 대상을 인식하는 문제를 다루는 인공지능의 한 분야"라고 정의한다. 패턴인식은 공학적 접근법을 이용하여 인공지능의 실제 구현 문제인 센싱(Sensing)된 대상을 인식하는 문제를 주로 다룬다. 패턴인식은 인지과학(Cognitive Science)과 인공지능 분야에 속하는 문제 중 하나이다. 인지과학은 심리학, 컴퓨터 과학, 인공지능, 신경생물학과 언어학, 철학을 이용하여 지능과 인식의 문제를 다루는 포괄적인 학제적 과학 분야를 말한다.

패턴인식에는 컴퓨터를 사용해서 화상, 문자, 음성 등을 인식하는 것이 있다. 즉, 문자 인식, 음성 인식 및 화상 인식 등이 있다. 패턴인식 시스템은 일반적으로 특징 추출과 패턴 정합 부분으로 되어있는데, 특징 추출은 화상 등의 이미지 데이터나 음성 등의 파형 데이터를 분석해서 그 데이터의 고유 특징(패턴)을 추출한다. 시스템은 인식 대상 패턴을 표준 패턴으로 작성해 두었다가, 인식시에 이 표준 패턴과 입력 패턴을 비교(패턴 정합)해서 표준 패턴과 가장 유사한 것을 인식 결과치로 한다.

문자 인식은 인식 대상으로 하는 문자의 종류와 인식 방법으로 분류되며, 음성 인식은 연속적인 문장 음성 인식을 개발 대상으로 한다. 화상 인식은 이미지 데이터의 색이나 농담, 거리 등으로부터 점이나 선, 특정 영역, 배경 등을 추출해서 대상이 되는 물체 등을 인식한다. 패턴인식 시스템의 구성 요소에 따른 처리 과정을 그림으로 나타내면 [그림 12-19]과 같다.

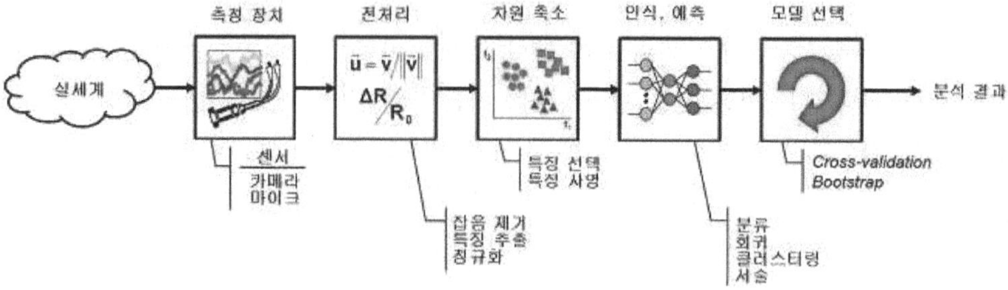

그림 12-19 • 패턴인식 시스템의 구성요소와 처리과정

패턴인식 시스템은 다음과 같은 설계 단계를 따른다.

① 1단계 : 데이터 수집 단계

패턴인식 과정에서 가장 많은 시간이 소비되는 지루한 과정이다. 그러나 안정된 패턴인식 성능을 얻기 위해서 꼭 필요한 단계이기도 하다. 이 단계에서는 얼마나 많은 표본 데이터가 안정된 성능에 필요 충분한가를 고려하여 데이터를 수집하여야 한다.

② 2단계 : 특징 선택 단계

패턴인식 시스템의 성능에 결정적인 영향을 미치는 단계이다. 대상 패턴에 대한 충분한 사전 분석을 통하여 어떠한 특징을 선택할 것인가를 결정하여야 한다.

③ 3단계 : 모델 선택 단계

패턴인식을 위한 여러 접근법 중에서 어느 모델을 어떠한 알고리즘을 이용하여 어떻게 구성할 것인가를 결정하는 단계이다. 특징 선택과 마찬가지로 사전에 특징에 관한 선험적인 지식이 요구되며, 각 접근법에 따라 모델에 필요한 각종 파라미터의 설정이 필요하다.

④ 4단계 : 학습 단계

수집된 데이터로부터 추출된 특징 집합을 이용하여 선택된 모델에 대하여 비어 있는 브랭크(Blank) 모델을 학습을 통하여 완전한 모델로 만드는 단계이다. 학습은 그 방법에 따라서 교사 학습, 비교사 학습 그리고 강화 학습이 있다.

⑤ 5단계 : 인식 단계

패턴인식의 마지막 단계로 임의의 특징이 주어질 때, 이 특징이 속한 클래스 혹은 카테고리를 결정하는 단계이다.

패턴인식 기술은 알게 모르게 우리의 실생활에 광범위하게 활용되고 있다. 축적된 매출 기록에서 구매 패턴을 파악하여 판매 전략을 수립하고 웹사이트를 분류하는 것과 같이 자료로부터 정보를 추출하는 업무에도 패턴인식 기술이 이용되며, DNA 유전자 염기 배열의 분석 같은 분야에도 패턴인식 기술이 적용된다. 대표적인 응용 분야로는 문자인식, 생체인식과 인간 행동 패턴 분석, 의료영상 분석(Medical Diagnosis) 및 진단 시스템, 도면 인식(Line Drawing Recognition), 예측 시스템, 보안과 군사 분야 등이 있다.

① 문자 인식 분야

자동 우편물 분류기, 스캐너로 받아들인 텍스트 이미지를 컴퓨터에서 편집 가능한 코드화된 문자로 변환하는 장치, 필기체 문자 인식, 수표 및 지폐 인식, 차량 번호판 인식 등에 많이 활용된다.

② 생체 인식과 인간 행동 패턴 분석 분야

음성인식, 지문인식, 홍체인식, 얼굴인식, DNA 매핑, 보행 패턴 분석 및 분류, 발화 습관 분석 및 분류 등에 사용된다.

③ 진단 시스템 분야

자동차 오동작 진단, 의료 진단, EEG(뇌전도), ECG(심전도) 신호 분석 및 분류 시스템, X-Ray 판독 시스템 등에 많이 사용된다.

④ 예측 시스템 분야

인공 위성 데이터에 기반한 날씨 예측, 지진 패턴 분석과 예측 시스템, 주가 예측 시스템에 활용된다.

⑤ 보안과 군사 분야

네트워크 트래픽(traffic) 패턴 분석을 통하여 컴퓨터 공격 확인, 물품 자동 검색 시스템, 인공위성 영상 분석을 통한 테러리스트 캠프 혹은 지형 목표물 추적 공격, 레이더 신호 분류, 항공기 피아 식별 시스템에 사용된다.

(3) 자연 언어 처리(Natural Language Processing)

컴퓨터가 직접 인간의 언어(즉, 자연언어 : Natural Language)로 작성된 모든 텍스트(음성 텍스트 및 문서 텍스트)를 이해하고 분석(analysis)하여, 인간이 수행하는 언어 관련 작업(가령 문서를 작성한다든지, 정보를 검색한다든지, 외국어로 번역한다든지 하는 등의 작업)을 수행(처리 : processing)하고, 또 그 결과를 인간에게 자연언어의 형태로 전달(생성 : generation)할 수 있도록 연구하는 모든 분야를 일컫는다. 자연 언어 처리는 인간의 언어를 가공하여 컴퓨터와 인간의 언어로 의사소통할 수 있도록, 그 기반이 되거나 응용할 수 있는 기술을 의미하는 것으로써 인간의 언어 능력을 모사한 프로그램을 만드는 것으로 이해할 수 있다.

자연 언어 처리의 분석에는 다음의 네 가지 단계들이 있다. 즉, 입력된 문자열을 분석하여 형태소라는 자연 언어 분석을 위한 기본 단위로 분류하는 형태소 분석(Morphological

Analysis), 형태소들이 결합하여 문장이나 구절을 만드는 구문 규칙에 따라서 문장 내에서 각 형태소들이 가지는 역할(주어, 목적어)을 분석하는 구문 분석(Syntactic Analysis), 구문 분석의 결과를 해석하여 문장이 가지는 의미(형태소의 의미)를 분석하는 의미 분석(Semantic Analysis), 문장이 실세계와 가지는 연관 관계를 분석하는 실용 분석(Pragmatic Analysis)이 있다.

자연 언어 처리에는 컴퓨터로 하여금 말하고(텍스트의 음성 변환), 언어를 이해하고(음성 인식), 다언어간 번역을 하도록 하고(기계 번역 : Machine Translation), 인간의 외국어 학습에 도움을 주고(컴퓨터 기반 외국어 학습), 웹에서 쉽게 정보를 찾도록 하고(정보 검색), 자연 언어로 컴퓨터와의 질의 응답이 가능하도록 하는(질의 응답 시스템 : Question Answering System) 등의 여러 응용 및 활용 분야가 있다. [그림 12-20]은 자연 언어 처리 기술을 이용하여 영어를 한국어로 한국어를 영어로 자동번역해 주는 기계 번역 프로그램의 실례를 보여 주고 있다.

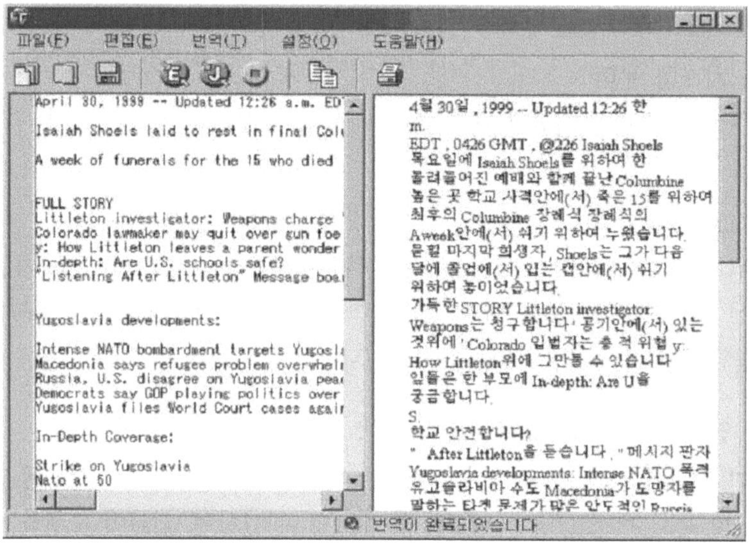

그림 12-20 • 자연 언어 처리 기술을 이용한 기계 번역 프로그램

(4) 전문가 시스템(Expert System)

전문가 시스템은 특정 분야의 전문가적 지식 및 경험을 가진 인간(또는 조직)의 판단과 행동을 흉내내는 컴퓨터 시스템이다. 즉, 전문가 시스템은 희귀하고 값비싼 전문가(Expert)의 전문지식과 경험을 체계화하여 컴퓨터에 기억시켜 둠으로써 전문가가 아닌 많은 사람들이 전문가를 만나지 않고서도 전문가의 능력을 빌릴 수 있도록 한다. 또한 전문가 시스템은 어떤 특정한 작업을 행할 시, 그 작업에 아주 익숙해 있는 전문가를 대신하여 컴퓨터가 자동

적으로 일을 수행할 수 있도록 학습, 문제 해결 및 추론 등의 능력을 가지고 있는 시스템이다. 다시 말해 컴퓨터로 하여금 인간 전문가의 지적인 능력을 대행시키는 컴퓨터 시스템이다.

전문가 시스템을 이루는 두 가지 주요 요소는 다음과 같다. 첫째는 실행 가능한 프로그램 코드(명령)를 가지고 있다는 점에서 데이터베이스와 구별되는 지식베이스(Knowledge Base)이고, 둘째는 지식베이스의 명령과 데이터를 해석하고 평가하는 추론엔진(Inference Engine)이다. 즉, 지식기반시스템(Knowledge-based System)으로써의 전문가 시스템은 하나의 특정한 문제영역에서 문제를 해결하기 위한 제안이나 대안들을 제공하기 위하여 사용자 인터페이스, 저장된 전문지식들로 구성되어 있는 지식베이스, 그리고 지식베이스를 이용하여 추론을 하는 추론엔진으로 구성되어 있다.([그림 12-21] 참조) 일반적으로 이러한 시스템은 축적된 경험이나 프로그램에 기술되어 특정 상황에 적용할 수 있는 규칙들을 가지고 있는 지식베이스를 포함한다. 세련된 전문가 시스템은 지식베이스나 일련의 규칙들을 추가하여 능력을 강화할 수도 있다.

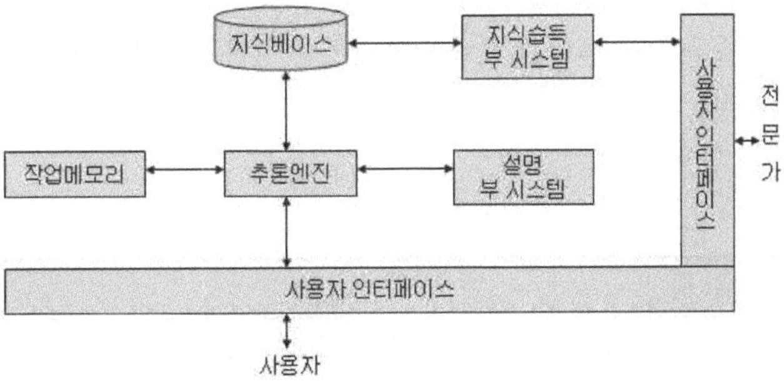

그림 12-21 • 전문가 시스템의 구조

전문가 시스템은 데이터 처리, 계산, 정보 검색이 주기능이었던 종래의 컴퓨터 시스템과는 다르다. 그것과는 대조적으로, 전문가 시스템은 사실들을 사실들 사이의 관계를 나타내는 규칙과 결합함으로써 인공지능에 가까운 기초적 형태의 사고능력을 얻는다. 이와 같이 전문가 시스템은 인공지능의 한 분야로서, 전문가가 가지고 있는 지식과 경험들을 컴퓨터 시스템에 입력시켜 지식베이스로 축적하고 사용자의 요구에 의해 추론엔진이 지식베이스를 이용하여 추론을 하고 그 결과를 사용자에게 전해주는 방식이다. 이는 여러 영역의 전문가의 경험과 지식을 체계적으로 컴퓨터에 입력시켜 둠으로써 비전문가들이 전문가를 직접 만나지 않고도 전문가의 지식을 이용할 수 있도록 한다. 프로그래머들은 한 사람 또는 여러 전문가의 전문지식을 복제하여 보통 사람들에게 어렵거나 모호한 문제를 푸는 데 사용할 수 있는 도구를 만들려고 노력한다. 따라서 전문가 시스템의 가장 큰 장점은 전문가나 전문 집단에 지불하는 것에 비해 비용이 훨씬 적게 든다는 점이다.

전문가 시스템의 응용에는 다음과 같은 분야들이 있다.

① 진단 및 문제점 제거

전문가 시스템의 대표적인 기능으로 과거의 기록과 증상으로부터 특정문제의 원인을 추측하는 것으로 의료 진단이나 소프트웨어의 오류수정(Debugging)등이 이에 해당된다.

② 계획(Planning)

한정된 자원의 할당 또는 시간이 결정적인 중요성을 가지는 문제를 지원하는 것으로 생산 일정계획, 경로설정, 프로젝트의 관리, 군사적 응용 등이 이에 해당된다.

③ 의사결정관리

전문가적 지식이 요구되는 의사결정 문제에 대한 양호한 의사결정 대안을 제시하고 의사 결정 상황에 대한 평가도 해 줌으로써 대안 선택의 근거를 제공해 준다.

이외에도 전문가 시스템은 해석(Interpretation), 감시(Monitoring), 수리(Repair), 교육(Instruction), 통제(Control) 등의 응용 분야에서 사용된다. [표 12-1]은 전문가 시스템의 응용 유형들을 나타낸다. [그림 12-22]는 전문가 시스템 응용 프로그램의 실례를 보여 주고 있다.

표 12-1 • 전문가 시스템의 응용 유형

유 형	내 역	특기사항
해석(Interpretation)	데이터의 의미 및 효과의 해석	추론사용
예측(Predication)	제시된 상황의 결과예측	계량적 기법과의 결합
진단(Diagnosis)	고장(기계, 인체, 기업 등)의 원인 규명	
설계(Design)	제약조건과 과거사례를 활용	
계획(Planning)	공정계획, 일정계획 등	
감시(Monitoring)	목표치와의 비교, 감시	
처방(Debugging)	고장원인에 대한 처방	
수리(Repair)	처방의 실천 계획	
교육(Instruction)	학습과정의 지원	
통제(Control)	목표치로의 회귀계획	

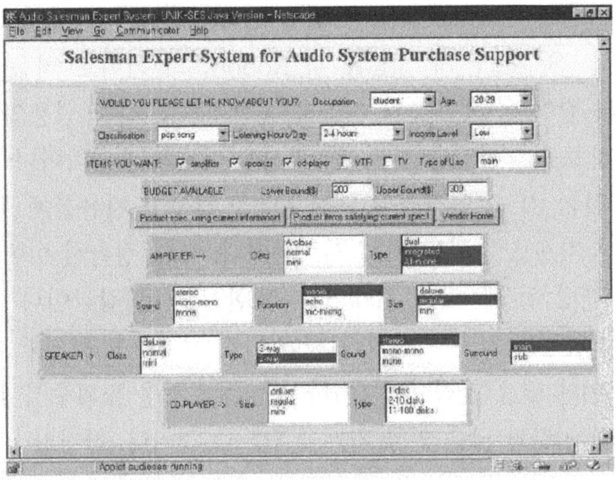

그림 12-22 • 전문가 시스템 응용 프로그램의 실례

(5) 로봇 공학(Robotics)

로봇 공학(로보틱스 : Robotics)은 Robot Engineering 이라고도 하는데 그 외에도 인공두뇌학(사이버네틱스 : Cybernetics), 생체기계(Bio-mechanism) 등으로도 불리어지고 있다. 또 가까운 말로서 사이보그(인조 인간 : Cyborg) 등과 같은 말이 있다. 이 같은 용어들은 어느 것이나 생물의 기능과 기계적 기능을 결합한 것 등의 개념을 포함하고 있다. 따라서 로봇공학이란, 인간(동물 포함)이 가지는 감각과 닮은 기능을 갖도록 하는 센서공학, 인간의 지능에 가까운 능력을 갖도록 하기 위한 인공지능이나 컴퓨터 과학, 의수, 의족 등의 의지공학, 인간의 작업 주체인 팔과 손을 기계로 바꾸기 위해 발전하는 산업용 로봇기술 등의 다양한 기술을 결합하여 만들어진 기술 분야라고 말할 수 있다. 그리고 기본 능력인 이동능력을 얻기 위하여 차륜을 이용한 이동방법은 물론 보행기계나 무족 이동기술이 연구되고 있으며 이들은 종래의 학문에 없는 로봇 특유의 새로운 영역을 만들고 있다.

로봇(Robot)의 어원은 체코슬로바키아어 robota 라는 단어로서 '강제적인 노동, 고되고 지루한 일, 노예상태'라는 의미를 가지고 있다. 로봇이라는 말은 1921년 체코슬로바키아의 극작가 카렐 차펙(Karel Capek)이 발표한 희곡 '로섬의 만능로봇(Rossum's Universal Robot : RUR)'에서 처음 등장했다. 차펙은 이 희곡속에서 기술의 발달과 인간사회와의 관계에 대하여 아주 비관적인 견해를 상징적으로 표현하였다. 모든 정신노동과 육체노동을 인간과 똑같이 할 수 있으나 인간적 정서 내지 영혼을 가지지 못하며, 마모되었을 때에는 폐품으로서 신품과 교환할 수 있는 인조인간을 등장시켰는데, 이 로봇은 노동자로서 인간의 지배를 받는 상황을 그렸다. 그리고 이 로봇들은 노동을 통하여 지능 및 반항정신이 발달하여 드디어는 인간을 멸망시켜 버리는 이야기를 전개시켰다. 그러나 로봇이라는 말이 탄생하기 이전부터 '자동인형(automata)', '살아 움직이는 인형' 등의 말로 로봇의 개념은 이미 널리 알려져 있었다. 한편, Robotics 라는 말은 1940년 아이작 아시모프(Issac Asimov)가 쓴 'I, Robot'에서 "Science or Study of Robots"의 의미로 처음 사용되었다.

로봇이란 인간과 같이 운동 기능과 지능을 종합적으로 갖춘 범용의 기계라고 할 수 있다. 공학적으로 말하면 로봇은 작업을 하는 손, 환경을 이해하는 시각이나 촉각, 작업순서를 스스로 계획하여 실행하는 기능, 인간과의 대화수단을 갖추고 자유롭게 동작할 수 있는 범용의 그러면서도 하나의 기계로 종합된 기계 시스템이다. 보다 정확히 이야기하면 다양한 과업수행을 위해 프로그래밍 될 수 있는 기계이다. 또한 로봇은 감각이나 지능을 가지고 작업이 가능하며 인간이나 동물을 닮은 외견과 기능을 가진 기계라고 정의할 수 있는데 어떠한 작업을 하는 기계로서 이에 필요한 감각기능이나 지능은 로봇을 도와주기 위한 것이다. 로봇 공학의 궁극적인 목표는 인간과 닮은 인공 기계를 만드는 것이다. 하지만 인간이나 동물이 가지고 있는 가장 기본적이며 중요한 기능인 생식 기능이나 이에 따르는 연애감정, 섬세한 애정, 의욕이나 증오 등 고급 동물 특유의 감정 등을 목표로 하지는 않는다. 다음은 로봇에게 필요한 기능을 인체의 기능과 대비시켜 본 것이다.

① 감각기능

㉠ 눈에 상당하는 시각 기능
㉡ 귀에 상당하는 소리 인식 기능
㉢ 코에 상당하는 냄새 판별 기능
㉣ 손이나 피부 표면에 있는 촉각 기능
㉤ 팔이나 다리 기능에 있는 근력 기능
㉥ 이러한 기능을 자동으로 수행하기 위한 지능(즉, 추론, 연상, 학습, 기억 등)

② 작업기능

작업하는 주체인 팔이나 손의 기능을 의미하지만 작업을 달성하기 위한 극히 중요한 기능인 보행기능이나 이동기능도 작업기능으로 불리운다. 실제 인간의 몸에서는 작업의 주체인 팔에 붙어있는 어깨나 상반신의 미묘한 움직임이 팔에 의한 작업을 도와주지만 현재의 로봇기술에서는 오로지 팔이나 손의 제어, 귀에 의한 인식기능 등이 연구되고 있고 아직 상체나 어깨의 움직임에 대한 연구는 활발히 진행되고 있지 않다.

로봇에 필요한 기술들을 열거하면 다음과 같다.

① 센서공학

센서공학은 매우 광범위한 영역에 걸쳐 있지만 로봇공학에 적용되는 영역으로는 시각에 상당하는 패턴 인식기술, 삼차원 위치를 계측하는 삼차원 위치 계측기술, 일반적인 외부 정경분석, 음성인식이나 자연어 이해 기술, 손끝의 감각으로서 촉감, 압각, 힘을 감지하기 위한 역학 감지 기술 등이 있다.

② 인공지능

인공지능을 위한 기술로는 추론, 문제해결, 학습 등이 있고, 이제까지는 컴퓨터 과학 분야에 속하여 연구되어 왔다. 그러나 센서공학에서 말한 패턴 인식기술 등도 인간을 비롯하여 고급 동물에서는 거의 뇌에 의존하고 있기 때문에 이것을 인공지능과 동일시하여 생각하는 사람이 많다. 또 복잡한 팔의 고도제어에도 많은 연산과 정보처리, 높은 판단기능이 필요하기 때문에 이것도 인공지능의 한 부분으로 다루어진다.

③ 의수, 의족 등의 의지공학

의수나 의족은 로봇공학과는 별도로 발달해 왔지만, 어깨나 팔이 없는 사람을 대상으로 한 전완의수와 같은 복잡한 기능을 가진 의수의 경우, 그 제어기술은 지능 로봇의 팔 제어와 크게 다른 점이 없다. 그 뿐 아니라 의수에서는 경량화 및 소형화가 로봇에서 보다도 더욱 필요한 조건이기 때문에, 액츄에이터(Actuator)의 소형화나 조작의 용이함 등이 복잡한 로봇 기술에서 매우 중요한 요인이 되고 있다. 따라서 의지공학이 로봇 공학에 주는 영향은 점차 커질 것이라고 예상된다.

④ 산업용 로봇 기술

로봇의 각종 기능 중에서 가장 일찍부터 실용화된 것은 인간의 팔과 손 끝에 해당하는 부분을 기계화한 산업용 로봇이다. 현재 산업용 로봇의 지능화는 많은 회사에서 가장 큰 관심사이다. 산업용 로봇은 본래의 로봇 기능과 너무 동떨어진 것이 될 수도 있다. 하지만 산업용 로봇에 사용되는 기술이 로봇공학에 주는 영향은 그 실용성 문제만으로도 아주 중요하게 될 것이다.

⑤ 사이버네틱스(생물공학)

로봇이 최종 목표인 인간이나 동물에 가까운 기능을 달성하기 위해서는 인간을 포함한 동물의 기구나 기능을 그대로 연구할 필요가 있다. 그러한 의미에서 생물학자, 의학자 등과 협력하여 인체나 동물의 몸의 구조나 기능을 로봇공학의 견지에서 연구해 나갈 필요가 점점 증대되어 갈 것이다.

그리고 로봇공학이 지능로봇의 실현을 위해서는 다양한 학문영역에 관한 지식이 필요하다. 예를 들면, 전기전자공학, 기계공학, 생물공학, 인간공학, 심리학, 컴퓨터 공학, 정보처리공학, 화상처리공학 등이 이들의 범주에 속한다.

로봇의 종류에는 [그림 12-23]과 같이 강아지 로봇, 고양이 로봇, 물고기 로봇 등과 같은 애완용 로봇과 우리나라의 센토, Wabot-1, 혼다사의 아시모(ASIMO) 등과 같은 휴머노이드 로봇(Humanoid Robot) 등이 있다. [표 12-2]는 연도별로 본 간략한 로봇의 역사이다. [표 12-3]은 향후 십년주기의 시대별로 예측한 로봇의 미래이다.

그림 12-23 • 애완용 로봇과 휴머노이드 로봇

표 12-2 • 연도별로 본 로봇의 역사

- •1921년 체코의 극작가 카렐 차펙(Karel Capek)의 희곡 '로섬의 만능 로봇(Rossum's Universal Robots)' 에서 로봇이라는 용어가 처음으로 등장. 어원(語源)은 체코어로 힘겨운 노역을 뜻하는 '로보타(robota)'
- •1941년 SF작가 아이작 아시모프가 최초로 로보틱스(Robotics : 로봇공학) 라는 용어 사용
- •1942년 아시모프 '로보틱스의 3 법칙(Three Laws of Robotics)' 발표
- •1956년 조지 데볼과 조셉 엥겔버거, 최초의 로봇회사인 유니메이션(UNIMATION) 설립
- •1962년 제너럴 모터스(GM) 뉴저지 공장 생산라인에 최초의 산업용 로봇 유니매이트 (UNIMATE) 배치
- •1963년 최초의 인공팔 설계
- •1969년 스탠퍼드 대학빅터 샤인먼 교수, 최초의 로봇팔인 스탠퍼드암(Stanford Arm) 제작
- •1970년 스탠퍼드 리서치 인스티튜트 인터내셔널이 최초의 인공지능 이동 로봇 세이키 제작
- •1973년 신시내티 마이크론이 마이크로 컴퓨터에 의해 작동하는 최초의 산업용 로봇 T3 상용화 및 출시
- •1976년 우주선 바이킹 1, 2호 탐사 작업에 로봇팔 사용
- •1994년 카네기멜론 대학 로봇 연구소가 제작한 단테 2 탐사로봇, 알래스카 스퍼산(山)에서 화산재 등 탐사
- •1995년 프레드 몰과 존 프로드, 수술로봇 회사 인튜이티브 서지칼 설립
- •1997년 나사 화성탐사선 패스파인더 화성에 착륙. 탐사로봇 소저너 로버 화성 탐사에 나서 화성 및 다른 행성들의 사진 지구로 전송
- •1997년 혼다 10년간의 극비 작업 끝에 인간처럼 걷고 계단을 오르는 휴머노이드 로봇 P3 공개
- •2000년 혼다 차세대 휴머노이드 로봇 아시모 공개
- •2001년 소니 로봇 강아지 아이보 2세대 출시
- •2002년 카네기 멜론이 제작한 사회성 로봇 그레이스(GRACE) 등장

표 12-3 • 향후 십년주기의 시대별로 예측한 로봇의 미래

① 2010년 1세대 로봇
- 프로세싱능력 : 3000MIPS
- 지능수준 : 도마뱀(혼자서 길을 찾을 수 있고 청소 · 배달은 물론 공장에서 더욱 진일보한 작업을 수행하게 된다.)

② 2020년 2세대 로봇
- 프로세싱 능력 : 10만MIPS
- 지능수준 : 생쥐(학습을 통해 일을 배울 수 있고 스스로의 수행능력을 개선할 수 있게 된다. 1세대 로봇과 같은 작업들을 수행하지만 더 많은 융통성을 지니게 되고 작업 결과도 신뢰할 수 있다.)

③ 2030년 3세대 로봇
- 프로세싱 능력 : 300만 MIPS
- 지능수준 : 원숭이(각 사물의 용도에 대해 이해하게 되고, 생명체를 구분할 수 있다.새로운 작업에 앞서 시뮬레이션을 통해 준비를 하게 되고, 주위 사람들의 기분 을 읽을 수 있다.)

④ 2040년 4세대 로봇
- 프로세싱 능력 : 1억MIPS
- 지능수준 : 인간(인간처럼 말을 할 수 있고 이해할 수 있게 되며 독창적 사고가 가능하다. 자신의 행위결과를 예측할 수도 있다. 인간과 같은 수준 혹은 그 이상의 추론 능력을 지닌다.)

⑤ 2050년 로보 사피엔스 출현
인간을 추월해 지구의 주인이 된다. 로봇은 소프트웨어로 만든 인류의 정신적 유산, 이를테면 지식 · 문화 · 가치관을 모두 물려받게 된다. 이때의 로봇은 지혜를 가진 로봇, 즉 '로보 사피엔스'라고 말한다.

로봇의 응용 및 활용분야는 다음과 같다.

① 산업

로봇은 여러 산업 분야에서 광범위하게 이용된다. 초창기에는 물건 운반, 스폿용접, 페인트 분무 등에 응용이 되었다. 로봇은 이외에도 다양한 분야에 응용되고 있다. 예를 들어 연삭, 절삭 작업, 공작 기계의 관리, 플라스틱 산업에서의 성형이나 자동차 유리창의 본드칠 작업, 컨베이어 위의 물체를 집어내기, 포장해서 포크리프트의 팔레트에 쌓는 작업 등이다. 새로운 형식적인 응용분야로는 레이저 광선 용접기와 물 분사 절단기가 포함된다.

그림 12-24 • 자동차 생산회사의 페인트 칠하는 로봇

② 실험실

로봇은 실험실에서도 점점 더 많이 이용되고 있다. 로봇은 시험관 측정 등의 같은 연속 작업을 수행하여 지루한 작업으로부터 실험실 기술자들을 해방시키는데 적합하다. 지금의 개발단계에서는 로봇이 수동 작업을 자동으로 수행하는 데에 사용되고 있다.

③ 원자력 발전소

로봇 공학기술은 방사능 물질 조작을 위한 원격 조정 로봇의 개발로 인해 원자력 산업에서 처음으로 응용되었다. 보다 최근에는 방사능 지역에서의 원격 용접이나 파이프 검사에 로봇이 사용되고 있다.

④ 농업

로봇이 옥수수를 경작하거나 목장을 순찰하는 생각은 많은 사람들에게는 공상과학임에도 불구하고 농업분야에서의 로봇응용을 위한 연구가 진지하게 진행되고 있다.

⑤ 우주

우주 환경은 인간에게 위협적일 뿐만 아니라 인간은 값비싼 우주복이나 지구와 같은 환경을 필요로 한다. 인간의 지능과 기계적 조작을 결합시킨 원격조정 로봇은 우주왕복선의 로봇 팔로 사용되었다. 미래의 우주에서 응용될 수 있는 로봇으로서 매니퓰레이터(manipulator) 팔을 가진 행성 탐험 로봇, 우주 정거장 내를 돌아다니는 자유비행로봇, 인공위성 수선 로봇, 우주에서의 생산을 위한 매니퓰레이터 팔, 그리고 우주선이나 우주 정거장의 건설에 사용되어질 건설용 로봇이 있다.

그림 12-25 • 우주 탐사용 로봇

⑥ 교육

로봇은 여러 가지 형태로 교육에 사용되어 질 수 있다. 첫 번째는 로봇제어 시뮬레이션을 교육 매체로서 이용하는 교육프로그램이다. 두 번째는 로봇교실이다. 여러 가지 적은 비용의 매니퓰레이터들, 이동 로봇들, 그리고 완전한 시스템들이 교육 실습장에서 로봇이 사용될 수 있도록 개발되고 있다.

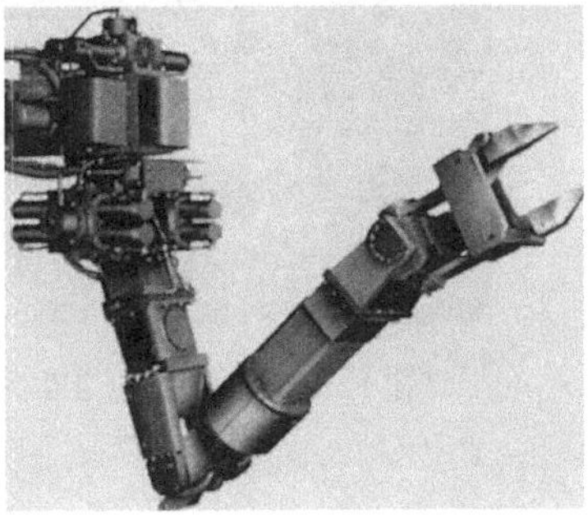

그림 12-26 • 매니퓰레이터(manipulator)

⑦ 가정

로봇은 가정 분야에서도 매우 다양한 분야에 사용되어질 수 있다. 가정용 로봇으로써 미국의 Probotics사의 가사로봇인 cye는 커피심부름이나, 우편 배달물을 나르고 카페트를 청소하는 정도의 기능을 갖추고 있다.

⑧ 진찰, 치료용 초미니 '로봇벌레'

환자 치료시 혈관과 같은 인체 내의 기관에 투입해 진찰과 치료의 기능을 수행할 수 있도록 하는 초미니 '로봇벌레(Robot Worm)'가 독일에서 개발돼 주목을 모으고 있다. 이 초미니 인공벌레는 인체의 정맥이나 동맥 속에 들어가 진찰, 청소 기능을 수행하고 수술 도구로도 이용할 수 있다. 이 초소형 로봇은 개미의 눈이나 촉각에 해당하는 각종 센서나 논리회로, 팔과 다리에 대응하는 메커니즘, 그것을 움직이게 하는 엑츄에이터(Actuator)를 하나로 하는 시스템으로써 크기는 수 μm에서 수 nm 정도로 마이크로 머신(MEMS : Micro Electro Mechanical System)이라고 불린다. 마이크로 머신은 마이크로 시스템, 메카트로닉스 등의 동의어로도 혼용되고 있으며 번역하면 초소형 시스템이다. 연구소에서는 초소형 정밀 로봇이라 부르고 있다. 미래에는 초소형 로봇이 몸속에 들어가 병원균과 싸우고 치료하는 극소공학(Nanotechnology)이 현실화될 것으로 예상된다.

그림 12-27 • 초소형 정밀 로봇 MEMS

⑨ 생물 초능력 첨단 군사장비

파리, 나방, 바닷가재, 도마뱀 등 하등생물이 보유한 각종 초능력을 모방해 첨단 군사장비를 만들려는 연구가 활발하게 진행되고 있다. 최근 미국의 생물학자와 엔지니어들이 군의 정찰 및 감시, 지뢰 탐지 등 위험한 임무를 수행하는 마이크로 로봇의 개발을 시도하고 있다.

⑩ 장애인의 재활을 위한 로봇

장애인의 일상생활 및 재활을 돕는 로봇을 개발하기 위한 노력이 여러 나라에서 시도되고 있는데 장애인들의 치료를 도와주는 로봇, 휠체어와 로봇팔을 이용하여 장애인들을 보조하는 로봇 등 여러 분야에 걸친 응용들이 있다.

(6) 컴퓨터 비젼(Computer Vision)

컴퓨터 비젼은 인간의 시각기능을 디지털영상처리기법을 이용하여 구현하는 한 분야이다. 영상의 아날로그 정보를 컴퓨터가 이해할 수 있는 디지털 데이터로 변환하는 디지털영상처리기법을 통해 인간의 시각기능을 구현뿐만 아니라 보완할 수도 있다. 컴퓨터 비젼은 사람의 눈의 역할을 영상 입력 장치인 카메라가 대신하고, 그 영상을 인식하는 사람의 뇌의 역할을 컴퓨터가 대신하도록 한다. 즉, 카메라로 입력된 영상 정보를 컴퓨터를 통해 분석하고 인식함으로써 인공적인 시각 시스템을 구현하는 것을 의미한다. 또한 컴퓨터 비젼은 투시된 영상들로부터 주어진 장면(Scene)에 관한 유용한 정보를 추출하는 작업을 의미하기도 하는데, 이것은 여러 화소(Pixel)들의 배열인 영상(Image)으로부터 물리적인 대상을 명확하고 의미있게 기술하도록 하는 과정을 말한다.

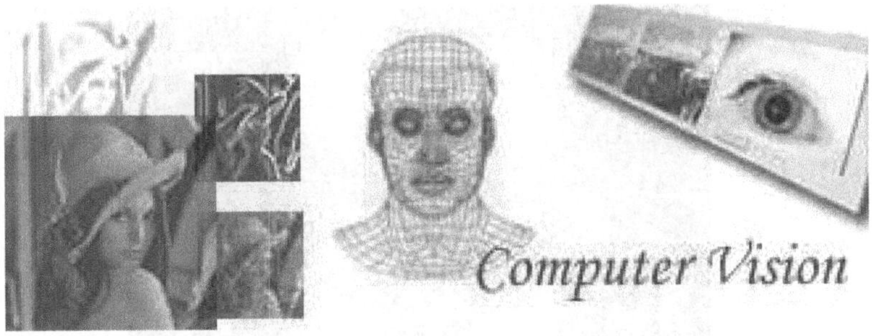

그림 12-28 • 컴퓨터 비젼 기술

최근 컴퓨터 비젼에 대한 관심이 점점 높아져 가고 있는데, 여러 응용 분야에서 실용화 작업이 추진되고 있다. 그 응용분야로는 얼굴인식, 지문인식, 홍체인식 등 생체인식 분야, 객체 추출 및 추적 기술을 통한 비디오 보안 감시 분야, 인간을 보조하는 로봇을 위한 핵심기술인 로봇 비젼 분야, 의료 분야에서 사용되는 X-ray 영상의 자동 판독 및 관리 시스템과 가상 시술 및 원격 시술을 가능케하는 의용영상 분야, 3D 및 동영상을 이용한 가상 현실 그래픽스 분야, 사무 자동화를 위한 문자 및 문서 인식 시스템 분야, 지형 조사 및 해양 탐사 작업에서 사용되는 항공 영상 분석 시스템 분야 등 매우 다양하다. 이처럼 여러 응용분야를 갖고 있는 컴퓨터 비젼 연구의 궁극적인 목표는 '보고 생각하는 컴퓨터'의 구현일 것이다.

컴퓨터 비젼의 인접 분야로는 영상 처리(Image Processing), 패턴 인식(Pattern Recognition), 장면 분석(Scene Analysis), 영상 해석(Image Interpretation), 광학 처리(Optical Processing), 비디오 처리(Video Processing), 영상 이해(Image Understanding) 등을 들 수 있다.

휴먼 비젼(Human Vision)과 컴퓨터 비젼의 차이점에는 다음과 같은 특징이 있다. 즉, 휴먼 비젼은 눈(Eye)을 통해 영상정보를 뇌에 전달하고 뇌가 근육을 통해 인체활동을 관장하는 반면, 컴퓨터 비젼은 영상 획득 장치에서 정보를 받아 컴퓨터가 엑츄에이터(Actuator)를 통해 제어하도록 한다. 하지만 인간의 시각정보는 비쥬얼 피드백(Visual Feedback)을 통해 뇌에서 지능/학습되는 것이 용이한 반면, 컴퓨터 비젼에서는 인간의 조작없이 '컴퓨터가 스스로 이를 어떻게 정확히 제어할 수 있게 하는가'가 중요하다.

[그림 12-29]는 휴먼 비젼과 컴퓨터 비젼 간의 특징을 비교하였고, [그림 12-30]은 컴퓨터 비젼과 컴퓨터 그래픽스(Computer Graphics)의 연관성을 나타내었다.

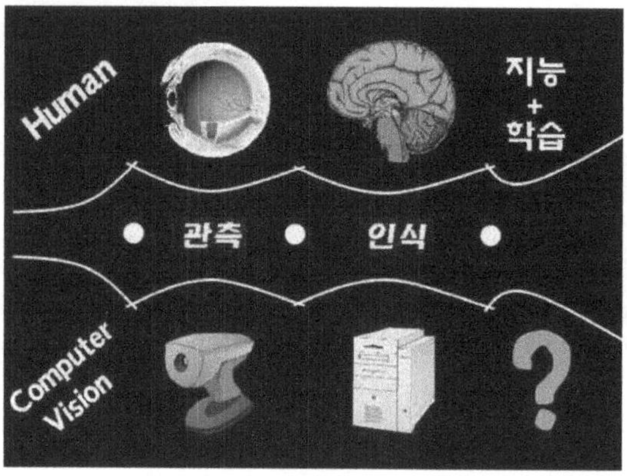

그림 12-29 • 휴먼 비젼(Human Vision)과 컴퓨터 비젼의 비교

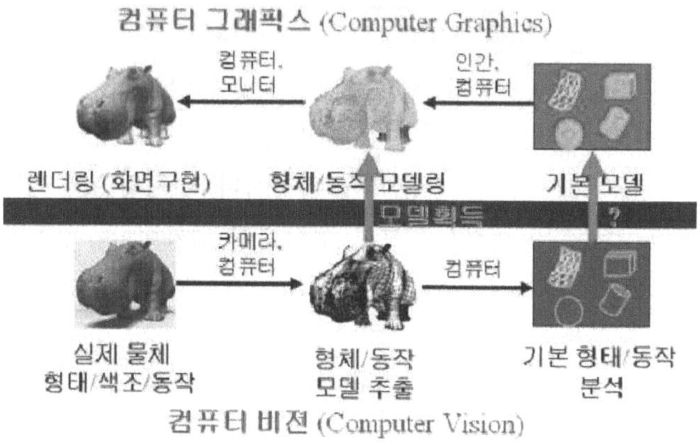

그림 12-30 • 컴퓨터 비젼과 컴퓨터 그래픽스(Computer Graphics)의 연관성

(7) 가상현실(Virtual Reality)

가상현실(Virtual Reality : VR)이라는 말은 1985년 Jaron Lanier가 '컴퓨터에 의해 제작된 몰입적인 시각적 경험'을 의미하는 단어로 쓴 데서 유래하였다. 보다 정확하게 개념을 규정하면 컴퓨터를 이용해 만들어진 가상공간(Cyber Space) 안에 인간의 오감을 통한 상호작용을 실현하여, 현실 세계에서의 활동 제약 또는 공간적·물리적 제약에 의해 직접 경험하지 못하는 상황을 간접적으로 체험할 수 있는 수단이라고 정의할 수 있다. 초기에는 인조환경(Synthetic Environments), 사이버공간(Cyberspace), 인공현실(Artificial Reality), 모의실험기술(Simulation Technology) 등 다양하게 명명되었지만 최근에는 주로 가상현실(Virtual Reality)로 불리어지고 있다.

가상현실 기술을 이용한 사례는 다음과 같은데, [그림 12-31]은 인터넷 쇼핑몰 등에서 사용하는 가상착의시스템이고, [그림 12-32]는 가상현실에 의한 모의비행(Flight Simulation) 훈련시스템이다.

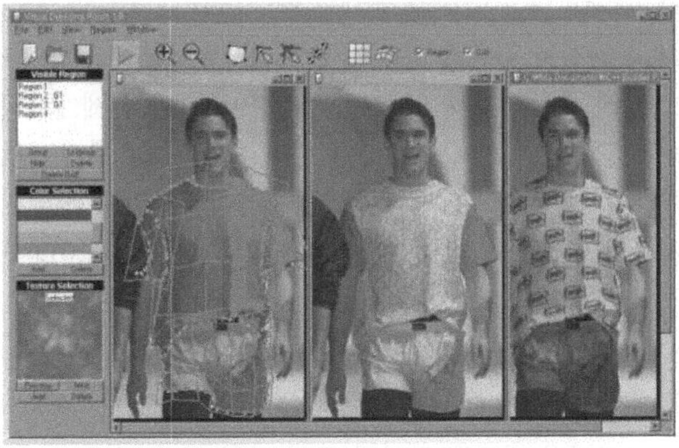

그림 12-31 • 가상현실 기술을 이용한 가상착의시스템

그림 12-32 • 가상현실에 의한 모의비행 훈련시스템

가상현실은 컴퓨터를 이용해서 가상적인 환경을 만들어 그 환경에서 넓이, 높이, 깊이의 3차원 가상 체험을 가능하도록 하는 첨단 기술이다. 또 가상현실은 3차원 내에서 시각적으로 경험될 수 있는 실제적이거나, 또는 상상 속 환경의 모의실험(Simulation)이다. 가상현실은 소리와, 촉감 및 운동감 등과 같은 기타 다른 형태의 피드백과 함께 완전히 실시간 동작 속에서 시각적으로 상호 작용하는 경험이 추가적으로 제공될 수 있다. 가상현실의 목표는 컴퓨터나 기타 기기를 통하여 인공적인 가상세계를 구현하여 사용자(사람)가 느끼기에 실제와 같은(예 : 가상도시), 또는 보통 일반인이 얻기 힘든(예 : 가상 달여행) 경험을 제공하는 것이다. 여기서, 실제감은 사람의 오감과 관련된 신경으로의 자극 자체의 충실도(Fidelity)를 말하며, 대개 이러한 것은 컴퓨터 그래픽스, 각종 디스플레이 장치, 실제 이미지 등을 활용한

실제에 가까운 시각화, 3차원 음향 등의 기술을 이용한 청각자극, 피부의 접촉이나 물체의 역학을 느끼게 하는 햅틱기술(Haptics : 촉각기술), 인공향기를 이용한 후각의 자극, 사용자로 하여금 가상환경과 자연스럽게 교류가 가능하게 하는 상호작용 기술 등을 이용하여 시뮬레이트(Simulate) 된다.

가상현실은 상상의 세계를 현실과 같은 공간 즉, 가상공간을 만들어 시각, 청각, 촉각, 운동감 등의 감각을 느끼게 해줌으로써 인체 감각기관이 인위적 세계에 몰입하여 현실과 같은 현장감을 느낄 수 있도록 한다. 가상현실에서는 컴퓨터를 이용하여 만들어진 3차원 가상환경에서 사용자가 특수 안경, 특수 장갑, 특수 옷 등을 사용하여 대상물을 조정한다.

즉, 인간의 오감에 신호를 전달하여 실재 존재하지 않는 환경이나 인간이 접근할 수 없는 거리에 있는 환경을 인간의 의식 속에 존재시킴으로 그 가상환경과의 상호작용을 가능하게 한다. 또 사용자는 단지 컴퓨터 데이터로 존재하는 대상물을 눈으로 보거나 귀로 듣고 손으로 만지는 등 과거의 대중매체에서 불가능했던 인간의 모든 감각을 출동시켜 전혀 새로운 세계를 만들어 낸다. 가상현실의 세계는 현실에 구해 받지 않고 상상의 세계를 현실과 같이 만들어내며 인체의 모든 감각기관(눈, 코, 입, 귀, 피부)이 가상으로 창조된 세계에 몰입됨으로써 시연자 자신이 바로 그 곳에 있는 가상공간이며 직접적인 체험을 할 수 있도록 그 안의 모든 것은 상호작용적인 관계에 있다.

즉, 실제 환경과 유사하게 만들어진 컴퓨터 모델 속에 들어가 시각, 청각, 촉각, 후각, 미각 등과 같은 감각들을 이용하여 가상공간을 체험하고 대화식으로 정보를 주고 받는 것이 바로 가상현실이다. 이때 피드백 시스템(Feedback System)없이는 가상현실의 특성들을 느낄 수 없기 때문에 계속적으로 다양한 피드백 시스템들에 대한 연구가 현재 진행 중이다.

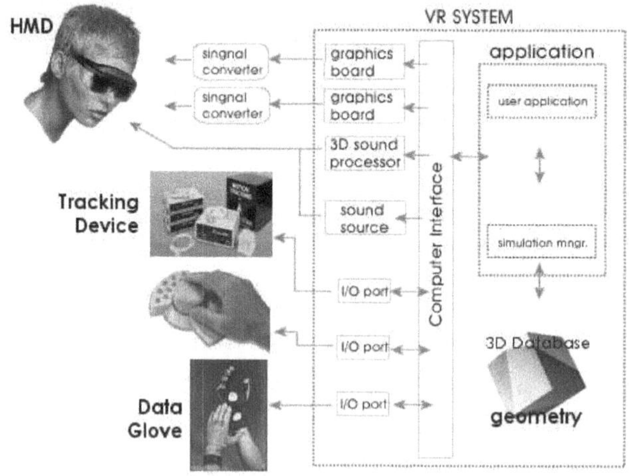

그림 12-33 • 가상현실 주변장치

가상현실 시스템은 가상환경(VE), 컴퓨팅 환경, 가상현실 입출력 기술 및 상호 작용 방식의 4요소로 구성된다. 가상 환경 구성 요소로는 3차원 컴퓨터 그래픽, 애니메이션, 시뮬레이션 기술이 주축이 되며 인공지능, 3차원 소리 발생, 인간과 컴퓨터 접속, 원격 조종 및 제어, 로봇, 멀티미디어 통신 및 네트워크에 관한 기술 등이 첨가된다. [그림 12-33]은 가상현실 주변장치를 나타내는데 HMD(Head Mounted Display), Tracking Device, Data Glove 등이 있다.

가상현실 기술은 최근 인터넷 기술과 결합되어 대중화하고 있다. 인터넷 기반의 가상현실 기술은 크게 두 가지 범주로 나눌 수 있는데 이미지를 기반으로 하는 '파노라마' 와 3D 폴리곤을 기반으로 하는 N-VR(VRML자바 3D 등 3차원 기술)가 대표적이다. 파노라마의 경우 사진을 원통 또는 구 형태로 매핑(Mapping)하여 중심점 에서 돌려보는 방법인데 실제 사진을 이용하기 때문에 제작 과정이 간단하고 질적인 면에서 우수하다. 가상현실을 웹 브라우저에서 실현하기 위한 표준 언어인 VRML(Virtual Reality Modeling Language : 가상현실 모델링 언어)은 인터넷상에서 가상현실을 구현하는데 사용되는 3차원 모델링 언어로서 텍스트 언어로 된 문장을 이용하여 그들의 디스플레이와 상호작용을 위한 이미지 및 규칙들을 설정할 수 있게 해준다. VRML을 사용하면 텍스트, 이미지, 애니메이션, 사운드 등으로 이루어진 3차원 세계와 상호 작용할 수 있다.

최근에 증강 현실(Augmented Reality : AR)이 새로운 미래 공간으로 주목받고 있다. 증강 현실은 사용자가 눈으로 보는 현실세계와 부가정보를 갖는 가상세계를 합쳐 하나의 영상으로 보여주는 가상현실의 하나이다. 증강 현실은 혼합 현실(Mixed Reality : MR)이라는 용어로 표현되기도 한다. 증강 현실은 사용자가 직접 눈으로 보고 있는 현실 환경에 3D로 제작된 데이터가 실시간으로 추가(혼합, Matching)되어 새로운 가상 환경을 보여주는 '복합형 가상현실 테크놀로지(Hybrid VR Technology)' 이다.

증강 현실은 3D로 만들어진 가상 환경을 배경으로 이루어졌던 기존의 가상현실(VR)과는 달리 현실 환경(Real World)을 바탕으로 이루어진다는 것이 가장 큰 특징이라 할 수 있다. 컴퓨터 그래픽으로 제작된 가상의 3D 데이터는 현실 환경 위로 실시간(Real-time) 혼합되어 필요한 정보를 추가적으로 제공하는 역할을 하게 된다. 이러한 증강 현실은 카메라 장치 등을 통해 일차 인식되는 현실 환경의 이미지에 실시간 트래킹(Real-Time Tracking)과 실시간 렌더링(Real-Time Rendering) 기술이 동시에 접목되어 디스플레이 됨으로써 육안으로 보는 현실위에 새로운 가상현실을 부가시켜 종합적으로 마치 마법과 같은 영상효과를 실시간으로 눈앞에 펼쳐놓게 되는 기본적인 기술구조를 가지고 있다.

증강 현실은 현실세계를 가상세계로 보완해주는 개념으로써 컴퓨터 그래픽으로 만들어진 가상 환경을 사용하지만 주역은 현실 환경이다. 컴퓨터 그래픽은 현실 환경에 필요한 정보를 추가 제공하는 역할을 한다. 사용자가 보고 있는 실사 영상에 3차원 가상영상을 겹침(Overlap)으로써 현실 환경과 가상화면과의 구분이 모호해지도록 한다는 뜻이다. 증강 현실은 이용자가 보고 있는 현실 환경(Real Environment)과 컴퓨터에 의해 생성된 가상 환경(Virtual Environment)의 두 환경이 조합된 것으로 실제 장면에 가상의 객체를 혼합한다. 또 실제 장면에 정보를 추가하고 불필요한 영역을 제거함으로써 현실감을 증가시킨다. [그림 12-34]는 현실 환경에 가상의 로고가 추가되어 새로운 환경을 창조하는 증강 현실의 단적인 실례를 보여 준다.

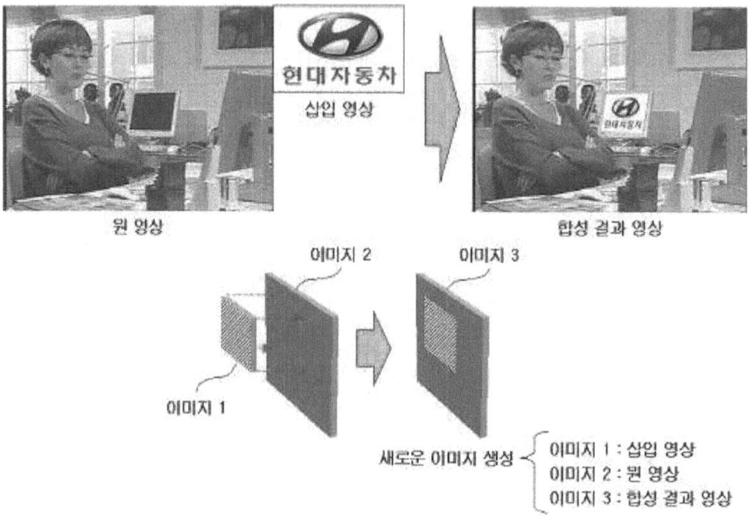

그림 12-34 • 증강 현실(Augmented Reality)의 실례

또 가장 최근에는 사이버공간에서 실생활과 똑같은 생활을 할 수 있게 만든 가상현실 사이트인 세컨드라이프(Second Life)가 크게 각광받고 있다. 세컨드라이프는 미국 샌프란시스코의 린든랩사가 3차원 그래픽을 이용해 실제와 똑같은 생활을 즐길 수 있게 재현해놓은 인터넷 사이트다. 사이버공간에 세컨드라이프가 처음으로 만들어진 시기는 2003년이다. 2006년 초 10만명에 불과했던 주민(서비스 사용자)이 같은 해 10월경에는 100만명을 넘었다. 2007년 3월 말 주민 수는 430만명으로 불어났다. 최근에는 1000만명이 제2의 인생을 즐기고 있는 것으로 추산된다. 세컨드라이프는 실생활과 마찬가지로 자신이 하고 싶은 것을 하며 살아갈 수 있으며 또 사람이 상상할 수 있는 모든 일을 할 수 있다. 세컨드라이프는 환상과 현실의 혼합이다. 사이트 속 그래픽 화면은 모두 주민이라 불리는 사이트 접속자들이 만든 것이다. 린든랩은 가상의 토지를 팔고, 공간을 꾸밀 수 있는 3차원 그래픽 제작도구를 제공한다. 나머지는 주민이 알아서 모든 것을 한다. 사용자는 사이트 내에서 자신을 대신해 활동하는 아바타(Avatar : 분신)의 눈 색깔, 볼 두께까지 섬세하게 꾸밀 수 있다. 자신의 얼굴과 똑같이 만들어도 되고, 유명인이나 모자를 쓴 악어가 될 수도 있다. 이 아바타를 조종해 사용자는 가상공간의 어디든지 방문하며 실제와 똑같이 생활할 수 있다.

그림 12-35 • 가상현실 웹사이트인 세컨드라이프(Second Life)

가상현실은 다음과 같은 다양한 분야에 응용될 수 있다. 즉, 교육훈련 목적으로 만들어진 빌딩이나 우주선의 인테리어와 같은 실제 환경의 모의실험, 게임이나 교육적 모험과 같은 상상속 환경의 개발, 건축 가상 모델하우스(Architectural Walkthrough), 의료 해부학(Interactive Segmentation of Anatomical Structure)과 같은 의학교육 등에도 광범위하게 활용된다. [그림 12-36]는 가상현실의 다양한 응용분야를 보여주고 있다.

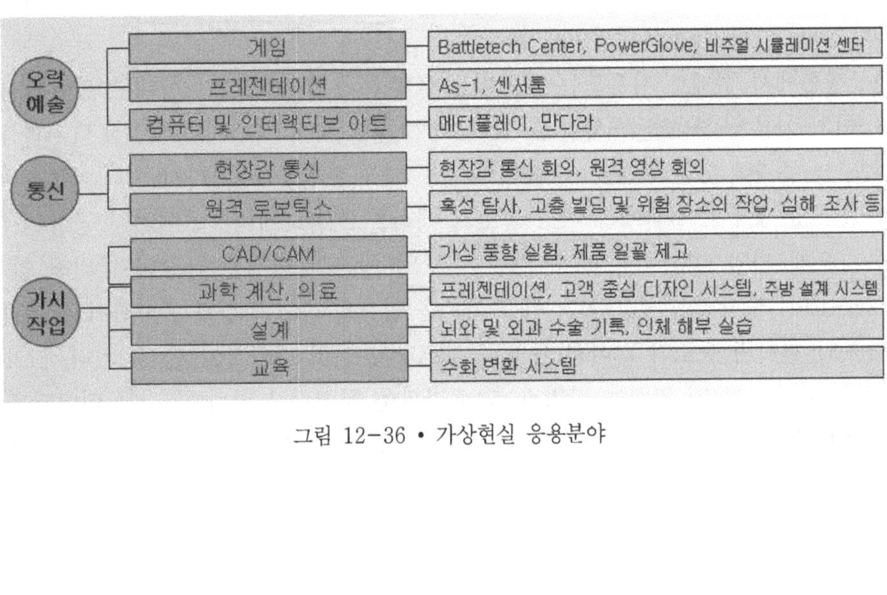

그림 12-36 • 가상현실 응용분야

PC에서 가상현실 효과를 생성하기 위한 제품들에는 Extreme 3D, Ray Dream Studio, trueSpace, 3D Studio MAX, Visual Reality 등이 있다.

(8) 퍼지 이론(Fuzzy Theory)

퍼지(Fuzzy)란 불분명한 상태, 모호한 상태를 2진 논리에서 벗어난 다치성으로 표현하는 개념이다. 퍼지 이론은 확률 이론과 근본적으로 다르다. 어떤 사람이 부엌과 침실 사이의 문간에 서 있다고 할 때, '그 사람은 50% 부엌, 50% 침실에 서 있다' 라고 말하는 것과 '그 사람은 50%의 확률로 부엌에 있거나 50% 확률로 침실에 있다' 라고 말하는 것은 다르다. 퍼지 이론은 '회색 이론' 이라는 별명으로도 불린다. 왜냐하면 흑백 사이의 수많은 회색을 상정하기 때문이다. 그리고 이 개념을 표현하는 방식으로 '매우', '조금', '약간', '보통' 이라는 언어적 형용사를 사용한다. 이와 같은 말들은 뜻이 통하기는 하지만 수치적으로는 정확하게 나타내기는 어려운 이른바 '애매함(Fuzziness)' 을 나타낸다. 그렇기 때문에 퍼지 이론을 '비수학적' 이라고 생각하기도 한다.

퍼지 이론에서는 사실인 정도(Degree of Truth)를 다룬다. 즉, 전통적인 컴퓨터가 다루는 '참(True)' 이나 '거짓(False)' 이냐하는 2진수(0 또는 1) 부울 논리의 한계를 극복하려는 연구 분야이다. 퍼지에서 0과 1의 부울 논리는 오히려 특별한 경우로 취급된다.

퍼지 이론의 아이디어는 1965년에 미국 UC버클리 대학의 로프티 자데(Lofti A. Zadeh) 교수에 의해 처음으로 소개되었다. 그는 컴퓨터가 자연어를 이해하는 문제에 대해 연구하고 있었는데, 0과 1의 절대적 표현으로는 풍부한 어휘를 제대로 표현할 수가 없었다는 사실을 깨닫게 되었다. '과연 나의 아내는 어느 정도 예쁜 것인가?' 에서 출발한 그의 연구는 인간의 자연스런 표현을 컴퓨터화하는 것이어서 'Computation with Word' 라고도 한다. 즉, '예쁘지 않다' 와 '예쁘다' 를 0과 1로 표현할 때 '조금, 적당히, 많이...예쁘다' 로 표현시 0.2 정도, 0.5 정도, 0.8 정도라고 표현할 수 있다. 여기서의 0.2, 0.5 등을 멤버십 등급(Membership Grade)이라고 한다. 0과 1의 절대적인 표현과는 구분되는 것이어서 소프트 컴퓨팅(Soft Computing)이라고도 한다.

일상생활에서 실제로 사용되는 자연어는 0 또는 1의 절대적인 형태로 표현되기가 쉽지 않다. 퍼지 이론은 참(또는 '사실', '그 일의 상태' 등)의 극단적인 경우로서 0과 1을 포함하지만, 그 중간에 있는 여러 가지 상태의 참도 역시 포함한다. 따라서 퍼지 이론은 애매모호함의 연구 분야이며, 결과에는 어느 정도의 에러를 포함하게 된다. 여기서 근사 추론이라는 말이 나오게 되었으며, 허용할 수 있는 정도의 에러의 한계를 규정하기 위해 알파-커트(Alpha-Cut)의 개념을 사용한다. 퍼지 이론은 인간의 사고 과정과 흡사하며, 극단을 배제하는 불교의 철학적 요소가 많아서 동양적 사고방식에 더 가깝다고 할 수 있다. 그래서 퍼지 이론은 우리의 두뇌가 일하는 방법과 좀더 가까운 것처럼 보인다. 우리는 데이터를 모으고, 부분적인 참의 개수를 이루며, 더 나아가서 고차원의 진실들을 차례로 모아 나가다가, 어떤 경계를 넘었을 때, 운동신경의 반응과 같은 결과를 일으킨다. 이와 비슷한 과정이 인공지능 컴퓨터나 신경망 및 전문가 시스템 등에서 사용된다. 또 퍼지 이론은 퍼지 집합(Fuzzy Set), 퍼지 논리(Fuzzy Logic), 퍼지 숫자(Fuzzy Number) 등의 개념을 포함하고 있으며 애매모호하게 표현된 자료를 이용하여 우리에게 유용한 대상을 만들어 내는데 크게 활용되고 있다.

퍼지 이론의 산업적 활동은 영국에서부터 시작 되었다. 1974년 런던대학의 만다니(Mandani)교수는 스팀엔진의 제어에 최초로 퍼지 개념을 활용하였다. 퍼지 회로는 0과 1의 2진법에 의한 연산방법을 가진 기존 컴퓨터가 제어할 수 없는 애매한 부분을 포착하여 컴퓨터로 조작할 수 있는 단계로 응용·발전시켜 주기 때문이다. 그러므로 퍼지 회로를 채용한 컴퓨터는 기존 컴퓨터의 결정주의적 논리체계를 초월하여 애매모호한 정보도 취급할 수 있도록 해줌으로써 일상생활에서 유용하게 활용되고 있다. 퍼지 회로를 도입한 자동운전 시스템도 좋은 예가 될 수 있다. 기존 컴퓨터에 의해 제어되는 자동운전시스템은 목표로 하는 정지 위치와 예측되는 정지위치가 꼭 맞을 경우 1(정확), 조금이라도 차이가 있으면 0(부정확)이라고 판단하여 브레이크를 걸게 된다. 따라서 급브레이크를 걸게 되는 경우가 많다. 그러나 퍼지 회로를 채택한 시스템은 인간이 보통 그런 것처럼 몇 cm 정도의 오차가 있어도 '거의 정확하다' 라고 판단할 수 있으므로 특별한 경우 이외에는 급브레이크를 밟지 않고 정지 된다. 브레이크를 강하게 밟아 정확히 정지하면 1, 브레이크를 가볍게 밟아 10cm정도의 차이가 나면 정확도는 0.8로 표시된다.

이와 같이 퍼지 이론은 사람이 원하는 상태를 다양하게 맞추어 줄 수 있으므로 에어컨, 세탁기 ,청소기, 카메라, 캠코더, 전자레인지, 석유히터, 빨래건조기, 전기밥솥 등과 같은 여러 가지 제품에 채택·활용되고 있으며 이와 같은 현상은 더욱 더 커질 것으로 예측된다.

표 12-4 • 퍼지 이론이 산업계에 적용된 사례

분야	사례
전자산업 분야	비디오 캠코더, 세탁기, 온수기, 에어컨, TV, 진공 청소기
중공업 분야	보일러-터빈, 아아크 용접기, 화력 발전소
제어계측 분야	서보시스템, 하수처리 및 관리, 잠수정 제어
의료기기 분야	알레르기 진단 장비, 혈압 측정기
로봇산업 분야	순응 제어기, 모빌 로봇, 정밀 부품 조립, 능동 제어
교통제어 분야	엘리베이터 제어, 자기 부양 장치
패턴인식 분야	한글인식, 펜 컴퓨터, 칼라 복사기, CRT 제조
전력산업 분야	부하 변동 주파수 제어, 전력 손실 복원

4 착용형 컴퓨터(Wearable Computer)

착용형 컴퓨터(Wearable Computer)는 [그림 12-37]과 같이 몸에 직접 착용해 이동 중에도 편하게 사용할 수 있는 컴퓨터다. 입는 컴퓨터인 착용형 컴퓨터의 개념은 간단하다. 각각의 독립적 기능을 수행할 수 있는 구성단위인 모듈별로 컴퓨터를 분해해 마치 안경이나 의복을 착용하는 것처럼 신체에 편하게 부착해 첨단기술을 활용하는 것이다. 얼굴에는 모니터가 내장된 안경 등에는 배낭 형태의 소형 컴퓨터, 허리에는 벨트 전지, 머리에 헤드 마운티드 디스플레이(HMD, 머리에 쓰고 화면을 볼 수 있는 디스플레이), 손목에 터치패드 또는 키보드, 그리고 어깨에 무선통신 모듈 등 온 몸이 컴퓨팅 시스템으로 무장된다. 배낭 형태의 소형 컴퓨터는 컴퓨터의 본체인 CPU 또는 PDA(Personal Digital Assistant, 휴대형 정보단말기)와 같은 휴대형 컴퓨터를 상상하면 된다. 이것이 바로 넓은 의미를 지닌 착용형 컴퓨터의 모습이다. 하지만 꼭 CPU를 등에 질 필요는 없다. 젊은이들 사이에서 유행처럼 퍼지고 있는 MP3 플레이어도 CPU 역할을 하는 칩이 내장돼 있기 때문에 '입을 수 있게' 몸에 부착된다면 착용형 컴퓨터의 일종이라고 할 수 있다. 데스크톱 컴퓨터에서 이동형 컴퓨터를 거쳐 인간의 몸에 완전히 부착시켜버리려는 사람들의 끊임없는 노력이 착용형 컴퓨터를 탄생시킨 것이다.

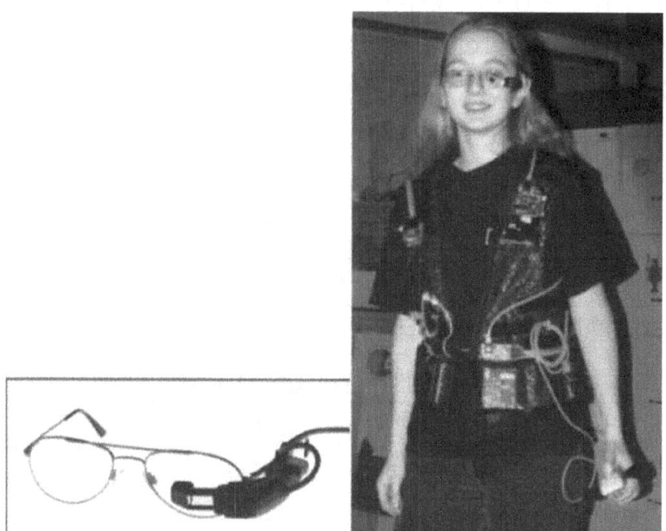

그림 12-37 • 착용형 컴퓨터(Wearable Computer)

착용형 컴퓨터의 효시는 1968년 이반 서더랜드가 장식했다. 그는 착용형 컴퓨터의 필수 장비로 알려진 HMD를 설계해 착용자가 가상세계를 경험할 수 있도록 했다. 즉 헬멧 모양으로 생긴 HMD를 머리에 쓰고, 눈 앞에 보이도록 한 작은 크기의 화면을 통해 3차원 게임이나 오락을 즐긴다. 이후 본격적인 연구를 착수한 사람은 스티브 만이다. 착용형 컴퓨터의 개념조차 희박했던 1980년부터 개발에 참여해 1990년대 후반까지 입는 컴퓨터의 역사 속에서 빼놓을 수 없는 인물이다. 그는 초창기에 전지기반의 컴퓨터와 헬멧에 부착된 일종의 모니터인 CRT, 카메라, 램프 등을 제어하기 위한 장치를 개발했다. 또 컴퓨터의 모듈화와 무선 연결이 가능해지면서 외형상으로 컴퓨터가 부착돼 있는지 알아보기 힘들 정도의 수준까지 발전시켰다. 스티브 만에 따르면 착용형 컴퓨터는 1, 2, 3세대로 나뉜다. 제1세대 착용형 컴퓨터 1호는 1970년대에 개발된 컴퓨터라기보다 카메라 기능이 우선된 제품이었다. 이후 1981년 개발된 착용형 컴퓨터는 금속 틀 내부에 마이크로프로세서가 장착돼 있고, 납-산 전지로 전원을 공급받는 시스템이었다. 1세대와 2세대를 구분 짓는 가장 큰 특징은 바로 컴퓨터 모듈의 분리이다. 2세대 착용형 컴퓨터는 분산된 컴퓨터 모듈을 선으로 연결했으며, 사용된 선은 의복에 넣고 꿰매 자연스러움을 유도했다. 이들에 비해 3세대 착용형 컴퓨터의 목표는 '최대한 자연스럽게, 보이지 않게' 로 정의할 수 있다. 완전한 인간 친화적 제품으로 시각적으로는 물론, 착용감에도 불편함이 없어야 한다. 특히 선진국에서는 착용형 컴퓨터를 이용한 첨단 연구가 다양한 산업 분야에서 활발히 진행되고 있다. 최근 발표된 Philips와 Levis의 'ICD 플러스' 는 3세대 착용형 컴퓨터를 지향하는 대표적 제품이다. 초창기에는 부피가 컸던 각종 컴퓨터의 구성요소를 몸에 붙여 착용자의 모습이 다소 어색하고 둔탁했지만, 일종의 컴퓨터 역할을 하는 각종 전자제품이 소형화되고 착용할 수 있는 형태로 변화되면서 착용형 컴퓨터의 개념도 점차 발전하고 있다. 이를 위해서는 착용형 컴퓨터를 구성하는 기술이 각 분야에 맞게 적용돼야 한다.

착용형 컴퓨터의 응용 범위는 무척 다양하다. 간단한 오락과 장애인을 위한 시스템은 물론, 의료나 군사, 패션에 이르기까지 폭넓은 영역에서 효과를 발휘한다. 가정과 공장에서 착용형 컴퓨터를 사용할 경우를 상상해보자. 아내의 활동이 불편해 시장에 직접 나서야 하는 남편이라면 어떤 야채가 더 신선한지, 어떤 생선이 더 좋은지 판단하기가 막막하다. 이럴 때 카메라가 설치된 안경을 끼고 시장에 나가면 더 이상 고민할 필요가 없다. 남편은 시장 모습을 촬영해 실시간으로 아내에게 보내고, 아내는 가정에서 HMD를 통해 원하는 물건을 골라 남편에게 알려주면 골치 아픈 장보기는 간단하게 해결된다. 누구보다 착용형 컴퓨터를 반기는 사람들은 장애인이다. 만일 한쪽 손이 자유롭지 못한 장애인이 음성이나 특별한 제스처를 인식하는 컴퓨터를 착용한다면 큰 불편함은 없을 것이다. 불의의 사고로 시력을 잃게 된 경우라도 일종의 방향 지시 카메라나 지도 등이 내장된 특수 안경을 끼면 시력 회복에 어느 정도 기대를 가질 수 있다. 복잡한 기계를 수리하는 작업장에서는 허리에 컴퓨터를 내장한 벨트를 착용하면 사용자는 기존에 사용됐던 관련 자료뿐만 아니라 자세한 수리 교본, 온라인 매뉴얼까지 제공받아 활용할 수 있다. 의료분야에서도 착용형 컴퓨터의 효과는 단연 앞선다. 환자에게 센서를 부착하면 의사는 원격으로 환자의 상태를 파악할 수 있으며, 이를 통해 즉각적인 상담이나 환자에 대한 원거리 진료가 가능하다. 군사 분야에서의 중요성도 빼놓을 수 없다. 헬멧에 부착된 마이크와 라디오 장치로 원거리 통신을 할 수 있으며, 한쪽 눈앞에 장착된 디스플레이 장치를 통해 주변 지형과 동료들의 위치를 파악할 수 있다. 헬멧에 장착된 비디오 카메라로 주위 상황을 본부에 보고하며, 의복에 부착된 센서로는 건강 상태를 체크한다. 실제로 '랜드워리어(Land Warrier)' 라는 입는 컴퓨터는 미 육군 보병을 위해 설계된 전투 시스템으로, 걸프전 당시 병사 개개인에게 지급된 21세기형 장비로 유명하다.

이렇듯 착용형 컴퓨터는 다양한 분야에서 업무와 작업을 효과적으로 수행하기 위해 사용된다. 하지만 컴퓨터가 하나의 의복으로 통합되지 않은 이상 착용과 사용에 있어서 불편함은 해결될 수 없는 문제다. 착용형 컴퓨터와 패션을 접목시킨 최초의 시도는 1997년 시작된 MIT 미디어랩 알렉스 펜틀랜드 교수의 'Beauty & the Bits' 프로젝트다. 그는 3주 동안 1백여 가지 입는 컴퓨터 설계안을 도출했다. 그가 창조한 '테크놀로지 패션' 은 모자나 신발, 보석, 의류 등에 입 · 출력 장치, 센서, 연결 장비 기능을 부여한 것으로, 미래 패션을 설계하는 기회로 평가받는다. 이후 1998년에는 '웨어러블 심포지엄 2010' 을 개최해 기존에 MIT와 공동으로 제작했던 입는 컴퓨터 22벌과 새로운 작품 25벌을 선보였다. 의상의 형태는 장애인을 위해 편리한 기능을 첨가한 것과 신체의 능력을 확장 · 보완해 주는 것, 재미를 맛볼 수 있는 엔터테인먼트 의상 등 다양했다.

우리나라에서도 이미 패션쇼가 열릴 만큼 착용형 컴퓨터는 우리 앞에 성큼 다가왔다. 한국 차세대 컴퓨팅 학회에서 처음 사용한 UFC(Ubiquitous Fashionable Computer)라는 명칭의 착용형 컴퓨터는 무선 통신 기술을 기반으로 IT와 패션을 융합한 유비쿼터스형 모델을 뜻한다. [그림 12-38]부터 [그림 12-40]까지는 우리나라의 UFC 형태 착용형 컴퓨터의 사례를 보여 준다.

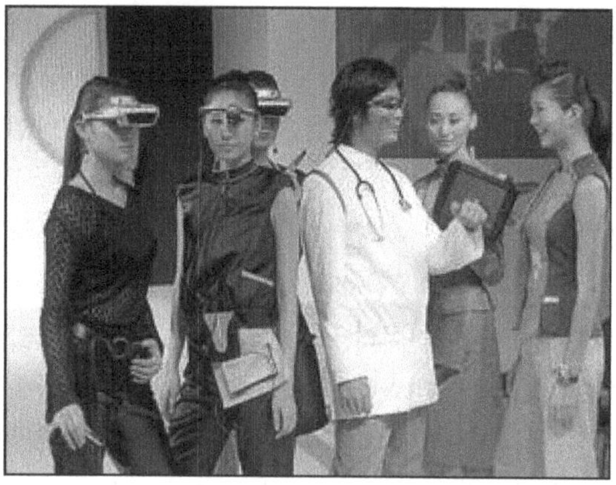

그림 12-38 • 우리나라의 착용형 컴퓨터 패션쇼

그림 12-39 • 손목시계형 착용형 컴퓨터-사고시 위험신호를 자동으로 알림

그림 12-40 • 악수시 상방에 대한 정보교환이 가능하게 될 착용형 컴퓨터

5 신경망 컴퓨터

신경망 컴퓨터(Neuro Computer : 뉴로 컴퓨터)는 사람이 갖는 우수한 정보처리기능과 지식의 축적 · 분석 · 판단기능을 모방해 만든 것으로, 학습기능을 가지며 병렬연산 방식이 기본인 차세대 컴퓨터를 말한다. 즉, 직감력이 좌우하는 분야, 복잡한 입력정보의 고속처리, 학습기능 등의 문제를 해결하기 위해 신경세포(Neuron : 뉴런)라고 부르는 소자를 결합한 네트워크

인 신경회로망(Neural Network)과 인공지능(Artificial Intelligence), 퍼지이론(Fuzzy Theory) 등을 이용해 인간의 뇌가 갖는 것과 같은 학습기능, 연산기능, 패턴인식기능, 운동제어기능 등의 정보처리를 실시간으로 할 수 있도록 한 컴퓨터로 제6세대 컴퓨터라고도 한다.

신경망 컴퓨터는 신경망 개념을 하드웨어로 실현한 컴퓨터로써 두뇌의 신경세포와 시냅스(Synapse : 신경 연접)를 칩으로 구현한 것이다. 학습능력이 있는 장점이 있으며 인공지능, 영상인식, 음성인식 등의 분야에 매우 유용하다.

즉, 신경망 컴퓨터는 인간 두뇌의 신경세포가 정보를 처리하는 방법에서 그 원리를 찾아 설계한 컴퓨터이다. 인간의 신경세포와 같은 정보처리능력을 인공적으로 만들기 위해 인간의 두뇌를 형성하는 최소 단위인 신경세포와 시냅스를 전기적 ·광학적 또는 생물학적인 방법을 통하여 신경칩(Neuro Chip), 퍼지칩(Fuzzy Chip) 및 혼돈칩(Chaos Chip)으로 구현한다. 현재의 일반적인 폰 노이만형(John von Neumann) 컴퓨터에 비해 신경망 컴퓨터가 갖는 가장 대표적인 장점은 신경망이 가지고 있는 학습기능이다.

신경망은 반복적으로 입력된 정보에 대하여 각 입력신호의 가중치를 목적에 맞도록 변화시킴으로써 학습(훈련)을 할 수 있다. 학습을 수행한 신경망 컴퓨터는 입력된 정보를 기억할 수 있으며 인간 두뇌와 같이 비결정적인 특성을 가지고 있기 때문에 약간 틀리거나 비슷한 입력을 인식할 수 있다. 이러한 특징은 인공지능 분야의 영상인식이나 자연언어처리, 음성인식, 필기체 문자인식 등의 분야에서 매우 유용하다는 평가를 받고 있다.

신경망 컴퓨터는 생체의 신경 세포들의 작용에서 아이디어를 얻어서, 패턴 인식 등 인간의 두뇌 작용과 유사한 기능을 가진 신경망을 구현하는 컴퓨터이다. 뇌의 신경세포인 뉴런이나 신경세포의 연접부인 시냅스의 구조를 응용해서 입출력 배선을 구성하며 신경망칩이 쓰인다. 신경세포간의 정보전달 연결부분인 시냅스는 들어온 정보를 다음 단계의 다른 세포에게 전부 또는 일부를 선택적으로 전달할 수 있는 기능을 가지고 있다.

신경망 이론은 1943년 맥컬럭과 피츠가 제안한 신경모델에서 출발하였는데 신경망 컴퓨터의 가장 두드러진 특징은 기본적으로 프로그램이 불필요하고 학습에 의해 지식을 습득하며 인간에 가까운 직감적 사고를 얻는다는 점이다.

또한 입력 정보가 일부 불완전하거나 부정확한 경우에도 바른 결과를 얻을 수 있다는 특징이 있다. 신경망은 데이터베이스로부터 학습이라는 과정을 통해 규칙을 대신하는 신경망 패턴을 형성하게 된다. 학습이 진행된 동안 신경망은 웨이트(Weight)라는 신경조직간 연결을 가지며 학습문제에 따라 고유의 패턴을 나타내게 되어 일정한 규칙을 갖기 힘든 인식이나 분류작업에 많이 활용된다. 생물의 신경세포 구조를 응용한 회로소자를 이용하여 두뇌의 우수한 정보처리 능력을 인공적으로 실현하는 것을 목적으로 하는 신경망 컴퓨터는 자기학습, 음성처리, 자연언어처리, 로봇 제어, 패턴 인식 등의 다양한 인공지능 분야에 사용된다.

(1) 인간 두뇌의 생물학적 신경망

인간의 두뇌는 계산, 연상, 추론, 기억 등 상당히 복잡한 일들을 수행하지만 디지털 컴퓨터처럼 하드웨어적인 소자들이 존재하는 것이 아니라 뉴런의 결합체인 신경망의 작용에 의해서 모든 작업이 이루어진다. 신경망 컴퓨터의 인공 신경망 모델은 뇌의 생물학적 신경망에 근거를 두고 있다. 신경계의 기능적 최소 단위는 뉴런(Neuron)이다. 뉴런은 신경계의 흥분 및 전달을 담당한다. 인간의 뇌에는 약 1000억개의 뉴런이 있으며, 각 뉴런은 인접한 수 천개의 뉴런들과 상호 연결되어 있다.

이처럼 뉴런들이 복잡하게 연결된 형태를 신경망이라 한다. 뉴런은 크게 세포체, 수상돌기, 축색돌기의 세 부분으로 구분된다. 세포체에는 세포핵이 있으며, 많은 수상돌기들과 하나의 축색돌기가 연결되어 있다. 일정시간 동안에 들어온 자극은 세포체내에서 가중된다. 수상돌기는 세포체 주위에 섬유 더미 모양으로 연결되어 있으며, 인접한 뉴런으로부터의 신호가 세포체로 들어오는 통로 역할을 한다. 축색돌기는 하나의 가늘고 긴 신경 섬유로 되어 있으며, 인접한 뉴런으로 세포의 흥분을 전달하는 통로 역할을 한다. 그러면 뉴런의 신경 흥분이 다른 뉴런으로 어떻게 전달되는가? 뉴런의 신경 섬유 사이에는 시냅스라는 연결 부위가 있다. 시냅스를 통한 신경 흥분의 전달은 단 방향으로만 이루어지며, 시냅스에는 흥분성과 억제성의 두 가지 종류가 있다.

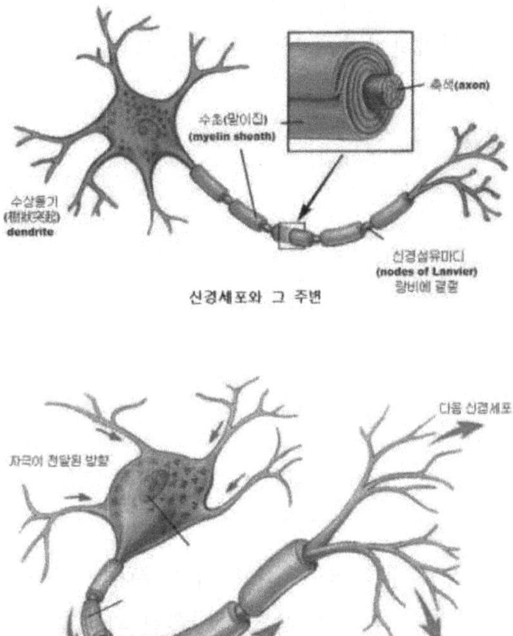

그림 12-41 • 인간두뇌의 신경세포와 그 주변

만약 두 뉴런이 흥분성 시냅스에 의해 연결되어 있다면 전달 뉴런의 자극은 연결된 뉴런의 활성화 확률을 증가시키지만 억제성 시냅스에 의해 연결된 경우에는 활성화 확률을 감소시킨다. 뇌에서의 정보처리는 단순히 뉴런의 활성화 동작에 의해 수행될 뿐이다. 그렇다면 처리된 정보는 어떤 형태로 기억되는가? 한 마디로 시냅스의 연결강도 형태로 정보가 기억된다고 인정되고 있다. 어떤 자극에 의해 뉴런의 활성화가 반복되면 시냅스의 연결강도가 변하게 된다. 이러한 변화 과정을 거쳐 장기 기억 형태가 되면 시냅스의 연결강도는 더 이상 변하지 않고 고정된다. 이 자극이 다시 들어오면 고정된 시냅스 연결강도에 의해 동일한 신경 흥분을 다음 단의 뉴런으로 전달할 수 있다. 결국 뉴런에 들어온 자극을 처리한 결과가 기억된 것으로 간주할 수 있다.

(2) 신경망 컴퓨터의 역사적 배경

최초의 신경망 개념은 1943년 맥컬럭과 피츠에 의해서 제시되었다. 단순한 뉴런들의 수많은 결합들이 바로 인간 두뇌에서의 계산 능력의 원천이라고 생각한 것이다. 그의 모델에서는 논리 기능을 수행하기 위하여 뉴런간의 결합에 가중치를 주고, 뉴런의 반응 여부를 결정하는 임계치를 설정하였다. 이 모델은 뉴런에의 가중 입력 합이 임계치보다 더 크면 뉴런이 활성화되지만, 가중 입력 합이 임계치보다 적을 경우에는 뉴런이 반응하지 않는 개념으로써 단순한 논리 기능의 수행이 가능하였다. 1949년에는 처음으로 신경망의 학습 방법이 제안되었다. 이 학습법은 두 가지 자극을 동시에 입력하면 뉴런의 학습이 빨라지며, 일단 학습이 완료된 후에는 한 가지 자극만 입력하여도 뉴런이 활성화된다는 것이다.

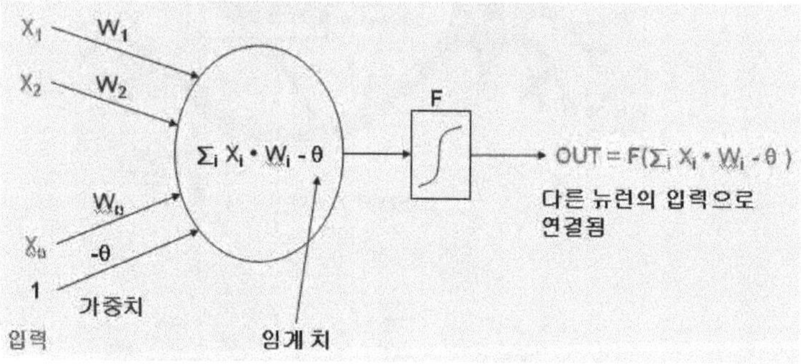

그림 12-42 • 신경망의 뉴런 구조

1950~60년대는 신경망에 대한 연구가 활발히 이루어진 전성기라 할 수 있다. 1958년에 퍼셉트론(Perceptron)이라는 하드웨어적으로 구현된 최초의 신경망 컴퓨터가 발표되었다. 퍼셉트론의 구조는 수용층, 연합층, 반응층의 세 부분으로 구성되어 있다. 수용층에서는 외부 자극을 받아들이며, 연합층은 수용층의 가중 입력을 받아 반응층으로 전달하는 기능을 하며,

반응층은 최종 출력을 내보내는 기능을 한다. 퍼셉트론은 연결강도를 조정하기 위하여 반복적 학습 방법을 사용한다. 특히 퍼셉트론 학습법은 특정 목적에 맞는 정확한 연결 강도를 수렴한다고 입증되었다.1960년에는 단, 다층 신경망 구조가 발표되었고, 이들을 학습시키기 위하여 델타학습법이 등장하였다. 델타 학습법은 원하는 출력과 실제 출력간의 차이 즉, 오차가 감소하도록 연결 강도를 적응 식으로 조정하는 학습 방법으로써 현재에도 유용하게 이용되고 있다.

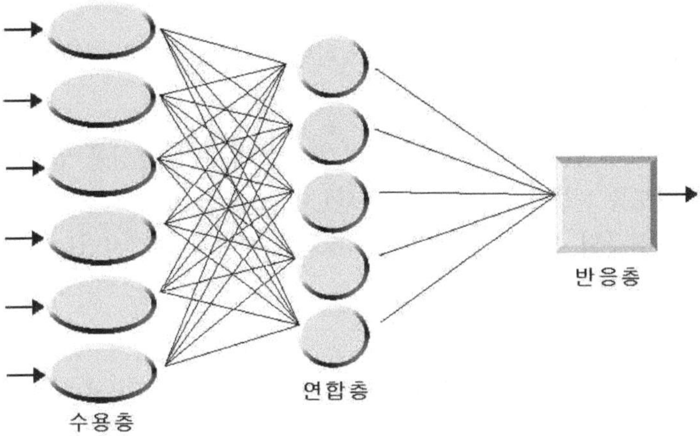

그림 12-43 • 퍼셉트론의 구조

1970년대에 접어들면서 집적 소자의 발달로 디지털 컴퓨터는 급진적인 발달을 거듭한다. 이에 반하여 퍼셉트론이 비선형 문제를 해결할 수 없다는 문제점이 증명되면서 신경망에 대한 관심이 급속히 냉각되면서 암흑기에 들어간다. 그럼에도 불구하고 여러 분야에서 신경망에 대한 연구가 꾸준히 진행되어 오늘날 신경망 컴퓨터의 기틀을 다진다.

1982년 순환 신경망 구조의 연상 메모리가 제안되어 부분 입력 데이터로도 완벽한 데이터의 복원이 가능함이 입증되었다. 이 사건은 신경망과 기존 디지털 컴퓨터와의 차이점을 제시함으로써 많은 사람들이 다시 신경망에 관심을 갖게 한 계기를 제공하였다. 다시 중흥기를 맞이하면서 오류 역전파 알고리즘이 개발되는 등 기술적 발전이 거듭되었고, 1980년대 후반에는 신경망에 관한 연구 활동이 활발히 진행되기 시작하였다.

(3) 신경망 컴퓨터의 응용 분야

신경망 컴퓨터는 연상 메모리, 패턴 인식, 제어 시스템, 의료 진단, 통신 시스템 등 여러 분야에서 널리 응용되고 있다. 신경망 컴퓨터의 기능별로 실생활에서 이용되는 부분을 살펴봄으로써 신경망 컴퓨터의 용도에 대한 이해를 할 수 있다.

① 음성 합성

영어 문장을 입력하여 음소들로 변환하는 시스템

② 음성 인식

음성 타자기(입력한 음성을 인식한 다음 그에 상응하는 문자를 출력하는 시스템)

③ 문자 인식

필기체 숫자 인식 시스템(손으로 쓴 우편번호를 인식하는데 이용)

④ 영상 처리

영상 복원 시스템, 사람의 얼굴을 입력하여 남녀의 성별을 판별하는 영상 인식 시스템

⑤ 제어 시스템

무인 자동차 주행(카메라와 거리 측정기를 통해 도로 영상을 입력받아 자동차가 자동 주행할 수 있도록 핸들을 조작하는 시스템), 트럭 후진 제어 시스템(비좁은 장소에서 트럭을 후진시켜 화물의 선적이 용이하도록 트럭을 선착장 대기시키는 시스템), 이동 로봇의 제어

⑥ 연상 메모리

실시간 연상 메모리(광 특유의 병렬처리 기법을 이용하여 저장된 패턴 중 원하는 패턴을 실시간으로 연상하는 시스템), 한영 번역 시스템(양 방향 연상 메모리 기법을 이용하여 한글 단어와 영어 단어 쌍을 기억시킨 다음, 그 중 임의의 단어를 입력하여 그 단어에 해당하는 번역된 단어를 연상하는 단순한 번역 시스템)

⑦ 전문가 시스템

의과대 학생에게 피부병 진단을 가르치는 시스템

그림 12-44 • 신경망 컴퓨터 기술을 응용하여 표적을 인식·요격명령을 내리는 패트리어트 미사일

6 광 컴퓨터

광 컴퓨터(Optical Computer)는 컴퓨터의 성능을 획기적으로 향상시키기 위해 컴퓨터의 연산회로에 전자회로 대신 빛의 특성을 이용한 광집적회로(Optical IC) 등과 같은 광소자(Optical Device)들을 이용하여 컴퓨터에서 전자가 하는 역할을 빛으로 대체한 컴퓨터를 말한다. 광컴퓨터는 디지털 계산에서 전류 대신 가시광이나 적외선 등 빛을 이용해서 연산을 수행하고, 빛을 정보전달의 매개체로 하여 정보전달을 위한 기계적인 접속을 하지 않아도 대량의 정보를 고속으로 전송할 수가 있다. 광컴퓨터는 전기통신 회선보다 많은 중복통신이 가능하므로 컴퓨터 성능을 1,000배 이상으로 높일 수가 있으므로 스위치 작용이 빠르고 여러 광선을 분리 보존할 수 있어 병렬처리가 가능하다.

그림 12-45 • 정보처리 및 전달의 매개체로써의 빛

광컴퓨터는 수십 테라비트(Tera-bit, 10^3GB)급 대용량의 연산처리와 데이터 이동, 기록, 소환이 모두 광양자(Photon, 빛의 양자역학적인 명칭으로 입자 성질을 강조한 이름)에 의해 광속으로 제어된다. 또 광학 스위치가 트랜지스터의 Off, On('0', '1') 상태보다 다양하게 작동돼 2진법을 넘어선 풍부한 논리체계가 가능하다. 빛을 정보전달의 매개체로 하면 컴퓨터의 핵심인 반도체 칩의 회로 배선을 극히 미세화할 수 있고 반도체 칩의 집적도를 크게 향상시킬 수 있는 장점이 있다.

광컴퓨터의 기본 구조는 전자 컴퓨터와 비슷하여 광연산 소자, 광기록 소자, 그리고 광연결 소자로 구성된다. 그러나 이러한 소자의 가장 중요한 부분을 차지하고 있는 소재는 빛이 통과할 수 있어야 하며 따라서 실리콘과는 아주 다른 특성을 나타낸다. 또한 각각의 기능을 나타내는 물리적 원리도 크게 달라, 광컴퓨터를 개발하기 위해서는 각각의 기능에 알맞은 특성을 지닌 신소재의 개발이 먼저 이루어져야 한다. 광양자기술(Photonic Technology)에서 빛의 흐름을 제어하여 고체에 빛을 저장 · 재생할 수 있는 광소자를 직렬 또는 병렬로 연결하면 광컴퓨터의 핵심이 되는 광자논리소자(Photonic Logic Device)를 구현할 수 있다. 이 광자논리소자를 이용하면 이론적으로 소비전력과 소자크기는 현재 인텔 펜티엄과 비슷하면서도 처리속도가 1,000배 이상에 이르는 광자 CPU의 구성이 가능하다. 광컴퓨터의 기억장치는 대규모 데이터를 처리해야 하기 때문에 매우 큰 용량과 빠른 기록 및 재생을 위해 병렬성을 가져야 한다. 가장 이상적인 광컴퓨터의 구조는 2차원 배열의 대규모 프로세서들이 글로벌 연결망에 의해 상호연결 되는 구조로 대규모 신호 연결을 갖는 광자 CPU 소자를 하나의 광학기판에 구성한 것이다. 광컴퓨터에서 CPU를 이루는 디지털 광 논리소자는 낮은 동작 에너지, 연쇄 동작 특성, 높은 명암 대비, 바이어스(Bias)된 상태의 안정성, 외부 어드레스 기능, 높은 신호 분산 및 결합 능력, 높은 이득(Gain)폭, 대규모 2차원 배열(Array)로 확장할 수 있는 상호독립성 등을 만족해야 한다. 현재까지 개발된 광 논리소자 중 이러한 조건을 잘 만족시키는 소자로는 양자속박-천이효과에 의한 광쌍안정소자(Smart-SEED)와 양자우물 구조에서의 광흡수효과에 의한 공간 광변조소자(EARS) 등이 있다. 이들은 입력신호뿐 아니라 제어 신호도 광을 이용하기 때문에 전자신호의 도움이 필요없다는 장점이 있다.

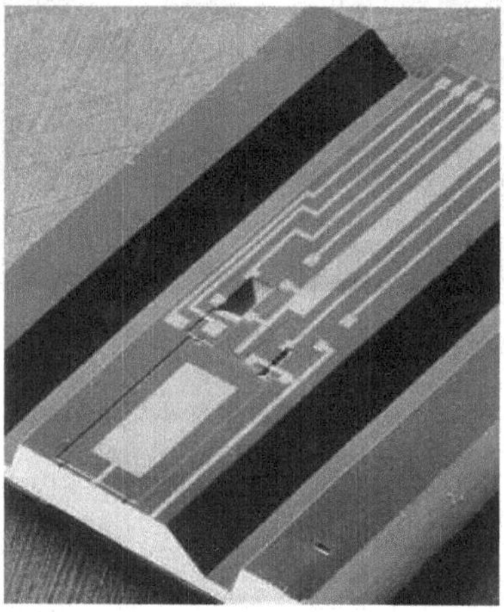

그림 12-46 • 고집적 광소자를 위한 광 MEMS(Micro-Electro Mechanical System) 기판

광 컴퓨터는 전자적인 처리 대신 빛 자체로 정보의 입출력 · 연산처리 · 저장 등이 이루어지기 때문에 기존의 전자 컴퓨터가 받는 전자파 장해(EMI : Electro Magnetic Interference)를 받지 않는다. 기존의 전자 컴퓨터에 비하여 다음과 같은 우수한 장점이 있다.

① 처리속도가 현재의 슈퍼컴퓨터보다 최소한 1000배 이상 빨라진다.
② 단위칩당 정보집적도가 실리콘 소재보다 10배까지 높아질 수 있다.
③ 전자기파의 유도장애(EMI)를 받지 않으므로 시스템이 안정적이다.
④ 기본소재가 모래이므로 자원이 풍부하고 값이 싸다.

⑤ 빛 자체의 속성 때문에 2차원 또는 3차원의 병렬처리가 쉽다.
⑥ 영상 · 화상 정보처리가 쉽다.

광 컴퓨터는 연산과 정보 전달의 매체가 전자가 아니고 빛을 사용하므로 연산과 정보전달의 속도 면에서 현재 컴퓨터와는 비교할 수 없을 정도의 성능을 가질 것이며 2020년 정도에는 완전히 실용화 될 것으로 예측하고 있다. 따라서 향후에는 일부 슈퍼컴퓨터를 제외하고는 연산 능력이 한계에 도달해 있는 전자 컴퓨터를 대신할 수 있는 미래의 최첨단 기술로 각광 받을 것으로 예상된다. 또한 인터넷을 이용한 대용량 정보의 이동 때문에 생기는 체증 현상을 해결할 수 있는 새로운 기술이기도 하다. 초고속 대용량 정보처리 및 전달의 필요성이 현재 추세로 증가하게 되면 전자 컴퓨터와는 근본적으로 다른 개념을 가진 광컴퓨터의 필요성은 더욱 커질 것이다. 인류가 사용할 있는 가장 빠른 물질, 그 빛의 속도로 계산하고 빛의 속도로 생각하는 미래 광컴퓨터의 실현은 20세기 전자집적기술을 광양자기술로 완전히 대체해 21세기 광 문명의 개척을 예고하고 있다. 슈퍼컴퓨터를 능가하는 광노트북을 무릎 위에 올려놓을 날이 다가오고 있다.

7 양자 컴퓨터

양자 컴퓨터(Quantum Computer)는 양자역학(Quantum Mechanics)의 원리에 따라 작동되는 미래형 첨단 컴퓨터로써 양자역학의 특징을 살려 여러 비트들을 한꺼번에 연산할 수가 있는 병렬처리가 가능해지면 기존의 방식으로 해결할 수 없었던 다양한 문제를 엄청나게 빠른 속도로 순식간에 해결할 수 있게 된다. 아직은 여러 나라에서 연구실의 실험적 단계이지만 그 기대도 상당히 높은 편이라 현재 양자 컴퓨터와 관련된 연구가 빠르게 진행되고 있는 중이다. 양자 컴퓨터는 얽힘(Entanglement)이나 중첩(Superposition) 같은 양자역학적인 현상을 이용하여 자료를 처리한다. 기존의 전자 컴퓨터에서는 자료의 양은 비트로 측정된다. 양자 컴퓨터에서 자료는 큐비트(qbit : quantum bit)로 측정된다. 양자 계산의 기본적인 원칙은 입자의 양자적 특성이 자료를 나타내고 구조화 할 수 있다는 것과 양자적 메카니즘이 고안되어 이러한 자료들에 대한 연산을 수행할 수 있도록 만들어 질 수 있다는 것에 기한다. 양자 컴퓨팅(Quantum Computing)이 여전히 유아기에 있지만, 매우 작은 수의 큐비트을 가지고 양자 수치 계산이 수행되는지에 관한 실험들이 행해져 왔다.

그림 12-47 • 전자를 띠고 있는 이온 큐비트(qbit)

양자 컴퓨터의 원리는 간단하다. 디지털 데이터가 0과 1로 처리되듯, 양자 입자가 업(Up)상태일 때는 1로, 다운(Down) 상태일 때는 0으로 인식된다. 하지만 양자의 세계에서는 0과 1이 동시에 존재한다. 이런 특수한 현상을 이용해 양자 컴퓨터는 동시에 여러 개의 연산을 할 수 있다. 이런 병렬 계산은 기존 컴퓨터가 순차적으로 수없이 계산해야 할 것을 한번에 해치울 수 있게 한다. 따라서 양자수가 많아질수록 계산 속도는 엄청나게 빨라진다. 이때의 양자수를 양자와 비트의 합성어 큐비트(qbit)라고 한다.

양자역학에 기반을 둔 독특한 논리 연산법을 컴퓨터 분야에 도입함으로써 지금의 컴퓨터와는 차원이 다른 새로운 첨단 컴퓨터를 만들 수 있다는 생각에서 나온 양자 컴퓨터는 1982년 미국의 이론물리학자 리처드 파인만에 의해 양자세계를 흉내내는 양자 컴퓨팅에 관한 아이디어로 처음 제안되었고, 1985년 영국 옥스퍼드대학교의 데이비드 도이치에 의해 그 구체적 개념이 정립되었다. 그리고 IBM의 배넷은 양자 컴퓨팅이 가능할 것이며, 이를 실현할 수 있는 여러가지 아이디어를 제시했다. 이것이 실현되면 게놈(Genome : 유전자)이나 기상, 경제, 데이터마이닝(Data Mining) 등 지금의 슈퍼컴퓨터로도 풀 수 없는 아주 복잡한 영역의 연구에 이 컴퓨터를 응용할 수 있게 될 것으로 기대되고 있다. 기존의 정보처리 방식이나 통신이론, 개인용 컴퓨터에서 슈퍼컴퓨터에 이르는 컴퓨터는 모두 기본적 원리를 고전적 역학에 두고 있다. 여기에서는 모든 상태가 일의적으로 결정되고, 상태의 변화 또한 일의적으로 결정된다. 이러한 방식에서는 기본적으로 한 번에 한 단계씩의 계산이 이루어지게 된다. 반면에 양자 정보처리나 양자 통신이론, 양자 컴퓨터는 모든 가능한 상태가 중첩되게 얽힌 상태를 이용한다. 이 경우 단 한번의 조작으로 모든 가능한 상태를 조작하게 된다. 이러한 양자 병렬성은 양자현상을 이용한 정보처리와 통신, 컴퓨터가 기존의 방식으로 해결할 수 없는 문제들을 해결할 수 있게 해주는 역할을 한다.

1994년 벨연구소의 피터 쇼어(Peter Shor)는 양자 컴퓨팅이 이론적으로 가능하다는 것을 수학적으로 증명하였다. 피터 쇼어가 발표한 양자컴퓨터용 소인수분해 알고리듬은 현대의 암호체계를 모두 풀어낼 수 있는 엄청난 잠재력을 가지고 있었다. 이어 1997년에는 IBM의 아이작 추앙이 핵자기공명을 이용한 2비트 양자컴퓨터를 처음 만들었고, 이후 IBM 알마덴연구소와 로스알라모스 연구소는 7비트 양자컴퓨터를 개발했으며, 1999년에는 일본의 NEC가 양자컴퓨터용 고체 회로소자 개발에 성공하였다. 우리나라에서도 2001년 KAIST(한국과학기술원)의 연구팀이 핵자기공명 방식의 병렬처리 3비트 양자컴퓨터 개발에 성공하였고, 2003년에는 일본 NEC와 이화학연구소가 공동으로 양자비트 2개를 결합한 고체 논리연산회로로 동작하는 양자컴퓨터의 제작에 성공하였다. 이처럼 전세계적으로 이에 대한 연구가 활발하게 진행되고 있으며, 최근에는 이의 실현화가 가능한 단계에 와 있다고 한다.

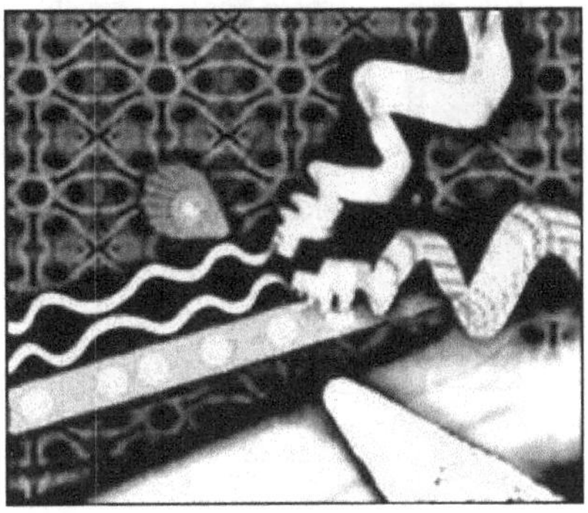

그림 12-48 • 양자 소자(Quantum Device) 모형

양자 컴퓨터를 이용하면 수억년 이상이 걸리는 몇 백자리수의 계산도 몇 분 안에 계산을 끝낼 수도 있다. 현재 컴퓨터에 사용되고 있는 폰 노이만 방식은 연산을 순차적으로 수행하기 때문에 수의 자리수가 늘어나고 데이터 종류가 다양해질수록 처리시간은 기하급수적으로 증가한다. 한 예로 129자리 암호를 푸는데 인터넷에 연결된 전세계 1,600대의 슈퍼컴퓨터를 동원해 8개월이 걸렸다. 300자리 이상의 인수분해는 거의 불가능하다. 하지만 이론적으로 양자컴퓨터는 몇 분만에 문제를 해결할 수 있다. 양자 컴퓨터는 한번에 2의 양자수 제곱에 비례해서 연산을 수행할 수 있다. 즉 양자수가 10개라면 한번에 2의 10제곱인 1,024회의 연산을 수행할 수 있다. 숫자는 0과 1처럼 크기만 있지만 양자는 벡터와 같이 크기와 방향(위상)이 있어서 정보를 크기와 방향 양쪽에 저장할 수 있어 한꺼번에 여러 연산 수행이 가능하다. 32개 양자가 있으면 한번에 40억 번의 계산을 할 수 있다. 기존의 전자 컴퓨터가 1,000자리 수 암호를 풀어내는데 40억년이 걸린다면 32비트의 양자 컴퓨터는 단 몇 일만에 수행이 가능하다.

양자 컴퓨팅을 실현할 수 있는 기술적 방법에는 핵자기공명, 광, 이온 트랩, 초전도소자 등이 있다. 이중 핵자기공명 방식은 IBM 등 전세계적으로 가장 많이 연구되고 있는 방식이다. 마그네틱 필드나 초고주파를 이용해 특정 분자에 있는 수소의 핵스핀(Nuclear Spin) 방향, 즉 큐비트의 업과 다운 상태를 조절하는 방식으로 작동한다. 분자 전체의 상호작용을 이용해 여러 큐비트의 조합 상태를 조절할 수 있어 여러 개의 큐비트로 연산을 수행할 수 있다. 향후에는 양자 컴퓨팅 연구의 패러다임이 점차 반도체를 이용한 큐비트 구현으로 갈 것이라고 예측되고 있다. 반도체 방식은 반도체를 큐비트로 이용하는 방식으로 핵자기공명과 같이 큐비트 수에 제한을 받지 않는 획기적인 방법이다.

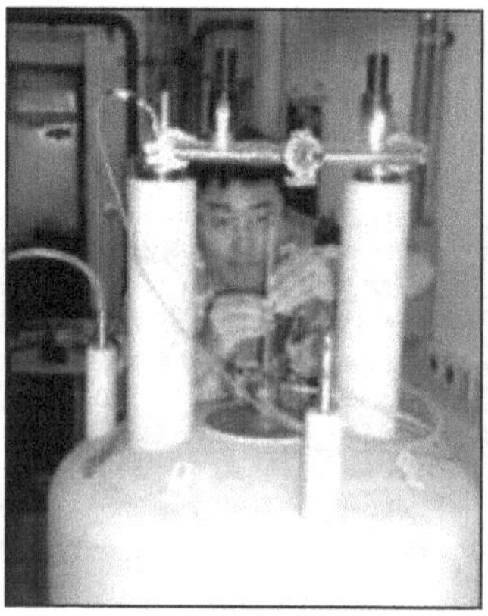

그림 12-49 • 양자 컴퓨터

8 바이오 컴퓨터

바이오 컴퓨터(Bio Computer)는 생체분자(Bio-molecule)를 이용하여 생체분자가 가진 무한한 병렬성과 정보저장 능력을 인공상태에서 구현한 컴퓨터를 말한다. 기본적으로 바이오 컴퓨팅(Bio Computing) 기법은 실제 생체분자인 DNA를 계산의 도구 및 정보 저장 도구로 사용한다. DNA를 이용한 바이오 컴퓨팅 기법이 가지고 있는 초병렬성을 이용하면 현재의 컴퓨터로 해결하는 데 어려움을 겪고 있는 수학적인 난제를 해결하는 새로운 방법을 제안할 수 있을 것으로 보이고, 지금까지 개발되지 못했던 다양한 응용들을 개발할 수 있을 것으로 예상된다. 또한 생체분자를 사용하기 때문에 에너지의 소비도 줄일 수 있을 것이고, 다른 분야로의 기술적 파급 효과도 클 것으로 전망된다.

바이오 컴퓨팅 기술은 인공지능(AI)의 새로운 분야로 부각되고 있는데, DNA를 이용한 바이오 컴퓨팅은 분자생물학과 유전공학의 발달에 힘입어 DNA 분자 기반의 생체분자를 실제로 사용하여 계산을 수행한다는 점에서 기존의 연산기능과 차이점을 갖고 있다. 분자수준에서의 컴퓨팅 방식은 그 고유의 초고집적도의 정보 저장 능력 및 생화학 반응에 의한 정확하고도 초병렬적인 연산의 특성으로 인하여 현재의 반도체 기반 고체소자 기술에서 구현하기 불가능한 새로운 정보처리 모델을 실현할 수 있게 해 준다.

DNA 분자 기반의 바이오 컴퓨터는 염기들간의 상보결합을 하는 DNA 분자들의 물리적 화학적인 특성에 기반한 초병렬 상호작용을 이용하여 계산을 수행한다. 인간의 세포핵 속에는 23쌍의 염색체(1쌍은 성염색체)가 들어 있으며, 각각의 염색체는 이중나선 모양의 DNA(Deoxyribo Nucleic Acid : 디옥시리보핵산)로 구성돼 있다. DNA는 다시 A(Adenine : 아데닌), C(Cytosine : 시토신), G(Guanine : 구아닌), T(Thymine m : 티민) 이라는 4가지 염기로 이뤄졌다. 바이오 컴퓨터는 이 4가지 염기로 정보를 표현한다. 즉, 2진수를 사용하는 현재 컴퓨터와는 달리 4진수를 사용한다고도 할 수 있다. A는 T와 2개의 수소 결합을 형성하면서 결합하고 C는 G와 3개의 수소 결합을 형성하면서 결합하는데, 이것을 왓슨-크릭(Watson-Crick) 상보 결합이라고 한다. 자료구조로는 DNA 구조인 이중가닥(Double Strand)이나 단일가닥(Single Strand)을 사용한다. 정보를 저장하고 추출하는 기본 방법은 왓슨-크릭 상보 결합이다.

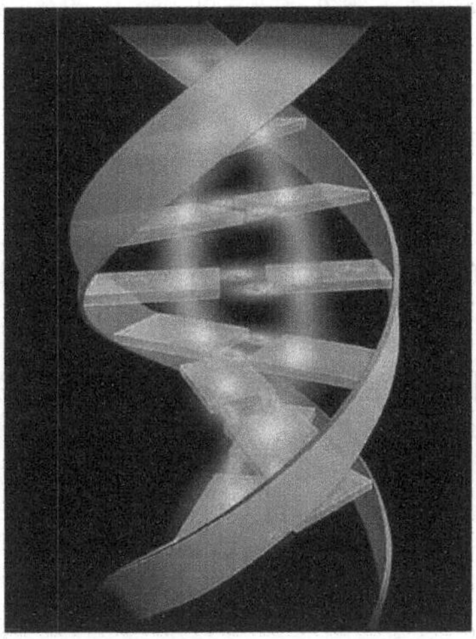

그림 12-50 • DNA 나선구조

일반적인 바이오 컴퓨팅의 연산자로는 생물학 실험 방법들인 결찰법(Ligation), 서냉복원법(Annealing), 하이브리드형성(Hybridization), 중합효소 연쇄반응 (Polymerase Chain Reaction, PCR), 겔 전기 영동법 (Gel Electrophoresis), 항체 친화력반응 (Antibody Affinity) 등과 여러 가지 효소 (Enzyme)들을 사용한다. 만약 새로운 실험 방법이 개발되면 새로운 연산자가 개발되는 것과 동일한 효과를 얻을 수 있다.

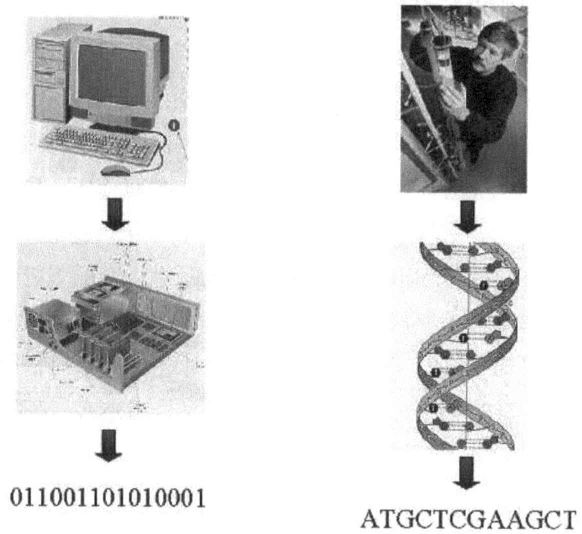

그림 12-51 • 전자 컴퓨터와 바이오 컴퓨터의 비교

(1) 바이오 컴퓨터의 구현방법

바이오 컴퓨터의 실현에는 두 가지 방법이 있는데, 하나는 생체 단백질의 분자 구조나 기능을 이용한 바이오칩(Biochip)을 사용하는 방법이고, 또 하나는 바이오칩을 사용하지 않고 현재의 반도체 회로기술을 그대로 사용하는 방법이다.

최근 생체공학(Bionics)의 진보로 유기물을 컴퓨터 소자로 이용할 수 있게 되었다. 한 가지 예로서 바이오칩은 단백질로 기판을 만든 뒤, 그 위에 유전공학을 응용해 유기분자를 입히고, 다시 아미노산 결합물로 회로를 구성하는 한편 스위치회로에는 효소를 사용한다. 이 바이오칩은 집적밀도를 비약적으로 높일 수 있어서 초소형 · 초고밀도 · 초고속 컴퓨터의 실현이 가능할 것으로 예상된다.

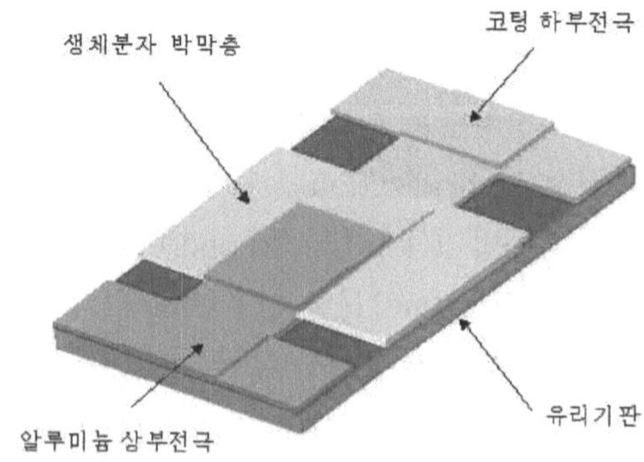

그림 12-52 • 바이오 소자(Bio Device)의 구조

바이오칩을 사용하지 않는 방법은 현재의 회로 기술로 실현이 가능하나 회로가 복잡해지는 단점이 있다. 생물의 뇌와 신경계를 모방한 회로 소자를 조립해서 만든 뉴로 컴퓨터(Neuro Computer)가 있는데 뇌의 신경 세포인 뉴런(Neuron)을 모방한 처리요소(Cell)를 뇌세포의 연접부인 시냅스(Synapse)를 모방한 입출력 배선으로 결합하여 만든 것으로 패턴 인식, 음성분석, 언어해석, 자기학습 등의 인공지능 분야에 활용된다.

2001년에 이스라엘의 와이즈만(Weizmann) 연구소가 DNA 컴퓨터 개발에 성공함으로써 기존의 전자 컴퓨터가 가진 용량 및 속도의 한계를 뛰어넘을 것으로 기대된다. 아직은 초보적인 수준이어서 상업화하기에는 이르지만 획기적인 발전이 아닐 수 없다. DNA라는 집은 비좁지만 거기에 채울 수 있는 데이터량은 엄청나다. 밀도의 효율성을 전자 컴퓨터의 하드 디스크와 견주어 보면 DNA 컴퓨터가 10만배 더 우수하다. 또 연산속도 면에서 기존의 슈퍼컴퓨터에 비해 1,000배 이상의 속도를 갖게 된다.

이 DNA 컴퓨터에서 사용한 칩은 DNA 구조를 모방한 칩이 아니라 효소와 DNA 분자로 구성된 생물학적 칩이다. 이는 DNA 분자가 정보 보관 능력 외에 정보처리에 필요한 자체 에너지원을 보유하고 있다는 특성을 이용했다는 점이다. 따라서 외부로부터 전기를 받거나 배터리가 필요한 기존의 전자 컴퓨터의 한계를 보완하게 된다. 구조면에서도 단순한 0과 1의 2진법 시스템이 아닌 4가지 다른 염기 가닥과 나선형 구조를 이용해 3차원적 효과의 정보처리를 얻을 수 있다. 이는 4진법 이상의 효과를 의미한다. 데이터는 DNA 가닥에 있는 염기분자 쌍으로 표현되며 생체 내에서 만들어지는 2가지 효소가 정보를 읽고 판단하는 하드웨어 기능을 하게 되어있다.

(2) 바이오 컴퓨팅의 특징과 장점

첫째로, 바이오 컴퓨팅은 앞에서 언급한 바와 같이 막대한 병렬성을 이용해서 주어진 문제의 탐색 공간을 전부 탐색하는 방법을 사용한다. 일반적인 알고리즘은 하나의 해를 유지하면서 그 해를 주어진 연산자를 이용해 개선해 나가면서 최종해를 찾는 접근 방법을 취하고 있는데 반해, 바이오 컴퓨팅 알고리즘은 이와는 달리 많은 수의 해를 유지하면서 연산자를 적용한 후 생성된 많은 수의 해 중에 최종 조건을 만족하는 해를 발견하는 방법을 취하고 있다. 이러한 방식은 진화 연산(Evolutionary Computing)과 유사하지만, 개체군의 크기에서 진화 연산 개체군 수와 비교할 수 없을 만큼 크다. 또한 기본적인 바이오 컴퓨팅 알고리즘에서는 해를 진화시킨다는 개념이 없이 한번의 과정을 통해 모든 가설 공간을 탐색하기 때문에 여러 가지 면에서 다르다. [그림 12-53]는 일반적인 알고리즘과 바이오 컴퓨팅의 알고리즘을 비교하여 나타내었다. 그림에서 나타난 것처럼 바이오 컴퓨팅은 많은 수의 해를 이용해 가능한 모든 탐색 공간을 탐색하기 때문에 일반적인 알고리즘에서 풀지 못하는 문제를 해결할 수 있는 것이다.

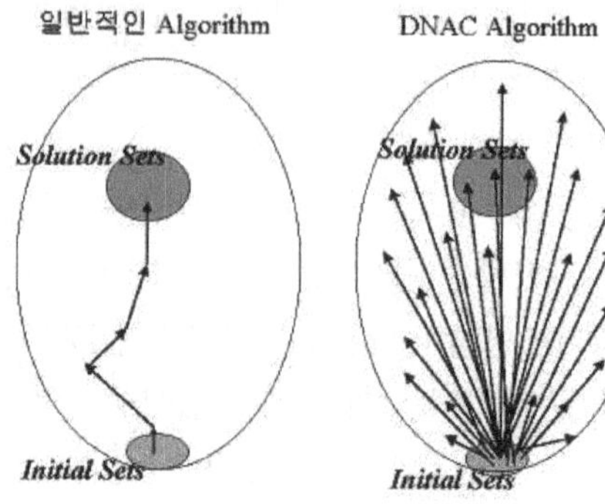

그림 12-53 • 일반적인 알고리즘과 바이오 컴퓨팅의 알고리즘

둘째로, 바이오 컴퓨팅은 계산 속도나 계산 효율에서도 우수하다. 우선 계산 속도 측면에서 보면, 일반 PC는 초당 10^6번의 계산을 할 수 있고 슈퍼컴퓨터라 할지라도 초당 10^9번의 연산만이 가능하다. 그러나 바이오 컴퓨팅은 대략 초당 10^{12}번의 계산이 가능하다. 계산 효율의 측면에서도 슈퍼컴퓨터는 1J당 10^9번의 연산이 가능하나, DNA를 사용하면 1J당 10^{14}번의 연산이 가능하다.

셋째로, 바이오 컴퓨팅은 DNA의 막대한 병렬성을 계산에 이용하는 것뿐만이 아니라 정보를 저장하는 용도로도 사용할 수 있다. 일반적인 비디오 테이프인 경우 1 비트를 저장하기 위해서 $10^{12}nm^3$이 필요하지만, DNA를 사용하면 단지 $1nm^3$ 만이 필요하다.

이처럼 바이오 컴퓨팅은 현재 사용되고 있는 컴퓨터에 비해 여러 가지 장점을 가지고 있기 때문에 주목을 받기 시작하고 있는 것이다.

(3) 바이오 컴퓨팅의 연구 · 개발 동향

바이오 컴퓨팅을 실제 연산소자로 활용하기 위한 연구가 세계 각국에서 활발하게 진행되고 있다. 유럽의 경우 영국, 프랑스, 네덜란드 등의 대학에서 유럽 분자 컴퓨팅 컨소시엄(European Molecular Computing Consortium)을 구성하여 생체분자를 이용한 컴퓨팅 방식의 이론적인 근거와 새로운 연산방식 등을 연구하고 있으며, 특히 바이오 컴퓨팅의 응용분야로 boolean 회로구성에 집중하고 있다. 독일의 경우 국립 전산학 연구소인 GMD산하의 BioMIP에서 생체분자를 이용한 계산방식에 대한 연구를 하고 있으며, 이 기술과 진화 하드웨어(Evolvable Hardware)기술을 결합한 새로운 형태의 컴퓨터를 개발하고 있다.

미국의 듀크 대학에서는 국방고등연구기획국(DARPA : Defense Advanced Research Projects Agency)의 초 스케일 컴퓨팅 프로그램(Ultra Scale Computing Program)의 후원을 받아 프로토타입 생체분자 계산(Prototyping Biomolecular Computations) 과제를 수행하고 있다. 이 과제의 목표는 재조합 DNA를 기술을 이용하여 분자 컴퓨팅(Molecular

Computing)을 실험으로 입증해 보이고, 나노기술(Nano Technology)에 응용하는 것이다. 그 외에도 펜실베이니아 주립대와 델라웨어 대학에서 DNA 컴퓨팅에 대한 연구를 하고 있으며, 위스콘신 대학에서도 DNA칩 기술을 응용해서 새로운 DNA 컴퓨팅 연산자를 개발하고 있다.

일본에서는 동경대학에서 JSPD과제로 생체분자를 이용해서 범용 컴퓨터를 개발하고자 하는 분자 컴퓨터 프로젝트(Molecular Computer Project)를 수행하고 있다. 이 팀에서는 주로 Whiplash PCR이란 기술을 이용해서 추론 엔진을 개발하고 있다.

(4) 바이오 컴퓨팅의 응용분야

현재 바이오 컴퓨팅을 이용하여 제일 많이 연구되고 있는 분야는 수학적인 난제를 해결하는 것이다. 그 중에서도 실제로 실험을 통해서 수학적 알고리즘을 검증한 것은 미국의 레너드 에이들만(Leonard Adleman)의 해밀토니안 경로 문제(Hamiltonian Path Problem : HPP) 해결, 어우양(Ouyang) 등의 최대 클리크 문제(Maximal Clique Problem : MCP) 해결 등이 대표적이고, 이 외에도 우드(Wood), 첸(Chen), 앤티포브(Antipov)의 Max 1's Problem 해결, 요시다(Yoshida)와 수야마(Suyama)의 넓이우선탐색(Breadth First Search) 방법을 이용한 3-SAT문제의 해결 등이 있다. 그리고 DNA를 이용해서 실제 컴퓨터를 만들기 위해 가상 장치인 튜링 기계(Turing Machine)를 구현한 예도 있었으며, 유한 상태 기계를 만들고자 한 시도도 있었다. 최근에는 Whiplash PCR이라는 새로운 기법을 이용하여 좀 더 효율적으로 유한 상태 기계를 구현하려는 시도가 부각되고 있다. 이처럼 추상적인 기계를 만들고자 하는 시도도 있지만, 특히 실제로 부울 회로(Boolean Circuit)를 DNA로 만들고자 하는 시도는 바이오 컴퓨팅의 실제적 응용이 될 수 있을 것이라는 예상과 함께 활발히 진행되고 있다.

이 외에 그리고 DNA 가산기(Adder)를 만들고자 한 시도도 있었다. DNA의 정보 저장 능력에 초점을 맞추어 DNA를 이용한 연상 정보 저장 장치(Associative Memory)를 만들려는 시도도 있었으며, 최근에는 DNA를 이용하여 전문가 시스템에서 추론을 하도록 하는 시도도 활발히 진행되고 있다. 그리고 보헤(Boheh), 던워쓰(Dunworth), 립턴(Lipton) 은 암호 알고리즘인 DES(Data Encryption Standard : 데이터 암호 표준) 알고리즘을 바이오 컴퓨팅 기법으로 해독하기도 했다.

또 주목할 만한 것으로는 DNA를 이용한 실험 방법들이 가지고 있는 자체적인 오류를 이용하여 소프트웨어적으로 시뮬레이션을 하는 것이 아닌 실제 생체 분자로 구현하는 유전자 알고리즘을 만들고자 하는 시도가 있다. [표 12-5]는 바이오 컴퓨팅을 이용하여 현재 구현되고 있는 응용분야들을 보여주고 있다.

표 12-5 • 바이오 컴퓨팅 응용분야의 현황

- NP-complete 문제의 해결
- 튜링 기계(Turing Machine) 구현
- 유한 상태 기계(Finite State Machine) 구현
- 부울 회로(Boolean Circuit) 구현
- DNA의 정보 저장 능력을 이용한 연상 정보 저장 장치(Associative Memory) 구현
- DES 암호 해독 방식에 응용
- 추론 엔진 개발
- DNA를 이용해서 유전자 알고리즘 구현

향후에는 바이오 컴퓨팅 기술이 실생활에 적용이 가능한 지능형 정보처리 시스템으로 구현될 것으로 예상되는데, 예들 들면 인체 삽입형 초소형 PDA, 진화·학습형 컴퓨터의 개발, 재택진단시스템, 스마트 지능 시스템(Smart Intelligence System) 등의 개발에 응용이 될 것이다. 특히 바이오 컴퓨팅 기술은 관련 산업인 생물산업, 정보통신산업, 의약학산업, 의료서비스 산업 등에도 지대한 영향을 미칠 것으로 예측된다.

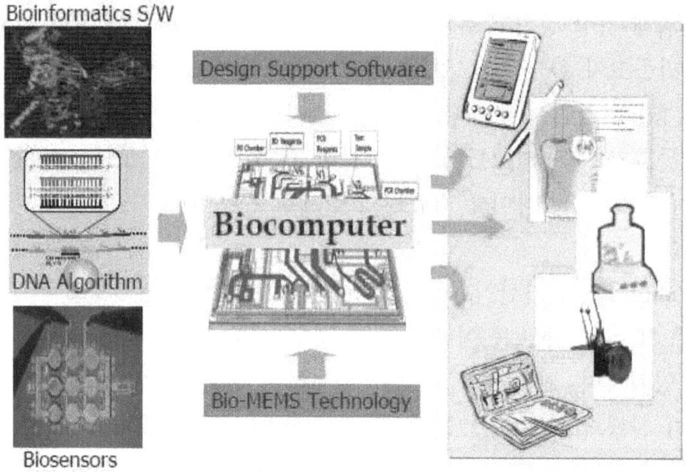

그림 12-54 • 지능형 정보처리 시스템으로써의 바이오 컴퓨터

12 연습문제

01 미래의 컴퓨터가 가질 것으로 예상되는 기술적 특징들을 나열해 보고, 각각에 대하여 간략하게 기술하여 보아라.

02 기존의 컴퓨터의 개념을 뛰어넘는 새로운 형태의 컴퓨터(Next Generation Computer)들을 조사하여 나열하고 설명해 보아라.

03 미래에 보편화 될 것으로 예상되는 유비쿼터스 컴퓨팅(Ubiquitous Computing)이 무엇인지 설명하여 보아라.

04 이동성(Mobility)과 이식성(Embeddedness)의 관점에서 모바일 컴퓨팅(Mobile Computing), 퍼베이시브 컴퓨팅(Pervasive Computing), 유비쿼터스 컴퓨팅 간의 차이점을 비교하여 보아라.

05 다음의 유비쿼터스 컴퓨팅과 관련한 개념들을 설명하라.
(1) 웨어러블(Werable) 컴퓨팅
(2) 노매딕(nomadic) 컴퓨팅
(3) 사일런트(Silent) 컴퓨팅
(4) 감지(Sentient) 컴퓨팅
(5) 일회용(Disposable) 컴퓨팅
(6) 임베디드(Embedded) 컴퓨팅
(7) 엑조틱(Exotic) 컴퓨팅

06 유비쿼터스 컴퓨팅의 적용 분야들을 조사하여 보고 각 분야의 사례들을 나열하여 보아라.

07 인공지능(Artificial Intelligence)이 무엇인지 정의하고, 그 주요 응용 및 활용분야에는 어떤 것들이 있는지 간략히 설명하라.

08 신경망(Neural Network)이 무엇인지 설명하여 보아라.

09 패턴인식(Pattern Recognition)이 무엇인지 설명하여 보아라.

10 자연 언어 처리(Natural Language Processing)이 무엇인지 설명하여 보아라.

11 전문가 시스템(Expert System)이 무엇인지 설명하여 보아라.

12 로봇 공학(Robotics)이 무엇인지 설명하여 보아라.

13 컴퓨터 비젼(Computer Vision)이 무엇인지 설명하여 보아라.

14 가상현실(Virtual Reality)이 무엇인지 설명하여 보아라.

15 퍼지 이론(Fuzzy Theory)이 무엇인지 설명하여 보아라.

16 착용식 컴퓨터(Wearable Computer)란 어떤 것인지 설명하고 그 사례를 조사하여 보아라.

17 신경망 컴퓨터(Neuro Computer)란 어떤 것인지 설명하고 그 사례를 조사하여 보아라.

18 광 컴퓨터(Optical Computer)란 어떤 것인지 설명하고 그 사례를 조사하여 보아라.

19 양자 컴퓨터(Quantum Computer)란 어떤 것인지 설명하고 그 사례를 조사하여 보아라.

20 바이오 컴퓨터(Bio Computer)란 어떤 것인지 설명하고 그 사례를 조사하여 보아라.

부 록

Computer
Science

1 EBCDIC 코드 표

b_1b_2	00				01				10				11			
b_3b_4	00	01	10	11	00	01	10	11	00	01	10	11	00	01	10	11
b_5 b_6 b_7 b_8																
0 0 0 0	NUL	DLE	DS		SP	&	-						{	}	\	0
0 0 0 1	SOH	DC1	SOS		RSP		/		a	j	~		A	J	NSP	1
0 0 1 0	STX	DC2	FS	SYN					b	k	s		B	K	S	2
0 0 1 1	ETX	TM	WUS	IR					c	l	t		C	L	T	3
0 1 0 0	PF	RES	BYP	PP					d	m	u		D	M	U	4
0 1 0 1	HT	NL	LF	TRN					e	n	v		E	N	V	5
0 1 1 0	LC	BS	ETB	NBS					f	o	w		F	O	W	6
0 1 1 1	DEL	IL	ESC	EOT					g	p	x		G	P	X	7
1 0 0 0		CAN		SBS					h	q	y		H	Q	Y	8
1 0 0 1		EM		IT					i	r	z		I	R	Z	9
1 0 1 0	SMM	CC	SM	RFF	¢	!		:								
1 0 1 1	VT	CUI	CU2	CU3	.	$	,	#								
1 1 0 0	FF	IFS		DC4	<	*	%	@								
1 1 0 1	CR	IGS	ENQ	NAK	(	)	_	'								
1 1 1 0	SO	IRS	ACK		+	;	>	=								
1 1 1 1	SI	IUS	REL	SUB	|	¬	?	"								EO

○ EBCDIC 제어문자

ACK	Acknowledge	IT	Indent Tab
BEL	Bell	IUS/ITB	Interchange Unit Separator/ Intermediate Transmission Block
BS	Backspace	LF	Line Feed
BYP/INP	Bypass/Inhibit Presentation	MFA	Modify Field Attribute
CAN	Cancel	NAK	Negative Acknowledge
CR	Carriage Return	NBS	Numeric Backspace
CSP	Control sequence Prefix	NL	New Line
CU1	Customer Use 1	NUL	Null
CU3	Customer Use 3	POC	Program-Operator Communication
DC1	Device Control 1	PP	Presentation Position
DC2	Device Control 2	RES/ENP	Restore/Enable Presentation
DC3	Device Control 3	RFF	Required Form Feed
DC4	Device Control 4	RNL	Required New Line
DEL	Delete	RPT	Repeat
DLE	Data Link Escape	SA	Set Attribute
DS	Digit Select	SBS	Subscript
EM	End of Medium	SEL	Select
ENQ	Enquiry	SFE	Start Field Extend
EO	Eight Ones	SI	Shift In
EOT	End of Transmission	SM/SW	Set Mode/Switch
ESC	Escape	SO	Shift Out
ETB	End of Transmission Block	SOH	Start of Heading
ETX	End of Text	SOS	Start of Significance
FF	Form Feed	SPS	Superscript
FS	Field Separator	STX	Start of Next
GE	Graphic Escape	SUB	Substitute
HT	Horizontal Tab	SYN	Synchronous Idle
IFS	Interchange File Separator	TRN	Transparent
IGS	Interchange Group Separator	UBS	Unit Backspace
IR	Index Record	VT	Vertical Tab
IRS	Interchange Record Separator	WUS	World Underscore

2 ASCII 코드 표

b1 b2 b3 b4 b5 b6 b7	0 0 0	0 0 1	0 1 0	0 1 1	1 0 0	1 0 1	1 1 0	1 1 1
0 0 0 0	NUL	DLE	SP	0	@	P	`	p
0 0 0 1	SOH	DC1	!	1	A	Q	a	q
0 0 1 0	STX	DC2	〃	2	B	R	b	r
0 0 1 1	ETX	DC3	#	3	C	S	c	s
0 1 0 0	EOT	DC4	$	4	D	T	d	t
0 1 0 1	ENQ	NAK	%	5	E	U	e	u
0 1 1 0	ACK	SYN	&	6	F	V	f	v
0 1 1 1	BEL	ETB	'	7	G	W	g	w
1 0 0 0	BS	CAN	(	8	H	X	g	x
1 0 0 1	HT	EM	)	9	I	Y	i	y
1 0 1 0	LF	SUB	*	:	J	Z	j	z
1 0 1 1	VT	ESC	+	;	K	[	k	{
1 1 0 0	FF	FS	,	<	L	\	l	|
1 1 0 1	CR	GS	-	=	M	]	m	}
1 1 1 0	SO	RS	·	>	N	^	n	~
1 1 1 1	SI	US	/	?	O	_	o	DEL

• ASCII 제어문자

분 류	기 호	명 칭	의 미
전송 제어 문자	SOH	Start of Heading	정보 메시지 헤더의 첫 번째 글자로 사용된다.
	STX	Start of Text	본문의 개시 및 정보 메시지 헤더의 종료를 표시한다.
	ETX	End of Text	본문의 종료를 표시한다.
	EOT	End of Transmission	전송의 종료를 표시하며, 데이터 링크를 초기화한다.
	ENQ	Enquiry	상대국에게 데이터 링크의 설정 및 응답을 요구한다.
	ACK	Acknowledge	수신한 정보 메시지에 대한 긍정응답
	DLE	Data Link Escape	뒤따르는 연속된 몇 개의 글자들의 의미를 바꾸기 위하여 사용되며, 주로 보조적 데이터 전송제어기능을 제공하기 위해 사용한다.
	NAK	Negative Acknowledge	수신한 정보 메시지에 대한 부정응답
	SYN	Synchronous Idle	문자를 전송하지 않는 상태에서 동기를 취하거나, 또는 동기를 유지하기 위하여 사용한다.
	ETB	End of Transmission Block	전송 블록의 종료를 표시한다.

분 류	기 호	명 칭	의 미
포맷 제어 문자	BS	Backspace	프린팅 헤드나 커서를 한 위치 왼쪽으로 움직이도록 한다.
	HT	Horizontal Tabulation	프린팅 헤드나 커서를 수평위치의 미리 정해진 지점으로 전진하도록 한다.
	LF	Line Feed	프린팅 헤드나 커서를 다음 줄의 같은 글자 위치로 전진시키는 것을 의미한다.
	VT	Vertical Tabulation	프린팅 헤드나 커서를 위치는 변경시키지 않고 미리 정해진 수의 줄만큼 전진시킨다.
	FF	Form Feed	프린팅 헤드나 커서를 다음 페이지의 같은 위치로 이동시키는 것을 말한다.
	CR	Carriage Return	프린트 헤드나 커서를 같은 줄의 맨 처음 위치에 오도록 한다.
장치 제어 문자	DC1	Device Control 1	단말장치에 접속되어 있는 보조장치의 물리적 기능을 제어하는데 사용한다. 예를 들면 CD1은 단말장치에 연결된 카세트 레코드의 On에 사용되고, DC2는 카세트 레코드를 Off하는데 사용한다. DC3은 단말장치의 화면내용을 보조 프린터에 인쇄하는데 사용하고, DC4는 단말장치의 키보드가 Lock되어 이용자가 데이터를 입력할 수 없도록 하는데 사용할 수 있다. 장치제어문자의 구현은 제조업자에 달려있다.
	DC2	Device Control 2	
	DC3	Device Control 3	
	DC4	Device Control 4	
정보 분리 문자	FS	File Separator	파일의 경계를 할당한다.
	GS	Group Separator	레코드 그룹의 경계를 할당한다.
	RS	Record Separator	레코드의 경계를 할당한다.
	US	Unit Separator	장치의 경계를 할당한다.
특수 제어 문자	NUL	Null	전송되는 문자와 문자 사이에 시간공백을 주기 위하여 사용한다.
	BEL	Bell	경고
	SI	Shift In	도형문자 사용 시작을 표시하는 제어문자로, SO와 짝을 이루어 사용한다.
	SO	Shift Out	도형문자 사용 종료를 표시하는 제어문자로, SI와 짝을 이루어 사용한다.
	CAN	Cancel	선행 데이터가 틀리는 경우를 가르키며 무시한다.
	EM	End of Medium	기록부분의 완료를 가르킨다.
	SUB	Substitute Character	무효 또는 잘못된 문자를 치환하는 것에 사용한다.
	ESC	Escape	제어 기능을 추가하는 경우에 사용한다.
	SP	Space	동작위치를 동일행에서 1문자만큼 앞으로 진행한다.
	DEL	Delete	주로 종이 테이프 위의 불필요한 부호를 삭제한다.

3 Unicode 코드 표

유니코드 목록					
BMP		SMP	SIP		SSP
0000-0FFF	8000-8FFF	10000-10FFF	20000-20FFF	28000-28FFF	E0000-E0FFF
1000-1FFF	9000-9FFF		21000-21FFF	29000-29FFF	
2000-2FFF	A000-AFFF	12000-12FFF	22000-22FFF	2A000-2AFFF	
3000-3FFF	B000-BFFF		23000-23FFF		
4000-4FFF	C000-CFFF		24000-24FFF		
5000-5FFF	D000-DFFF		25000-25FFF		
6000-6FFF	E000-EFFF		26000-26FFF		
7000-7FFF	F000-FFFF	1D000-1DFFF	27000-27FFF	2F000-2FFFF	

• 유니코드의 언어판 배정표

언어판	UCS4 영역	이 름	문자수
0(0×00)	0×00000000-0×0000FFFF	기본언어판 (BMP, Basic Multilingual Plane)	49,196
1(0×01)	0×00010000-0×0001FFFF	보충언어판 (SMP, Supplementary Multilingual Plane for scripts and symbols)	1,594
2(0×02)	0×00020000-0×0002FFFF	보충표의 문자판 (SIP, Supplementary Ideographic Plane)	43,253
3~13 0(0×03~D)	0×00030000-0×000DFFFF	아직 사용하지 않음	0
14(0×0D)	0×000E0000-0×000EFFFF	특별보충판 (SSP, Supplementary Special-purpose Plane)	97
15~16 (0×0F~0×10)	0×000F0000-0×0010FFFF	개인사용목적으로 지정 (Private Use)	0
합 계			94,140

0000 C0 Controls and Basic Latin 007F

	000	001	002	003	004	005	006	007
0	NUL	DLE	SP	0	@	P	`	p
1	SOH	DC1	!	1	A	Q	a	q
2	STX	DC2	"	2	B	R	b	r
3	ETX	DC3	#	3	C	S	c	s
4	EOT	DC4	$	4	D	T	d	t
5	ENQ	NAK	%	5	E	U	e	u
6	ACK	SYN	&	6	F	V	f	v
7	BEL	ETB	'	7	G	W	g	w
8	BS	CAN	(	8	H	X	h	x
9	HT	EM	)	9	I	Y	i	y
A	LF	SUB	*	:	J	Z	j	z
B	VT	ESC	+	;	K	[	k	{
C	FF	FS	,	<	L	\	l	|
D	CR	GS	-	=	M	]	m	}
E	SO	RS	.	>	N	^	n	~
F	SI	US	/	?	O	_	o	DEL

	110	111	112	113	114	115	116	117	118	119	11A	11B	11C	11D	11E	11F
0	ᄀ 1100	ᄐ 1110	ᄠ 1120	ᄰ 1130	ᅀ 1140	ᅐ 1150	HJ F 1160	ᅰ 1170	ᆀ 1180	ᆐ 1190	ᆠ 11A0	ᆰ 11B0	ᇀ 11C0	ᇐ 11D0	ᇠ 11E0	ᇰ 11F0
1	ᄁ 1101	ᄑ 1111	ᄡ 1121	ᄱ 1131	ᅁ 1141	ᅑ 1151	ᅡ 1161	ᅱ 1171	ᆁ 1181	ᆑ 1191	ᆡ 11A1	ᆱ 11B1	ᇁ 11C1	ᇑ 11D1	ᇡ 11E1	ᇱ 11F1
2	ᄂ 1102	ᄒ 1112	ᄢ 1122	ᄲ 1132	ᅂ 1142	ᅒ 1152	ᅢ 1162	ᅲ 1172	ᆂ 1182	ᆒ 1192	ᆢ 11A2	ᆲ 11B2	ᇂ 11C2	ᇒ 11D2	ᇢ 11E2	ᇲ 11F2
3	ᄃ 1103	ᄓ 1113	ᄣ 1123	ᄳ 1133	ᅃ 1143	ᅓ 1153	ᅣ 1163	ᅳ 1173	ᆃ 1183	ᆓ 1193		ᆳ 11B3	ᇃ 11C3	ᇓ 11D3	ᇣ 11E3	ᇳ 11F3
4	ᄄ 1104	ᄔ 1114	ᄤ 1124	ᄴ 1134	ᅄ 1144	ᅔ 1154	ᅤ 1164	ᅴ 1174	ᆄ 1184	ᆔ 1194		ᆴ 11B4	ᇄ 11C4	ᇔ 11D4	ᇤ 11E4	ᇴ 11F4
5	ᄅ 1105	ᄕ 1115	ᄥ 1125	ᄵ 1135	ᅅ 1145	ᅕ 1155	ᅥ 1165	ᅵ 1175	ᆅ 1185	ᆕ 1195		ᆵ 11B5	ᇅ 11C5	ᇕ 11D5	ᇥ 11E5	ᇵ 11F5
6	ᄆ 1106	ᄖ 1116	ᄦ 1126	ᄶ 1136	ᅆ 1146	ᅖ 1156	ᅦ 1166	ᅶ 1176	ᆆ 1186	ᆖ 1196		ᆶ 11B6	ᇆ 11C6	ᇖ 11D6	ᇦ 11E6	ᇶ 11F6
7	ᄇ 1107	ᄗ 1117	ᄧ 1127	ᄷ 1137	ᅇ 1147	ᅗ 1157	ᅧ 1167	ᅷ 1177	ᆇ 1187	ᆗ 1197		ᆷ 11B7	ᇇ 11C7	ᇗ 11D7	ᇧ 11E7	ᇷ 11F7
8	ᄈ 1108	ᄘ 1118	ᄨ 1128	ᄸ 1138	ᅈ 1148	ᅘ 1158	ᅨ 1168	ᅸ 1178	ᆈ 1188	ᆘ 1198	ᆨ 11A8	ᆸ 11B8	ᇈ 11C8	ᇘ 11D8	ᇨ 11E8	ᇸ 11F8
9	ᄉ 1109	ᄙ 1119	ᄩ 1129	ᄹ 1139	ᅉ 1149	ᅙ 1159	ᅩ 1169	ᅹ 1179	ᆉ 1189	ᆙ 1199	ᆩ 11A9	ᆹ 11B9	ᇉ 11C9	ᇙ 11D9	ᇩ 11E9	ᇹ 11F9
A	ᄊ 110A	ᄚ 111A	ᄪ 112A	ᄺ 113A	ᅊ 114A		ᅪ 116A	ᅺ 117A	ᆊ 118A	ᆚ 119A	ᆪ 11AA	ᆺ 11BA	ᇊ 11CA	ᇚ 11DA	ᇪ 11EA	
B	ᄋ 110B	ᄛ 111B	ᄫ 112B	ᄻ 113B	ᅋ 114B		ᅫ 116B	ᅻ 117B	ᆋ 118B	ᆛ 119B	ᆫ 11AB	ᆻ 11BB	ᇋ 11CB	ᇛ 11DB	ᇫ 11EB	
C	ᄌ 110C	ᄜ 111C	ᄬ 112C	ᄼ 113C	ᅌ 114C		ᅬ 116C	ᅼ 117C	ᆌ 118C	ᆜ 119C	ᆬ 11AC	ᆼ 11BC	ᇌ 11CC	ᇜ 11DC	ᇬ 11EC	
D	ᄍ 110D	ᄝ 111D	ᄭ 112D	ᄽ 113D	ᅍ 114D		ᅭ 116D	ᅽ 117D	ᆍ 118D	ᆝ 119D	ᆭ 11AD	ᆽ 11BD	ᇍ 11CD	ᇝ 11DD	ᇭ 11ED	
E	ᄎ 110E	ᄞ 111E	ᄮ 112E	ᄾ 113E	ᅎ 114E		ᅮ 116E	ᅾ 117E	ᆎ 118E	ᆞ 119E	ᆮ 11AE	ᆾ 11BE	ᇎ 11CE	ᇞ 11DE	ᇮ 11EE	
F	ᄏ 110F	ᄟ 111F	ᄯ 112F	ᄿ 113F	ᅏ 114F	HC F 115F	ᅯ 116F	ᅿ 117F	ᆏ 118F	ᆟ 119F	ᆯ 11AF	ᆿ 11BF	ᇏ 11CF	ᇟ 11DF	ᇯ 11EF	

AC00 **Hangul Syllables** **ACFF**

	AC0	AC1	AC2	AC3	AC4	AC5	AC6	AC7	AC8	AC9	ACA	ACB	ACC	ACD	ACE	ACF
0	가 AC00	감 AC10	갠 AC20	갰 AC30	걀 AC40	걐 AC50	걠 AC60	거 AC70	검 AC80	겐 AC90	겠 ACA0	결 ACB0	곀 ACC0	곐 ACD0	고 ACE0	곰 ACF0
1	각 AC01	갑 AC11	갡 AC21	갱 AC31	걁 AC41	걑 AC51	걡 AC61	걱 AC71	겁 AC81	겑 AC91	겡 ACA1	겱 ACB1	곁 ACC1	곑 ACD1	곡 ACE1	곱 ACF1
2	갂 AC02	값 AC12	갢 AC22	갲 AC32	걂 AC42	걒 AC52	걢 AC62	걲 AC72	겂 AC82	겒 AC92	겢 ACA2	겲 ACB2	곂 ACC2	곒 ACD2	곢 ACE2	곲 ACF2
3	갃 AC03	갓 AC13	갣 AC23	갳 AC33	걃 AC43	걓 AC53	걣 AC63	걳 AC73	것 AC83	겓 AC93	겣 ACA3	겳 ACB3	곃 ACC3	곓 ACD3	곣 ACE3	곳 ACF3
4	간 AC04	갔 AC14	갤 AC24	갴 AC34	걄 AC44	걔 AC54	걤 AC64	건 AC74	겄 AC84	겔 AC94	겤 ACA4	겴 ACB4	계 ACC4	곔 ACD4	곤 ACE4	곴 ACF4
5	갅 AC05	강 AC15	갥 AC25	갵 AC35	걅 AC45	걕 AC55	걥 AC65	걵 AC75	겅 AC85	겕 AC95	겥 ACA5	겵 ACB5	곅 ACC5	곕 ACD5	곥 ACE5	공 ACF5
6	갆 AC06	갖 AC16	갦 AC26	갶 AC36	걆 AC46	걖 AC56	걦 AC66	걶 AC76	겆 AC86	겖 AC96	겦 ACA6	겶 ACB6	곆 ACC6	곖 ACD6	곦 ACE6	곶 ACF6
7	갇 AC07	갗 AC17	갧 AC27	갷 AC37	걇 AC47	걗 AC57	걧 AC67	걷 AC77	겇 AC87	겗 AC97	겧 ACA7	겷 ACB7	곇 ACC7	곗 ACD7	곧 ACE7	곷 ACF7
8	갈 AC08	갘 AC18	갨 AC28	갸 AC38	걈 AC48	걘 AC58	걨 AC68	걸 AC78	겈 AC88	겘 AC98	겨 ACA8	겸 ACB8	곈 ACC8	곘 ACD8	골 ACE8	곸 ACF8
9	갉 AC09	같 AC19	갩 AC29	갹 AC39	걉 AC49	걙 AC59	걩 AC69	걹 AC79	겉 AC89	겙 AC99	격 ACA9	겹 ACB9	곉 ACC9	곙 ACD9	곩 ACE9	곹 ACF9
A	갊 AC0A	갚 AC1A	갪 AC2A	갺 AC3A	걊 AC4A	걚 AC5A	걪 AC6A	걺 AC7A	겊 AC8A	겚 AC9A	겪 ACAA	겺 ACBA	곊 ACCA	곚 ACDA	곪 ACEA	곺 ACFA
B	갋 AC0B	갛 AC1B	갫 AC2B	갻 AC3B	걋 AC4B	걛 AC5B	걫 AC6B	걻 AC7B	겋 AC8B	겛 AC9B	겫 ACAB	겻 ACBB	곋 ACCB	곛 ACDB	곫 ACEB	곻 ACFB
C	갌 AC0C	개 AC1C	갬 AC2C	갼 AC3C	걌 AC4C	걜 AC5C	걬 AC6C	걼 AC7C	게 AC8C	겜 AC9C	견 ACAC	겼 ACBC	곌 ACCC	곜 ACDC	곬 ACEC	과 ACFC
D	갍 AC0D	객 AC1D	갭 AC2D	갽 AC3D	걍 AC4D	걝 AC5D	걭 AC6D	걽 AC7D	겍 AC8D	겝 AC9D	겭 ACAD	경 ACBD	곍 ACCD	곝 ACDD	곭 ACED	곽 ACFD
E	갎 AC0E	갞 AC1E	갮 AC2E	갾 AC3E	걎 AC4E	걞 AC5E	걮 AC6E	걾 AC7E	겎 AC8E	겞 AC9E	겮 ACAE	겾 ACBE	곎 ACCE	곞 ACDE	곮 ACEE	곾 ACFE
F	갏 AC0F	갟 AC1F	갯 AC2F	갿 AC3F	걏 AC4F	걟 AC5F	걯 AC6F	걿 AC7F	겏 AC8F	겟 AC9F	겯 ACAF	겿 ACBF	곏 ACCF	곟 ACDF	곯 ACEF	곿 ACFF

	4E0	4E1	4E2	4E3	4E4	4E5	4E6	4E7	4E8	4E9	4EA	4EB	4EC	4ED	4EE	4EF
0	一	丐	丠	丰	乀	乐	习	买	亀	亐	亠	亰	什	仐	仠	仰
1	丁	丑	両	丱	乁	乑	乡	乱	亁	云	亡	亱	仁	仑	仡	仱
2	丂	丒	丢	串	乂	乒	乢	乲	亂	互	亢	亲	仂	仒	仢	仲
3	七	专	丣	丳	乃	乓	乣	乳	亃	亓	亣	亳	仃	仓	代	仳
4	丄	且	両	临	乄	乔	乤	乴	亄	五	交	亴	仄	仔	令	仴
5	丅	丕	严	丵	久	乕	乥	乵	亅	井	亥	亵	仅	仕	以	仵
6	丆	世	並	丶	乆	乖	书	乶	了	亖	亦	亶	仆	他	仦	件
7	万	丗	丧	丷	乇	乗	乧	乷	亇	亗	产	亷	仇	仗	仧	价
8	丈	丘	丨	丸	么	乘	乨	乸	予	亘	亨	亸	仈	付	仨	仸
9	三	丙	丩	丹	义	乙	乩	乹	争	亙	亩	亹	仉	仙	仩	仹
A	上	业	个	为	乊	乚	乪	乺	亊	亚	亪	人	今	仚	仪	仺
B	下	丛	丫	主	之	乛	乫	乻	事	些	享	亻	介	仛	仫	任
C	丌	东	丬	丼	乌	乜	乬	乼	二	亜	京	亼	仌	仜	们	仼
D	不	丝	中	丽	乍	九	乭	乽	亍	亝	亭	亽	仍	仝	仭	份
E	与	丞	丮	举	乎	乞	乮	乾	于	亞	亮	亾	从	仞	仮	仾
F	丏	丟	丯	丿	乏	也	乯	乿	亏	亟	亯	亿	仏	仟	仯	仿

참고문헌

01. 김 철, 『교양 전산 개론』, 정익사.
02. 김 철, 『교양 PC 개론』, 교문사.
03. 김 철, 『컴퓨터 통신과 인터넷』, 교문사.
04. 김 철, 『전산학 개론 I』, 지샘.
05. 김 철, 『전산학 개론 II』, 지샘.
06. 강환수 외, 『모바일 시대의 컴퓨터개론』, 인피니티북스.
07. 김대수, 『컴퓨터 개론』, 생능출판사.
08. 김상운 외, 『전산기 개론』, 홍릉과학출판사.
09. 김승호 외, 『컴퓨터의 이해』, 이한출판사.
10. 백두권, 『컴퓨터 과학』, 홍릉과학출판사.
11. 신동일 외, 『오픈! 컴퓨터 사이언스』, ITC.
12. 엄기현 외, 『컴퓨터 배움터』, 생능출판사.
13. 이광수 역, 『컴퓨터과학 총론』, 홍릉과학출판사.
14. 이일병, 『컴퓨터과학 개론』, 희중당.
15. 이창희, 『전산학 개론』, 학문사.
16. 조근식 외, 『컴퓨터 과학』, 한티미디어.
17. 최윤철 외, 『멀티미디어 배움터』, 생능출판사.
18. 최윤철 외, 『인터넷 배움터』, 생능출판사.
19. 한금희 외, 『컴퓨터과학 개론』, 한빛미디어.
20. 황종선 외, 『컴퓨터과학 총론』, 홍릉과학출판사.
21. Ira Pohl and Alan Shaw, The Nature of Computation : An Introduction to Computer Science, Computer Science Press.
22. J. Glenn Brookshear, Computer Science : An Overview, Sixth Edition, Addison Wesley.
23. H. L. Capron, Computers : Tools for an Information Age, Fifth Edition, Addison Wesley.

24. The Unicode Consortium, The Unicode Standard 5.0, Fifth Edition, Addison Wesley.
25. Fred Halsall, Data Communications, Computer Networks and Open Systems, Fourth Edition, Addison Wesley.
26. James F. Kurose and Keith W. Ross, Computer Networking, Preliminary Edition, Addison Wesley.
27. Behrouz A. Forouzan, Data Communications and Networking, Fourth Edition, McGraw-Hill.
28. Alfred V. Aho, John E. Hopcroft, and Jeffrey D. Ullman, Data Structures and Algorithms, Preliminary Edition, Addison Wesley.
29. Robert Lafore, Data Structures & Algorithms in Java, Preliminary Edition, Mitchell Waite Press.
30. Sartaj Sahni, Data Structures, Algorithms, and Applications in Java, Preliminary Edition, McGraw-Hill.
31. John E. Hopcroft, and Jeffrey D. Ullman, Introduction to Automata Theory, Languages, and Computation, Preliminary Edition, Addison Wesley.
32. Leland L. Beck, System Software : An Introduction to Systems Programming, Third Edition, Addison Wesley.
33. Ivar Jacobson, Object-Oriented Software Engineering, Fourth Edition, Addison Wesley.
34. Man Young Rhee, Internet Security, Preliminary Edition, John Wiley.

찾아보기
INDEX

저자소개 : 김 철

연세대학교 공과대학 전자공학과 및 동 대학원 컴퓨터과학과 졸업
공학박사
삼성전자 연구소 및 한국 IBM 소프트웨어연구소 근무
용인대학교 자연과학연구소 소장 및 환경과학대학 학장 역임
미국 콜로라도 주립대학 객원교수
한국어정보학회 이사
현재 용인대학교 환경과학대학 컴퓨터과학과 교수
저서 『LOTUS 1-2-3 & dBASE Ⅲ PLUS』, 『전산학 개론』,
『교양 PC 입문』, 『컴퓨터통신과 인터넷』,
『인터넷 총론』 등 다수

컴퓨터 사이언스

인 쇄 : 2016년 1월 20일
발 행 : 2016년 1월 30일
저 자 : 김 철
발 행 처 : 도서출판 한산
서울시 서대문구 수색로6길 43번지 105-602호
TEL : (02)304-3504 FAX : (02)304-3505
발 행 인 : 김 기 영
등록번호 : 제 10-1745 호
I S B N : 978-89-89215-51-6 93560

정가. 25,000원